Los ríos profundos

Letras Hispánicas

José María Arguedas

Los ríos profundos

Edición de Ricardo González Vigil

CUARTA EDICIÓN

CATEDRA

LETRAS HISPANICAS

1.ª edición, 1995
4.ª edición, 2002

© Herederos de José María Arguedas, 1998
© Ediciones Cátedra (Grupo Anaya, S. A.), 1995, 2002
Juan Ignacio Luca de Tena, 15. 28027 Madrid
Depósito legal: M. 40.848-2002
ISBN: 84-376-1321-3
Printed in Spain
Impreso en Huertas, S. A.
Fuenlabrada (Madrid)

Índice

Introducción

Para Humberto Damonte Larraín
y Carlos Villanes Cairo, lleno
de agradecimiento.

José María Arguedas.

Los ríos profundos es una de las novelas más admirables de la literatura latinoamericana. Esta condición privilegiada ha demorado en ser reconocida adecuadamente, y aún ahora dista de gozar del amplio consenso crítico que rodea a otras obras capitales de la narrativa latinoamericana, conforme lo consignó Ángel Rama hace más de diez años, en términos que permanecen vigentes:

> *Los ríos profundos* es un libro mayor dentro de la narrativa latinoamericana contemporánea, y si al discurso crítico peruano le llevó veinte años situar la obra en el puesto eminente que le cabe dentro de las letras del país, al discurso crítico latinoamericano le ha llevado otros tantos reconocer su excepcionalidad, sin que todavía pueda decirse que ha logrado concederle el puesto que no se le discute a *Pedro Páramo, Rayuela, Ficciones, Cien años de soledad* o *Gran sertão: veredas,* entre la producción de las últimas décadas (Rama, 1983: 11).

Leer cabalmente *Los ríos profundos* y, en general, las narraciones y los poemas de José María Arguedas, implica evitar una serie de errores y confusiones, bastante frecuentes en la bibliografía existente, incluyendo a casi todos los estudiosos dignos de relieve, ya que éstos aportan luces en determinados asuntos, pero en otros siembran apreciaciones descaminadas. Felizmente, dicha bibliografía crece continuamente, en cantidad y en calidad. Aquí remitiremos sintética-

11

mente a las contribuciones más esclarecedoras de las diversas cuestiones que plantea la obra de Arguedas.

La dificultad tan manifiesta para que la crítica literaria constate la envergadura creadora de Arguedas, su sitial intransferible dentro de la *nueva narrativa*, procede, sobre todo, de la intensidad y la complejidad con que Arguedas inserta elementos de la cultura andina (mentalidad mítico-mágica con sincretismo cristiano, quechuización del español, tradición oral ligada a la música y la danza) dentro de formas culturales occidentales (incluyendo entre ellas el propio género de la novela), en un grado de *transculturación*[1] mayor que el logrado no sólo por los restantes autores vinculables a la corriente *indigenista* o *neo-indigenista*[2], sino por otros grandes cultores del *realismo maravilloso*[3] hispanoamericano, sin omitir a Juan Rulfo, Miguel Ángel Asturias, Alejo Carpentier, Augusto Roa Bastos y Gabriel García Márquez. Resulta sintomático que haya sido Arguedas el punto

---

[1] A partir de 1940, el antropólogo cubano Fernando Ortiz propuso el término *transculturación,* considerándolo más adecuado que el de *aculturación* (acuñado desde 1880 por antropólogos de la talla de Redfield, Linton y Herkovits), para subrayar el papel activo y creador de los pueblos dominados en los procesos de interacción cultural que se desarrollan en las sociedades coloniales y postcoloniales, interesado particularmente en mostrar la novedad de las creaciones populares latinoamericanas (Fernando Ortiz, *Contrapunteo cubano del tabaco y el azúcar;* Barcelona, Ed. Ariel, 1973, cap. 2).

Arguedas proclamó enfáticamente: «Yo no soy un aculturado; yo soy un peruano que orgullosamente, como un demonio feliz, habla en cristiano y en indio, en español y en quechua.» Palabras del discurso «No soy un aculturado», pronunciado en 1968 cuando recibió el Premio Inca Garcilaso de la Vega, reviviendo el orgullo con que Garcilaso se proclamó —tres siglos y medio antes— mestizo biológico y cultural (*Comentarios reales*, Parte Primera, lib. IX, cáp. 31). El discurso de Arguedas aparece incluido en *El Zorro de Arriba y el Zorro de Abajo*. Aclaremos que citaremos las narraciones de Arguedas conforme los cinco tomos de sus *Obras completas,* edición compilada y anotada por su viuda, Sybila Arredondo de Arguedas. Antes de consignar el tomo y la página, señalaremos la obra correspondiente utilizando las abreviaturas que detallamos al final de esta Introducción, en el apartado dedicado a «Esta edición». Así las palabras citadas de Arguedas proceden de: ZZ, V, 14.

[2] Sobre estos términos, véase los puntos I.3 y I.4 de esta Introducción.

[3] Véase el punto I.4 de esta Introducción.

de partida de las principales teorizaciones sobre esta cuestión capital para las letras de América Latina: las reflexiones de Ángel Rama sobre la «transculturación narrativa», las de Antonio Cornejo Polar acerca de las «literaturas heterogéneas» y las de Martin Lienhard caracterizando lo que él denomina «literatura escrita alternativa».

Al respecto, cabe distinguir tres grandes orientaciones en las letras latinoamericanas: 1) Asumir el legado cultural «no occidental» y transfigurar (subvirtiéndolas, conforme explica Lienhard) las formas culturales «occidentales», en un sincretismo de fuertes raíces regionales, pero diestro para tender símbolos de alcance universal. 2) Adherirse a la tradición «occidental», con plena integración al circuito internacional, manteniendo lazos temáticos (de contenido) con el suelo natal. 3) Comulgar, a la vez, con lo «no occidental» y lo «occidental», admirablemente anclado en lo nacional, pero también capaz de vivir su época a escala planetaria.

Las letras peruanas han brindado ejemplos consumados de las tres orientaciones: José María Arguedas, Mario Vargas Llosa (aunque éste, en una sorprendente ocasión —*El hablador*—, momentáneamente se haya aproximado a la primera orientación) y César Vallejo (andino como nadie, pero también en sintonía total con España, U.R.S.S., etc.), respectivamente. Existen importantes antecedentes en la prosa colonial: Guaman Poma de Ayala, Espinosa Medrano «El Lunarejo» (aunque éste tiende a la tercera orientación, en su obra teatral en quechua) y el Inca Garcilaso, siguiendo el orden señalado.

A la condición transculturada, heterogénea o alternativa de la escritura de Arguedas debe añadirse, de un lado, los prejuicios vertidos una y otra vez (en especial, en los años 60 y 70, marcados por la fascinación despertada por el *boom* narrativo del 60) contra los escritores indigenistas, neo-indigenistas o de temática indígena, condensables en el veredicto de Carlos Fuentes contra la narrativa regionalista al juzgarla anacrónica en sus recursos expresivos, y provinciana en su horizonte temático[4]. Esto explica que varios crí-

---

[4] Cfr. Carlos Fuentes, *La nueva novela hispanoamericana*, México, Joa-

ticos, en su afán de reivindicar a Arguedas y ungirlo dentro de la *nueva narrativa*, se esmeren en presentarlo como una superación de la vertiente indigenista (un valioso intento de ello es el de William Rowe), acuñando incluso expresiones *sui generis*, como la de «realismo indigenista» que propone Sara Castro Klarén (1973: 22).

De otro lado, en consonancia con su posición transculturada, Arguedas gustaba declararse un escritor vital (sanguíneo, visceral), no profesional, alejado de los que toman la literatura como una construcción artificial o ficcional (es decir, como si desconociera la lingüística del siglo XX: Saussure y el carácter arbitrario del signo, etc.), escasamente interesado en las técnicas literarias, abocado únicamente a su «pelea infernal» con el idioma para quechuizarlo. Eso ha dado pie para que se lo repute un autor espontáneo, meramente intuitivo, cuando la verdad es que corregía meticulosamente sus escritos, a veces a lo largo de varios años y versiones distintas (así *Los ríos profundos* supuso más de diez años de composición). Al igual que en Vallejo, actúa un brote visceral (la sensibilidad como punto de partida y motor principal de la creación) y una ardua corrección consciente de ese brote, hecha ésta sin mitigar sus vibraciones cardíacas, sin tornarlo artificio cerebral.

También se lo presenta como un autor de escasa o limitada cultura libresca. Y eso es relativo. Resulta válido si lo comparamos con autores-biblioteca como Jorge Luis Borges, Julio Cortázar, José Lezama Lima, Alejo Carpentier o Carlos Fuentes; pero no si se pretende negar o minusvalorar la lucidez y la solidez con que supo leer selectivamente textos de literatura, antropología, folklore, historia, política, etc. Hay que tener en cuenta que Arguedas supo ser un científico social de valía, con aportes sustantivos a los estudios antropológicos, etnológicos y folklóricos, conforme lo han enfatizado Rama, John V. Murra, Alberto Flores Galin-

---

quín Mortiz, 1969. Afirmaciones similares pueden hallarse en otros protagonistas del *boom* (Julio Cortázar y Mario Vargas Llosa) y en varios de los críticos que aplaudieron con entusiasmo dicho *boom* (verbigracia, Emir Rodríguez Monegal y Luis Harss).

do y Carmen María Pinilla (esta última ligando esclarecedoramente su creción literaria y su óptica en el trabajo científico, reivindicando en ambos casos su capacidad para develar los niveles más hondos de la realidad peruana). Su distanciamiento de las nociones contemporáneas de la Teoría Literaria, la Lingüística y la Semiótica, proceden de su confianza en el lenguaje como expresión de la realidad y de su visión de la literatura como vida, como sangre, y no como signos convencionales y artificios constructores de una ficción (entendida ésta como mera «realidad verbal»), asuntos que veremos luego; no hay que tomarlo como muestra de ignorancia o de limitación intelectual.

Aunque no se libran por completo de los estereotipos sobre Arguedas, Rowe y Rama han acertado al subrayar que era un artista de gran conciencia creadora. Con perspicacia, Rowe hace notar que las declaraciones de Arguedas que lo pintan reacio a reflexionar sobre las técnicas narrativas corresponden a los años 60: adoptó una «actitud defensiva» frente al *boom* y la *nueva novela,* debido a su «deficiente acceso» a un conocimiento sistemático de las técnicas en «sus años formativos» y, en especial, al hecho innegable de que su principal problema expresivo lo padecía «en términos del lenguaje, mientras que los problemas de la construcción narrativa y la presentación ocupaban un papel secundario» (Rowe, 1979: 42-43).

Ahora bien: el resultado artístico de la «pelea verdaderamente infernal con la lengua» que libró Arguedas, juzgado estéticamente y no sólo culturalmente —como signo social y antropológico—, fue espléndido. Y eso que se trataba de una empresa descomunal de aprovechamiento literario de su condición bilingüe; según Rama, «la más difícil que ha intentado un novelista en América» (Rama, 1964: 22). Esa proeza verbal ya ha sido subrayada por diversos estudiosos; sobre todo por Alberto Escobar, quien trae a colación el rol de Dante en la gestación de la lengua nacional (el italiano, en su caso), para evaluar el aporte del «español quechuizado» en aras de una lengua nacional acorde a la realidad cultural del Perú. Cabría también insistir en cómo la inserción de elementos del quechua enriquece el potencial expresivo

15

(y su efecto estético en un texto literario) del español: si Garcilaso enriqueció el español (y la literatura hispánica) con recursos del italiano, y Rubén Darío, con el francés, Arguedas consigue otro tanto, con el quechua, siendo su labor más difícil, por tratarse de un idioma muy diverso, ajeno a las lenguas indoeuropeas, aunque ayudado por la base social del bilingüismo existente en el Ande, con mucho de español quechuizado, conforme se nota desde los días de Guaman Poma, siglos XVI-XVII.

De otro lado, aunque Arguedas le concedía un «papel secundario» a las técnicas literarias (eso en comparación con su interés primordial por la quechuización del español), no las descuidó en sus narraciones, utilizándolas con gran vigor y originalidad expresiva. La pericia artística de Arguedas ha sido dilucidada por Ariel Dorfman, en lo tocante a *Los ríos profundos* y *Todas las sangres*; por Martin Lienhard, en lo relativo a *El Zorro de Arriba y el Zorro de Abajo*; y por Julio Ortega, en lo concerniente a las grandes líneas de su proyecto creador, con especial atención concedida a *Los ríos profundos*. Pero sigue siendo una ruta que hay que examinar con más detenimiento, en la que resta mucho por hacer. Más descuidada todavía está la labor indispensable de detectar sus principales lecturas literarias, esclareciendo el diálogo que establece con ellas en sus escritos. Estos asuntos serán enfatizados por nosotros en la presente edición.

Ya es hora de consagrar a Arguedas como uno de los novelistas hispanoamericanos más profundos, originales y admirables. De hecho, le debemos una de las novelas más intensas y totalizantes: *Todas las sangres;* uno de los experimentos narrativos más radicales, siendo entre los textos experimentales el menos «occidental», el menos lúdico, el más desgarrador: *El Zorro de Arriba y el Zorro de Abajo;* el relato que retrata, en mayor medida que cualquier otro texto en español, lo «real maravilloso» en compenetración absoluta: el cuento *La agonía de Rasu-Ñiti;* y, por cierto, una de las novelas más hermosa, artísticamente más perfecta, ideológicamente más honda y compleja, sutil y enriquecedora, de nuestro tiempo: *Los ríos profundos.*

I
Vida y obra de Arguedas: Consideraciones generales

Conviene reflexionar sobre la trayectoria biográfica y literaria de José María Arguedas. Ayuda a aquilatar rasgos centrales de su proyecto creador, así como los materiales que reelabora imaginariamente en sus textos, en especial los pertinentes para la lectura de *Los ríos profundos*.

1. Entre dos culturas

Nuestro escritor nació en Andahuaylas (departamento de Apurímac, en la sierra del Perú), en 1911. Sus familiares eran hacendados y figuras distinguidas de la región, de rasgos raciales predominantemente blancos. Su padre, el abogado Víctor Manuel Arguedas Arellano (natural del Cusco), era rubio y de ojos azules.

Su madre Victoria Altamirano Navarro de Arguedas falleció cuando José María sólo tenía tres años de edad. Esa orfandad facilitó que estuviera al cuidado de los sirvientes indígenas, aunque contó con el cariño de su tía Hortensia Altamirano, a la que siempre llamaría «mamita», según informa Mildred Merino, conjeturando que ella pudo ser el modelo para la señora blanca, de ojos azules, que trata con ternura maternal a Ernesto en el cap. VII de *Los ríos profundos*. Los lazos sentimentales con los indios se acrecentaron cuando su padre se casó en 1917, porque José María apenas congenió con su madrastra Grimanesa Arangoitia, viuda de Pacheco[5] y padeció las crueldades —con mucho de sadismo y perversión corruptora— de su hermanastro Pablo (unos diez años mayor que José María): maltratos físicos, confinación a la cocina con la servidumbre indígena, exigencias morbosas de que lo acompañe para que contemple cómo violaba mujeres...[6]. El niño Arguedas veía muy poco a su padre, porque éste cumplía sus labores de abogado en otras localidades.

En la hacienda de su madrastra, en San Juan de Lucanas, se refugió en el cariño de los indios, sobre todo de la cocinera doña Cayetana. Luego, en 1921 logró escapar del martirio que significaba vivir con su hermanastro Pablo, para residir dos años en la hacienda Viseca (a unos ocho kilómetros de San Juan), propiedad de su tío José Manuel Perea Arellano. En esa «quebrada verde y llena del calor amoroso del sol» (cuento *Warma Kuyay*, I, 12), quebrada-madre, y en la cercana comunidad indígena de Utek', nuestro escritor vivió su etapa más feliz, la que nutriría toda su existencia con imágenes idealizadas de integración a la naturaleza y solidaridad comunitaria, su «paraíso perdido»: su corazón quedó sellado para siempre, anhelando fusionarse con el mundo indígena, rompiendo amarras con su extracción social y racial. Las figuras patriarcales de don Felipe Maywa y don Victo Pusa condensarían en su memoria la plenitud humana y humanizante de Viseca y Utek', conforme veremos en *Los ríos profundos*.

En los cuentos de su primer libro *(Agua)* recoge ese ámbito crucial para su sensibilidad entre dos culturas, transculturada. Ya aparece el personaje Ernesto, antes de que su pa-

---

[5] El retrato más citado de su madrastra es el de su testimonio en el *Primer Encuentro de Narradores Peruanos,* donde la pinta casi tan desagradable como a su hermanastro. Sin embargo, en otros testimonios (las respuestas a Sara Castro Klarén, o la conferencia recogida por Godofredo Morote Gamboa en *Motivaciones del escritor)* su visión es menos negra, reconociéndole aspectos positivos.

[6] Véase los testimonios de 1969a, 1975 y ¿1989?, en la Bibliografía.

dre lo haga viajar fuera de Viseca (muy similar a él resulta el niño Juan, protagonista del cuento «Los escoleros»). Huérfano, con el padre ausente, confiere al mundo andino rasgos de hogar, de vientre materno y protección paterna. Sirvan estas líneas sobre Viseca, en boca de Ernesto:

> A la orilla de ese río espumoso, oyendo el canto de las torcazas y de las tuyas, yo vivía sin esperanzas [de conquistar el amor de Justina]; pero ella estaba bajo el mismo cielo que yo, en esa misma quebrada que fue mi nido. [...] Y como amaba a los animales, las fiestas indias, las cosechas, las siembras con música y jarawi, viví alegre en esa quebrada verde y llena de calor amoroso del sol. Hasta que un día me arrancaron de mi querencia, para traerme a este bullicio [la ciudad en la Costa peruana], donde gentes que no quiero, que no comprendo (WK, I, 11-12).

La visión andina triunfa en este pasaje: la quebrada asume los rasgos de la Pachamama, deidad telúrica, la Madre Tierra (madre mítica para el huérfano Arguedas); y el sol, la condición de deidad paterna, vivificante (padre de los incas, según el mito). El ser arrancado de Viseca no sólo remite a la pérdida bíblica del Edén; se nutre, además, del desgarramiento con que el hombre andino deja su querencia, viendo el traslado a otras tierras como el peor castigo imaginable.

También brota el amor fervoroso por la pampa y la comunidad de Utek': «Pedí ese canto porque le tenía cariño a la pampa de Utek', donde los k'erk'ales y la caña de maíz son más dulces que en ningún otro sitio.» (A, I, 59). A diferencia de los indios sirvientes de las haciendas, los indios comuneros le mostraron una imagen llena de fuerza y dignidad, propicia a que los rodee de rasgos de autoridad paterna y de virilidad; en cambio, los sirvientes parecen «desvirilizados», como niños, conforme explica Roland Forgues (1989: 153-159):

> Los utej no son indios humildes y cobardes, son comuneros propietarios. Entre todos, y en faena, labran la pampa, y cuando las eras están ya llenas, tumban los cercos que

tapan las puertas de las chácaras y arrean sus animales para que coman la chala dulce. Utej es entonces de todos, por igual; el ganado corretea en la pampa como si fuera de un solo dueño. Por eso los utej son unidos y altivos. Ningún misti abusa así no más con los utej. [...] Los sanjuanes en cambio son muy pobres, la mayor parte son sirvientes de los mistis: vaqueros, concertados, arrieros... Pero todos quieren a los utej y en las cosechas se van a la pampa y regresan con una o dos carguitas de maíz, alverjas y habas. Los que pueden se casan con utejinas y se quedan en la pampa («Los comuneros de Utej Pampa», I, 23).

El contraste entre el comunero (indio libre, nutrido por la comunicación plena, por el trabajo en común) y el sirviente (o «colono») constituye uno de los factores centrales en la visión arguediana: confía en que pronto los indios sometidos dejarán de serlo, emularán (o rescatarán dentro suyo) la dignidad de los comuneros, para que junto con ellos realicen el cambio revolucionario que exige las condiciones actuales del Ande.

Además de esas grandes personificaciones de la madre y el padre (la quebrada, el sol, la pampa y la comunidad), tenemos individualizaciones privilegiadas: la cocinera doña Cayetana:

Doña Cayetana tenía corazón dulce; en su hablar había siempre cariño; quería al gato, al Kaisercha, a las gallinas y, más que a todo, a los escoleros de otras partes, a esos que se iban los sábados por las mañanitas. Me gustaba el hablar de doña Cayetana, en su voz estaba siempre la tristeza, una tierna tristeza que consolaba mi vida de huérfano, de forastero sin padre ni madre («Los escoleros», I, 91).

Y, por cierto, don Felipe Maywa y don Victo Pusa:

Don Victo y don Felipe me hablan día y noche, sin cesar lloran dentro de mi alma, me reconvienen en su lengua, con su sabiduría grande, con su llanto que alcanza distancias que no podemos calcular, que llega más lejos que la luz del sol. Ellos, oye Hugo, me criaron, amándome mucho, porque viéndome que era hijo de misti, veían que me trataban con menosprecio, como a indio. En nombre de ellos, recordándolos en mi propia carne, escribí lo que he escrito, aprendí todo lo que he aprendido y hecho, venciendo barreras que a veces parecían invencibles (Carta a Hugo Blanco: «Correspondencia entre Hugo Blanco y José María Arguedas», *Amaru*, núm. 11, p. 14).

Atinadamente Roland Forgues ha destacado la importancia de la *orfandad* de Arguedas:

> La muerte de la madre y el alejamiento del padre —hacia el cual había vuelto una parte de su amor a la madre— que vendrá luego, dejarán al niño «huérfano, sin padre ni madre», como el escritor repetirá varias veces posteriormente, en una comunidad indígena en donde acabará transponiendo la imagen del hogar perdido, transfiriendo allí su amor frustrado. Esta situación le impedirá superar normalmente su complejo de Edipo. Desde este punto de vista, José María Arguedas seguirá siendo hasta su muerte un eterno adolescente, como parece indicar su neurosis (Forgues, 1989: 25).

Los años 1921-1922 logran, pues, que cristalice la transculturación en Arguedas, en un proceso que tuvo mucho de doloroso, dado que percibió con nitidez su ubicación peculiar (que lo tornaba «raro», además de huérfano y forastero) entre dos culturas, lo que Antonio Cornejo Polar y Roland Forgues han estudiado como la *doble marginalidad:* se aparta de su extracción social (blanco, principal) y no consigue ingresar cabalmente al mundo indígena, queda «fuera del círculo, avergonzado, vencido para siempre» (WK, I, 7). Ello debió de ser la causa principal de la neurosis señalada por Forgues, más que el probable Edipo mal resuelto.

En 1923 y 1924 su padre lo llevaría (junto con su hermano Arístides, compañero de la experiencia en Viseca) a viajar a Puquio (donde ya había vivido en 1917: en Puquio comprobaría la dignidad y la energía de los indios, enaltecida después en su novela *Yawar Fiesta*), Ayacucho, Arequipa, Cusco (José María la visita por primera vez en 1924, diez días), etc., hasta que en junio de 1924 los deja internos (estarán ese año y el siguiente) en el Colegio Miguel Grau de los padres mercedarios, en Abancay. Estamos en las vivencias biográficas que conforman el núcleo recreado (con modificaciones introducidas por la imaginación literaria y el afán simbolizador, pero en gran medida basado en acontecimientos reales) en *Los ríos profundos*. Al igual que Ernesto, José María tiene catorce años de edad, ha visitado el Cusco, estudia interno en Abancay (lleno de recuerdos de Viseca y Utek', y los viajes con el padre), compone versos a amadas idealizadas (y con nombres convenientemente idealizantes, célicos, de un mundo superior y puro) y se entera del implacable escarmiento desatado contra las tentativas indígenas de rebelión. Citemos algunas declaraciones de Arguedas:

> Conocí el Cusco en 1924. Pero antes había hecho un largo viaje, de Puquio a Andahuaylas y Ayacucho, 14 días a caballo, por las punas y algunos pueblos de las quebradas. En cada pueblo oíamos música y cantábamos y bailábamos con los indios a los que mi padre buscaba siempre, aunque (de boca) hablaba mal de ellos (Mildred Merino, 1970: 131).

Añade Mildred Merino: «Tiene catorce años, finaliza 1925. Ese año escribe su primer acróstico a Olimpia Rivas.» (Merino, 1970: 131). Agreguemos la información siguiente:

> La población indígena estaba y está en gran parte sometida a un avasallamiento social y económico total. Ha intentado muchas veces de liberarse mediante rebelión, pero no ha conseguido más que matanzas. Vive en ellos el recuerdo digno de terror del escarmiento de 1924-25. Eso está dentro de la tradición viva (Respuestas a Castro Klarén; las reproduce Ortega, 1982: 107).

Especial relieve alcanza la estancia de José María, en 1925 (a los catorce años de edad, exactos), en la hacienda Karkeki (departamento del Cusco) y la hacienda Triunfo (distrito Huanipaka, de Abancay), ambas de su tío Manuel María Guillén. Ese tío le sirvió para trazar la figura del Viejo de *Los ríos profundos,* en tanto concentra características de un Anti-Cristo (irónicamente se llama *Manuel,* «Dios con nosotros», uno de los apelativos aplicables a Jesucristo; también *María,* la co-redentora, nombre además que ayuda al contraste con nuestro escritor, igualmente María en el segundo de sus nombres), desfiguración del Evangelio vuelto religión de la culpa, la resignación, la humillación, la obediencia a los patrones, la consolación de los males transportada al Más Allá y la negación (con mucho de desprecio, viéndola como barbarie, paganismo y abyección) de la cultura andina (sus creencias, costumbres, fiestas, músicas, etc.), desfiguración pintada como negación de la Naturaleza y de la Vida, en las páginas de Arguedas, como entrega abturante a la tristeza y la muerte, al silencio de toda verdadera comunicación humanizadora. De otro lado, ostenta características de Anti-Inca: reside en el Cusco (profanación del centro del antiguo Imperio, en el presente degradado del Perú) y posee cuatro haciendas, así como el Incario estaba conformado por cuatro grandes regiones o suyos (Tahuantinsuyo, por eso); el Viejo ejerce un Poder basado en la desigualdad, la discriminación, la injusticia, la explotación, el miedo y el escarmiento, todo lo contrario de la sabia administración incaica, descrita con admiración por el Inca Garcilaso y Pedro de Cieza de León, por nombrar únicamente a los cronistas que leyó Arguedas con mayor provecho.

Citemos a Arguedas recordando ese período en términos conectables con *Los ríos profundos:*

> Conocí a todas las personas que dominaban un territorio mucho más grande, que era una capital de departamento [Abancay, capital de Apurímac]. Yo había hecho la experiencia de una capital de provincia [es decir, Puquio], porque mi padre era juez; pero ahora tuve la oportunidad de observar a los grandes señores que manejaban un departamento muy aislado, como es Apurímac, que es uno de los departamentos más andinos y más antiguos.
> Luego mi padre no pudo continuar en Abancay. Era un hombre muy inestable. Y de aquí se fue a ejercer su profesión a un pueblo muy lejano, que estaba a siete días a caba-

llo de Abancay. Cuando concluyeron[7] las vacaciones no pudimos ir adonde estaba mi padre, sino que nos fuimos a las haciendas de un pariente de mi padre, un pariente por parte de su mujer.

Este señor tenía cuatro haciendas muy grandes y alrededor de unas quinientas familias de indios, que eran su propiedad. Yo perdí esta mano —la tengo malograda— en el trapiche de moler caña (Chester Christian, 1983: 223).

Prosigue:

el patrón [Manuel María Guillén] no permitía que se tocara ningún instrumento musical. Era muy católico, y consideraba la música de los indios como un acto de idolatría. Era un señor sumamente católico, pero muy avaro y muy cruel con los indios. Vi cómo en esas vacaciones hizo traer —no me acuerdo si eran franciscanos— religiosos del Cusco a predicar en quechua. Y predicaban la humildad, el respeto al hacendado; que él, en realidad, era un representante de Dios en la tierra.

Entonces la religión era un instrumento temible. Y además, predicaban muy bellamente. Les mostraron la vida de humildad y obediencia como la forma de vida que Dios estimaba más en los hombres, y que el dolor era una característica del ser humano, que mediante el dolor se ganaba la felicidad de la otra vida (C. Christian, 1983: 223).

En otro texto, Arguedas lo muestra con actitudes propias del Viejo de *Los ríos profundos:*

era muy famoso en el Cusco, porque no podía pasar delante de una iglesia sin arrodillarse ni persignarse y, sin embargo, no he visto, que yo recuerde, otro sujeto más indigno de ser católico que este señor (G. Morote Gamboa: 19).

La deshumanización de los colonos, en las haciendas del tío, ostenta todo el marco de incomunicación (de anticomunicación) que le servirá a Arguedas para otorgar impor-

---

[7] Error patente. Debe ser, más bien, que concluyeron las clases y comenzaron las vacaciones escolares de enero-marzo de 1925, lo cual concuerda con los datos de Mildred Merino.

tancia decisiva al Modelo de Comunicación en *Los ríos profundos*, tema ventilado con perspicacia por Julio Ortega y Vicky Wolff Unruh. Veamos:

> Eran cuatro haciendas grandes, de cañaverales. El dueño me mandó a una de ellas [la hacienda Triunfo], para no verme a su lado. Él vivía en la hacienda de Karkeki. [...] Los indios eran del viejo, como las mulas de carga, como los árboles frutales. Los indios le tenían miedo al dueño, como al diablo, tamblaban cuando el viejo gritaba. [...] Esa indiada no tenía pueblo, no tenía casa, ni un pedacito de tierra: todo era del viejo. Cuando bajaban a la hacienda, venían con sus familias; se alojaban en unos cuartos chiquitos, de cañizo y barro que había cerca de la casa hacienda, y allí los hijos de los peones eran para la comida de los piques y de los piojos; yo trabajaba todo el día, sacándoles piques a los mak'tillos; muchos casi no tenían ya sexo: allí formaban su nido los piques de la quebrada. Esa indiada no sabía cantar. Los indios de la hacienda nunca hacían bulla. Llegaban del trabajo al atardecer, cada peón con una carga de leña, para el horno —leña que hacían después de la jornada—. Entraban a la plaza de la hacienda en tropa; pocas veces se reían; subían al corredor de la casa-hacienda, se sentaban en fila sobre los poyos, y esperaban. El administrador los contaba con el dedo, y después los despedía. [...] En sus ranchos no tenían ni una quena, ni un charanguito siquiera. [...] «¿Por qué será?, no cantan» decía yo. Y tenía pena. Algunas noches los visitaba y junto a ellos cantaba los waynos de Ayacucho, de Abancay, de Coracora. Pero casi no oían. «¡Bonito, niñucha!» —decían; pero les daba sueño. Y yo me iba. Después, la cocinera del administrador me contó que, una noche, el viejo había oído tocar una quena en el caserío de Karkeki y fue al rancherío, ocultándose; llegó hasta la puerta del cuarto donde tocaban la quena, y entró en la casa diciendo: «¡Indios, a esta hora se reza!» Pidió la flauta y la pisoteó en el suelo (Arguedas, 1938, *Canto kechwa*: 10-11).

Ni alegría, ni conversaciones animadas, ni música. Un gobierno contrario a la naturaleza y a la vida.

¡Qué diferencia entre los colonos del tío Viejo y los comuneros de Utek' o los indios de Puquio! Sin embargo, ocurrió un suceso terrible que le permitió descubrir al adolescente José María el potencial de altivez y rebelión que poseían los colonos: revelación que le dictará el final de *Los ríos profundos*. Escuchemos referirla al propio escritor, en una de las varias ocasiones que la revivió emocionado:

> Estos siervos podían ser azotados y aun muertos por el hacendado. Vi cómo mandó flagelar a un indio, haciéndole colgar de un árbol de pisonay. Había escondido debajo de su poncho unos cuantos plátanos. La hacienda producía muchos plátanos que el dueño mandaba cosechar y meter a un depósito donde se pudrían. El mercado más próximo era Abancay, y allí los plátanos costaban menos de lo que valía llevarlos desde la hacienda a esa ciudad. Después del castigo acompañé al indio azotado durante todo el camino que escalaba la montaña. No me dirigió la palabra, ni volvió la cara hacia mí. Pero me abrazó en el abra de la cumbre. Su rostro estaba conmovido por una especia de serena gratitud hacia mí y de cierta gran indiferencia. Me pareció majestuoso, cuando empezó a bajar el cerro, hacia el otro lado. Yo descendí la montaña a toda carrera, casi triunfalmente. El siervo flagelado parecía ser mucho más grande y fuerte que sus verdugos (Arguedas, 1966, *José María Arguedas*: 10-11).

Resulta nítida la óptica de la superioridad moral del colono, de la supervivencia en él (a pesar de la explotación, la humillación y la anticomunicación) de los valores andinos: majestad, serenidad ante las adversidades, coraje, fuerza, desdén frente al comportamiento de los patrones blancos (ilógico y antinatural, para la mentalidad andina). Cabría añadir la ternura con que se percibe al colono como una figura afín a la del justo sufriente del Cristianismo: ecos del Evangelio aplicados al colono (y no al aparato externo del Viejo), transfigurado por el dolor, que hallaremos en el primer capítulo de *Los ríos profundos*. Y, en el medio de todo, la fe y la esperanza en el potencial de los indios, sustento de la confianza en un futuro mejor para la humanidad:

> Yo acompañé a este hombre cuando se fue. Subió a la montaña. Iba yo caminando detrás de él y ni se preocupó

de volver la cabeza para mirarme. Pero ya en el abra[8], donde él tenía que voltear el cerro para irse a las tierras frías, en las cuales viven los siervos de la hacienda, volvió la cabeza, me miró, me dio un abrazo y empezó a bajar la montaña. Yo no sé si por el cúmulo de experiencias especialísimas que yo tenía, por el inmenso amor que había sentido por esta gente que sufría, vi en la imagen de este indio un semblante de gratitud, pero al mismo tiempo, casi de conmiseración; lo vi majestuoso y yo me sentí inferior a él. Bajó la montaña y caminó con una tranquilidad, con un peso que daba la impresión de que los látigos no habían hecho sino fortalecerlo. Desde entonces, jóvenes, nunca más he perdido la fe en el ser humano; les quiero decir esto porque a través de todo lo que he escrito, no he hecho más que expresar estas impresiones de la infancia y de la adolescencia (G. Morote Gamboa: 21-22).

Hasta aquí las vivencias biográficas de mayor incidencia en *Los ríos profundos*. Brevemente mencionemos algunas experiencias posteriores que afianzan la posición de Arguedas entre dos mundos:

— En 1926 y 1927 estudia con su hermano Arístides en la ciudad costeña de Ica, donde, ante el desprecio que padece por ser serrano, se esfuerza por obtener calificativos sobresalientes, dispuesto a probar que el serrano puede ser igual o superior en talento al costeño. Sufre una herida amorosa que afecta su corazón transculturado: corteja a una muchacha llamada Pompeya (nótese el parecido sabor antiguo, grecorromano, con la anterior Olimpia), la cual, al producirse el rompimiento entre su hermano Arístides y Zulema (hermana mayor de Pompeya, con un nombre de sabor exótico, árabe), lo despide ásperamente con un «No quiero tener amores con serranos». Todavía en 1969, en una de sus últimas cartas a Arístides, confiesa José María: «las únicas mujeres a las que amé fueron Pompeya y Sybila» (M. Merino, 1970: 133).

— En 1928 estudia en el Colegio Santa Isabel, en la ciudad serrana de Huancayo. Colabora en la revista *Antorcha*

---

[8] Probablemente por errata en el texto dice «agua», en lugar de «abra».

de dicho plantel. En la revista *Inti* publica toda una proclama de exaltación indigenista: «¡La raza será grande!». Huancayo queda en el valle del río Mantaro, región a la que retornó José María en otras etapas de su vida, siendo en ella donde comenzó a escribir *Los ríos profundos*. Le subyugaba el Valle del Mantaro como el mayor ejemplo de mestizaje cultural, de transculturación exitosa, en el Perú[9]:

> ninguna región de la sierra ha fortalecido tanto su personalidad cultural como el valle del Mantaro [...] La coreografía y música folklóricas se han enriquecido, superviven las antiguas danzas y es quizás la única región donde han aparecido otras nuevas. [...] Y como en el arte, en las demás actividades el hombre de este valle se sirve con toda legitimidad de los instrumentos de la civilización moderna [...] complejos factores [geográficos, históricos, sociales y económicos] transformaron al indio del valle en el mestizo actual de habla española, sin desarraigarlo y sin destruir su personalidad. Se produjo un proceso de transculturación en masa bajo el impulso de los más poderosos factores transformantes que en esta zona actuaron simultáneamente.
>
> Debemos apuntar, sin embargo, que el caso del Mantaro es todavía una excepción en el Perú. Pero este acontecimiento feliz nos puede servir ahora de ejemplo vivo para el difícil estudio de la diferenciación cultural que existió siempre entre la sierra y la costa, hecho que se acentuó cada vez más en la época moderna. Nos servirá también para el estudio del posible proceso de fusión armoniosa de las culturas que ambas regiones representan, fusión posible, puesto que en esta región se ha realizado. Sin la aparición del caso del Alto Mantaro nuestra visión del Perú andino sería aún amarga y pesimista (Arguedas, artículo «La sierra en el proceso de la cultura peruana» publicado en 1953; citamos de la recopilación *Formación de una cultura nacional indoamericana*: 11-12).

---

[9] La mayor expresión literaria de ello se llama *País de Jauja* (1993), novela de Edgardo Rivera Martínez (nacido en Jauja, en 1935). Muchos nexos existen entre esta «novela de aprendizaje» de un adolescente jaujino y *Los ríos profundos*.

— En 1931 ingresó en la Universidad Nacional Mayor de San Marcos, donde hizo estudios de Letras, terminando en 1950 la especialidad de Antropología. Se graduó de Bachiller en Letras, especialidad de Etnología, con la tesis *La evolución de las comunidades indígenas* (Premio de Fomento a la Cultura «Javier Prado» 1958), y de Doctor en la misma especialidad, en 1963, merced a la tesis *Las comunidades de España y del Perú*. En 1936 conformó, con José Alvarado Sánchez (el poeta del seudónimo Vicente Azar), Emilio Champion, Augusto Tamayo Vargas y Alberto Tauro, el equipo animador de la revista *Palabra, en defensa de la cultura*[10].

— Por hallarse presente en la protesta estudiantil contra la visita al Perú hecha por el general Camarotta, enviado de Mussolini, estuvo preso en el Sexto (Lima), en 1937-1938. ocho meses encarcelado, además de dos meses en la intendencia y mes y medio en un hospital. Reflejará esto en la novela *El Sexto* (1961).

— En 1939 se casó con Celia Bustamante Vernal. Ella y su hermana Alicia (animadoras de la Peña Pancho Fierro) amaban las artes populares del Perú, siendo pioneras en el reconocimiento de sus valores dentro de los círculos intelectuales de Lima. Recuerda su sobrina, la poeta Cecilia Bustamante:

> José María, Celia y Alicia formaron una triada unida por sus ideas y trabajos. Durante por lo menos un cuarto de siglo su casa fue también posada de los artistas populares que llegaron a la gran ciudad desde las alturas de los Andes. [...]

---

[10] Conceptuando que esa revista fue un vocero de la generación peruana de los años 30, Augusto Tamayo Vargas propone hablar de una Generación *Palabra* (la de los años 20 sería, para él, la generación de la revista *Amauta*). Generación posterior al Vanguardismo, que se orientaba mayoritariamente a lo social y lo telúrico (regionalismo de la Sierra, de la Selva o de la Costa), con hondo humanismo y preocupaciones por la política nacional. Además de Arguedas, integran esta generación (sin que nos limitemos a los colaboradores de *Palabra*) Ciro Alegría, Francisco Izquierdo Ríos, Arturo D. Hernández, Emilio Adolfo Westphalen, Luis Valle Goicochea, Manuel Moreno Jimeno, Vicente Azar, Luis Fabio Xammar, Carlos Pareja Paz Soldán, Luis Felipe Alarco, Carlos Cueto Fernandini, Alberto Tauro, Augusto Tamayo Vargas, etc.

José escribía sobre un mundo al que Alicia pintaba en sus cuadros y Celita animaba con su ingenio. Ella apoyó y alentó vivamente a su marido, el escritor serrano que se imponía en un medio tan clasista y superficial como tiende a ser la sociedad limeña. Mis tías conocían por dentro ese ambiente y lo desafiaron constantemente al precio de algunos pesares de mis abuelos, que las aprobaban en silencio, y la censura de algunos parientes con resabios de aristócratas venidos a menos (Cecilia Bustamante, 1983: 185).

En uno de sus últimos artículos, José María rendiría tributo a la cruzada artística de Alicia Bustamante (fallecida el 27 de diciembre de 1968), en términos que la hermanan con su propio papel de *puente entre dos culturas:*

Alicia Bustamante Vernal formaba parte de la élite artística limeña, teóricamente convencida del ilimitado destino que ofrece al arte y la cultura peruanas el arte llamado indígena. [...] llegó a ser no solamente lo que tantas veces se ha dicho de ella: que fue quien ofreció a Lima por primera vez una exposición de arte popular peruano (1939), la que ofreció por primera vez una exposición de arte popular boliviano (1942), quien por primera vez alcanzó la hazaña de exponer el arte tradicional peruano en las capitales europeas (1959); todo esto sin haber tenido nunca fortuna personal; pero aun así, no fue ésta la mejor obra de Alicia Bustamante. Igualmente importante fue que ella se convirtiera en un puente vivo entre los dos mundos culturales aún hoy muy separados y que estaban mucho más cuando ella salió a los pueblos a recopilar el arte indígena. Transida por las luces y los amores de la obra de todos los artífices indios y mestizos a quienes ella se acercó, pudo a su vez mostrar a esos artífices el cambio que estaba operándose en el otro universo social del país (Arguedas, «La colección Alicia Bustamante y la Universidad», *Dominical,* suplemento de *El Comercio,* Lima, 12 enero 1969: 30).

— El mismo año de 1939 viajó con su esposa Celia a Sicuani (departamento del Cusco), para dar inicio a su carrera de profesor, en el Colegio Nacional de Varones «Mateo Pumacahua». No sólo dictó clases; con dotes de maestro, impulsó a sus alumnos a una valiosa empresa, ensalzada por la especialista Mildred Merino: «Prepara y publica con sus alumnos una recopilación del folklore de la zona, prologada por él mismo en documento que constituye hasta la fecha la más adecuada orientación de la escuela peruana» (M. Merino, 1970: 137). José María enseñaría después en diversos planteles de Lima. Sus esfuerzos por una educación adaptada al Perú de todas las sangres, del mestizaje transculturador, pueden constatarse en el volumen *Nosotros los maestros*.

— Otro campo en el que Arguedas bregó mucho tendiendo puentes entre las dos culturas, fue el de las instituciones oficiales. Destaquemos cómo en 1947 fue nombrado Conservador General de Folklore, en el Ministerio de Educación, con el narrador Francisco Izquierdo Ríos (compañero generacional), que era Jefe de la Sección de Folklore y Artes Populares, organizó la primera gran encuesta magisterial de folklore a lo largo y a lo ancho del Perú: producto de los materiales obtenidos en ella, publicaron la importante antología *Mitos, leyendas y cuentos peruanos*. Entre 1951 y 1961, editó la excelente revista *Folklore Americano*, Órgano del Comité Internacional de Folklore. La amistad con destacados intelectuales del partido Acción Popular, o próximos a él (en especial, nos referimos a Carlos Cueto Fernandini, Luis Felipe Alarco y Francisco Miró Quesada Cantuarias), así como las promesas reformistas, proindígenas y procomunitarias de dicho partido, lo llevaron a desempeñarse como Director de la Casa de la Cultura del Perú (de mediados de 1963 a mediados de 1964, renunciando en solidaridad con la Comisión Nacional de Cultura presidida por Cueto), donde cumplió una fructífera labor; sirva de ejemplo la creación de la revista *Cultura y pueblo* (1964), destinada a las masas populares. Luego, de 1964 a 1966 dirigió el Museo Nacional de Historia, retirándose de todo cargo oficial ante el escaso apoyo gubernamental; Mildred Merino lo liga a su primer intento de suicidio (creemos nosotros que operaron varias causas para el deseo de suicidarse, y no sólo ésta): «Ante la drástica reducción presupuestal de los Museos y el subsiguiente despido masivo de empleados, cuyas esposas y madres de muchos de ellos acudían donde Ar-

31

guedas llorando por su intercesión, los nervios de éste no resistieron y en abril de 1966 lleva a cabo su primer intento de suicidio» (Merino, 1970: 141).

— A lo largo de su existencia tradujo, estudió y antologó muestras valiosas de la poesía, el cuento, la música, el pensamiento mítico y la organización de las comunidades indígenas. La primera de esas antologías (*Canto kechwa*, 1938) iba precedida por todo un manifiesto transculturador: «Ensayo sobre la capacidad de creación artística del pueblo indio y mestizo». Destaquemos sus traducciones de los cuentos narrados por Carmen Taripha y recogidos por el R. P. Jorge A. Lira (*Canciones y cuentos del pueblo quechua*, 1948); y, sobre todo, su traducción del manuscrito quechua de Huarochirí (recogido por el R. P. Francisco de Ávila hacia 1597-1598), al que tituló *Dioses y hombres de Huarochirí*, primera versión directa al español de «la obra quechua más importante de cuantas existen [...] el único texto quechua popular conocido de los siglos XVI y XVII y el único que ofrece un cuadro completo, coherente, de la mitología, de los ritos y de la sociedad en una provincia del Perú antiguo [...] es una especie de «Popol Vuh» de la antigüedad peruana» (*Dioses y hombres de Huarochirí*: 9).

— En su vida amorosa ocurre una ruptura crucial en 1965: se divorcia de Celia Bustamante y comienza una nueva relación con Sybila Arredondo (dama chilena a la que había conocido en Chile: Sybila recordaría cómo lo conoció en una reunión en la que José María cantaba en quechua), casándose con ella en 1967. Sybila (nótese el aura grecorromana de este nombre, ligado a creencias real-maravillosas en los oráculos) compartió su devoción por la cultura y el arte popular peruanos, avivando en él la preocupación socio-política por un cambio profundo del orden existente. Muerto José María, Sybila se ha dedicado ejemplarmente a recopilar y anotar (con un meticuloso aparato de variantes y aclaraciones léxicas) sus *Obras completas*.

— Mucho se ha especulado sobre el trágico suicidio de Arguedas: en la Universidad Nacional Agraria «La Molina» (donde laboraba desde 1962, siendo elegido en 1968 Jefe del Departamento de Sociología), en Lima, se dispara una bala al cráneo el 28 de noviembre de 1969 y, luego de lenta agonía, muere el 2 de diciembre, dejando una serie de cartas y encargos, incorporando su suicidio al final de su novela *El Zorro de Arriba y el Zorro de Abajo*. Ninguna causa sola lo explica. Confluyeron varias:

1. Las carencias afectivas y los traumas de la infancia y la adolescencia: «tengo un desajuste emocional y psíquico que me ha durado casi toda la vida y que se hizo agudo en 1943; desde entonces vivo luchando atrozmente contra el mal». Neurosis que lo tornaba angustiado e insomne, conforme recuerda su amigo más íntimo, el poeta Manuel Moreno Jimeno. José María acudió varias veces a Chile para curarse de ella, ayudado por la Dra. Lola Hoffmann. Desde joven había sentido la tentación del suicidio.

2. Los sentimientos de culpa por haber dejado a su primera esposa (aunque señalando que estaba harto de sus celos y que amaba más a Sybila, le guardaba mucho cariño, admiración y reconocimiento por la vida en común), agravados por la condena y/o el alejamiento de la mayoría de sus amigos cuando se divorció de ella. Cfr. la correspondencia editada por Forgues.

3. Un ángulo particular de su neurosis lo llevaba a asumir con dificultad la vida sexual —libre de sombras, sana— que le reclamaba la joven Sybila:

> ¿Te acuerdas que en Llocllapampa pasaba las noches recostado y sin dormir ni una pestañada en toda la noche? Mis perturbaciones vienen desde antes. Las cosas se agravaron hasta lo insoportable con mi separación de Celia y Alicia. Mis relaciones con Sybila sólo en estos últimos meses alcanzan la armonía; fueron un cúmulo de oposiciones y fascinaciones debido a la diferencia de edad y de formación, sobre todo de esto último. Bien sabes que mi cuerpo, mis hábitos, son católicos feudales hispano-indios; así mismo, un enredo padre. Sybila en cambio es una límpida criatura del siglo XXI, comunista, que considera su naturaleza como algo puro en todas sus partes. [...] Sybila no acepta o no es apta para ser maternal y yo veía en cada mujer amada a una madre pero al mismo tiempo el sexo diabólico (Carta a Manuel Moreno Jimeno, del 9 de noviembre de 1968; cfr. la correspondencia editada por Forgues 1993: 155).

4. El temor de no estar capacitado para cumplir la misión que se había trazado como creador literario: retratar con fidelidad el Perú. A él no le satisfacía la idea de una obra de ficción de gran coherencia interna —como es la suya—; debía, además, trasuntar cabalmente la realidad del Perú, ayudando a construir un porvenir con participación predominante de las masas indígenas. Ya le había preocupado que los críticos no repararan en el mensaje revolucionario de *Los ríos profundos* (asunto que veremos más adelante), a excepción de César Lévano. Pero la inseguridad cundió cuando, en una mesa redonda efectuada el 23 de junio de 1965 en el Instituto de Estudios Peruano (entidad de la que era investigador destacado), críticos literarios (Sebastián Salazar Bondy y José Miguel Oviedo, discrepando de ellos Alberto Escobar) y sociólogos conceptuaron que su novela *Todas las sangres* no se ajustaba con exactitud a la realidad del Perú de los años 60. Luego del debate, en un texto escrito esa misma noche, Arguedas se preguntaba si había vivido en vano (cfr. Pinilla, 1994). A pesar de la comprensión de Escobar, Hugo Blanco y el R. P. Gustavo Gutiérrez (cuya Teología de la Liberación admite antecedentes en *Todas las sangres* y *El Zorro de Arriba y el Zorro de Abajo*) quedó minada su seguridad para entender lo que estaba pasando en el Perú de entonces. Junto con ello, la duda de su preparación artística en las nuevas técnicas narrativas que le exigiría el tema de Chimbote y la compleja experimentación de planos y niveles desatada en *El Zorro de Arriba...* El roce que tuvo con Julio Cortázar (el gran escritor argentino lamentaría el enredo, en varias ocasiones) pareció poner en evidencia su «impericia» técnica frente a los grandes virtuosos del *boom* de los años 60 (cfr. Cortázar, 1969, y la edición crítica de *El zorro de Arriba...* coordinada por E. M. Fell).

5. La indecisión ideológica, desilusionado ante el reformismo de Acción Popular, sin saber qué pensar de las reformas impuestas por el gobierno del general Juan Velasco Alvarado (en el poder desde octubre de 1968), del giro de la Iglesia Católica a partir de Juan XXIII y el Concilio Vaticano II, de la Revolución Cultural en la China de Mao, del ejemplo de la Revolución Cubana, reactivado su socialismo

juvenil por el comunismo ferviente de Sybila. Frente a ello, percibía la inminencia de un cambio profundo, doloroso y violento en el Perú, sintiéndose él proclive a predicar la conciliación y el abrazo pacífico de «todas las sangres». ¿No sería él un estorbo, un escritor aferrado a experiencias e ideales que no servían ya a fines de los años 60? Muchas páginas suyas responden llenas de esperanza; pero la depresión, nutrida por las cinco causas señaladas (más la siempre precaria situación económica, que dificultaba una instalación adecuada de su matrimonio con Sybila), le ganó finalmente.

Perdió la fe en sí mismo, en lo que podría seguir dándonos a todos; pero no en el Perú transculturado y en el futuro de la humanidad.

2. BILINGÜE CON PREDOMINIO QUECHUA

Tratamiento aparte merece el del bilingüismo quechua y español de Arguedas, por ser el idioma la herramienta principal de la creación literaria, su sustento ineludible.

Se ha generalizado una interpretación errada de las declaraciones de nuestro escritor, según la cual su lengua materna habría sido el quechua y recién habría aprendido el español «con cierta eficiencia después de los ocho años, hasta entonces sólo hablaba quechua» (estas palabras vertidas en el *Primer encuentro de narradores peruanos* han sido citadas como prueba, sin matización alguna). Forgues ha sabido cuestionar este «mito del monolingüismo quechua de Arguedas», aunque pasándose al extremo opuesto:

> el escritor fue tempranamente bilingüe —cosa natural, además, en esa zona andina, en que los hijos de los *mistis* son generalmente atendidos por sirvientas indígenas— como hemos podido averiguar, pero tras haber aprendido primero la lengua de la madre que lo crió hasta los dos años y medio, es decir, el castellano y no el quechua [...] hace tiempo que la psicología nos ha enseñado lo importante que son los primeros años de la infancia en la formación de la personalidad de cada uno de nosotros. Y estos primeros años,

Arguedas los vivió con su madre y su padre blancos (Forgues, 1991: 49; cfr. también Forgues, 1989: 28-29)

Conviene tener en cuenta que los padres de Arguedas eran bilingües (lo era la gran mayoría de los habitantes de los departamentos en que José María pasó su infancia y adolescencia: Apurímac, Ayacucho y Cusco) y que antes de los tres años de edad (momento que muere la madre de Arguedas) no se domina cabalmente la sintaxis completa —ni siquiera la pronunciación correcta de todos los fonemas— de un idioma. Probablemente, bajo el regazo de su madre, Arguedas hubiera dominado primero el español; empero, al fallecer ella, su bilingüismo inicial devino en un dominio del quechua (facilitado por el amor y la protección que le daban los indios, haciendo del quechua la lengua de su corazón) antes que del castellano. Al respecto, el mejor testimonio es el que ofreció a C. Christian:

> yo aprendí a hablar en quechua. Me formé en una población muy pequeña, en donde la mayor parte de la gente sólo hablaba quechua. [...] Siempre hablé un poco de español, ¿no? Pero mi lengua predominante era el quechua. Hasta los nueve años hablaba muy poco español y dominaba el quechua [...] Yo puedo escribir poesía en quechua y no lo puedo hacer en castellano, lo que me está demostrando que mi lengua materna es el quechua (Christian, 1983: 221-228).

La cuestión del lenguaje que debía emplear se le planteó a Arguedas desde sus primeras narraciones. En varias oportunidades subrayó la irritación que le produjo leer la imagen de los indios que habían tejido los cuentos de Ventura García Calderón (modernista ubicable dentro del llamado Indianismo) y Enrique López Albújar (cuyos *Cuentos andinos*, de 1920, fueron el punto de partida del Indigenismo «ortodoxo» o «propiamente dicho», inserto en la estética del realismo regionalista). El deseo de retratar al indio con su ser auténtico, *desde dentro*, se vio ratificado y acentuado por la lectura entusiasta que hizo de la novela *El tungsteno* (1931) de César Vallejo, donde sí reconoció el mundo andino con una intensidad y furia liberadora que anheló emular y profundizar, decidido a ser el novelista de los Andes. Puso en sus cuentos las vivencias empozadas desde la infancia y la adolescencia, pero las sintió distorsionadas por el uso del español como medio de comunicación:

> En estos relatos [de García Calderón y López Albújar] estaba tan desfigurado el indio y tan meloso y tonto el paisaje o tan extraño que dije: «No, yo lo tengo que escribir tal cual es, porque yo lo he gozado, yo lo he sufrido» y escribí esos primeros relatos que se publicaron en el primer libro que se llama *Agua*. Lo leía a estas gentes tan inteligentes como Westphalen, Cueto y Luis Felipe Alarco. El relato les pareció muy bien. [...] Cuando yo leí ese relato, en ese castellano tradicional, me pareció horrible, me pareció que había disfrazado el mundo tanto casi como las personas contra quienes intentaba escribir y a quienes pretendía rectificar. Ante la consternación de estos mis amigos, rompí todas esas páginas. Unos seis o siete meses después, las escribí en una forma completamente distinta, mezclando un poco la sintaxis quechua dentro del castellano, en una pelea verdaderamente infernal con la lengua (*Primer encuentro de narradores peruanos:* 41).

Cabría preguntarse por qué Arguedas se decidió por un español quechuizado[11] y no por el quechua. Su artículo «Entre el kechwa y el castellano» (*La Prensa*, Buenos Aires, 24 septiembre 1939) condensa las razones que lo llevaron a dar su «voto» a favor del uso de un castellano en transculturación con el quechua. Básicamente, estima que el quechua (capaz, por cierto, de «colmar» la «más honda necesidad de expresión» del indio) es un «idioma sin prestancia y sin valor universal»; de otro lado, sabe que el castellano en la sierra andina ha dejado de ser «idioma puro e intocado», impregnándose del «genio del kechwa»: al respecto, el notable lingüista Rodolfo Cerrón-Palomino nos habla de un lenguaje «criollo», el cual «estrictamente hablando no es ni es-

---

[11] Sobre el español quechuizado de Arguedas, consúltese los trabajos de Alberto Tauro, Sebastián Salazar Bondy, Edmundo Bendezú y, sobre todo, Alberto Escobar, William Rowe y José Antonio Rodríguez Garrido.

pañol ni quechua; es, si se quiere, ambas cosas a la vez: español por su sistema léxico y su morfología, y quechua por su sintaxis.» (Cerrón-Palomino, 1972: 157).

Acertadamente Rowe ha distinguido dos grandes etapas en el español quechuizado de Arguedas: 1) Confecciona una «mistura» de español y quechua, pensando que el mestizaje lingüístico (asunto que había desvelado antes a Gamaliel Churata) fusionaría las dos culturas con predominio del «genio del quechua». Los frutos son los cuentos de *Agua* (1935) y la novela *Yawar Fiesta* (1941). 2) En parte ya en *Diamantes y pedernales* (1954) y de modo pleno en *Los ríos profundos* (1958), opta por un español correcto pero sutilmente diestro para trasuntar la cultura andina:

> El lenguaje de *Los ríos profundos*, menos dependiente de efectos superficiales, resulta más apropiado para comunicar el pensamiento de otra cultura ajena al lector. [...] La variación en el orden gramatical es uno de los aspectos más felices de su estilo maduro. Lo usa flexiblemente para lograr una serie de efectos: por ejemplo, se interrumpe el curso de la lógica «racionalista» para activar una serie de emociones e intuiciones que se hallan subyacentes. [...] Las acciones y objetos sencillos se vuelven partes de estructuras sorprendentes que comunican la sensibilidad y percepción quechuas. El ordenamiento especial de las palabras se combina con la creación de un extraño ritmo, obtenido principalmente a través del asíndeton y las repeticiones. Se nota una tendencia a otorgar mayor peso a ciertos tipos de expresión, como lo señala Morales: «Lo constante es la exploración sistemática de ciertas potencialidades expresivas normales en el castellano: los valores emocionales implícitos en los diminutivos y en la durabilidad de los gerundios.» Arguedas prefiere usar vocabulario y modismos sencillos y familiares en vez de modos literarios, lo cual implica el riesgo de caer en un estilo torpe, pero felizmente evita este problema. Su prosa logra una notable claridad y limpidez a pesar de apartarse de los tradicionales moldes literarios castellanos (Rowe, 1979: 61-63).

Alcanzada esa plenitud expresiva, continuada en el cuento *La agonía de Rasu-Ñiti* (1962) y las novelas *El Sexto* (1961), *Todas las sangres* (1964) y *El Zorro de Arriba...* (póstuma: 1971), Arguedas da muestras relevantes de cultivar el quechua como lengua literaria: en 1962 publica su primer poema en quechua *(Tupac Amaru Kamaq Taytanchisman/A Nuestro Padre Creador Túpac Amaru)* y en 1965 en versión bilingüe de un relato oral andino *(El sueño del pongo/Pongoq Mosqoynin)*, precedidos ambos opúsculos por prefacios que abogan

> no sólo por la poesía, sino también por una narrativa en quechua, como una forma de inducir y alentar el surgimiento de una *koiné*, o sea, una lengua quechua general, basada en el prestigio de la literatura quechua escrita en el quechua oral contemporáneo, fuera en poesía o en narración (Escobar, 1984: 174).

Seguramente la decisión de usar también el quechua reposaba en la importancia que concedía a la presencia creciente del indio no sólo como tema en los círculos intelectuales de las ciudades, sino como habitante en las ciudades mismas de la Costa; a ellos alude, precisamente, en su himno a Túpac Amaru. De otro lado, los libros sobre la cultura andina se habían multiplicado y ganado en hondura, en los decenios transcurridos desde *Agua*, proporcionando a los lectores de cualquier parte del Perú la información pertinente para entender textos en versión bilingüe, así como las osadas incrustaciones de factores de la cultura andina en su novela ambientada en Chimbote (puerto atiborrado de inmigrantes andinos), es decir *El Zorro de Arriba...*, aspecto examinado penetrantemente por Lienhard.

3. INDIGENISMO DESDE Y PARA TODAS LAS SANGRES

De buenas a primeras, uno diría que el Indigenismo (con manifestaciones literarias, pictóricas, musicales, políticas, ideológicas, etc.) se define por su tema o referente: el indio, con sus costumbres y creencias, su paisaje y su historia. No obstante, memorablemente José Carlos Mariátegui atinó a distinguir entre lo *indigenista* y lo *indígena*, iluminando lo

esencial de la corriente indigenista, en sus fundamentales *7 ensayos de interpretación de la realidad peruana* (1928), leí-
dos con devoción por Arguedas:

> La literatura indigenista no puede darnos una versión ri-
> gurosamente verista del indio. Tiene que idealizarlo y estili-
> zarlo. Tampoco puede darnos su propia ánima. *Es todavía
> una literatura de mestizos. Por eso se llama indigenista y no indí-
> gena.* Una literatura indígena, si debe venir, vendrá a su
> tiempo. Cuando los propios indios estén en grado de pro-
> ducirla (*Mariátegui total*, I: 150; la cursiva es nuestra).

La conciencia de ser un mestizo, y no un indio, por más
que fuera un mestizo muy «entropado» (expresión del cuento «Agua») con los indígenas, nunca abandonó a Arguedas.
Por eso, en su última novela afirma sin tapujos:

> este Cortázar que aguijonea con su «genialidad», con sus so-
> lemnes convicciones de que mejor se entiende la esencia de
> lo nacional desde las altas esferas de lo supranacional.
> Como si yo, criado entre la gente de don Felipe Maywa,
> metido en el oqllo [pecho] mismo de los indios durante al-
> gunos años en la infancia para luego volver a la esfera «su-
> pra-india» de donde había «descendido» entre los quechuas,
> dijera que mejor, mucho más esencialmente interpreto el
> espíritu, el apetito de don Felipe, que el propio don Felipe.
> ¡Falta de respeto y legítima consideración! No se justifica.
> (ZZ, V, 22)

El estudioso que ha sabido sistematizar mejor la distinción citada de Mariátegui, es Antonio Cornejo Polar. Certeramente, reflexiona cómo el circuito de comunicación del
Indigenismo implica que el referente sea el mundo indígena, pero el emisor y el receptor (y, en el caso de la novela,
género «occidental», el código literario elegido) sean no-in-
dios, amén del idioma empleado, el español. Además, lo indio es pintado en conexión con la heterogeneidad sociocultural del Perú:

> la novela indigenista (y el indigenismo como totalidad) no
> debe comprenderse en relación exclusiva con el mundo in-

dígena, como la revelación o el esclarecimiento de esa realidad o como la reivindicación de sus intereses sociales y la revalorización de su cultura: tiene que comprenderse, más bien, como un ejército cultural que se sitúa en la conflictiva intersección de dos sistemas socioculturales, intentando un diálogo que muchas veces es polémico, y expresando, en el nivel que le corresponde, uno de los problemas medulares de la nacionalidad: su desmembrada y conflictiva constitución. La novela indigenista no es sólo un testimonio literario más o menos certero, más o menos «interno», del mundo indígena; más que eso [...] la novela indigenista es la representación literaria más exacta del modo de existencia del Perú. La novela indigenista no tanto enuncia su problemática cuanto —con mayor profundidad— la plasma en su forma, en su estructura general, en su significado [...] La densa y heteróclita multiplicidad del país —de este país que según decía Arguedas comprende «todas las patrias»— está presente y actuante en la raíz misma de la novela indigenista peruana (A. Cornejo Polar, 1980: 88-89).

Entendido así, Ciro Alegría y José María Arguedas resplandecen como las máximas plasmaciones de la novela indigenista. Haciendo una conveniente aclaración (que habría que repetir y repetir a quienes manejan una visión epidérmica o restringida del Indigenismo, focalizándolo en la figura del indio y nada más), el propio Arguedas acepta ser un indigenista atento a la heterogeneidad sociocultural:

La literatura llamada indigenista no es ni podía ser una narrativa circunscrita al indio, sino a todo el contexto social al que pertenece. Esta narrativa describe al indio en función del señor, es decir, del criollo que tiene el dominio de la economía y ocupa el más alto status social, y del «mestizo», individuo social y culturalmente intermedio que casi siempre está al servicio del señor, pero algunas veces aliado a la masa indígena. Finalmente la narrativa peruana intenta, sobre las experiencias anteriores, abarcar todo el mundo humano del país, en sus conflictos y tensiones interiores, tan complejos como su estructura social y el de sus vinculaciones determinantes, en gran medida, de tales conflictos, como las implacables y poderosas fuerzas externas de los imperialismos que tratan de modelar la conducta de sus habitantes a través del control de su economía y de todas las agencias de difusión cultural y de dominio político. En ese sentido la narrativa actual, que se inicia como «indigenista», ha dejado de ser tal en cuanto abarca la descripción e interpretación del destino de la comunidad total del país, pero podría seguir siendo calificada de «indigenista» en tanto que continúa reafirmando los valores humanos excelsos de la población nativa y de la promesa que significan o constituyen para el resultado final del desencadenamiento de las luchas sociales en que el Perú y otros países semejantes de América Latina se encuentran debatiéndose (Arguedas, artículo «El Indigenismo en el Perú», en *Indios, mestizos y señores:* 19-20. Bajo el título de «Razón de ser del Indigenismo en el Perú» apareció incompleto, en *Visión del Perú,* Lima, núm. 5, junio 1970; de allí lo han reproducido varias veces, verbigracia en *Formación de una cultura nacional indoamericana*).

El deseo de «abarcar todo el mundo humano del país» llevó a Arguedas a ampliar progresivamente el ámbito sociocultural de sus narraciones:

Concebir *[Todas las sangres]* me costó algunos años de meditación. No habría alcanzado a trazar su curso si no hubiera interpretado en *Agua* (1935) la vida de una aldea; la vida de una capital de provincia en *Yawar Fiesta* (1941), la de un territorio humano y geográfico más vasto y complejo en *Los ríos profundos* (1958), y sin una experiencia larga y tensa del Perú («Entrevista a José María Arguedas» por Tomás G. Escajadillo; en *Cultura y pueblo,* núms. 7-8, Lima, julio-diciembre, 1965).

Esa ampliación y creciente complejidad del mundo representado ha sido estudiada con detenimiento por Escajadillo (1970), A. Cornejo Polar (1973, 1980) y Forgues (1989). Cabe distinguir tres grandes etapas (o círculos concéntricos) admirablemente cohesionadas entre sí: la primera presenta rasgos embrionarios de la segunda (apunta a ella como marco englobador) y ésta, de la tercera; viceversa, la tercera contiene (sin diluirla ni desdibujarla) a la segunda, y ésta, a la primera:

La primera está conformada por el mundo andino de las comunidades indígenas, las haciendas y las aldeas. La oposición básica se da entre indios y terratenientes (mistis). Es la etapa de los cuentos de *Agua*.

La segunda aborda poblaciones más populosas cada vez, más estratificadas y ligadas al Perú costeño y urbano: la capital de provincia Puquio *(Yawar Fiesta)*, las capitales de departamento Abancay y Cusco *(Los ríos profundos)* y, en cierto modo, un presidio en Lima con reos serranos y costeños, ya en plena capital del país *(El Sexto)*, sin omitir que la capital del departamento costeño Ica aflora en el cuento «Orovilca» *(Diamantes y pedernales)*. La oposición básica es el conflicto sociocultural entre sierra y costa.

Con *Todas las sangres* y *El Zorro de Arriba y el Zorro de Abajo*, a pesar de su importancia (hasta los títulos llevan a pensar en «todas las sangres» o «todas las patrias» de la heterogeneidad sociocultural peruana, en un caso, y reelaboran los Zorros míticos de *Dioses y hombres de Huarochirí*, el serrano —Arriba— y el costeño —Abajo—, en el otro caso), el conflicto entre sierra y costa abre paso a una tercera etapa en la que la pugna principal es entre la nación peruana (su identidad cultural, su autonomía socioeconómica y política, su legado histórico) y el imperialismo capitalista. Resulta sintomático que muriera dejando inconcluso un cuento («El puente de hierro») que nos traslada a las entrañas mismas del imperialismo norteamericano.

Forgues explica la base dialéctica del proceso creador arguediano:

> regida por la serie de las tres oposiciones dualistas o binarias [...] la estructura interna del universo narrativo arguediano responde a una interpretación dialéctica de los fenómenos socioeconómicos y culturales, en los marcos sucesivos de una sociedad única, pero de alguna manera independiente, de una sociedad dual y, por fin, de una sociedad única pero dependiente (Forgues, 1989: 93-94).

Resulta admirable percibir, con A. Cornejo Polar, que la evolución del espacio representado calza con las transformaciones operadas en el Perú de este siglo, conforme lo dilucida luminosamente Alberto Flores Galindo:

> Antonio Cornejo Polar cree advertir en este itinerario una especie de reflejo de la evolución económica nacional: la ruptura de la fragmentación [en comunidades y aldeas aisladas], la penetración del capitalismo, la edificación paulatina de un mercado interno. En 1935 era difícil tener desde el interior de los Andes una imagen del Perú: los campesinos, como lo ha recordado el propio Arguedas, no se reconocían en los símbolos nacionales; ignoraban el significado de la bandera o del himno. Pero esta situación cambió como consecuencia inevitable de los flujos mercantiles, que unieron unos pueblos con otros, la expansión de la red vial, la urbanización y finalmente las migraciones: se rompió el inmovilismo estructural de la población andina. Desde el siglo XVI la tendencia demográfica había conducido a encerrar a esta población en la sierra; en el siglo XX, Perú recupera el volumen de habitantes que había tenido en los tiempos prehispánicos, lo sobrepasa y los hombres andinos, de las punas y valles quechuas, descienden a las ciudades de la costa. Forman ciudades donde antes sólo había pequeñas caletas de pescadores, como ocurre en Chimbote. Son estos cambios los que impondrían su ritmo a la obra de Arguedas; los que hicieron posible pensar e imaginar al Perú como totalidad (Flores Galindo, 1987: 199-200).

Añadiríamos nosotros que la evolución narrativa arguediana reproduce la trayectoria biográfica de nuestro escritos, desde las experiencias de Viseca y Puquio, hasta sus vivencias en Lima y Chimbote: su vida colaboró para que tomara conciencia gradual de la realidad peruana, de los cambios señalados por Flores Galindo.

4. Neo-indigenismo y Realismo Maravilloso

Conviene distinguir fases (en cierto modo, tipos) en el Indigenismo. Aprovechando aportes de Concha Meléndez, Aída Cometta Manzoni y Juan Loveluck, pero desarrollándolos con mayor organicidad y matización, rigor y precisión, Tomás G. Escajadillo distingue:

1. El *Indianismo*, con su visión «exotista» del indio, retratado «desde fuera», bajo esquemas o estereotipos sin sustento real. Sus fuentes son la lectura de autores franceses que no conocían el Perú (Montaigne, Voltaire, Rousseau, Marmontel, etc.) y/o un contacto superficial, cuando éste existe, con la realidad andina. En la narrativa peruana, cuenta con dos modalidades: a) un *indianismo romántico-realista-idealista*, cuyos ejemplos más importantes se llaman *El Padre Horán* (1848) de Narciso Aréstegui y *Aves sin nido* (1889) de Clorinda Matto de Turner; y b) un *indianismo modernista*, ya sea ambientado en el pasado «incaico» (*Los hijos del Sol*, 1921, de Abraham Valdelomar) o en el presente (*La venganza del cóndor*, 1924, de Ventura García Calderón).

2. El *Indigenismo ortodoxo* (Henry Bonneville había hablado de «indigenismo en sentido estricto», diferenciándolo del indianismo) que implica: a) superación de la idealización romántica (legado del *buen salvaje americano*); b) suficiente proximidad con el indio y el Ande como para retratarlo dentro de las exigencias realistas del Regionalismo[12], con mucho ya de retrato «desde dentro»; y c) el «sentimiento de reivindicación social» (ya existente en Aréstegui y Matto, pero subrayado por José Carlos Mariátegui como nota sustantiva del Indigenismo) pone en el centro de la cuestión indígena el factor económico (el problema de la tierra, del despojo padecido por las comunidades indígenas), relegando las soluciones por las vías de la caridad y la educación «civilizadora» propuestas por los indianistas. Todo ello en sintonía con la prédica indigenista de Manuel González Prada y, sobre todo, Mariátegui. Según Escajadillo, *Cuentos andinos* (1920) de Enrique López Albújar inaugura este «Indigenismo ortodoxo», siendo su expresión culminante *El mundo es ancho y ajeno* (1941) de Ciro Alegría,

---

[12] Desde los años 10 hasta los años 40 (de modo preferente durante el lapso 1920-1941) hubo una tendencia regionalista en la narrativa hispanoamericana. En el área andina del Perú, Bolivia y Ecuador su expresión fue el «Indigenismo ortodoxo» (López Albújar, Alegría, Alcides Arguedas, Jorge Icaza, etc.). En otras áreas, propició una narrativa de tema gauchesco (Güiraldes), de los llanos (Gallegos), la selva amazónica (J. E. Rivera), etc.

aunque para nosotros Alegría trasciende —al lado de J. M. Arguedas— los límites fijados para el «Indigenismo ortodoxo», adentrándose en la fase siguiente.

3. El *Neo-indigenismo,* plasmado por el Arguedas de *Los ríos profundos* (1958) y dos jóvenes narradores de la llamada Generación del 50: Eleodoro Vargas Vicuña (*Nahuín,* 1953, y *Taita Cristo,* 1964) y C. E. Zavaleta (*El Cristo Villenas,* 1955, *Los Ingar,* 1955, etc.), a los que nosotros sumaríamos a Ciro Alegría (en especial, *El mundo es ancho y ajeno,* la novela corta *Siempre hay caminos* y el cuento «La ofrenda de piedra»)[13].

Escajadillo atina a establecer las principales características del Neo-indigenismo, todas capitales para leer idóneamente a Arguedas:

a) Así como el «Indigenismo ortodoxo» se inscribía dentro del Regionalismo (véase nota 12), ahora el Neo-indigenismo se sitúa dentro de la *nueva narrativa,* cultivando una de sus vertientes principales, la del «realismo mágico»[14], que nosotros preferimos denominar *Realismo maravilloso*[15]. La diferencia resulta nítida:

---

[13] Escajadillo (1994) estudia numerosos cultores del Neoindigenismo posteriores a los años 50: Manuel Scorza, Edgardo Rivera Martínez, Marcos Yauri Montero, Hildebrando Pérez Huarancca, Oscar Colchado Lucio, Cronwell Jara, etc. Véase los tomos de *El cuento peruano* de Ricardo González Vigil.

[14] El propio Arguedas situaba sus novelas dentro del «realismo mágico» (entrevistado por Escajadillo, 1965: 23).

[15] Por dos razones, no recomendamos el uso del término *realismo mágico:* a) Algunos lo emplean como sinónimo de «lo real-maravilloso» (Luis Leal, «El realismo mágico en la literatura hispanoamericana», en *Cuadernos Americanos,* vol. CLII, año XXVI, núm. 4, México, julio-agosto de 1967) y otros como la «categoría de lo extraño» (ligable a Kafka) diferenciándola de la «categoría de lo sobrenatural» que tipificaría a la «literatura fantástica», reconociendo —para sorpresa del lector— ambas categorías en autores tan disímiles como Borges y Carpentier (Enrique Anderson Imbert, *El Realismo Mágico y otros ensayos,* Caracas, Monte Ávila Eds., 1976. Cfr.; también: Ángel Flores, «Magical realism in Spanish American Fiction», en *Hispania,* XXXVIII, núm. 2, mayo de 1955). b) Incluso si se puntualizara una sola acepción, la expresión «realismo mágico» concede relieve a la *magia* como lo único o lo central. En cambio, el calificativo *maravilloso* incluye, de modo amplio y flexible, la magia, el mito, el milagro o hecho sobrenatural, y una transfiguración portentosa de todo (esto último campea en *Cien años de soledad* de García Márquez).

sea cual fuere el procedimiento adoptado, en las obras del «indigenismo ortodoxo» siempre podremos distinguir y diferenciar el estrato de lo «mágico» del estrato de «la realidad»; aunque intenten presentarse juntos, siempre veremos la «costura» que une (o separa) el estrato de lo «real-maravilloso» del estrato de lo «real-real». El «realismo mágico», que implica una «aceptación» o «adopción» del estrato de lo mágico-mítico-religioso (en cualquier tipo de combinaciones) como algo que se da en «el mundo» con la misma *naturalidad* que los «fenómenos naturales» [...] brinda inmensas y nuevas posibilidades de una penetración más profunda y auténtica en el horizonte del habitante andino, para quien, precisamente, la «realidad» es distinta de la de un lector «occidental» (Escajadillo, 1994: 57-58).

Al lector «occidental» le cuesta adaptarse a la óptica de lo real maravilloso, nutrida por el mito y la magia, bajo una oposición entre lo sagrado y lo profano que recorre la totalidad de las vivencias: el trabajo, los lazos familiares y comunitarios, el amor, el ejercicio de la autoridad, la contemplación de la naturaleza, la expresión artística, etc. Esta óptica no triunfa cabalmente en el Indigenismo, pero sí en el Neo-indigenismo, siendo Arguedas su expresión más plena y afortunada, la que mejor retrata *desde dentro* el mundo andino.

Aclaremos que no pretendemos respaldar exactamente la manera cómo Carpentier delimitó *lo real maravilloso* en su célebre prólogo a la novela *El reino de este mundo* (1949). Aprovechamos la conveniencia del adjetivo *maravilloso* y acuñamos el derivado *realismo maravilloso* (superior a la opción «realismo mítico»), entendiendo que la clave de su diferenciación con el llamado *realismo* (y derivaciones de este siglo, como son el neorrealismo y el realismo-socialista) y el *surrealismo* (en francés, sobre-realismo o super-realismo), radica en que lo que llamamos *real* depende de nuestra óptica cultural. La cultura europea fue apartándose de lo real-maravilloso desde fines de la Edad Media; en la Edad Moderna fue construyéndose una óptica racionalista, empirista y pragmática que en los siglos XVII-XIX terminó tachando de ignorancia o superstición lo real-maravilloso, generando el apogeo de la narrativa «realista» a mediados y durante la segunda mitad del siglo XIX. Pero en América ha preservado su fuerza, en gran medida, lo real-maravilloso, merced a las culturas de raíces pre-hispánicas (siendo la andina la que conserva más acusadamente esas raíces) y al aporte de origen africano.

No debe extrañarnos, por eso, que muchos estudiosos de Arguedas[16] no hayan percibido adecuadamente la factura real-maravillosa de su universo creador, la cual sí han sabido dilucidar Rouillón, Urrello, Rowe, Trigo, Lienhard y Cruz Leal. A nuestro juicio, la dificultad para sintonizar lo real-maravilloso en Arguedas es mucho mayor que la que pueden plantear los otros cultores del realismo maravilloso, llámense Carpentier o Asturias, Rulfo o García Márquez. En éstos lo real-maravilloso está como subrayado y exacerbado por la desmesura y la exageración, o por el barroquismo verbal y la profusión de imágenes y resonancias metafóricas, o por las marcas de lo insólito y lo extraordinario[17]. En ellos ya estamos fuera por completo de los cauces de la narrativa del Realismo y el Neo-realismo, dentro de otras reglas de juego de la verosimilitud; el lector «occidental» acepta someterse a esas reglas como exigencia de la ficción narrativa y no como un aporte o prolongación de lo que él con-

---

[16] Un ejemplo mayor es el del gran novelista Mario Vargas Llosa, cuyos escritos han colaborado mucho al reconocimiento internacional de Arguedas). Refiriéndose al Ernesto de *Los ríos profundos,* Vargas Llosa delata su radical incomprensión de lo mítico-mágico: «Así como para el comunero explotado, vejado y humillado en todos los instantes de su vida, sin defensas contra la enfermedad y la miseria, la realidad difícilmente puede ser «lógica»; para el niño paria, sin arraigo entre los hombres, exiliado para siempre, el mundo no es racional sino esencialmente absurdo» (Vargas Llosa, 1969: 51). Rowe ha sabido refutar esas consideraciones: «¿por qué los explotadores tienen una visión de la realidad más racional que los explotados? Además, el concepto de la lógica que emplea Vargas Llosa niega que una cultura primitiva pueda tener su propia lógica. Naturalmente los indios no cuentan con los beneficios de la técnica de la ciencia moderna, pero eso no significa que carezcan de una cultura coherente [...] Para Ernesto, el comportamiento de la clase terrateniente y los sacerdotes que los sirven es irracional y la cosmovisión indígena se ofrece como la posibilidad de un mundo más racional» (Rowe, 1979: 72).

[17] A partir de Carpentier, Rulfo y García Márquez, el novelista y crítico José Antonio Bravo ha confeccionado una útil caracterización de los rasgos y recursos principales de *Lo real maravilloso en la narrativa latinoamericana actual.* Nótese el contraste entre Arguedas y Manuel Scorza: éste adopta a raudales lo real-maravilloso de Rulfo y García Márquez, pero lo abandona en los capítulos de *La tumba del relámpago* (1979, quinta y última novela de su saga) en que asume el Realismo, conectado éste a una visión marxista (y ya no real-maravillosa) de la realidad.

sidera narrativa «realista» (la «occidental» de los siglos XIX-XX: racionalista, empirista y pragmática).

En cambio, Arguedas no renuncia a las lecciones literarias del Realismo y el Neo-realismo. Ocurre que su opción por el Realismo pasa por una visión que no es la «occidental moderna». Él siempre se proclamó *realista*, defendió que sus libros retrataban la *realidad*, pero una realidad que integra lo objetivo y lo subjetivo, los datos empíricos y los niveles arquetípicos de la perspectiva mítica. En el pensamiento andino, hay una continuidad y una comunión estrecha entre las cosas, las plantas, los animales y los seres humanos. Las creaciones culturales expresan la energía que fluye en toda la Naturaleza, por ejemplo, los músicos andinos se inspiran en los sonidos de los ríos, escuchan sus movimientos anímicos y los expresan con la misma «naturalidad» que un pájaro emite su canto. Por eso, en el capítulo primero de *Los ríos profundos*, las piedras incaicas «hablan» o «cantan», similares a los ríos andinos: la arquitectura integrada al espacio vital. Vivir la realidad es sentirla en toda su armoniosa unidad, sin las separaciones establecidas por la «razón occidental» entre lo animado y lo inanimado, entre lo sensorial y lo espiritual. La realidad también anida en los sueños, los deseos y los recuerdos; la memoria y la imaginación, no se diga los transportes oníricos, responden a niveles profundos de la existencia que nos permiten «entender» u «orientar» nuestra comprensión de lo real[18]

---

[18] Oponiéndose a la Ilustración racionalista, el Romanticismo (sobre todo, el alemán) postuló una imagen afín de la totalidad de lo real, de los niveles profundos de la existencia. No debe sorprendernos la devoción del Romanticismo por los mitos, los ritos y las prácticas mágicas; concorde con ello, su interés por los cantos y cuentos del pueblo, llenos de una óptica real-maravillosa. Por algo, en la formación literaria del niño y el joven Arguedas resultó medular las lecturas de autores románticos. Castro Klarén ha acertado a delinear huellas románticas en los héroes arguedianos; éstas resultan mayores, puntualizaríamos, en las mujeres idealizadas en sus narraciones. Conviene, empero, precisar que la adhesión central de Arguedas es con lo real-maravilloso, bebido al calor de la cultura andina; esa comunión primera lo preparó para sintonizar después con la sensibilidad romántica. De ahí que se viera a sí mismo como un escritor *realista* (pero de

El *realismo maravilloso* de Arguedas es primero y siempre, y sobre todo, *realismo*. Impone al lector la verosimilitud del relato que se presenta como *retrato de lo real,* y no como elaboración ficcional de un mundo de mera coherencia artística e imaginativa. Retrato analógico, recompuesto por la imaginación creadora y el afán simbolizador, pero *semejante a lo real,* alimentado de sucesos histórico-sociales y experiencias biográficas verdaderamente acaecidas. Lo que añade el calificativo de *maravilloso* es su inscripción en la visión del mundo nutrida por lo real-maravilloso: óptica que no desfigura la realidad; todo lo contrario, dado que permite percibir la complejidad de niveles del cosmos vivido como totalidad, como solidaridad de todas las cosas existentes.

b) Según Escajadillo, el segundo rasgo distintivo del Neo-indigenismo es la *intensificación del lirismo:*

> a tal punto, que una denominación como «novela poemática» pueda resultar aceptable para una obra «indigenista». Esta mayor presencia de una prosa poemática (*Los ríos profundos;* Vargas Vicuña; *Los Ingar* o «El Cristo Villenas» de Zavaleta) se asocia con frecuencia a la utilización de la narración en primera persona, que era más bien inusual en la tradición del «indigenismo ortodoxo» (Escajadillo, 1994: 58-59).

Esa «intensificación del lirismo» hasta arribar a una especie de «novela poemática» también se da, en general, en el Realismo Maravilloso, en contraste con lo que era el Regionalismo; verbigracia, en Asturias, Carpentier, Rulfo y García Márquez.

El lirismo se halla en el meollo mismo del impulso creador de Arguedas. Por algo ha podido labrar un racimo espléndido de poemas, reunidos en *Katatay;* en ellos prueba ser un poeta lírico más intenso y original que Asturias y Rulfo, también dotados éstos para la poesía. La entraña lírica de Arguedas es tan poderosa que, en sus narraciones, los

---

na realidad afincada en lo real-maravilloso) y no como un *romántico* (serlo supondría un deseo de no someterse al realismo, en lugar de enriquecerlo y transfigurarlo como pretendía Arguedas).

puntos culminantes, los que galvanizan mayormente las tensiones narrativas y las emociones de los personajes, suelen estallar o cuajar en parlamentos altamente poéticos o en descripciones cálidamente líricas, cuando no —preferentemente— en la inclusión de canciones (instalando, repárese, al idioma quechua en el pináculo de estos núcleos líricos de la narración). La plasmación máxima del impulso lírico se da en *Los ríos profundos,* en grado tal que Rama describe dicha novela como una ópera, con sus «arias» y «coros». Un encadenamiento de arrebato lírico nos conduce de la palabra al poema, y de éste a la música: sirve de puente la canción, que no es otra cosa que una fusión entre la palabra y la música.

Certeramente Rama devela la importancia de una cultura oral en el lirismo arguediano:

> La palabra no es vista como escritura, sino oída como sonido. En una época en que la poesía ya se había tornado escritura, él siguió percibiéndola como fonema, vinculando íntimamente las palabras con los marcos musicales. Huella de su formación en el seno de comunidades ágrafas, pasión por el canto donde la palabra recupera su plenitud sonora, en Arguedas la palabra no se disocia de la voz que emite, entona y musicaliza (Rama, 1983: 24).

No sólo eso. Una cultura con una visión mítica, real-maravillosa, percibe una armonía sonora y musical en el universo entero: todos los seres (y no sólo las consabidas aves, también las piedras, los ríos, las plantas, etc.) poseen *voz,* emiten un *canto* en consonancia con el concierto entero de la Naturaleza[19]:

---

[19] Acaso el ejemplo más deslumbrante en toda la obra de Arguedas sea el pasaje dedicado a un gigantesco pino de la ciudad peruana de Arequipa: «El pino de ciento veinte metros de altura [...] que domina todos los horizontes de esta ciudad intensa que se defiende contra la agresión del cemento feo, no del buen cemento; ese pino llegó a ser mi mejor amigo. No es un simple decir. A dos metros de su tronco —es el único gigante de Arequipa—, a dos metros de su tronco poderoso, renegrido, se oye un ruido, el típico que brota a los pies de estos solitarios. [...] Oía su voz, que es la

La novela [*Los ríos profundos*] propone un doble musical que es el agente mediador privilegiado entre la comunidad humana y el reino natural, entre la conciencia subjetiva y el universo objetivo, puesto que ambos cantan siempre y pueden cantar al unísono. En la medida en que cantan según ritmos y melodías, construyen el imprescindible pasaje para que ambos hemisferios puedan ajustarse mutuamente, puedan concertarse en una armonía, procuren, al fin, el ansiado orden universal (Rama, 1983: 28).

De ahí lo terrible que resulta impedir que un ser manifieste su voz y su canto, que se comunique con los otros seres (humanos y naturales), tal cual acontece, en *Los ríos profundos,* con los indios y colonos y, de diverso modo, con la mudez de la «opa» Marcelina y con el deseo de silenciar a las chicheras en rebelión. Julio Ortega ha ventilado el tema, aplicando a la novela la realización o incumplimiento del Modelo de Comunicación, siendo éste pleno (humanizador, reificador) en la cultura andina, en cambio obstaculizado o distorsionado al sufrir la presión de los poderosos y de la cultura «occidental».

La integración armoniosa de la Naturaleza, fuera ya de la óptica mítica, ha sido conceptualizada (en la ruta del discurso racional, filosófico, con bases en las ciencias matemáticas y observaciones astronómicas) por Pitágoras y Platón; de modo más genérico, el pensamiento griego veía en el ser humano un *microcosmos,* análogo al universo todo, al *macrocosmos.* La línea pitagórico-platónica gusta hablar de la armonía o música de las esferas celestes, ligar las notas musicales a los cuerpos astronómicos, etc. Arguedas seguramente conoció estas nociones, si no por la lectura de textos filosóficos, cuando menos por su influencia en creadores literarios de la Antigüedad, la Edad Media y siglos posterio-

---

más profunda y cargada de sentido que nunca he escuchado en ninguna otra cosa ni en ninguna otra parte. Un árbol de éstos, como el eucalipto de Wayqoalfa de mi pueblo, sabe de cuanto hay debajo de la tierra y en los cielos. [...] Derramó sobre mi cabeza feliz toda su sombra y su música. Música que ni los Bach, Vivaldi o Wagner pudieron hacer tan intensa y transparente de sabiduría, de amor, así tan oníricamente penetrante, de la materia de que todos estamos hechos» (ZZ, V, 145).

res; verbigracia, en Dante y en Fray Luis de León (desde los cursos escolares pudo conocer sus odas que ensalzan la música, en especial la dedicada al músico Salinas), por citar autores de amplia difusión en la enseñanza de la literatura. Como en el caso de la sensibilidad romántica[20] arriba apuntado, en el de la concepción pitagórico-platónica Arguedas se hallaba preparado por su comunión con la visión real-maravillosa, previa a toda lectura platonizante o romántica.

Esta cuestión del lirismo, intensificado hasta la consagración de la música como meollo de la armonía del mundo, nos lleva a un aspecto fundamental: para Arguedas, las palabras no son signos arbitrarios y convencionales (cuestiones centrales de la lingüística a partir de Saussure) en los que cabe separar, sin más, el significante (cuerpo sensorial del lenguaje: acústico, gráfico, etc.) del significado, y éste (en tanto constituye una representación mental de la cosa, y no la cosa misma) del referente (las cosas en la medida que son mencionables dentro de las redes de representación del mundo propias de un lenguaje). Para Arguedas, el significante resulta «motivado» (y no arbitrario, para decirlo en términos de Saussure): brota del contexto vital de una comunidad lingüística, como una respuesta «natural» (propia de la naturaleza humana cuya manifestación llamamos *cultura*) a las vivencias que dicha comunidad tiene con las cosas mismas (en su ser profundo, ligado al concierto universal), dado que de esas vivencias nacen, sin solución de continuidad, lo que los lingüistas llaman significados y referentes. Así como cada especie biológica posee una voz o canto; cada comunidad lingüística (basada en factores étnicos, antropológicos, históricos, etc.) destila un lenguaje, el

---

[20] El Romanticismo le debe mucho a la vertiente platónica: la distinción entre un Mundo Ideal y este mundo fenoménico; el recuerdo como añoranza del Mundo Ideal; el amor idealizado (con el arquetipo del eterno femenino) y el anhelo de una Utopía de gobierno, figuran entre las conexiones mayores. Claras huellas de lo platónico y lo romántico pueden detectarse en el tratamiento arguediano del recuerdo, el amor, el eterno femenino y la necesidad de un gobierno utópico; aunque, como ya puntualizamos, en su caso van nutridas primordialmente por una visión real-maravillosa.

que mejor expresa su ser social, su realidad vital, intraducible plenamente otro lenguaje; convergentemente, cada comunidad plasma unos ritmos musicales únicos, adecuados a su realidad intransferible. No se puede separar el significante del significado, ni el signo del referente, sin desfigurar su real funcionamiento.

> No es posible traducir con equivalente intensidad la ternura doliente que su texto quechua transmite. La repetición de los verbos que llevan en su fonética una especie de reflejo material de los movimientos que en lo recóndito del organismo se producen con el penar, el sufrir, el llorar, el caer ante el golpe de la adversidad implacable, causan en el lector un efecto penetrante, porque *los mismos términos están cargados de la esencia del tormentoso y tan ornado paisaje andino y de cómo este mundo externo vive, llamea, en lo interno del hombre quechua. Una sola unidad forma el ser, el universo y el lenguaje* (Arguedas, «Ollantay: lo autóctono y lo occidental en el estilo de los dramas coloniales peruanos»; *Letras Peruanas,* Lima, II, núm. 8, octubre 1952. La cursiva es nuestra).

Muchos pasajes de *Los ríos profundos,* sobre todo el dedicado al «zumbayllu» al comienzo del cap. VI, se esmeran en develar esa unidad entre el mundo objetivo, el mundo subjetivo y el lenguaje: cosmos-mente-lenguaje, triada en conexión totalizante. Esa unidad caracteriza al pensamiento mítico y a la imaginación onírica; pero, también, a la actitud infantil ante el lenguaje (goza con los ritmos, estribillos, jitanjáforas, etc.) y a la sensibilidad lírica (en la poesía, amiga de tornar el significante en un medio riquísimo en connotaciones y sugerencias, intraducible por otro; y no se diga en la música, donde no puede ya diferenciarse nítidamente entre significante y significado). Nótese que en *Los ríos profundos* calzan lo mítico, lo onírico (sueños y ensueños), lo infantil (actuante todavía en el púber Ernesto) y lo poético-lírico, a raudales.

El *realismo* de Arguedas se apoya, precisamente, en esa *confianza en el lenguaje como expresión de la realidad,* o sea, un *realismo lingüístico.* Por eso su preocupación mayor al escribir era una «pelea verdaderamente infernal con la lengua»:

lograr que el español *diga*, quechuizándose, la realidad andina; en esa operación, de otro lado, el uso del español (idioma acuñado en una realidad distinta a la andina, flexibilizado por su relación con diversos idiomas: italiano, francés, árabe, etc.) favorecía la posibilidad de hacer *inteligible* lo andino para personas de otras latitudes. Una de las plasmaciones más claras —hasta ahora descuidadas por la crítica— de ese realismo lingüístico o verbal (lenguaje = realidad) en los escritos de Arguedas es la pertinencia de los nombres propios de los personajes y los lugares para comprender su significación en la realidad narrada. Los pueblos real-maravillosos escogen nombres propios cargados de sentido, muchas veces vistos con atributos mágicos para develar la esencia del ser nombrado. Con frecuencia, los poetas adoptan una postura similar. Otro tanto sucede con muchos de los cultores hispanoamericanos del realismo maravilloso (baste pensar en la carga significativa de los apellidos Buendía y Babilonia, y los nombres Arcadio, Aureliano o Mauricio, en *Cien años de soledad* de García Márquez), siendo Arguedas acaso el más característico de esa actitud, como tendremos oportunidad de ilustrar al comentar la significación de los nombres de los personajes de *Los ríos profundos*.

c) Según Escajadillo, el tercer rasgo distintivo del Neo-indigenismo es la *«ampliación» del tratamiento del «problema» o «tema» indígena* hasta implicar, «en último extremo, ver el "problema indígena" como parte integral de la problemática de toda una nación» (Escajadillo, 1994: 64). Este rasgo se comprende mejor dentro de la teorización del Indigenismo que, basada en Mariátegui, ha desplegado Cornejo Polar; por eso remitimos al punto I. 3. de esta Introducción.

d) Finalmente, según Escajadillo, el Neo-indigenismo se caracteriza por la *transformación (complejización) del arsenal de recursos técnicos*. Eso, unido a que supera el ámbito del Regionalismo para adentrarse en el Realismo Maravilloso (primer rasgo neoindigenista, explicado arriba), tiene que ver, a nuestro juicio, con que el Neo-indigenismo *pertenece a la nueva narrativa en lo relativo a las técnicas narrativas y los recursos expresivos*. Es decir, implica una superación de la «narrativa tradicional» o «decimonónica», todavía dominante en el «Indigenismo ortodoxo» y el Regionalismo hispanoamericano en general.

Empero, se impone un esclarecimiento de este rasgo, dado que ocurre algo peculiar en lo concerniente al Neo-indigenismo: mientras que se ha generalizado, sin reserva alguna, clasificar a los autores del Realismo Maravilloso no pertenecientes al Neo-indigenismo (por ejemplo, los ya citados Carpentier, Asturias, Rulfo y García Márquez) como representantes conspicuos de la *nueva narrativa;* en lo relativo a los neo-indigenistas Arguedas y, de modo más acusado, Alegría[21], no se los considera normalmente en la *nueva narrativa,* existiendo muchos críticos que los presentan como escritores aferrados a las técnicas «tradicionales», tímidamente en tránsito hacia las nuevas técnicas, en algunos momentos privilegiados en su obra —esto último lo apuntan, a regañadientes, un número reducido de dichos críticos.

Y no se trata de desbaratar ese veredicto errado meramente demostrando la presencia de nuevas técnicas en los neo-indigenistas. Por ejemplo, la utilización del monólogo interior indirecto y de noticias aglutinadas en «collage» (impronta de John Dos Passos) en *El mundo es ancho y ajeno,* más algunas huellas de Thomas Mann en la misma novela, conforme han dilucidado Escajadillo y Fernando Alegría. Por ejemplo, la impronta de *Las palmeras salvajes* de William Faulkner en *Los ríos profundos,* como veremos luego. Por ejemplo, la desconcertante textura de *El Zorro de Arriba y el Zorro de Abajo,* entre la ficción novelesca, el diario íntimo y el ensayo, cruzando niveles textuales y técnicas muy com-

---

[21] Se impone reivindicar a Ciro Alegría como autor que explora lo real-maravilloso (andino y amazónico), labra un intenso trasfondo lírico en muchos pasajes de sus narraciones, anhela retratar el Perú en toda su complejidad (y después de *El mundo es ancho y ajeno* su proyecto crece al ámbito americano: EE.UU. y Centroamérica) y supera las limitaciones de las técnicas narrativas «decimonónicas». Igualmente, ya es hora de reconocer en el escritor peruano Gamaliel Churata (seudónimo de Arturo Peralta, Puno, 1897-Lima, 1969) un importante precedente, desde los vanguardistas años 20, del Neo-indigenismo (cfr. el estudio de Miguel Ángel Huamán y nuestra antología *El cuento peruano,* también nuestro libro *El Perú es todas las sangres*).

plejas, en un provocador diálogo con el *boom* de la nueva narrativa hispanoamericana. Lo cual, por cierto, basta y sobra para reivindicar a Alegría y, sobre todo, a Arguedas como *fundadores* (en las tempranas fechas de 1935-1941) *de la nueva narrativa hispanoamericana*.

Se trata, además, de efectuar una constatación más deslumbrante que permite aquilatar la singularidad del Neo-indigenismo de Arguedas y Alegría, su mayor autonomía frente a las técnicas narrativas modernas forjadas por las letras «occidentales» y vueltas «internacionales» en conexión con la progresiva difusión planetaria de la «modernidad» política, económica e ideológica. Sus fuertes raíces autóctonas les han permitido coronar una espléndida labor de *transculturación narrativa:* han asimilado las técnicas narrativas «occidentales» de los siglos XIX y XX, sometiéndolas a *una transfiguración acorde al marco histórico-cultural del mundo andino y el Perú de todas las sangres*. No se reducen a trasplantar modelos occidentales internacionalizados, llámense Balzac o Víctor Hugo, Thomas Mann o Faulkner (repárese que hemos elegido ex profeso autores de enorme significación para Alegría y/o Arguedas). Han cumplido una proeza más difícil y trascendente: hacer que el «occidental» género de la novela y el del cuento-escrito-moderno (con pautas de Poe y Maupassant, por citar las cumbres mayores de su fijación canónica) maduren artísticamente en tierras hispanoamericanas, respondiendo a sus bases histórico-culturales, que incluyen sus usos semióticos, predominantemente orales, musicales, épicos y real-maravillosos.

La relevancia literaria de esa proeza merece que la desarrollemos aparte, en el punto siguiente.

5. TRANSCULTURACIÓN NOVELESCA: LA ORALIDAD Y LA ÉPICA

Cuando uno estudia el nacimiento y desarrollo de las formas novelescas, desde las lejanas muestras de la Antigüedad (novela greco-bizantina, novela de Petronio y Apuleyo), el Medioevo (*roman courtois* o libro de caballerías, *novella* italiana a partir de Boccaccio) y la Edad Moderna (picaresca española, Rabelais, Cervantes, novela morisca, etc.), no sólo obtiene una visión más compleja y flexible (que se reforzaría con una incursión en las novelas chinas y japonesas de hace mil años, o poco más o menos) del género novelístico que la que suele brindarse definiendo la novela a la luz del apogeo socio-cultural del género en Occidente desde fines del siglo XVIII, teniendo como eje el fructífero siglo XIX; sino que repara con nitidez en las importantes relaciones existentes entre las formas novelescas y los respectivos marcos histórico-culturales.

El desarrollo de la novela se ha dado en estrecha conexión con el surgimiento de grandes conglomerados humanos (urbes como Roma y Alejandría, cortes protectoras de las artes, hasta llegar a las ciudades modernas: Londres, París, etc.) y el tránsito de una economía rural o predominantemente agropecuaria, a una economía burguesa (comercio e industria); procesos acompañados o correlacionados con el progresivo debilitamiento de la tradición oral como transmisora de los textos literarios, en beneficio de la representación escrita y la transmisión libresca (el conocimiento del papel y, mucho más, la invención de la imprenta, al abaratar los costos de los libros, favorecieron el hábito de leer novelas y cada vez escuchar menos a rapsodas, escaldos, juglares o trovadores). De otro lado, el deterioro de los ideales heroicos o caballerescos, en contraste con el despliegue creciente del individualismo y la sed de novedades (por algo brota el término italiano *novella*), en una sociedad cada vez más orientada por el interés, el placer y el arribismo, fue quitando terreno a los poemas épicos (nótese que el auge de la épica se da en sociedades donde actúa con fuerza la tradición oral y no existe una vida urbana significativa), prefiriendo paulatinamente el público la lectura de novelas (todavía con esquemas idealizados o ideales caballerescos, en la Antigüedad y el Medioevo, hasta la irrupción anti-heroica de la estela de Boccaccio, la *Celestina* y el *Lazarillo de Tormes*).

No debe extrañarnos, pues, que el apogeo socio-cultural de la Novela sea posterior a la Revolución Industrial, iniciada en Inglaterra a mediados del siglo XVIII, momento desde el cual cada vez ha sido más difícil que cuaje con éxito un poema épico (y ninguno con el vuelo de otrora de Homero, Virgilio, los cantares de gesta, Dante, Ariosto, Tasso, Camoens y Milton).

De diverso modo, pues, se va produciendo una evolución de la tradición oral a los textos escritos; del uso generalizado del verso (con acompañamiento musical o, cuando menos, con efectos rítmicos en el significante: metro, rima, etc.) a la aparición de la prosa hasta volverse ésta cada vez más frecuente como vehículo literario; del pensamiento mítico y la óptica real-maravillosa al pensamiento discursivo, racional, filosófico y científico; y de las composiciones épicas a las narraciones novelescas. Todo ello en consonancia con complejos factores económicos, sociales y culturales.

En ningún género literario se percibe mejor esa evolución que en la Novela: se distancia prontamente de la oralidad y de la musicalidad, verso incluido, sintiéndose cómoda en la prosa y en la lectura (poco a poco deja de ser en voz alta para tornarse silenciosa y solitaria). Lo épico se va diluyendo dentro de ella, permitiendo el florecimiento de lo anti-heroico, la crítica cervantina de lo caballeresco, el triunfo de la ideología burguesa-racionalista, empírica, pragmática, etc. Todo eso tomó varios siglos: los libros de caballerías de Chrétien de Troyes todavía estaban en verso; libros de caballerías posteriores contienen varios poemas insertos en la narración, rasgo también detectable en las novelas pastoriles y el mismísimo *Quijote*. Uno de los mejores ejemplos para deslindar entre un texto épico y uno novelesco lo ofrece el contraste entre un cantar de gesta y un libro de caballerías (aunque vaya en verso, como las obras de Chrétien de Troyes), en tanto las hazañas de éstos ya no ocurren dentro de una colectividad en armas, trabada en gestas históricamente ocurridas (tentativa francesa de expulsar a los moros de España y el fracaso de Roncesvalles; las desventuras del Mío Cid, paladín de la Reconquista española, etc.); sino que constituyen proezas personales, hechas en soledad, en un marco de aventuras y amoroso (culto a la dama), muestra de una ideología tendente al individualismo, sin el colectivismo propio de la épica.

Pues bien, configurada su experiencia social básica al interior de la peculiar realidad histórica del sur andino del Perú, marcadamente oral, real-maravillosa (en sincretismo andino con la religión cristiana) y comunitaria-colectivista, Arguedas, como todos los grandes creadores, asume sus raíces socio-culturales y poderosamente las traslada a su apropiación y recreación de la literatura escrita «occidental» y «moderna», concentrando sus mayores energías creadoras en la transculturación de un género sin antecedentes en la cultura andina (precisamente, por no haber desarrollado ésta los factores arriba apuntados: conglomerados urbanos, etc.): la Novela.

Arguedas no cultiva la novela «tradicional» de los siglos XVIII-XX occidentales; tampoco se esmera en aclimatarse, sin rasgos diferenciales, a la novela cosmopolita o internacional del siglo XX. Labra otra proeza artística: una *nueva novela* en la que la novela «occidental» de los siglos XVIII-XX bebe de las fuentes orales, musicales, real-maravillosas y épicas, funcionando como canto, mito, rito o texto épico sin dejar de ser novela.

Gran parte de esa hazaña creadora ha sido puesta de relieve por Lienhard, sobre todo en lo tocante a la oralidad, la musicalidad y lo real-maravilloso, aspectos que también han interesado —desde una perspectiva complementaria— a Rowe y a Rama. Este último, comentando la importancia del componente musical de *Los ríos profundos* (al extremo de calificarla como una «ópera», forma que comenzó en Italia deseando «una transcripción moderna de la tragedia griega clásica»), tan extraño al canon occidental de la novela a partir del siglo XVIII, examina lúcidamente la transfiguración que en manos de Arguedas sufre la novela del realismo crítico o social, de orientación proletaria y/o revolucionaria:

> Curiosamente, la invención de Arguedas parte del último modelo realista y racionalista en el período en que es asaltado por los sectores bajo ascendentes: la novela de crítica social. El gran instrumento narrativo de la burguesía es asumido por los grupos contestatarios imprimiéndole ciertas modificaciones indispensables, como fue la adopción de parámetros colectivos o la conversión del personaje en tipo representativo de la clase social, rasgos que aún pervivirán

en la creación arguediana. Pero él introduce una rebelión subrepticia contra el modelo, la cual tiene puntos de contacto con la de la vanguardia de entrambas guerras, pero que, por no haberla conocido y, sobremanera, por haber trabajado en el cerrado recinto de las culturas internas y populares peruanas, Arguedas no habrá de seguir en sus lineamientos generales (Rama, 1983: 33).

Rama apunta que, en las novelas de realismo crítico o social, se instalan «parámetros colectivos» (complaciéndose en la acción de la «masa», como diría Vallejo) en oposición al individualismo de la novela burguesa. Eso ya se percibe en algunas de las novelas naturalistas de Zola (*Germinal* se torna un paradigma para la novela proletaria) se acentúa en Gorki y se canoniza en lo que se denominará el «realismo socialista». Uno de los modelos novelescos del llamado «realismo socialista», *Cemento* (1925, traducido al español en 1928) de Gladkóv, influye en el gusto por títulos con materiales de la actividad económica, entre ellos *El tungsteno* (1931), la novela de Vallejo que estimuló poderosamente la decisión del joven Arguedas —recién radicado en Lima como estudiante de la Universidad de San Marcos— de narrar su experiencia andina:

> En 1931, año en que ingresé en la Universidad, leí *Tungsteno*. La sala de lectura de la Biblioteca de San Marcos estaba colmada: no había un solo asiento desocupado; y leí el libro de pie. En el deslumbramiento que me produjo encontré la solución de todas mis dudas... (Arguedas, «Homenaje a César Vallejo», *La Prensa*, Lima, 26 mayo 1946: 7).

Antes de la lectura de *El tungsteno* de Vallejo y de los escritos de Mariátegui, fechable por esa misma etapa decisiva de 1931, Arguedas había tenido una iniciación o, mejor, «prehistoria» literaria. Conforme los datos proporcionados por Mildred Merino, entre 1922 y 1927 José María había compuesto varios versos románticos y llenado un cuaderno de acrósticos; en 1926 redactó el cuento «Los gallos» (sobre «la crueldad y extravíos de su hermanastro. Descubierto por la madre, ella le arrancó la promesa de que no lo daría a conocer. Fue alrededor de 1951 que José María pensó revisar los originales y vacilaba en publicarlo, lo que no llegó a realizar», Merino, 1970: 132); y en 1928, en Huancayo, acometió una novela, exorcizando el dolor causado por su frustrado enamoramiento de Pompeya el año anterior, en Ica:

> Cuando yo estuve en tercer año de Media, escribí una novela como de 600 páginas. Es una novela que me la quitó la policía. Lo que ocurrió fue que cuando estuve en Ica estuve muy prendado de una chica que era pariente de la señora en cuya casa estábamos [con su hermano Arístides] de pensionistas y me rehusó por ser serrano. Entonces yo estaba todo inspirado por *Los trabajadores del mar* en que el personaje principal protege a la persona de quien él está enamorado. Luego en Huancayo me puse a escribir una novela sobre esta dama. Escribía mucho y entonces yo tenía la evidencia de que estaba mal de los pulmones y como pensaba que me iba a morir, quería terminar esto antes de morir. Escribía en el campo y llegué a terminar esta novela. La amarré y la llevaba por todas partes (Respuestas a Castro Klarén, reproduc. de Julio Ortega, 1982: 109).

Iniciación impregnada de romanticismo (no sólo la poesía, sino el entusiasmo por las novelas de Víctor Hugo: *Los trabajadores del mar, Los miserables*, etc.) y, en menor medida, modernismo («Mi vocación por la literatura se definió muy temprano. Mi primer contacto con la creación artística literaria fue el poema «Amor» de González Prada, que leí cuando tenía diez años y era apenas alfabeto», *José María Arguedas*, Ed. Mejía Baca, 1966: 7) y simbolismo postmodernista (la poesía de José María Eguren, con sus niñas idealizadas y su amor desencarnado del contacto corporal). Sus huellas perdurarán siempre en la concepción arguediana del amor y la mujer.

La obra de Arguedas propiamente comenzará en Lima, en los años 30, siendo su primer fruto el cuento «Wambra Kuyay», publicado en 1933 (lo reescribirá como «Warma Kuyay / Amor de niño», ubicándolo como el tercero de los relatos de su primer libro de cuentos), y su primer libro, el volumen de cuentos *Agua* (1935), un título afín a *Cemento* y

(Arguedas le quita sintomáticamente el artículo) *Tungsteno*. Al conocer los textos indianistas de Ventura García Calderón y los indigenistas de López Albújar (véase el punto I.2. de esta Introducción), y considerar que dichos textos ofrecían una imagen desfigurada del indio, Arguedas abrigó el proyecto de retratar el mundo andino con fidelidad y hondura. El entusiasmo que despertaron en él las propuestas socialistas de Mariátegui avivó ese proyecto creador, en tanto el Amauta buscaba adaptar la revolución socialista a la nación peruana, colocando en el centro de ella la cuestión indígena (y, en el terreno literario, propiciando el desarrollo del Indigenismo). No obstante, Arguedas padecía «dudas» (palabra que utiliza en la cita que hicimos de cuando leyó *El tungsteno*) de cómo lograrlo empleando el idioma español (asunto abordado en el punto I.2.) y las formas literarias «occidentales» del cuento escrito y de la novela. Es ahí que actuó como acicate el ejemplo de *El tungsteno,* interesante tentativa de plasmar una novela socialista de temática indigenista, con una visión positiva del indio y el potencial revolucionario del mundo andino.

Al igual que Mariátegui, nuestro Arguedas opinaba que la poesía de Vallejo era la expresión de la *sensibilidad* del hombre andino: rehacía radicalmente la poesía «occidental», fiel a sus raíces andinas, en *Los heraldos negros* (1919) y *Trilce* (1922). Y he aquí que en 1931, ganado ya por los ideales marxistas de la revolución proletaria (con una óptica muy semejante a la de Mariátegui), Vallejo parecía señalarle el camino narrativo que debía seguir, con *El tungsteno*. Genialmente, Arguedas iría más allá que el narrador Vallejo, tratando de repetir narrativamente la proeza del poeta Vallejo; en este caso, rehacer la narrativa «occidental», alimentado por las raíces andinas. Una revolución narrativa que rescata la tradición oral y la musicalidad verbal:

> una retrogradación hacia los orígenes confusos del género, retornando hacia la recuperación de sus formas populares. Esa retrogradación puede llamarse también revolución, si aceptamos la interpretación etimológica del término, según la cual deben ser recuperadas las fuentes primordiales cuando se procura un avance inventivo hacia el futuro. Parece

63

nacida de la peculiar ambivalencia de la situación cultural del autor, quien lee de pie, en un patio universitario de Lima, fascinado, el *Tungsteno* de César Vallejo, escritor a quien seguirá llamando su maestro en el final de su vida, compartiendo su pensamiento político, y a la vez vive atraído por una sociedad tradicional y rural, conservadora de muy antiguas formas pre-burguesas. Es en el cruce de una novela social y una ópera popular donde se sitúa *Los ríos profundos,* y es ese carácter híbrido insólito lo que hace su originalidad (Rama, 1983: 33).

Entre esas «antiguas formas pre-burguesas», además de la mentalidad mítica (que destacamos en el punto previo), ocupan un lugar relevante las bases histórico-sociales ligables a una visión épica. Lo han percibido bien Ariel Dorfman y Vincent Spina. Comentando *Todas las sangres* (lo más cercano a una epopeya que produjo Arguedas), Dorfman formula consideraciones aplicables a la novelística arguediana como conjunto:

> Arguedas rescata una de las vertientes esenciales de América (y de toda la humanidad actual), continente donde aún es posible lo heroico. No sólo por sus luchas pasadas y futuras de liberación social y por su primitivismo bárbaro, sino también porque su situación cultural es suficientemente madura como para esbozar grandes obras literarias [...] Arguedas está narrando un destino social colectivo, basado en la creencia de que el hombre puede cambiar su mundo: está narrando una esperanza, el futuro del Perú y de América (Dorfman, 1970: 205-206).

La gesta de la liberación del Perú indígena y, en general, de *nuestra América* (expresión de Martí).

Apoyándose en la teoría de la Novela (con la noción del «héroe problemático», individualista, cuya acción no fluye al centro del movimiento de la sociedad) de G. Lukács, por su parte, Spina dilucida el funcionamiento de un *modo épico* en las novelas de Arguedas. No son epopeyas en sentido estricto. Son novelas, pero transfiguradas por el modo épico, alejadas del «problemático» protagonista burgués:

desde el punto de vista de su visión total —de la imagen que se nos provee de la sociedad, del héroe y de la relación vital y dinámica entre ambos, del esfuerzo tangible que se hace para contener un universo variado y variable— desde este punto de vista nos parece no solamente legítimo, sino ineluctable hablar de un modo épico en la obra del autor (Spina, 1986: 193-194).

La comunión entre el héroe y la colectividad, entre el mundo subjetivo y el mundo objetivo, resulta medular en la épica universal y en las novelas de Arguedas, en tanto expresan una feliz comunicación cósmica entre hombres, animales y cosas (Julio Ortega ha entendido la relevancia del Modelo de la Comunicación en la utopía arguediana). A eso apunta Spina:

aquí no se trata de cualquier sociedad, sino el tipo épico que hemos visto en los otros capítulos en el cual por diversas razones la comunicación es posible y con el cual el héroe puede comprometerse sabiendo que allí, y no en sus categorías cognoscitivas, sobrevivirá algo suyo, esa trascendencia personal que tanto anhela todo personaje. En vista de ese tipo de sociedad el héroe se alivia del peso oneroso del personaje de la novela, quien, no solamente, como todo ser humano, tiene que crear categorías cognoscitivas, sino que revestirlas con una trascendencia personal (Spina, 1986: 178-179).

Al respecto, Dorfman contrapone la visión novelística de Arguedas (épica) a la de Vargas Llosa (típica de la novela «moderna occidental»):

En este mundo de Arguedas puede haber heroísmo, porque aquí la acción tiene sentido, dispone de una jerarquía valorativa, un eje de claridad axiológica en torno al cual girar. Para Vargas Llosa, su obra misma es la *búsqueda* de este sentido. El sentido está, si es que se halla en alguna parte, en el recorrido, en el desarrollo, en el no-encuentro. Para Arguedas, el sentido ya está dado, ya estructura la acción con una determinada orientación combativa (Dorfman, 1970: 207).

La entraña épica de las narraciones de Arguedas lleva a una lucha axiológica, ética, entre el Bien y el Mal, entre la Luz y las Tinieblas. No se trata de una visión maniquea, como piensa Castro Klarén; tampoco de una «desviación» del cambio revolucionario a la «superestructura cultural» (en vez de afincarse en la «infraestructura económica»), como denuncia Silverio Muñoz. Arguedas instala una óptica compleja en la que los personajes tienen rasgos positivos y negativos (un caso notorio es el Padre Linares, en *Los ríos profundos*), en la que pueden ser un momento predominantemente positivos o negativos, y luego evolucionar al polo opuesto (así, en *Los ríos profundos*, Antero va hacia el polo negativo, y la opa Marcelina hacia el positivo); asunto examinado por Elena Aibar Ray.

Esa óptica, más bien, deviene en dialéctica; una dialéctica que no es ortodoxamente marxista, sino que reconoce fundamentos en la visión andina del cosmos como totalidad de dos principios opuestos: *hanan* y *hurin* (algo semejante al yin y el yang del pensamiento chino). Dialéctica de arriba/abajo, aquí/allá, masculino/femenino. Una de sus expresiones mayores resulta la capacidad de la comunidad indígena de asimilar lo que viene del mundo de afuera, de la costa, del extranjero: Arguedas confía en el potencial futuro del indio integrado a los acontecimientos mundiales, opuesto a la concepción del indio como un ser con un pasado glorioso, un presente ruinoso («degenerado», «embrutecido por la coca», etc.) y un futuro de aniquilación de su identidad cultural:

> Siguiendo el esquema de la dialéctica, primero, se destaca una comunidad vigente pero paralizada y estancada debido a otras capas sociales que la explotan y la mantienen esclavizada, estado del que por sí sola no le es posible salir. El héroe, entonces, sea originalmente de la comunidad o ya sea proveniente de otra clase social, aparece desde afuera, y su lucha consiste en llegar al seno de la comunidad que él considera la fuente de una vida auténtica. Al llegar, pues, aporta a tal grupo algo «nuevo», sea una nueva conciencia del universo y del grupo mismo, sea una nueva técnica con que enfrentarse con este universo; lo cual produce una sín-

tesis basada en la integración de esta novedad con la praxis existente (Spina, 1986: 139).

La comunidad no es una organización estática, cuyas instituciones Arguedas quisiera perpetuar contra todo cambio histórico; no hay el «mito de la salvación» por una cultura con formas de hace siglos. Basta salvaguardar los ideales comunitarios, de culto al trabajo en beneficio colectivo y de relación armoniosa con el medio natural. Esos valores comunitarios los lleva el indio a las ciudades de la Costa, donde su poderosa identidad cultural servirá para transfigurar la penetración del individualismo capitalista, conforme podemos verlo o entreverlo en los poemas de *Katatay* y la novela *El Zorro de Arriba y el Zorro de Abajo*[22].

Lirismo y musicalidad, de un lado; modo épico, de otro lado. Doble riqueza poética que se complementa magníficamente en las novelas de Arguedas, siendo la muestra más consumada de su fusión *Los ríos profundos,* tan hermosamente lírica, pero también tan intensamente épica (motín de las chicheras, invasión de los colonos, evolución de la conciencia social de Ernesto). Conviene recordar que, con recursos muy diversos, y en distinta dosis, el componente lírico se articula espléndidamente con el épico en grandes poemas (*La Ilíada, La Divina Comedia* y *El Paraíso Perdido,* verbigracia) y en grandes novelas (dos muy pertinentes aquí: *Los miserables* de Víctor Hugo y *La guerra y la paz* de Tolstoi).

---

[22] Antonio Urrello, Petra Iraides Cruz Leal y Lucía Galeno analizan cómo los rasgos centrales del modelo o esquema heroico (investigado por Joseph Campbell, más consideraciones básicas de Mircea Eliade) se cumplen en los relatos de Arguedas. Eso no supone que, por ejemplo, Ernesto (de *Los ríos profundos*) sea un héroe épico en sentido estricto; sino que Ernesto y los protagonistas de Arguedas cumplen los pasos esenciales del esquema de iniciación del héroe (algunos ya están muy cerca del héroe épico propiamente dicho: Felipa en *Los ríos profundos* y Demetrio Rendón Willka en *Todas las sangres*). Para evitar la confusión, Elena Aibar Ray prefiere hablar, en el caso de Ernesto, de «un héroe cotidiano, un muchacho común que practica la solidaridad social» (Aibar Ray, 1992: 99), señalando que esa óptica viene a ser la que brindan Pedro Trigo y Gustavo Gutiérrez.

Caricatura de José María Arguedas.

II

Configuración y sentido de
Los ríos profundos

1. Génesis de la novela

Respondiendo a Castro Klarén, Arguedas rememoró el origen de la composición de *Los ríos profundos:*

> Concebí *Los ríos profundos* en una maravillosa comunidad del Valle del Mantaro. Yo la había empezado a escribir como una novela de aventuras. Pero seguramente estaba concebida para que tuviera otro desarrollo. Me había matriculado en la Facultad de Educación pero estuve tan enfermo que no pude continuar. Después me volví a matricular para ser antropólogo. Terminé y me enviaron al Valle del Mantaro a hacer un estudio para el Instituto de Estudios Etnológicos. Me habían nombrado jefe de esa sección del Ministerio de Educación. Me quedé en el Mantaro como unos cuatro o cinco meses y ahí tuve una aventura sentimental muy curiosa. Conocí a una chica que era parecida a una de mis compañeras de colegio y entonces esta chica me causó una impresión tan grande y era tan buena y leal. Fue a raíz de este enamoramiento que yo empecé a escribir otra vez. Escribí un capítulo y me sentí tan feliz que empecé a recorrer todo el valle. Era una isla, porque los campesinos lo tratan a uno de igual a igual. Siempre son gente segura de sí misma. Los españoles no se asentaron allí porque el clima no les convenía y porque no había leña.

Empecé a escribir con tanto entusiasmo que dejé todo el material antropológico y me puse a escribir *Los ríos profundos* y no hice nada para el Instituto hasta terminar el libro. Yo me acuerdo que llegó François Bourricaud y le dije: «Estoy escribiendo, no puedo hacer otra cosa» (Respuestas a Castro Klarén, reproducido en Ortega, 1982: 110).

A la luz de esa confidencia, podemos distinguir las siguientes etapas:

A) Empieza una «novela de aventuras» (¿aventuras amorosas? o ¿sucesos en diversas regiones, al modo de los que recoge en el segundo capítulo de la redacción final, el titulado «Los viajes»?) que abandona por enfermedad. Ya que había terminado y publicado *Yawar Fiesta* en 1941, y recién retorna de Sicuani a Lima en septiembre de 1941, la matrícula en Educación y la primera tentativa de escribir una nueva novela deben corresponder a 1942 ó 1943. En 1943 pidió licencia por enfermedad, agravándose su dolencia en 1944:

En mayo de 1944 hizo crisis una dolencia psíquica contraída en la infancia y estuve casi cinco años neutralizado para escribir. El encuentro con una zamba gorda, joven, prostituta, me devolvió eso que los médicos llaman «tono de vida». El encuentro con aquella alegre mujer debió ser el toque sutil, complejísimo, que mi cuerpo y alma necesitaban, para recuperar el roto vínculo con todas las cosas. Cuando ese vínculo se hacía intenso podía transmitir a la palabra la materia de las cosas (ZZ, V, 17).

La cita procede del inicio del Primer Diario de *El Zorro de Arriba*. Arguedas liga el esfuerzo por escribir (consejo del tratamiento médico) dos años después de su fallido intento de suicidio de 1966, con el hallazgo sexual del «tono de la vida» cinco años después del silencio creador instalado por la crisis psíquica de 1944. Resulta sintomático, en tanto las cartas de Arguedas dirigidas a Moreno Jimeno permiten constatar que en 1941, en Sicuani, le asistieron deseos de separarse de su celosa y dominante esposa Celia; y que se sintió molesto por la manera cómo su novela *Yawar Fiesta* no

70

fue elegida para representar al Perú en el certamen organizado por la editorial neoyorquina Farrar & Rinehart (otorgado en 1941 a *El mundo es ancho y ajeno*, novela que representó a Chile por residir Ciro Alegría en ese país, desterrado). Las tribulaciones conyugales y los maltratos a su capacidad literaria (en ese caso, a *Todas las sangres*) estarán presentes también cuando el intento de suicidio de 1966, y la ulterior lucha para evitar la esterilidad creadora, conforme vimos en el punto I.1. de esta Introducción.

B) Los «cinco años neutralizado para escribir» deben contarse, aproximadamente, de 1943 ó 1944 hasta 1947. El año de 1947 debe ser el del viaje a Huancayo, ya que ese año lo nombraron jefe de una sección del Ministerio de Educación. El que retome la novela, con un plan creador muy diferente, se ve confirmado por el hecho de que en 1948 ya publica un adelanto de *Los ríos profundos* en *Las Moradas*.

La respuesta a Castro Klarén destaca el enamoramiento (otra prueba del enfriamiento de sus sentimientos hacia su esposa Celia) de una «chica» parecida a la Pompeya de Ica. En el punto I.5. de esta Introducción hemos visto cómo la primera novela (perdida) que escribió Arguedas, precisamente en Huancayo (en 1928), recreaba su frustrado amor adolescente. Ahora, casi veinte años después, una joven le permitió revivir la experiencia de otrora, rompiendo la esterilidad literaria de un lustro angustiante.

De otro lado, la respuesta a Castro Klarén registra el entusiasmo de Arguedas por el Valle del Mantaro como plasmación de un campesinado seguro de sí mismo, sin las actitudes apocadas o serviles de la mayoría de los poblados de la sierra del sur andino. Sobre este tema hemos proporcionado información en el punto I.1. Aquí importa resaltar que el feliz mestizaje del Mantaro despertó de nuevo en Arguedas el deseo (ya expresado en parte en *Agua* y *Yawar Fiesta*), tan central en su obra entera, de mostrar la dignidad y el potencial sociocultural del hombre andino. Arguedas no fue tan consciente de ello en las primeras páginas, pero poco a poco los indios colonos (también las mestizas chicheras) ocuparon un lugar relevante en la novela. No sólo reverdece la ilusión amorosa; también, la necesidad de dar a conocer al indio (y al mestizo andino) como pieza capital en la construcción de un Perú más justo y humano.

Un tercer factor desencadenante de la novela debemos tomarlo de la confidencia citada de *El Zorro de Arriba...* Es decir, la relación sexual con una mujer que se asemejaba a la demente del colegio de Abancay. Conviene notar que Arguedas le pone a la opa el nombre (en realidad se llamaba Aurora, según la información recabada por Alfonsina Barrionuevo) de Marcelina, coincidiendo con el de una mujer que le incitó sexualmente, según los relatos autobiográficos de *Amor mundo*. Resulta patente la similitud entre esa Marcelina, la demente Aurora y la mujer anónima que le devolvió el «tono de vida» en 1947:

> Sintió pasos. Era la gorda Marcelina, lavandera del viejo hacendado; ella se acercaba al árbol, porque había visto a Santiago [alter ego de Arguedas] [...] Avanzó hasta meterse en la sombra del sauce llorón; se levantó la pollera, se puso en cuclillas.
> —Voy a orinar para ti, pues —dijo, mirando al muchacho. En su boca verdosa, teñida por el zumo de la coca, apareció una mezcla de sonrisa y de ímpetu. «¡Ven, ven pues!», volvió a decir, mostrando su parte vergonzosa al chico, que ya se había levantado. [...]
> La gorda Marcelina lo apretó duro, un buen rato. Luego lo echó con violencia.
> —Corrompido muchacho. Ya sabes —dijo.
> Su cuerpo deforme, su cara rojiza, se hizo enorme ante los ojos de Santiago. Y sintió que todo hedía. [...] No quiso mirar al Arayá, la montaña que presidía todo ese universo de cumbres y precipicios, de ríos cristalinos. Escaló el muro, tranquilo. Fue corriendo hacia el arroyo que circundaba al pueblo.
> No pudo lavarse [...] el muchacho seguía recordando feo la parte vergonzosa de la mujer gorda; el mal olor continuaba cubriendo el mundo («La huerta», AM, I, 231).

No sólo gorda, deforme y sucia, también borracha y enferma («Esta chola está enferma. [...] Por eso nadie quiere con ella. Esos gendarmes que vinieron a buscar indios cuatreros, la agarraron a ella», I, 232) esta Marcelina concentra la morbosa fascinación-repulsión de Arguedas ante el acto sexual.

Varios estudiosos, sobre todo Forgues, Galo González y Talía Tauro, han examinado esclarecedoramente la visión arguediana del amor, el sexo y la contraparte femenina. Sintetizando: de un lado, tenemos la presentación positiva (que integra sin fisuras el amor y la relación sexual) del erotismo y el goce sexual cuando se da dentro de las pautas culturales del mundo indígena, por ser allí una manifestación triunfal y placentera de la naturaleza humana, en consonancia ritual con los ciclos de fecundación y reproducción de la naturaleza entera; el ejemplo mayor, fuertemente telúrico y ritual, lo brinda el cuento «El ayla» (puesto en *Amor mundo* como contraste absoluto del sexo-hediondez de los otros tres cuentos). En *Los ríos profundos,* las chicheras, en particular Felipa, muestran la acción vitalizadora y liberadora del componente sexual y del rol femenino, al punto que la hazaña subversiva de Felipa causará una transformación purificadora de la mayor víctima de la hediondez sexual de la novela: la opa Marcelina; nótese, además, que, en el cap. X, Ernesto sentirá la atracción sexual de una chichera con naturalidad exultante, siendo felicitado por el arpista Papacha Oblitas.

De otro lado, actúan las pautas culturales procedentes de «Occidente», con una difundida y perniciosa adaptación de la dualidad platónica entre alma (factor celeste, eterno, puro, incorpóreo) y cuerpo (factor material, animal, concupiscente, perecedero, impuro) a la prédica cristiana de la lucha entre el espíritu y la carne, entre la parte noble (semejante a la divinidad) y la parte animal, irracional, del ser humano. En la literatura, resulta frecuente esa dualidad erótica y sexual en los textos románticos, modernistas (verbigracia, el difundido Rubén Darío) y postmodernistas (aquí mencionemos a un poeta predilecto de Arguedas: Eguren). El fruto es una tajante división entre el amor idealizado y las mujeres con rasgos angelicales o protectores-maternales (polo positivo), frente al apetito sexual y las mujeres sometidas al «pecado» del sexo-lujuria (polo negativo). En *Los ríos profundos* eso separa a las idealizadas niñas de ojos azules, contempladas con una adoración que pretende excluir el apetito sexual, de, por supuesto, la gorda, sucia, demente y enferma Marcelina (ésta, al purificarse al final, precisamente se niega a la cópula sexual).

Si volvemos a las confidencias de Arguedas sobre el origen de la composición de *Los ríos profundos,* notaremos que primero afloró conscientemente el amor idealizado, para irrumpir luego las tribulaciones sexuales en el colegio de Abancay, adquiriendo esta parte oscura y reprimida más importancia en la novela, junto con la reivindicación de la capacidad de rebelión de los indios y los mestizos sojuzgados por patrones como su tío el Viejo. Es decir, dos momentos: uno plenamente consciente, que repetía el plan de la vieja novela de 1928, pero se mezclaba pronto a la figura del Viejo, despertando el tema velado de los indios sometidos; y otro, paulatinamente en despliegue hasta apoderarse del relato, en dos vetas paralelas: de un lado, el potencial revolucionario de indios y mestizos; de otro lado, el colegio y las tribulaciones de Ernesto en dicho internado. Dos personas sacudieron las llagas guardadas por Arguedas desde la adolescencia: el tío Viejo y la gorda Marcelina, polos negativos del poder socio-económico-político-religioso y del sexo, respectivamente:

> A veces me hago un plan, pero *Los ríos profundos* fue saliendo casi por sí mismo. La experiencia del niño iba a ser un capítulo y se convirtió en casi todo el libro. Lo que había concebido era una imagen del Viejo, unas aventuras amorosas con la hija del dueño de una hacienda próxima. Es decir, una novela completamente convencional. Llegó el capítulo que debía escribir sobre la permanencia del niño y todas las experiencias del internado empezaron a salir y el resto se hizo casi sin plan. Al final se trata de demostrar cómo esta gente, es decir, los colonos de la hacienda están considerados como gente casi sin alma hasta por los otros indios, y sin embargo es capaz de desafiar hasta la muerte cuando se sienten movidos por una cierta fuerza (Respuestas a Castro Klarén, reproducido en Ortega, 1982: 111).

Habría que aclarar que la irrupción de la novela fue sin un plan; empero, después, durante el decenio que va de 1947 a la finalización y publicación de *Los ríos profundos* (1958), Arguedas meditó hondamente sobre la configuración de la novela, plasmando una estupenda articulación de las partes, y un diseño arquitectónico corregido y pulido una y otra vez con eficaz conciencia creadora. Estamos ante un proceso parecido al que establece Vargas Llosa (consumado artífice, cuya conciencia creadora y rigor técnico nadie ha cuestionado) al referirse a su propia experiencia novelística: primero, brota el «magma», movilizando factores oscuros, no previstos (activados por lo que él llama «demonios»); luego adviene la tarea de revisión, corrección y pulido de dicho magma (cfr. su estudio sobre García Márquez).

2. CONNOTACIONES DEL TÍTULO

El propio título de *Los ríos profundos* prueba la lucidez con que Arguedas plasmó su obra, atento a una rica carga connotativa.

Se apoya en la diferencia geográfica entre la Costa y la Sierra. En la primera, los ríos del Perú son de cauce superficial, escaso caudal y, en la mayoría de los casos, tienden a secarse durante varios meses del año. En cambio, en la sierra son de cauce profundo, caudal generoso que, en las partes altas y zonas de corte de la cordillera, fluye con fragor de tempestad (la fuerza del agua rompiendo montes dicta la analogía del título de su *nouvelle* «Diamantes y pedernales», cristal líquido y chispas pétreas); además, la corriente de los ríos serranos viene a ser la fuente o matriz de las aguas de los ríos de las otras dos regiones naturales peruanas, la Costa y la Selva.

A partir de ello, Arguedas connota la profundidad —las sólidas, ancestrales raíces, matrices de la identidad nacional del Perú— de la cultura andina, en contraposición al carácter sobreimpuesto —violencia de la dominación, actitud de dependencia de una metrópolis extranjera, desprecio y marginación de las raíces autóctonas— de una cultura occidental y cosmopolita a espaldas del legado histórico milenario del Perú. Alude a que las construcciones sociales y culturales realmente sólidas y auténticas deben nutrirse (conforme hacen los ríos de la costa de las aguas que descienden de los ríos serranos) de elementos andinos, indígenas, siendo ello un mestizaje fecundo y sintetizador del Perú de «todas las sangres» que anhela Arguedas. De faltar las bases autóctonas, se limitarán a ser pálidas imitaciones de los logros sociales y culturales de los centros metropolitanos a los que se someten.

El primer capítulo ofrece símbolos potentes de ese mestizaje: los edificios cusqueños, donde la primera planta —la base— son muros incaicos, y el piso superior, construcciones hechas por los españoles y los mestizos (asimilando éstos, creativamente, las lecciones del arte europeo, permeables a sugestiones recibidas del arte andino); y la campana María Angola, fabricada dentro del culto cristiano pero con oro incaico y por artífices andinos. Arguedas no postula un Perú aferrado a modelos indígenas del pasado; quiere un Perú mestizo, fuertemente nutrido por la herencia indígena, confiando en la capacidad del hombre peruano (de todas las razas y mezclas: indios, mestizos, blancos, negros, etc.) para labrar una síntesis fecunda entre lo autóctono y lo cosmopolita, lo nacional y lo universal.

Al respecto, repárese en que el primer capítulo termina con la descripción jubilosa y majestuosa del río Apurímac, a modo del río profundo por excelencia. Informemos que dos grandes valles rodean a la capital cusqueña: el Valle Sagrado del Urubamba-Vilcanota, señorial y feraz; y el valle del río Apurímac, escarpado y torrentoso, cual voz de una teofanía o génesis cósmico. Arguedas ha optado por presentarnos al Apurímac, no sólo como devoción regional al torrente homónimo del departamento en que nació (departamento de Apurímac, cuya capital es precisamente la ciudad que focaliza la acción novelesca: Abancay); sino por el contraste que permite establecer con el río Rímac, el que sirve de asiento a la capital Lima (fundación española, centro de la dependencia virreinal y de la entrega a poderes imperialistas: eje de la penetración «occidental», bastante sorda al Perú provinciano hasta mediados del siglo XX). Si Rímac (de donde debe proceder el vocablo Lima) significa *hablador* (sede de oráculos, sobre todo el gran santuario del dios Pachacamac), *Apu-rímac* le añade el importante término *Apu* (rey o señor, con la posibilidad de aludir a una deidad), de modo tal que José de la Riva-Agüero traduce, haciendo notar que el Apurímac está ligado a la quebrada de Limatambo (nombre que redobla la conexión con la capital Lima):

> Enfrente, la honda quiebra de Limatambo corre el famoso Apurímac o *Cjapaj Mayu,* que se traduce *príncipe sonoro* o *rey de los ríos* (Riva-Agüero, *Paisajes peruanos:* 43).

Así, más profunda que la capital costeña-colonial-cosmopolita Lima, se sugiere que es la capital andina-ancestral Cusco.

Además, la calificación de *profundos* que ostentan los ríos serranos tiende nexos con la célebre distinción del gran historiador peruano Jorge Basadre, entre lo que él denomina el *Perú oficial* (del Estado y los organismos del poder centralistamente concentrados en Lima) y el *Perú profundo* (el de las multitudes de la sierra, la costa y la selva, auténticas gestoras de los grandes cambios históricos del Perú). Ya a fines del siglo XIX, el vibrante ideólogo pro-indigenista Manuel González Prada había sostenido que el verdadero Perú es el que estaba al otro lado de la cordillera, en los valles y montes andinos.

La identificación entre sierra y ríos profundos queda excepcionalmente documentada en un artículo en el que Arguedas elogia la *Crónica del Perú* de Pedro de Cieza de León. Cita que prueba el cuidado con que Arguedas leía textos referentes a la realidad peruana (ya hemos aludido, en los párrafos previos, a González Prada, Riva-Agüero y Basadre; en los puntos anteriores, subrayamos la lectura de Vallejo y Mariátegui):

> Ninguna descripción del Perú nos parece más hermosa ni más exacta que la que hace Pedro de Cieza de León. [...] Tal descripción, escrita con la impresión primigenia del Perú antiguo por el más noble, documentado y justo de los cronistas, sigue correspondiendo, en gran medida, a la realidad geográfica y humana del Perú actual: «¿Quién podrá decir las cosas diferentes que en él son, las sierras altísimas

y valles profundos por donde se fue descubriendo y conquistando los ríos, tantos y tan grandes, de tan crecida hondura. [...] Yo debo ocuparme brevemente del papel que en el proceso histórico del Perú ha desempeñado esa región de «las sierras altísimas y valles profundos...» (Arguedas, «La sierra en el proceso de la cultura peruana»; incluido en *Formación de una cultura nacional indoamericana:* 9).

En ese mismo artículo Arguedas enfatiza cómo el Perú antiguo y el contemporáneo Valle del Mantaro realizan una síntesis fructífera entre la sierra (Zorro de Arriba) y la costa (Zorro de Abajo); lo que respalda alborozado, hermanando su visión a la de la «promesa de la vida peruana» expuesta por Basadre:

Estos impulsos [de integración nacional] conducen al Perú hacia una nueva unidad, la cual será tan profunda y múltiple como la antigua. Esta tesis, sustentada ya por Basadre, con inteligencia y noble pasión, será la de cualquier otro que analice el Perú con la serenidad y el fervor que mueven a todo hombre dedicado al estudio por fuerza del espíritu y no de las circunstancias, cualquiera que sea el método que elija para su empresa (Arguedas, *Formación de una cultura nacional indoamericana:* 27).

En lo tocante a cómo el simbolismo de los ríos brota constantemente en la novela, ligado a fuerzas liberadoras (purificación de Ernesto en el río Pachachaca, motín de las chicheras, flujo humano de los colonos invadiendo Abancay como si fueran un río en crecida o *yawar mayu*, el Pachachaca llevándose la peste vencida por los colonos...) o a la imagen de la vida como viaje y tránsito, se han pronunciado varios críticos, entre ellos Urrello, Cornejo Polar, Forgues y Aibar Ray.

3. Solidez estructural

Se ha vuelto común en la bibliografía señalar deficiencias en la organización de *Los ríos profundos;* inclusive aquellos que enaltecen su esplendor estético y la consideran la mejor novela de Arguedas, arrastrados por el prejuicio de que era un autor instintivo y sin mayor conciencia técnica, abundan en esa supuesta falta de unidad orgánica de todo el material novelístico[23].

Nada menos que Ángel Rama, uno de los estudiosos que más ha alertado sobre la conciencia artística y científica (como antropólogo y etnólogo) de Arguedas, y sobre los méritos artísticos de *Los ríos profundos,* acoge esa posición:

> discurren numerosos episodios, algunos parcialmente encadenados como el motín de las chicheras que acarrea la entrada del ejército, otros deshilvanados como los correspondientes a los diversos personajes del Colegio o los correspondientes a una imprevisible y repentina peste; en el primer plano, separadamente, existe en cambio una continuidad torrencial y confusa que está dada por la conciencia del personaje Ernesto y por su función testimonial. A ella corresponde vincular entre sí sucesos con muy escasa relación (el Viejo, el padre, Cusco, las chicheras, Abancay, los colonos) articulándolos para que se integren en un discurso subjetivo con sentido. Los componentes de la peripecia están visiblemente desintegrados, se suceden como núcleos independientes con poca hilación causal [...] Es un desperdigamiento en que apenas parece intuirse una vocación de muestreo de una totalidad social. Este fragmentarismo tiene algo de la típica narración episódica popular que se concentra en un núcleo sin establecer enlaces causales con otros núcleos, cercanos o lejanos, procurando alcanzar una articulación de la acción más general. Es en la conciencia de Ernesto donde son sometidos a una tarea interpretativa, a veces racional y otras veces mágica, que permite que engranen unos con otros como las partes obligadas de una demostración. Concurren así a forjar un mensaje (Rama, 1980: 79-80).

---

[23] Algunos ejemplos: Julio Ramón Ribeyro vio un argumento desarticulado; Yerko Moretic sostiene la carencia de unidad entre los primeros capítulos y los restantes; Sara Castro Klarén le reprocha falta de planeamiento al pasar inorgánicamente del tema de la adolescencia escolar a la lucha social en Abancay, y de ésta a un conflicto de «orden cósmico» (contra la peste); Vargas Llosa estima que lo social y lo «íntimo-lírico» se oponen y no conjugan consistentemente; etc.

Como se notará, Rama, siempre perspicaz, apunta dos observaciones que, desarrolladas con más decisión que él (confiando en la conciencia creadora de Arguedas), sirven para probar que sí existe una arquitectura orgánica: a) el fragmentarismo de la «narración episódica popular» (sin detectar sus fuentes orales y populares, Castro Klarén ya había señalado la estructura episódica de *Yawar Fiesta* y *Los ríos profundos*), asunto que nos recuerda el rol transculturador de Arguedas que subvierte la novela «moderna occidental», retomando la estructura episódica de formas novelescas anteriores al siglo XVIII: libros de caballerías, novelas picarescas, el propio *Quijote*, etc.; y b) la conciencia de Ernesto interpretando los episodios, edificando «un mensaje».

Conviene puntualizar que la estructura episódica y el rol interpretativo del protagonista son rasgos medulares de un género novelesco al cual pertenece, en lo sustancial, *Los ríos profundos*, conforme lo han subrayado muchos críticos (véase, en especial, a Dorfman y Aibar Ray): el *bildungsroman* o *novela de aprendizaje*[24]. Resultan patentes en las piezas fundadoras del género, las de Goethe *(Wilhelm Meister),* Novalis, Hölderlin, Tieck y varios románticos alemanes; y no dejan de subsistir en cumbres contemporáneas como *Un retrato del artista adolescente* y *Ulises* de Joyce, *En busca del tiempo perdido* de Proust y *La montaña mágica* de Mann.

---

[24] Exagerando lo que es un nivel de lectura, y no el principal del libro, Luis Harss caracteriza a *Los ríos profundos* como una novela de «aprendizaje artístico» en el que «el reparto de papeles entre los personajes del libro, especialmente los chicos del colegio, responde menos a una dialéctica social que a una metafísica de la poesía» (Harss, 1983: 135). Existe el aspecto del aprendizaje artístico (canción, música, poesía, imagen caricaturesca de Valle, etc.), pero mayor peso tienen los aspectos social, erótico, ético y mítico-religioso, adecuadamente subrayados por la mayoría de los críticos: Dorfman, Trigo, G. Gutiérrez, Forgues, Aibar Ray, Rowe, Rouillón, Escajadillo, etc. Más luminosa es la original perspectiva de Julio Ortega y Vicky Wolff Unruh, sintetizable con la siguiente afirmación: «La asimilación de un niño a su contexto cultural se basa en el aprendizaje del manejo del sistema comunicativo. [...] El conflicto sociocultural se traduce textualmente en una lucha entre dos esquemas comunicativos antagónicos: uno creado por el mundo «rumoroso» andino, el otro impuesto por la jerarquía del poder» (Wolff Unruh, 1983: 193-194).

Pero no sólo cabe reconocer cierta estructuración episódica. En el punto II.4., a propósito del impacto que le causó la lectura de *Las palmeras salvajes* de Faulkner, veremos que Arguedas tenía conocimiento de la compleja estructuración de la llamada *nueva novela,* intercalando historias, voces y recursos narrativos. Conocimiento ya detectable en *Los ríos profundos,* acentuado en *Todas las sangres* y llevado a uno de los mayores límites experimentales hispanoamericanos en la disimilitud entre los diarios, capítulos narrativos y «hervores» de *El Zorro de Arriba y el Zorro de Abajo.*

De otro lado, el sagaz análisis de Dorfman (1980 y 1984) ha dilucidado de modo irrefutable la trabazón interna de los sucesos narrados en *Los ríos profundos,* magníficamente contrastados y concertados entre la visita al Cusco, los viajes previos, la experiencia en el colegio de Abancay, las chicherías, etc. Veamos cómo define el hilo conductor del *bildungsroman:*

> Crecimiento de un niño, crecimiento de un pueblo: este es el tema, único, doble, múltiple, de *Los ríos profundos* [...].
> En efecto, Ernesto, el narrador de la novela, va a enfocar aquellos meses cruciales en su existencia en que realiza el tránsito desde la infancia hasta la madurez, asumiendo por primera vez la compleja responsabilidad de hacerse «hombre», hombre como adulto, hombre como sexo, hombre como humanidad. Aunque durante los tres capítulos iniciales se encuentra acompañado por su padre, en el resto del libro debe efectuar este pasaje, aprendizaje, movimiento, a partir de la soledad y el desamparo, disputado por las potencias infernales que gobiernan el pueblo andino de Abancay y su internado religioso (Dorfman, 1980: 91).

Añade atinadamente:

> Pero crecer no es un mero proceso biológico. Crecer es, ante todo, para un ser humano, un acto concreto de integrarse a una estructura social ya funcionante [...] optar éticamente al ubicarse en un lado u otro de los que pugnan por el poder, la riqueza, la conciencia. Antes de que renuncie a la niñez, el protagonista habrá tenido que enfrentar, adentro de sí y en el mundo que lo rodea, las condiciones

que oprimen y tuercen los destinos más puros. Tendrá también que visitar, una y otra vez, a modo de manantiales escondidos, las fuentes de una solidaridad humana y natural que son las únicas que iluminan y garantizan una posible liberación, las que rompen la cadena aparentemente infinita de ultrajes y soledades [...].

Intentaremos demostrar cómo, en el último capítulo y en los que conducen a él, Ernesto logra, no sin ambigüedad, lo que es su frontera máxima: crecer porque lo han hecho otros seres humanos [es decir, los indios colonos, piedra de la nacionalidad], ligar su destino al de un colectivo, sobrepasar la soledad en la solitaria vastedad del pueblo.

Y esta hazaña, epopeya interior, debe ejecutarla en el peor lugar del universo, el más aberrante de los sitios: Abancay (Dorfman, 1980: 91 y 98).

La verdad es que nos extenderíamos mucho resumiendo todas las apreciaciones perspicaces de Dorfman (discrepando parcialmente de algunas de ellas, verbigracia cuando afirma tajantemente que el Cusco ya no puede desempeñarse como «centro benigno ordenador del mundo»). Remitimos a su lectura atenta. Aquí limitémonos a unas conexiones cruciales que Dorfman revela entre el motín de las chicheras (sacudiendo la organización socio-económico-política de Abancay), el resquebrajamiento de la violencia injusta reinante en el colegio (institución que ilustra cómo lo cultural y lo eclesiástico transmiten una *paideia retrógrada*, favorable a los intereses creados del poder explotador) y la decisión de Ernesto de tomar participación activa del lado de las chicheras, a la par que de los alumnos que se oponen al Lleras y Añuco:

El motín ha irrumpido en la mitad exacta de la novela. Y a partir de esta conmoción en ese mundo exterior que es el (de) generador del Colegio y de su miseria y culpa, Ernesto salta a otra dinámica en su desarrollo. Por una parte, debe juzgar, enfrentar, criticar a algunos personajes (es lo que se ha iniciado con Antero). Por otra, sin dejar de convocar modelos masculinos, los padres sustitutivos que podrían animarlo en su búsqueda, irá descubriendo los valores humanos en otras personas, generalmente oriundas de los subestratos más dominados. Por último, como si la rebelión social fuera la señal, comienzan a suscitarse mutaciones profundas en el Colegio mismo [...].

Casi como un eco de la voz de Doña Felipa, lo que sucede enseguida dentro del Colegio es la expulsión del Lleras y un cambio radical en Añuco. Lleras huye en dirección del Cusco [...].

Lleras parte de Abancay dos horas antes de que las tropas arriben, precisamente desde el Cusco, para patrullar la zona después del motín. Casi podría decirse una especie de relevo: llega la violencia institucionalizada, militar, y desaparece la violencia que hemos llamado horizontal. Este traslado coincide con un énfasis narrativo cada vez mayor en Abancay y una mengua de los conflictos del internado. El Colegio ocupa cada vez menos espacio hasta desaparecer, incluso físicamente, al final del libro.

Da la impresión de que la eliminación de Lleras inaugura una nueva época para el Colegio, lo que se expresa principalmente en la honda transformación que sacude al Añuco (Dorfman, 1980: 113-114).

Sin embargo, a Dorfman le ha faltado distinguir adecuadamente la pensada división en partes de la novela:

1) El cap. I, compuesto como una *obertura* que condensa simbólicamente los grandes temas y las oposiciones fundamentales de toda la novela: símbolo de los muros incaicos y la María Angola; oposiciones entre el Viejo y el pongo, y entre el Viejo y el adolescente Ernesto; analogía entre el pongo y la imagen cusqueña del Cristo llamado El Señor de los Temblores (con lo cual se conecta así: Viejo-Anticristo y pongo-Cristo) y júbilo ante el río Apurímac. Esto lo han percibido Escajadillo y Rama.

Agreguemos la sutileza con que la secuencia de acciones en el capítulo I prefigura el despliegue de los sucesos en los capítulos siguientes, microcosmos simbólico del macrocosmos que constituyen los caps. II-XI: el llegar de un viaje con un proyecto del padre que termina frustrándose, siendo pasajera la estancia en el Cusco (ombligo-eje abandonado por la errancia que tipifica al padre), adelanta los capítulos II y III; la descripción del Cusco y la casa del Viejo, la que se proporciona de Abancay y el Colegio (donde el Padre Director posee rasgos similares a algunos del Viejo) en los caps. IV-V; la revelación de una energía milenaria, la de las raíces andinas sojuzgadas pero potencialmente activables, al contemplar los muros incaicos y escuchar el sonido de la campana María Angola, posee afinidades con los primeros pasos de Ernesto integrándose en el colegio, al calor del zumbayllu y su amistad con Antero y otros escolares (cap. VI), y con el motín de las chicheras que parecen hacer realidad la corazonada de Ernesto de que los muros incaicos pueden ponerse en movimiento (cual ríos en crecida, cual *yawar mayu*) y devorar a los dueños avaros (cap. VII); el enfrentamiento de Ernesto a la figura del Viejo, prepara la decisión de Ernesto de ponerse del lado de los oprimidos, en claro contraste con el Padre Director, en los capítulos VIII-X; y el impulso hacia una primera comunicación que hace el pongo despidiéndose de Ernesto, más la aparición imponente y triunfal *(Apurímac mayu,* «repiten los niños de habla quechua, con ternura y algo de espanto», según las palabras finales del capítulo) del río profundo que es el Apurímac, connota la multitud de colonos sacudiendo su inercia y silencio, y entrando como río en crecida en Abancay, triunfando en su designio de obligar al Padre Director a celebrar misa para vencer a la peste (sellado todo ello con el río Pachachaca, en los párrafos finales que sintomáticamente rememoran la visión del Viejo en el Cusco del cap. I), episodio narrado en el cap. XI.

2) Los caps. II-III: vida errante en compañía de su padre, inestable y desarraigado, inútil en su afán de no someterse al sistema social injusto.

3) Los caps. IV-V: quedarse solo a resistir en Abancay, en una realidad dolorosamente dual entre lo negativo («un mundo cargado de monstruos y de fuego») y lo positivo («grandes ríos que cantan con la música más hermosa al chocar contra las piedras y las islas»), sin poseer aliados, sufriendo la ausencia del padre.

4) Los caps. VI-X: fuerzas liberadoras que sacuden el Colegio y la ciudad, padeciendo la represión y el escarmiento que socavan su eficacia, aunque Ernesto (en el colegio) y la multitud (en la ciudad) confían en el poder real-maravilloso

de talismanes como el zumbayllu o del regreso mesiánico de la perseguida Felipa, respectivamente. Es decir, rebelión, fracaso de ésta, pero finalmente esperanza en una liberación futura.

5) El cap. XI, el último, en el que triunfa el levantamiento popular porque lo efectúan los mismos indios, aquellos que parecían carecer ya de iniciativa y coraje. Las chicheras fracasaron porque, al ir a la hacienda, no lograron que participaran los indios colonos: el motín se quedó en el dominio de los mestizos, sin contar con la movilización de la clase de los que están debajo de todos y conforman la mayoría del pueblo.

Además, Arguedas consigue un efecto expresivo de alto nivel al ir aumentando paulatinamente la cantidad de páginas de cada capítulo hasta llegar al «desborde» mayor en el capítulo final. Luego de ese caso aparte que es el primer capítulo (obertura y microcosmos del libro entero), cuyo grosor sólo será igualado por el cap. VI, puede confirmarse que vienen tres capítulos muy breves (II-IV), otro algo más extenso (V), hasta arribar al capítulo (el VI) que instala el proceso de liberación. En convergencia con ello, el cap. VI iguala y aun sobrepasa la magnitud del cap. I, preparando esa especie de «estallido» que es el cap. VII, el del motín (su fin coincide con la mitad de la novela, si nos fijamos en el número de páginas), y el cap. VIII, el del resquebrajamiento del orden violento en el Colegio. Adviene un capítulo (el IX) algo más corto, repliegue que acompaña a la represión y el escarmiento, a la reacción de las fuerzas dominantes en la ciudad y el Colegio. Pero el cap. X, con el simbólico título de *Yawar Mayu* (río de sangre, en tanto río en crecida), crece incontenible, en la medida en que Ernesto asimila el clima liberador de la chichería y la demente Marcelina se transfigura, purificándose con el rebozo de doña Felipa (desgraciadamente ya está tocada por la peste); domina un clima de música y danza, ambas expresión de la armonía universal, tejidas por un compás semejante al discurrir «hablador» del río. Ya todo está desatado para que arribe el capítulo más largo y desestabilizador del orden social (y aun cósmico), el XI (símbolo bíblico de la hora undécima: el once como víspera del número pleno, que es el doce): los colonos invaden Abancay (son el *yawar mayu* de la multitud en marcha) y derrotan el mal entronizado en la existencia que padecen, simbolizado por la peste.

Pocas novelas hispanoamericanas ostentan una arquitectura tan honda y hermosa, tan intensamente simbólica. En las notas a la edición veremos cómo se vinculan los finales de los diferentes capítulos.

4. Intertextualidad (Riva-Agüero, Faulkner, Neruda y Camus)

La meditada configuración de *Los ríos profundos* instala un diálogo sutil con algunas lecturas hechas por Arguedas. Aquí destacaremos dos que inciden en la estructuración de la historia narrada: Riva-Agüero y Faulkner; y dos que pueden servir de contraste con momentos culminantes de la novela: Neruda y Camus.

A) El influyente historiador y crítico literario peruano José de la Riva-Agüero (1885-1944) realizó en 1912 un viaje de conocimiento amoroso y vibrante del Perú «integral» (mestizaje entre lo indígena y lo cristiano-occidental sembrado por los españoles): partió del Cusco y pasó por el río Apurímac, Abancay y otros parajes serranos camino a la capital limeña. Producto de él, redactó su libro más hermoso y profundo: *Paisajes peruanos*, compuesto entre 1912 y 1915, dado a conocer fragmentariamente entre 1926 y 1941, hasta su publicación íntegra en 1955, precedido por un elogiosísimo y extensísimo estudio preliminar del prestigioso historiador Raúl Porras Barrenechea (a quien Arguedas trataba personalmente).

Ya en 1951 Arguedas había dado pruebas de conocer páginas de *Paisajes peruanos* en una ponencia sobre la cultura mestiza de Ayacucho (véase *Formación de una cultura nacional indoamericana*, pág. 153). La publicación de 1955 debió incentivarlo a una lectura atenta, cuanto más que Porras Barrenechea enaltecía la obra hasta el exceso de otorgarle un «valor sustancial y representativo» del Perú, según él equiparable al de *Facundo* para la Argentina o *Los sertones* para el Brasil (sitial correspondiente, por cierto, a los *Comentarios reales* del Inca Garcilaso y a la novela que estaba componiendo Arguedas: *Los ríos profundos*). Siempre exagerado y controvertido, Porras Barrenechea pretendía que el paisaje de la Sierra «en forma diáfana y pura» recién había advenido a la literatura peruana con *Paisajes peruanos* y sostenía increíblemente (en una provocación «hispanista» —tal era la trinchera de Riva-Agüero y de Porras Barrenechea— que soslayaba el magisterio indigenista de cronistas como el Inca Garcilaso, de novelistas como Narciso Aréstegui y Clorinda Matto, y de ideólogos como González Prada y Pedro Zulen) la convicción siguiente, no avalada por los hechos (su repercusión fue reducida en las letras peruanas, muy por debajo a la desencadenada por Enrique López Albújar, Luis E. Valcárcel y José Carlos Mariátegui): «De Riva-Agüero arranca toda la tendencia andinista de la moderna literatura peruana» (Riva Agüero, *Obras completas*, IX: pág. clxx).

Arguedas pudo encontrar coincidencias con *Paisajes peruanos*, dado que Riva-Agüero considera a la Sierra el «verdadero Perú» (expresión prestada de González Prada) o la «región principal del Perú», y al Cusco «corazón» y «símbolo del Perú»; también Riva-Agüero se extasía ante la belleza del paisaje serrano y la canción indígena. Incluso un pasaje de Riva-Agüero parece anunciar el final del cap. I de *Los ríos profundos*:

> Cantado por los poetas, cruzado por incas y libertadores, testigo de las guerras y disensiones de la Conquista, eje de toda nuestra historia, inviolado por la invasión chilena [el río Apurímac], es *la gigante voz de la patria*, el sacro río de los vaticinios... (Riva-Agüero, IX: pág. 49; la cursiva es nuestra).

No obstante, percibió una perspectiva opuesta a la suya. Riva-Agüero defiende un mestizaje donde el factor preponderante es el hispánico, cristiano y occidental; por eso Arguedas lo califica de «hispanista», simplificación engañosa porque los auténticos hispanistas no abogan por el mestizaje y rechazan la herencia indígena. La postura arguediana propugna un mestizaje con predominio de las raíces indígenas, autóctonas, andinas; también resulta una simplificación arriesgada denominarlo «indigenista», si a este término no se le da la dimensión otorgada por Mariátegui y Cornejo Polar (véase, *supra*, el punto I.3. de esta Introducción). Entendámoslo bien:

> El «hispanismo» se caracteriza por la afirmación de la superioridad de la cultura hispánica, de cómo ella predomina en el Perú contemporáneo y da valor a lo indígena en las formas mestizas. Proclama la grandeza del Imperio Incaico pero ignora, consciente o tendenciosamente, o por falta de información, los vínculos de la población nativa actual con el tal Imperio, las pervivencias dominantes en las culturas indígenas [...]. En la política militante los «hispanistas» son conservadores de extrema derecha y por eso, aunque de manera implícita, consagran el estado de servidumbre de los indios (Arguedas, «El Indigenismo en el Perú», en *Indios, mestizos y señores:* 13).

Los ríos profundos responde a ese «hispanismo» encarnado en *Paisajes peruanos:* si Riva-Agüero comienza con un «Partí del Cusco [...] la mañana» (IX, pág. 9), Arguedas (connotando comunión con el presente doloroso de la «noche» de la cultura andina) estampa en la primera página: «Entramos al Cuzco de noche». Cierra el cap. I de Arguedas el simbolismo del río (el Apurímac, retratado por Riva-Agüero en su tercer capítulo) como persistencia de la energía liberadora del Perú «profundo». Luego, *Los ríos profundos* rehace, desde una óptica andinizada, la realidad de Abancay, con su río Pachachaca y su puente (pintados por Riva-Agüero en su cap. V), anunciando el «despertar» de los Andes (invocado con desazón y escepticismo por Riva-Agüero en varios pasajes, en particular el final del cap. X) conseguido por acción directa de los indios (colonos) y mestizos andinizados (chicheras, Ernesto) que arremeten contra la dominación feudal manejada con pautas culturales ajenas al legado andino.

B) La prueba más contundente del interés de Arguedas por la *nueva narrativa,* por las técnicas más innovadoras, la hallamos en la impronta de *Las palmeras salvajes* (1939) de William Faulkner en la configuración de *Los ríos profundos.*

Podemos rastrear su entusiasmo por *Las palmeras salvajes* en su epistolario a Manuel Moreno Jimeno. En una carta fechada el 4 de abril de 1941, José María admite su ignorancia de «la literatura americana actual» y, dispuesto a subsanar ese vacío, le pide le remita (a Sicuani, donde vivía entonces) *Las palmeras salvajes.* Pronto estallaría en elogios a dicha novela: «Empecé a leer *Palmeras salvajes,* es hermoso y de lo más original que he leído» (25 de mayo de 1941: página 113); «es una maravilla, la mujer me parece superextraordinaria. Y todo el ambiente del libro tan nuevo, tan moderno y raro» (julio de 1941: pág. 118); y «En este tiempo acabé de leer *Palmeras* [...] ¡Qué hermoso es *Palmeras*! Me conmovió de tal manera que muchas noches no pude dormir con la imagen de los personajes y porque estaba dominado por el ambiente y el estilo maravilloso de la obra. ¿No te parece que es una novela revolucionaria, esencialmente revolucionaria? Muy pocas veces he leído una descripción más desgarradora, más terrible de la miseria en que vive la gente que no puede encontrar trabajo en un país inmenso como E. U. ¿Te acuerdas de aquellas escenas en las minas de Utah? ¿De los polacos? ¡Qué hermoso, qué espantosamente triste es! He sentido verdaderamente asomarse las lágrimas a mis ojos durante todo el relato; ese amor infinito de aquel ambiente helado y solitario, sobre esa nieve implacable; ese infinito amor de dos personas infinitamente desgraciadas.» (septiembre de 1941, pág. 121).

La admiración por Faulkner debió haberse reforzado en los años de ardua composición de *Los ríos profundos,* en tanto su nombre enfervorizaba a los narradores de la Generación del 50, C. E. Zavaleta a la cabeza. Debe haberle impactado un artículo de Zavaleta de 1953 (incluido en el libro de Zavaleta de 1993), el cual traza importantes semejanzas entre el Sur de Faulkner y la realidad peruana:

> Si pudiéramos esbozar una sociología de sus personajes —lo cual es absolutamente posible y correcto de hacer—, diríamos que ha elegido tan sólo indios, negros y campesi-

nos blancos. Pocas veces la burguesía le prestó sus caracteres. Pues bien: la realidad peruana igualmente, ofrece una población, casi idéntica: indios, negros y la sin par variedad de mestizos —en vez de los campesinos blancos de Faulkner— (Zavaleta, 1993: 195).

Ponderando el retrato de Joe Christmas (personaje de *Luz de agosto*) como la tragedia del «divorcio profundo y abismal» entre las dos conciencias de su mestizaje, Zavaleta lamenta que la novelística peruana (y menciona de paso la novela en proceso *Los ríos profundos* como una de las pocas que pinta al «cholo», aunque sea «de cuando en cuando», acotación que debió provocar la reacción de Arguedas para dar relieve al mestizaje peruano) no hubiera todavía pintado al mestizaje en toda su dramaticidad. Emplea frases que deben haber conmocionado a su amigo Arguedas, conciencia desgarrada entre dos mundos, si la ha habido en las letras de América:

> aquí en Perú, no sólo tenemos mestizos biológicos [...] sino también mestizos culturales. La angustia irracional y tremante del producto de dos mundos históricos, de dos culturas, no ha sido estudiada por nuestra novela; pero igualmente, para cuando llegue ese día —que el día llegará, pues los novelistas habrán de entender cuán vasto y brillante es el tema— tengamos muy sabida la maestría con que Faulkner ha descrito un desgarrado conflicto que adquiere gigantescas proporciones americanas (Zavaleta, 1993: 200).

Arguedas respondió magníficamente al reto formulado por su amigo y destacado narrador[25]:

---

[25] Zavaleta, al parecer, no ha percibido el aprendizaje faulkneriano de Arguedas, ya que no lo cita entre los autores hispanoamericanos influidos por Faulkner, en estudios bastante actualizados (Zavaleta, 1993). Probablemente, Zavaleta subestime todavía la conciencia creadora de Arguedas, como lo hiciera en 1955, en un artículo (firmado con el seudónimo Telémaco) que irritó a José María: «No me extrañó mucho que Sebastián Salazar Bondy afirmara que yo escribía "más allá del error y de la ignorancia", a la manera de un iluminado o de un autómata, porque el Flaco es vehemente y apresurado; pero que en tu revista, el crítico "Telémaco" —que a

i) El *Sur profundo (Deep South)* de Faulkner podía trocarse en los *ríos profundos del Sur andino,* aludiendo, a la vez, al *Perú profundo* de Jorge Basadre.

ii) *Las palmeras salvajes* enlaza la innovación formal con el mensaje acusador y revolucionario (ideal de la creación artística para Vallejo y Mariátegui). *Los ríos profundos* traza una estructura de río en crecida para connotar el despertar revolucionario de indios y mestizos. En otro plano, plasma un español quechuizado y una novela transculturada.

iii) *Las palmeras salvajes* entrelaza dos historias aparentemente autónomas, pero llenas de vasos comunicantes entre sí[26]. Una de ellas se titula *El Viejo;* se trata de la denominación popular del río Mississippi: «Old Man». *Los ríos profundos* entrelaza dos grandes historias: el viaje al Cusco a enfrentar al Viejo, narrado en el cap. I (obertura del libro) titulado, precisamente, *El Viejo:* comienza con la descripción del tío Viejo y concluye con la del río Apurímac (su antítesis liberadora, ancestral), profundo «Old Man» andino; de otro lado, a partir del cap. III, las experiencias de Ernesto en Abancay, las que culminan en el *yawar mayu* de los colonos, atentando contra el orden simbolizado por el Viejo explotador.

C) El deslumbramiento de Ernesto al contemplar y tocar el muro incaico, en el cap. I, sintiendo que las piedras viven y que el pasado puede ponerse en movimiento nuevamente, insta al parangón con *Alturas de Machu Picchu,* el célebre canto II del *Canto general* (1950) de Pablo Neruda.

_____

juzgar por el estilo, parece un colega mío— afirme que aspira a verme ingresar al "seno de una literatura de medios conscientes", me ha hecho lanzar una interjección: "¡Cómo diablos pueden suponer los doctores en crítica que un novelista escriba sin tener conciencia de los medios que emplea para interpretarse!» (Carta a Jorge Puccinelli, Lima, 11 de septiembre de 1955; citada en Forgues, *José María Arguedas: la letra inmortal:* 53).

[26] La narrativa faulkneriana es uno de los casos más complejos y radicales de montaje entre episodios, puntos de vista y recursos técnicos. Arguedas no hipertrofia de ese modo la exploración del montaje narrativo; el interés por la innovación técnica también pudo estimularlo Vallejo con *El tungsteno,* novela de montaje moderadamente moderno, a la manera de *El año desnudo* (1922) de Boris Pilniak.

El sujeto poético toca la ciudadela incaica: «en el oro de la geología, / como una espada envuelta en meteoros, / hundí la mano turbulenta y dulce / en lo más genital de lo terrestre. // Puse la frente entre las olas profundas, / descendí como gota entre la paz sulfúrica, / y, como un ciego, regresé al jazmín / de la gastada primavera humana.» Descubre exultante: «El reino muerto vive todavía.» Luego se siente desfallecer al comprender que el hombre del pueblo siempre ha sido explotado en América, también en la incaica Machu Picchu. Se solidariza con el pueblo sufriente y lo convoca al testimonio y al renacimiento: «Sube a nacer conmigo, hermano. // Acudid a mis venas y a mi boca. // Hablad por mis palabras y mi sangre.» También Ernesto se «entropa» con el pueblo sufriente, participa en el motín de las chicheras y abandona Abancay dispuesto a unirse a los colonos triunfadores de la peste: la cultura andina vive todavía.

D) La peste desatada al final de *Los ríos profundos,* cual castigo y expresión intolerable de todo lo que tiene de deshumanizador y destructor el orden social injusto (cuanto más si se adopta una actitud pasiva, como es la de los colonos hasta el cap. X, al extremo de no sumarse al motín de las chicheras, lo que implica la complicidad de las víctimas con el mal que padecen, complicidad castigada míticamente por la peste), además de reconocer antecedentes en las tragedias (*Edipo rey,* también ese pudrirse de Dinamarca en *Hamlet*), suscita nexos ineludibles con una de las novelas de mayor éxito en los años de composición de *Los ríos profundos:* la que se titula, precisamente, *La peste* (1947), en la que Albert Camus postula un humanismo rebelde frente al mal y el dolor, dispuesto a enaltecer la dignidad humana por más absurda o ineficaz que parezca la existencia.

Arguedas brinda un humanismo de inspiración socialista y raíces autóctonas, en el que el esfuerzo individual se integra jubilosamente con la movilización colectiva, sin concesiones a la angustia existencial, la incomunicación y la sensación de absurdo. Arguedas cree en la sabiduría del orden natural y la racionalidad de una cultura adaptada a dicho orden natural. Uno de los rasgos que más lo separan de Camus es el rol decisivo que confiere a la masa anónima, no integrada a la cultura «occidental». En Camus no son importantes los argelinos no integrados a lo «occidental», es decir, las clases mayoritarias de Orán. Sintomáticamente, no se muestran causas sociales, económicas y étnicas de la peste en Camus, pero sí en *Los ríos profundos*.

5. NOMBRES Y ROLES

Lo que ha sido analizado con más ahínco en *Los ríos profundos* es la caracterización y clasificación de los personajes, en particular Ernesto y personajes más importantes: Padre Director, Felipa, el Viejo, el padre de Ernesto, Antero y la opa Marcelina. Véanse los enfoques, sobre todo, de Dorfman, Aibar Ray, Trigo, Marín y Cornejo Polar.

Como en los poemas épicos y en las novelas del realismo social (caso *El tungsteno*), los roles de los personajes giran alrededor de la lucha entre el Bien y el Mal. Pero no es una confrontación esquemática ni maniquea. No sólo porque no se nace bueno de una vez por todas, ni malo a toda costa; intervienen complejos factores psíquicos, familiares, sociales y culturales en la opción ética, la cual puede reconocer modificaciones ulteriores. Sino, también, porque hay personajes ambivalentes o ambiguos, en particular el Padre Linares.

Al respecto, aprovechemos una clasificación formulada por Gladys Marín:

> El mundo del colegio está marcado por los signos del bien y del mal y se da a lo largo de la historia un proceso de transformación que lleva a unos a la liberación y a otros a la condenación.
> Dentro de este tema podemos marcar una serie de direcciones: 1) los personajes que parten del mal para ir al bien: la opa Marcelina; 2) los personajes que parten del bien para llegar al mal: Antero; 3) los personajes que permanecen en sus respectivos universos: Lleras, Añuco, por un lado, y Palacitos y Romero, por otro; 4) los personajes que oscilan entre un mundo

y otro sin instalarse definitivamente en ninguno pero mostrando, al mismo tiempo, la forma de ser de ciertos grupos sociales del Perú: el Padre Director (Marín, 1973: 154-155).

(Acotaríamos que Añuco no se queda en el ámbito del mal, cuando Lleras abandona el Colegio). La tipificación puede extenderse fuera del Colegio, donde lo principal sería el contraste entre los indios sometidos (pongo, colonos) y los indios dignos (Felipe Maywa, Victo Pusa, comuneros de Utek'), produciéndose el paso de los colonos a la categoría de la dignidad rebelde; ejemplos de personajes que permanecen en su postura ética, los hallamos en el padre Gabriel, de un lado, y el tío Viejo, del otro. Tanto en el Colegio como fuera, Ernesto se sitúa del lado del Bien, afirmándose en esa opción al sumarse al motín y aplaudir la invasión de los colonos (proezas épicas, ambas).

Optar por el Bien y el Mal está vinculado a la adhesión cultural del personaje, conforme aclara Aibar Ray, quien sintetiza los rasgos opuestos del *Mundo Indígena* (fuente del Bien) y el *Mundo Occidental o Blanco* (fuente del Mal). Puntualicemos que muchos personajes son mestizos, pero los define su inclinación a los valores de un mundo u otro: Ernesto y Felipa, al indígena; Antero, al blanco.

Mundo Indígena	*Mundo Occidental o Blanco*
Cosmovisión mítica.	Cosmovisión histórica.
Naturaleza y hombre en comunión.	Naturaleza: medio de producción.
Comunicación hombre-cosmos.	No comunicación.
Funciones integradoras de ríos, seres.	No integración.
Espacio es mítico y geográfico.	Espacio es sólo geográfico.
Tiempo es cíclico y reversible.	Tiempo es lineal e irreversible.
Vigencia de la acción mágica.	No vigencia.
Sexo como algo natural y ritual.	Sexo como pecado o diversión.
Música es parte de armonía cósmica.	Música es algo estético y placentero.

Valor comunicativo de coope-ración.	Interés personal, individualis-mo.
Solidaridad con seres del cos-mos.	Desintegración, independen-cia.
Valor del trabajo agrario.	Valor de la habilidad comer-cial.
Alegría.	Violencia.
No rabia, ternura.	Odio entre todos.
Quechua como resistencia cul-tural.	Español como parte del orgu-llo racial.

(Aibar Ray, 1992: 86)

Las principales oposiciones se dan entre Ernesto, perso-naje complejo (entre dos mundos) que se decide por el mundo indígena, y el Padre Linares, personaje ambiguo (entre dos mundos) que acepta servir de cómplice al mun-do blanco. Entre Ernesto, comprometido con los indios su-frientes; y el tío Viejo, síntesis del Poder revestido falsamen-te de cristianismo. Entre Ernesto y Antero, por la señalada escisión ante el motín de las chicheras: Ernesto a favor del pueblo en rebelión, Antero de los poderosos (y de sus inte-reses como futuro hacendado); también los separa su acti-tud ante el amor y la mujer, en tanto Antero (ligado a Ge-rardo) comenzará a ver a la mujer como hembra para el goce sexual. Entre Ernesto y la encarnación de la crueldad y la violencia: Lleras; dos huérfanos contrapuestos, dado que Ernesto destila ternura y comprensión. Entre Ernesto, que ama la canción y el arte indígenas, paladeando la belle-za del quechua (al escribir una carta de amor poco a poco se deja ganar por la sensibilidad andina y las expresiones quechuas); y Valle, de un esteticismo cosmopolita y un *sno-bismo* intelectual que lo esteriliza para crear algo valioso (bebe el pesimismo filosófico de Schopenhauer, el ateísmo y las proclamaciones egolátricas del decadentismo y el mo-dernismo: contraste total con la plenitud cósmica de los va-lores andinos). No deja de existir, también, un contraste en-tre la rebelión ineficaz de su padre Gabriel (perdido en su rechazo individualista de la injusticia, lleno de planes efíme-ros y esperanzas ilusas) y la de Ernesto en solidaridad con los mestizos y los indios, poniendo en jaque el orden existente.

Otras dos grandes oposiciones encarnan dimensiones de la explotación y la violencia: la del explotador, el Viejo (por extensión, los hacendados que se mencionan en el cap. IV), y la de la víctima socioeconómica, el pongo (y, en general, los colonos). De otro lado, la víctima sexual Marcelina (violada no sólo por los alumnos, sino también por el Padre Augusto, que la trajo al Colegio, con la anuencia del Padre Linares) y las amadas idealizadas (Alcira, Salvinia, Clorinda, Justina, Jacinta, Malicacha, Felisa); en el medio de esta oposición están las chicheras (en especial, Felipa, capaz de invertir los términos del machismo, al tener ella dos maridos) que permiten fusionar el sexo con el enamoramiento liberador (por algo, la apoteosis de Felipa traerá como corolario la admiración de Marcelina, purificándose ésta con el rebozo de Felipa).

Rama y Ortega, por otra parte, han percibido un juego entre tres narradores o voces narrativas: 1) El narrador principal: Ernesto adulto, el cual evoca sus experiencias en el paso de la niñez a la adolescencia; usa los tiempos pretéritos del modo indicativo; «rige las narraciones de los hechos y circunda los diálogos —donde se repone el presente histórico de los sucesos— a través de las acotaciones» (Rama, 1980: 70). 2) El personaje Ernesto, de catorce años de edad, expresándose como testigo privilegiado, pero no como quien comprende el marco integral de los hechos narrados. 3) El narrador secundario («quizás convendría llamar Etnólogo», acota Rama):

> puede distinguirse por una nota académica y una cultura amplia, pues abarca toda la del Narrador Principal pero se extiende más allá de sus límites merced a un conocimiento sistemático de la realidad peruana. Cumple una función más restringida pues interviene menos en el relato, pero es una función de tipo cognoscitivo ya que a él le caben las informaciones generales destinadas a completar y mejorar la comprensión del lector respecto a los sucesos de la novela [...] asume una notoria actitud evocativa [...] utiliza preferentemente los tiempos verbales de presente (Rama 1980: 70-71).

Muchos críticos han reprochado a Arguedas las intromisiones de este narrador-etnólogo, sin pensar en la naturaleza peculiar de un autor que quiere servir de puente comunicativo entre dos culturas, factor esencial del proyecto creador de Arguedas.

Todos estos puntos de los roles de los personajes y los narradores ya han sido tocados, con diversa fortuna, por los estudiosos de *Los ríos profundos*. Lo que no hemos encontrado es la constatación de que los nombres de los personajes connotan su rol narrativo; concordancia sustentada en el «realismo lingüístico» de Arguedas (cfr. I.4. de esta Introducción):

— *Ernesto* significa «serio, grave; resoluto, pertinaz; luchador, firme»[27]. Connotaciones puestas de relieve por Oscar Wilde en *La importancia de llamarse Ernesto* (1895). Ya desde los cuentos de *Agua*, el Ernesto arguediano asume con gravedad sus vivencias (lo juzgan por ello «raro» o «extraño»), se resuelve a favor de los miserables y contra la injusticia, luchando permanentemente.

— Su padre se llama *Gabriel*, connotando anuncio, preparación, labor protectora previa a la madurez.

— Su tío es denominado primero y preferentemente como el *Viejo*, connotando el viejo orden (sacudido por los colonos al final de la novela), contrastando con el potencial futuro del niño-adolescente Ernesto y permitiendo la relación fónica con «viajes» (nótese que los caps. I y II se titulan buscadamente «El Viejo» y «Los viajes»), para destacar la errancia y marginalidad de Gabriel y Ernesto. Gabriel (anunciador de Cristo) lo califica, desnudando su falso cristianismo, como «Anticristo»; así descalifica toda interpretación directa (sólo cabe la invertida, endosable al Anticristo que finge suplantar a Cristo) de sus engañosos nombres, propios de Cristo: *Manuel Jesús*. Sintomático de su falsedad cristiana resulta que ambos nombres sean pronunciados,

---

[27] Para el significado de los nombres, nos basamos en la *Enciclopedia Universal Ilustrada* de Espasa-Calpe (Madrid) y en: G. Tibón, *Diccionario etimológico comparado de nombres propios de persona*, 2.ª ed., México, F. C. E., 1986.

pocas páginas antes de que termine la novela, nada menos que por el Padre Linares.

— Padre *Linares:* el *linar* es una tierra sembrada de *lino* o *linaza*. La riqueza connotativa de *lino* resulta múltiple para la novela: a) el traje blanco de los sacerdotes de la India, Egipto, Asia Menor y Roma era de lino, el culto católico lo asumió en la túnica blanca llamada «alba»; b) canto fúnebre (conectado al poeta griego Lino), que aquí connotaría la prédica del cristianismo como religión del «valle de lágrimas», la resignación y la aceptación de la muerte como pasaje al consolador Más Allá; c) numerosas materias amargas se obtienen del lino y la linaza. Nótese que el lino instala el campo semántico de la tierra y el tipo de cultivo, ámbito donde actúan el poder de los ríos, y los nombres Valle y Lleras.

— El apellido *Lleras* viene de *llera* o *glera:* arenal o cascajar (paraje de cascajo, arena y piedras). Connota tierra estéril, en la línea de los aborrecidos «arenales candentes y extraños» de la Costa, mencionados así en «Warma Kuyay». El río deberá barrer esa esterilidad, hermanada a la derrota de la peste, en las últimas líneas de *Los ríos profundos*.

— Sobre *Añuco* aclara el propio Arguedas: «Es una deformación que hice del verdadero apodo que tenía este muchacho: Huañuco, que es difícil de traducir bien: viene de huañu (muerte); huañuco significa, más o menos, «mortecino» o que «se hace el mortecino», que «es muy débil o tiene el color y la contextura de los que no han de vivir mucho» (*Casa de las Américas,* núm. 99, citado en la edición de Sybila de Arguedas).

— *Antero* no es otra cosa que Anti-Eros, el «adversario de Eros», dado que, desde la óptica idealizadora de la mujer que esgrime Ernesto, termina traicionando al amor, interesándose por un machismo sexual (si el Viejo es Anti-Cristo, y Linares con el Lleras, Anti-Pachamama, puesto que la Pachamama es la Madre Tierra, fértil y nutricia, formada por valles fecundos y ríos seminales; tenemos, además, un Anti-Eros).

— *Gerardo:* «audaz con la lanza». En la novela es un joven valiente, deportista, franco y cultor del placer sexual como satisfacción de una necesidad fisiológica sana y natural.

— *Chauca,* en quechua, significa «embustero, mentiroso, mentecato» (Jorge A. Lira, *Diccionario Kkechuwa-español,* Tucumán, Uniersidad Nacional de Tucumán, 1945: 106).

— En el caso de *Valle* subrayemos su conexión con el tipo de valle —fértil y profundo, o arenoso y candente como los de la Costa— que pueda ser connotado. Tratándose de un alumno lleno de poses y prejuicios cosmopolitas, decadentistas y esteticistas, tan frecuentes en la «intelectualidad occidentalizada» peruana hasta finales del Modernismo (hasta la ruptura instalada por Vallejo, Mariátegui, el indigenismo y el socialismo), funciona como exponente de Anti-Cultura (anti-legado cultural con raíces auténticas). Lo contrario tácitamente lo encarnaría *Vallejo,* es decir, valle pequeño, o estrecho (por las sierras escarpadas con gargantas de ríos profundos): el verdadero valle de la cultura peruana.

— *Miguel,* como el Arcángel que venció a Lucifer, se llama el Hermano que detiene el imperio soterrado de Lleras en las zonas tenebrosas del Colegio. El que el Padre Linares no lo apoye como se merece, delata el predominio de una opción negativa en el accionar de Linares, en este caso cómplice del desprecio racial (tan neto en la reacción soberbia de Lleras contra el Hermano Miguel): Miguel es negro, como el humilde San Martín de Porres, como el componente africano presente en el popularísimo culto al Señor de los Milagros, de Lima. Irónicamente, el defensor de la Luz es un negro, en contra de un blanco. Y un negro que aprecia la cultura andina y se solidariza con el dolor de los débiles. El Hermano Miguel está en una línea que profundizará Arguedas en *Todas las sangres* y *El Zorro de Arriba...,* la de un cristianismo de matriz bíblica, con clara opción preferencial por los pobres y por la «fraternidad de los miserables» (véase en Gustavo Gutiérrez y Pedro Trigo cómo Arguedas se adelanta a nociones claves de la Teología de la Liberación), distinguiendo entre el Dios de los pobres y el Dios de los ricos.

— En lo relativo a *Alcira,* pensamos que no interesa el sentido etimológico (contracción del árabe *algecira,* «la isla») tanto como el hecho de que así se llama la protagonista de una tragedia influyente en la visión indianista de los Andes: *Alzire* (1736) de Voltaire, donde el indio ostenta virtudes superiores a las del hombre europeo. Las amadas idealizadas en la narrativa de Arguedas siempre conservan rasgos del indianismo: los nombres que reciben expresan sin ambages la idealización, llámense *Justina* (de Justicia; amada protagonista de «Warma Kuyay», recordada por Ernesto en *Los ríos profundos*), *Clorinda* (personaje de Torcuato Tasso, derivado de Cloris, deidad de las flores, esposa de Céfiro), *Jacinta* (personaje mitológico vuelto flor) o *Felisa* (derivado de Félix, «feliz»).

— Tampoco campea la connotación etimológica en *Felipa* (sería «aficionada a los caballos»), sino su nexo con el indio más reverenciado por Ernesto: Felipe Maywa. Son las versiones femenina y masculina de la dignidad andina, tanto de los mestizos como de los indios. Funcionan como imágenes materna y paterna de la socialización-comprometida-con-el-pueblo del huérfano Ernesto (además, en la experiencia histórica colonial, *Felipe* conlleva Rey, Jefe).

— Igualmente, *Marcelina* no invita a rastrear la línea Marcelo-Marcos-Marzo-Marte. Interesa, en cambio, que una de las acepciones de *marcelina* sea «ligero tejido de seda» (confrontable al tejido lino en Linares), por la importancia del rebozo (aquí con un valor purificador similar a las túnicas sacerdotales de lino) de Felipa para su transfiguración. Dado que toma el rebozo de una cruz (ahí lo dejó Felipa, subrayando su rol mesiánico, salvífico), parece —conjetura que nos tienta— que remitiera al nombre del soldado *Marcelo* transfigurado por el Manto Sagrado de Jesucristo, según un film exitosísimo en la época de composición de la novela que comentamos: *The Robe (El Manto Sagrado*, 1953), de Henry Koster, donde Richard Burton actúa como Marcelo.

Resulta innecesario glosar nombres de significado patente en español: Augusto (irónico para el Padre corruptor de Marcelina), Peluca (hijo del peluquero), Romero, Palacios, etcétera.

6. MITO Y REVOLUCIÓN

Desde sus años universitarios, Arguedas se acercó al socialismo marxista, pero nunca se inscribió en partido alguno, ni se definió ortodoxa o cerradamente como marxista o socialista de tal o cual filiación. La óptica real-maravillosa le impedía adoptar una interpretación puramente racionalista, pretendidamente científica (única adecuada para develar la realidad y transformarla revolucionariamente):

> Las dos naciones de las que provenía estaban en conflicto: el universo se me mostraba encrespado de confusión, de promesas, de belleza más que deslumbrante, exigente. Fue leyendo a Mariátegui y después a Lenin que encontré un orden permanente en las cosas; la teoría socialista no sólo dio un cauce a todo el porvenir sino a lo que había en mí de energía, le dio un destino y lo cargó aún más de fuerza por el mismo hecho de encauzarlo. *¿Hasta dónde entendí el socialismo? No lo sé bien. Pero no mató en mí lo mágico.* No pretendí jamás ser un político ni me creí con aptitudes para practicar la disciplina de un partido, pero fue la ideología socialista y el estar cerca de los movimientos socialistas lo que dio dirección y permanencia, un claro destino a la energía que sentí desencadenarse durante la juventud (Arguedas, «No soy un aculturado», V, 14; la cursiva es nuestra).

Arguedas se angustiaba ante la posibilidad de que desapareciera la cultura andina (comunitaria, telúrica, real-maravillosa), ya sea por el triunfo del capitalismo (convirtiendo a los indios en obreros desarraigados del legado autóctono), ya sea por la victoria de la revolución socialista (implicaría una cancelación de lo mítico-religioso, visto como ignorancia y superstición, como «opio del pueblo»); en ambos casos, imposición del materialismo que privilegia el poder económico y político, ciego ante la riqueza espiritual y cultural del ser humano, sordo a la comunión del indio con la armonía cósmica, aunque comunitario y justo en el caso del socialismo.

Apostó por una articulación feliz entre la Revolución y lo Real-Maravilloso, en una original y sugerente contribución a las canteras del socialismo, un socialismo con una visión de lo real que incluyera la dimensión mítico-mágico-religiosa. Los que lo acusan ideológicamente de descuidar la infra-estructura económica, privilegiando la super-estructura cultural (cfr. Silverio Muñoz, también algunas objeciones de Cornejo Polar y Rowe al mensaje final de *Los ríos profundos*), como si la «conciencia social» no dependiera del «ser social», todo expresado en terminología marxista; los que lo acusan de esa manera, no meditan en que Arguedas conocía muy bien cómo los socialistas peruanos de los años 20-30 (fundamentalmente, Mariátegui, Vallejo e Hildebrando Castro Pozo) se habían esforzado para demostrar que, en la infraestructura económica, era aprovechable revolucionariamente la economía tradicional andina: en las comunidades indígenas y en los hábitos económicos del mundo andino subsistía mucho del «comunismo primitivo», base para la construcción de un socialismo adaptado (en «creación heroica» y no mero calco o copia de la revolución de otras latitudes) a los Andes.

El extraordinario aporte de Arguedas es no quedarse meramente en ello (aunque, por cierto, lo asume), sino postular que también la «superestructura cultural» (que él había bebido en la infancia y la adolescencia, y había estudiado como nadie desde la antropología, la etnología y el folklore) era aprovechable revolucionariamente. Profundizó en los elementos mesiánicos (se ha hecho famosa la difusión que hizo, por vez primera, del mito del Inkarri: despedazado por el conquistador español, el Inca-Rey está recomponiéndose bajo tierra; cuando se una de nuevo su cabeza con todos sus miembros, volverá a reinar), en el contenido subversivo de mitos, ritos, danzas, etc.

El tiempo, en la perspectiva mítica, es circular: se suceden etapas cada vez más nefastas (los griegos establecieron la secuencia de edades: oro-plata-bronce-hierro-nuevamente oro...) hasta que una gran catástrofe (en quechua: *pachacuti*) reinstala el periodo primordial (áureo). Al parecer, la visión marxista resulta diametralmente opuesta: la de un tiempo lineal e irreversible. Empero, hay un proceso dialéctico que lleva del comunismo primitivo, a sociedades clasistas donde reina la propiedad privada de los medios de producción, hasta que la revolución permite el paso a un comunismo cualitativamente superior al primitivo. Revolución implica vuelta al origen, a la raíz, al tiempo primordial (ej. las revoluciones de los astros trazan círculos o volutas, y no periplos lineales).

Recuperación que conlleva cuestionamiento y destrucción del presente ominoso e injusto. Tal la dimensión revolucionaria del arquetipo mítico de un tiempo áureo que reconquistar y de la esperanza mesiánica en un futuro liberador. Por eso, la memoria (re-actualización del modelo primordial) y la esperanza (arribo inminente del modelo recuperado, inclusive superado, en una plasmación cargada de utopía) resultan fundamentales en lo real-maravilloso; Flores Galindo y Burga han examinado, al respecto, la «Utopía andina».

En el caso de *Los ríos profundos,* la importancia del recuerdo es tan omnipresente que ha sido destacada desde los primeros enfoques (verbigracia, Vargas Llosa, Cornejo Polar, Curutchet y Paoli), aunque ha tardado en imponerse una comprensión idónea de su papel, nada escapista ni meramente consolador, sino mítico y subversivo. Algunas observaciones de Rouillón y Rowe prepararon la visión esclarecedora que aportan Trigo y Dorfman. Puntualiza Trigo:

> La memoria, de una dimensión neutra —el modo como una cultura aprehende la realidad— ha adquirido también una dimensión ética: a través de ella el pueblo oprimido resiste y edifica simbólicamente su liberación [...] no se trata de la conservación mostrenca del ethos indígena sino de la opción por él. No es una vida recluida a la defensiva como en un invernadero. Por el contrario, en el ambiente hostil de los dominadores, un muchacho vence la corrupción y la rabia, se mantiene digno, entabla lazos de solidaridad, se constituye en hombre mítico. La memoria no sólo no cumple una función sustitutiva y regresiva sino que es precisamente el hilo conductor de este proceso humanizante (Trigo, 1982: 58-62).

También añade con perspicacia:

> No se trataría, pues, de regresar al pasado para restaurar-
> lo materialmente, sino de buscar en él el hilo conductor
> para vivir de un modo valioso el presente que se sabe hete-
> rogéneo. [...] La memoria de Ernesto se inserta en una cate-
> goría histórica. No es por tanto algo ahistórico o antihistó-
> rico. Es la memoria de un pueblo vencido, pero no disgre-
> gado. Es la memoria de su poder, una memoria subversiva.
> Naturalmente que Ernesto no piensa ni como personaje ni
> como narrador en una recomposición del incanato. No se
> trata de que resuciten las viejas figuras y formas. Se trata
> más bien del descubrimiento gozoso de que esas viejas crea-
> ciones siguen irradiando un espíritu que exige encarnar en
> un nuevo cuerpo social y cultural, y correlativamente del
> descubrimiento implícito de que aún viven ojos capaces de
> descifrar ese viejo lenguaje y de entablar un diálogo sagrado
> con esos signos (Trigo, 1982: 65).

De modo privilegiado, la naturaleza andina (en particular, los ríos), las ruinas incaicas, los ritos (una misa asumida
sincréticamente por la óptica andina de los colonos), las
prácticas mágicas (verbigracia, el *zumbayllu*, sobre todo el
que es *layk'a*) y la música (asunto analizado con finura por
Trigo, Rowe, Rama y Paoli) desencadenan ese efecto tonifi-
cante y subversivo de la memoria que ilumina el presente y
el futuro.

El «nuevo cuerpo social y cultural», del que habla Trigo,
no se define racialmente, sino por los hábitos comunales y
la comunión con la cultura andina, incluyendo con nitidez
a mestizos (biológicos y/o culturales), negros (hermano Miguel) y blancos andinizados (es decir, culturalmente mestizos). Nótese que la subversión en *Los ríos profundos* la en-
cienden las mestizas de las chicherías, actuando en el nivel
de la «infraestructura» económica, social y política, recla-
mando una sustancia que simboliza lo indispensable para
la vida: la sal (conectable al reclamo de agua, en el cuento
«Agua»). La huida de Felipa es interpretada por el pueblo
con categorías míticas, mesiánicas, similares a las que tejie-
ron el mito del Inkarri (como lo ha señalado Rowe) o la es-

peranza de la vuelta de Juan Santos Atahualpa, indio cusqueño que acaudilló una prolongada rebelión indígena (1742-1756) en la sierra central y la selva alta: no fue derrotado y, en la memoria indígena, había partido hacia la selva para retornar en mesiánica apoteosis.

No obstante, la base mayoritaria y nuclear de ese cuerpo social y cultural reposa en los indios. El problema es que, a diferencia de los indios comuneros que son dignos y libres, en las haciendas del Cusco y Abancay los indios colonos sufren una existencia denigrada, deshumanizada. Con dolor y angustia Ernesto los observa privados de voz y comunicación, de música y alegría laboral, todo lo contrario de los comuneros que trató en Utek'. Teme que ya carezcan de memoria, en el sentido mítico y colectivo que hemos visto. No los ve sumarse al motín de las chicheras, como si no se atrevieran a colaborar en la justicia económica y social. Tal pareciera que tienen razón los «hispanistas» que predican la postración del indio en el presente, cuando menos en lo tocante a los colonos, ya que no a los comuneros (enaltecidos en *Agua* y *Yawar Fiesta*). Pero, he aquí que la peste (una plasmación cósmico-mítica que torna patente la abyección del sistema social que padecen) los pone en movimiento, en una insurrección provocada totalmente por la mentalidad mítica. Prueba dos cosas: la capacidad revolucionaria de todos los indios, pongos y colonos incluidos; y la repercusión revolucionaria de la óptica mítica. El propio Ernesto es el primero en sorprenderse ante la revelación de ese potencial liberador y, jubiloso, corre a unirse con los colonos.

El despertar de los colonos era, para Arguedas, lo más importante del mensaje de *Los ríos profundos*. La misma solapa de la primera edición apunta hacia esa cuestión capital: «el autor hace evidente cómo la población andina constituye una formidable fuente de potencialidades humanas». Pero no fue evidente para los comentaristas encargados de la recepción inmediata de la novela, en tanto el mensaje revolucionario se hallaba connotado (más que denotado explícitamente) y ligado a categorías real-maravillosas (y no al discurso racionalista de las típicas narraciones comprometidas o revolucionarias). Sólo uno, César Lévano, captó, en 1960, la intención de Arguedas:

> ¿Acaso sería forzar demasiado la exégesis si se viera en este episodio de unos ex hombres vueltos a la vida por obra de la fe una como anticipación de lo que serán capaces los indios, en este caso los siervos de las haciendas, cuando adquieran ese grado mínimo de conciencia y esperanza que se requiere para desafiar las balas y para apoderarse de una ciudad? (Lévano, 1960. Reproducido en Lévano, 1969: 64).

Varias declaraciones posteriores de Arguedas respaldaron y glosaron la interpretación propuesta por Lévano:

> La tesis era ésta: esta gente se subleva por una razón de orden enteramente mágico, ¿cómo no lo harán, entonces, cuando luchen por una cosa mucho más directa como sus propias vidas, que no sea ya una creencia de tipo mágico? Cuatro años después ocurrió la sublevación de La Convención. Yo estaba seguro de que esas gentes se rebelarían antes que las comunidades libres, porque estaban mucho más castigadas y mucho más al borde de la muerte que las comunidades libres que tienen algo de tierra. A los colonos se les puso ante esta alternativa: o invadir las tierras o morir de hambre y en ese caso el hombre, por instinto, defiende su vida. Entonces, esta gente ha sido la que se ha sublevado primero, la que ha dado muestra de más valor (Arguedas, *Primer encuentro de narradores peruanos:* 239).

Aborda su intuición profética en una carta a Hugo Blanco, gestor principal del levantamiento citado de La Convención (departamento del Cusco):

> Esos piojosos, diariamente flagelados, obligados a lamer tierra con sus lenguas, hombres despreciados por las mismas comunidades, esos, en la novela, invaden la ciudad de Abancay sin temer a la metralla y a las balas, venciéndolas. Así obligan al gran predicador de la ciudad, al cura que los miraba como si fueran pulgas; venciendo a las balas, los siervos obligan al cura a que diga misa, a que cante en la iglesia; le imponen la fuerza.
> En la novela imaginé esta invasión con un presentimien-

to [...] ¡Cómo, con cuánto más hirviente sangre se alzarían estos hombres si no persiguieran únicamente la muerte de la madre de la peste, del tifus, sino la de los gamonales, el día que alcancen a vencer el miedo, el horror que les tienen! «¿Quién ha de conseguir que venzan ese terror en siglos formado y alimentado, quién? ¿En algún lugar del mundo está ese hombre que los ilumine y los salve? ¿Existe o no existe, carajo, mierda?», diciendo, como tú llorabas fuego, esperando, a solas.

Los críticos de literatura, los muy ilustrados, no pudieron descubrir al principio la intención final de la novela, la que puse en su meollo, en el medio mismo de su corriente. Felizmente uno, uno solo, lo descubrió y lo proclamó, muy claramente.

¿Y después, hermano? ¿No fuiste tú, tú mismo quien encabezó a esos «pulguientos» indios de hacienda, de los pisoteados el más pisoteado hombre de nuestro pueblo; de los asnos y los perros el más azotado, el escupido con el más sucio escupitajo? Convirtiendo a ésos en el más valeroso de los valientes... (Arguedas, «Correspondencia entre Hugo Blanco y JMA»: 13)[28].

Añadamos que, en *Los ríos profundos,* hay una ligazón entre la movilización de los colonos y la maduración ética de Ernesto (quien, paralelamente, desafía a la muerte, a la peste, asistiendo a Marcelina en sus instantes finales). Así culmina el gran tema de la novela: «Crecimiento de un niño, crecimiento de un pueblo» (Dorfman, 1980: 91). No sólo Ernesto pasa de la niñez a la madurez de su «virilidad» social, a una adolescencia comprometida con el cambio revolucionario; paralelamente, los colonos dejan de ser niños «desvirilizados» (calificativo utilizado por Forgues). Antes de la invasión a Abancay, los colonos «actúan y son tratados como niños: son víctimas, lloran, no se desarrollan ni crecen» (Dorfman, 1980: 99). Gracias a la invasión subversiva

---

[28] Cfr. también declaraciones en Arguedas, 1969b, «Prosa en el Perú contemporáneo»: 202-203; Arguedas, 1975, respuestas a Castro Klarén (reprod. por Ortega, 1982: 111-112); y Arguedas, 1983, entrevista de Chester Christian: 231-232.

son, por fin, «hombres». No temen y han dejado de llorar [...] Es como si los valores del río se hubieran encarnado en una alternativa humana en el momento en que los valores Lleras, anti-comunitarios, se hubieran hecho cuerpo intenso en la ferocidad de la fiebre y la naturaleza. Estos «niños» que pueden ser héroes hasta el punto de enfrentar a la muerte misma, demuestran *con su transformación misma* que es posible destruir el poder totalitario de la peste, que hay un lugar donde la epidemia no ha llegado ni puede llegar. Con esto, los colonos se convierten en los indios, padres, protectores, modelos, que Ernesto ha buscado a lo largo de su estadía en el infierno (Dorfman, 1980: 131-132).

Se trata de un *crecimiento* conquistado por los valores comunitarios (lo socio-económico) y real-maravillosos (lo cultural). Ernesto los atesoraba en su memoria de Utek' y los contempla madurar al calor del motín de las chicheras, la derrota del Lleras en el Colegio, la transfiguración de Marcelina y la invasión de los colonos enfrentando a la peste. Los colonos, aparentemente deshumanizados y desmemoriados, deciden despertar esos valores de su «alma adormida», de sus raíces andinas sofocadas, para matar a la Muerte (como afirman Isaías y el Vallejo de *España, aparta de mí este cáliz*) y salvaguardar la armonía cósmica quebrantada por la Peste. A diferencia de la «modernidad occidental», donde crecer (abandonar la niñez) implica cancelar ideales heroicos y altruistas, asumir una visión racionalista y utilitaria, y esforzarse por «tener más» o «consumir mejor»; en el mundo andino, madurar conlleva comunión con la naturaleza y la solidaridad comunitaria.

Ésos son los ríos profundos. Raíces principales de la identidad peruana cabalmente asumida. Ejemplo de vida plena entre el individuo, la sociedad y el cosmos, provechoso de conocer para la humanidad entera.

Esta edición

El texto de la edición príncipe de *Los ríos profundos* (Bue
nos Aires, Editorial Losada, S. A., 1958) no sufrió modificaciones en las ediciones que aparecieron hasta la muerte de
José María Arguedas (la de La Habana, Casa de las Américas, 1965; y la de Santiago de Chile, Editorial Universitaria,
1967). Fue póstumamente cuando se imprimió una edición
con algunas variantes (Lima, Retablo de Papel Ediciones,
Dirección Central de Publicaciones de la Dirección General
de Extensión Educativa del Ministerio de Educación del
Perú, 1972), tomadas de un ejemplar proporcionado por
Celia Bustamante (la primera esposa de Arguedas), corregido —según ella— por el propio autor.

Atinadamente puntualiza Sybila Arredondo (la segunda
esposa de Arguedas), en su importante edición de las *Obras
completas* de José María: «No sabemos por qué el autor no
las incluyó [dichas variantes] en las ediciones de Casa de las
Américas, 1965, y de la Editorial Universitaria, S. A., 1967.»
Sana observación. Basada en ella, Sybila ha revisado con
cautela las variantes de 1972, dispuesta a «apelar a la estilística para dar validez a algunos de estos cambios ya que
otros pueden constituir meras erratas» (*Obras completas*,
Lima, Editorial Horizonte, 1983. Tomo III: pág 204). Tarea
meritoria la de Sybila, pero discutible si se aspira al rigor filológico de una edición crítica que determina sólidamente
el texto fidedigno o más confiable, depurándolo únicamente de erratas y deficiencias notorias (y no proclive, por cues-

tiones de «estilística», a elegir las variantes que se juzgan más expresivas o valiosas artísticamente hablando), conforme le reprocha (reconociéndole, de todas maneras, sus grandes aportes a la bibliografía arguediana) José Antonio Rodríguez Garrido (1986).

Un examen atento de las variantes de 1972 nos ha permitido constatar que la gran mayoría de ellas no se justifican, ni por razones gramaticales, ni semánticas, ni «estilísticas»; funcionan muy bien, casi siempre mejor, en el cotejo, las lecciones de la edición príncipe. Pero lo más grave es que numerosas de esas variantes conllevan no haber «captado» o «entendido» el régimen y la concordancia del texto de 1958; y, no en pocos casos, insertan giros que no se emplean (o no suelen emplearse) en el lenguaje cotidiano del Perú. Pormenorizadamente abordamos esto en las notas a pie de página al texto de la presente edición.

Como consecuencia del mencionado examen, estimamos que el texto más confiable es el de la edición príncipe, del cual nos hemos apartado en contadísimas ocasiones, por razones gramaticales o semánticas de peso (labor en la que nos ha sido de provecho la edición de Sybila Arredondo). Sybila ha respaldado variantes de 1972 que aquí desechamos, convencidos de la superioridad filológica de la lección original de 1958 (reforzada por su reedición en 1967).

Hemos añadido una considerable cantidad (468) de notas a pie de página, parte de ellas dedicadas a precisiones filológicas sobre el texto establecido, siendo el grueso destinado a explicaciones que sirvan para comprender cabalmente el arte y el lenguaje de Arguedas (un español con muchos elementos del quechua) enraizados en una contextualización cultural bastante distante de la «modernidad occidental»: real-maravillosa, oral-musical y épica. Sumamente útiles nos han sido las notas de la edición de Sybila (incluyen un aspecto no contemplado en nuestra edición: un registro de las variantes introducidas en los capítulos que fueron publicados en revistas, antes de 1958) y, por cierto, la abundante bibliografía sobre Arguedas.

Para las citas de las restantes obras literarias de Arguedas, nos basamos en la mencionada edición de las *Obras comple-*

tas a cargo de Sybila Arredondo de Arguedas. Para facilitar las referencias, antes de consignar el número romano del tomo, y el número arábigo de la página en cuestión, señalamos los títulos de los escritos citados. Algunos de estos títulos figuran conforme las siguientes abreviaturas:

A   *Agua.*
AM   *Amor mundo.*
DP   *Diamantes y pedernales.*
TS   *Todas las sangres.*
WK   *Warma Kuyay.*
ZZ   *El Zorro de Arriba y el Zorro de Abajo.*

Aclaremos, finalmente, que el propio Arguedas confeccionó algunas notas a pie de página en la edición de 1958. Respetamos esa ubicación. Para distinguirlas de las notas introducidas por nosotros, las de Arguedas van con asteriscos; y, para mayor precisión, al final de cada una de esas notas, escribimos claramente: «(Nota de Arguedas)».

Bibliografía

Nota: De la abundante bibliografía arguediana, sólo consignamos aquí los títulos que nos han sido de mayor utilidad y/o que abordan los temas señalados en nuestra Introducción.

1. *Repertorios bibliográficos*

ALEMANY BAY, Carmen, «Bibliografía de y sobre José María Arguedas», *Suplementos (Materiales de Trabajo Intelectual) Anthropos,* núm. 31, Barcelona, marzo de 1992, págs. 131-154.

FOSTER, David William, *Peruvian Literature. A bibliography of secondary sources,* Westport, Connecticut, Greenwood Press, 1981, págs. 68-81.

MERINO DE ZELA, E. Mildred, «Bibliografía», *Revista Peruana de Cultura,* núms. 13 14, Lima, diciembre de 1970, págs. 146 178.

ROSSEL MUEDAS, Juan, «Bibliografía de José María Arguedas Altamirano», *Anuario Bibliográfico Peruano,* Lima, 1967-1969, páginas 596-633.

ROWE, William, «Contribución a una bibliografía de José María Arguedas», *Revista Peruana de Cultura,* núms. 13-14, Lima, diciembre de 1970, págs. 179-197.

2. *Obras de Arguedas*

Obras completas. Compilación y notas de Sybila Arredondo de Arguedas, prólogo de Antonio Cornejo Polar, 5 tomos, Lima, Horizonte, 1983.

A) Narraciones:

1933 «Wambra Kuyay», *Signo,* núm. 1, Lima, 8 de noviembre, pág. 3.

[1934-1935] *Cuentos olvidados,* compilación y notas críticas de José Luis Rouillón, S. J., Lima, Imágenes y Letras, 1973.

1935 *Agua. Los escoleros. Warma Kuyay,* Lima, Compañía de Impresiones y Publicidad.

1941 *Yawar Fiesta,* Lima, Compañía de Impresiones y Publicidad. 2.ª ed. corregida: Lima, Mejía Baca, 1958.

1954 *Diamantes y pedernales. Agua,* Lima, Juan Mejía Baca y P. L. Villanueva Editores.

1958 *Los ríos profundos.* Buenos Aires: Losada. Hay correcciones proporcionadas por Celia Bustamante Vernal, en la edición de 1972, Lima, Retablo de Papel Ediciones, Ministerio de Educación del Perú.
La edición de mayor rigor filológico es la confeccionada por Sybila Arredondo de Arguedas, en el tomo III de las *Obras completas,* Lima, Horizonte, 1983. Otras ediciones valiosas: *Los ríos profundos y Selección de cuentos,* prólogo de Mario Vargas Llosa, cronología de E. Mildred Merino de Zela, Caracas, Biblioteca Ayacucho, 1978. *Los ríos profundos,* estudio preliminar de Estuardo Núñez, Madrid: Ediciones de Cultura Hispánica, Biblioteca Literaria Iberoamericana y Filipina (Vol. 18: Perú; va elegida como la novela representativa del Perú), 1992.
Fragmentos de *Los ríos profundos* aparecieron primero en revistas: *Las Moradas,* vol. II, núm. 4, Lima, 1948, págs. 53-59. *Tradición,* año II, vol. III, núms. 7-10, Cusco, enero-agosto de 1951. *Letras Peruanas,* núm. 1, Lima, junio de 1951.

1961 *El Sexto,* Lima, Juan Mejía Baca.

1962 *La agonía de Rasu-Ñiti,* Lima, Taller Gráfico Ícaro.

1964 *Todas las sangres,* Buenos Aires, Losada.

1965 *El sueño del pongo,* texto en quechua y en castellano, Lima, Ediciones Salqantay.

1967 *Amor mundo y todos los cuentos,* Lima, Francisco Moncloa Eds.

1971   *El Zorro de Arriba y el Zorro de Abajo,* Buenos Aires, Losada.
        Consúltese la edición crítica coordinada por Eve-Marie
        Fell, con colaboraciones de Sybila Arredondo de Arguedas,
        Rubén Bareiro Saguier, Antonio Cornejo Polar, Roland
        Forgues, Edmundo Gómez Mango, Martin Lienhard, José
        Luis Rouillón y William Rowe, Madrid, Consejo Superior
        de Investigaciones Científicas, Signatarios Acuerdo Archi-
        vos ALLCA, vol. 14, 1990.
1974   *Relatos completos,* edición de Jorge Lafforgue, Buenos Aires,
        Losada.
1977   «El puente de hierro», *Runa,* núm. 2, Lima, mayo de 1977,
        págs. 3-5.

B) Poemas:

1962   *Túpac Amaru Kamaq taytanchisman. Haylli-taki/A nuestro pa-*
        dre creador Túpac Amaru. Himno-canción, texto en quechua y
        castellano, Lima, Ediciones Salqantay.
1966   *Oda al Jet,* Lima, Eds. La Rama Florida, texto corregido, en
        versión bilingüe, de la *Oda al Jet* publicada primero en *Zona*
        Franca, Caracas, núm. 25, septiembre de 1965, págs. 4-7.
1969   *Qollana Vietnam Llaqtaman/Al pueblo excelso de Vietnam,* tex-
        to bilingüe, Lima, Federación de Estudiantes de la Univer-
        sidad Nacional Agraria.
1972   *Katatay y otros poemas. Huc jayllicunapas,* compilación y no-
        tas de Sybila Arredondo de Arguedas, presentación de Al-
        berto Escobar, Lima, Instituto Nacional de Cultura.

C) Estudios y ensayos:

1938   *Canto kechwa. Con un ensayo sobre la capacidad de creación ar-*
        tística del pueblo indio y mestizo, canciones en texto quechua
        y castellano, Lima, Ed. Club del Libro Peruano, Compañía
        de Impresiones y Publicidad. Citamos mediante la reedi-
        ción: Lima, Horizonte, 1989.
1940   *Pumaccahua. Trabajos de los alumnos del Colegio Nacional de*
        Sicuani bajo la dirección de José María Arguedas, Cusco, Tip,
        La Económica.

115

1947   *Cusco,* Lima, Corporación Nacional de Turismo, Ed. Con-
tur. Aquí citamos conforme las páginas reproducidas en
la antología: Raúl Porras Barrenechea, *Antología del Cuzco,*
2.ª ed., Lima, M. J. Bustamante de la Fuente, 1992.

1966a   *Algunas observaciones sobre el niño indio actual y los factores que
modelan su conducta,* Lima, Ed. Consejo Nacional de
Menores.

1966b   *Notas sobre la cultura latinoamericana* (coautores: Francisco
Miró Quesada Cantuarias y Fernando de Szyszlo), Lima,
Taller Industrial Gráfica.

1968   *Las comunidades de España y del Perú.* Lima, Universidad Nacional Mayor de San Marcos.

1975   *Formación de una cultura nacional indoamericana,* selección y
prólogo de Ángel Rama. México, Siglo XXI.

1976   *Señores e indios. Acerca de la cultura quechua,* selección y
prólogo de Ángel Rama. Buenos Aires, Arca/Calicanto Ed.

1977   *Nuestra música popular y sus intérpretes. De lo mágico a lo
popular,* Lima, Mosca Azul y Horizonte.

1985   *Indios, mestizos y señores,* compilación e introducción de
Sybila Arredondo de Arguedas, Lima, Horizonte.

1986   *Nosotros los maestros,* selección y presentación de Wilfredo
Kapsoli, Lima, Horizonte.

D) Traducciones y antologías hechas por Arguedas:

1938   *Canto kechwa. Con un ensayo sobre la capacidad de creación
artística del pueblo indio y mestizo.* Canciones en texto quechua y castellano, Lima, Ed. Club del Libro Peruano,
Compañía de Impresiones y Publicidad.

1947   *Mitos, leyendas y cuentos peruanos* (coautor: Francisco Izquierdo Ríos), Lima, Ministerio de Educación Pública.

1949   *Canciones y cuentos del pueblo quechua,* selección, traducción y
notas de J. M. A., Lima, Ed. Huascarán.

1955   *Apu Inca Atawallpaman. Elegía quechua anónima,* recogido
por J. M. B. Farfán, trad. por J. M. A., Lima, Mejía Baca y
P. L. Villanueva.

1959   *Canción quechua anónima. Ijmacha,* Lima, La Rama Florida.

116

1965   *Poesía quechua,* selección y presentación de J. M. A., Buenos
       Aires, Editorial Universitaria (EUDEBA).
1966   *Dioses y hombres de Huarochirí. Narración quechua recogida por
       Francisco de Avila (¿1598?),* edición bilingüe, traducción al
       español por J. M. A., estudio bibliográfico por Pierre Du-
       viols, Lima, Museo Nacional de Historia e Instituto de Es-
       tudios Peruanos.

E) Epistolario:

1969   «Correspondencia entre Hugo Blanco y José María Argue-
       das», *Amaru,* núm. 11, Lima, diciembre de 1969, págs. 12-15.
1970   Cartas póstumas a su esposa Sybila, *Visión del Perú,* núm. 5,
       Lima, junio de 1970, págs. 28-29.
1975   Cartas a Alberto Tauro y Alejandro Ortiz Rescaniere, *San
       Marcos,* núm. 12, Lima, julio-septiembre de 1975, págs. 5-12.
1977   Cartas a Pierre Duviols, Lily Caballero de Cueto y Luis Al-
       berto Ratto, *Runa,* núm. 6, Lima, noviembre-diciembre de
       1977, pág. 18.
1990   *«El Zorro de Arriba y el Zorro de Abajo* en la correspondencia
       de Arguedas» por Sybila Arredondo, y «Documentos ano-
       tados» por Eve-Marie Fell, en la edición crítica de *El Zorro
       de Arriba y el Zorro de Abajo,* bajo la coordinación de Eve-
       Marie Fell, Madrid, CSIC, Archivos ALLCA, vol. 14, pági-
       nas 275-295 y 375-443.
1993   *José María Arguedas, la letra inmortal. Correspondencia con
       Manuel Moreno Jimeno,* edición de Roland Forgues, presen-
       tación de Forgues, testimonio de Moreno Jimeno con do-
       cumentación intercalada por Forgues, Lima, Ediciones de
       Los ríos profundos.
1994   Cartas a Nelly Arguedas de Carbajal, *Revista,* Suplemento
       Cultural del diario *El Peruano,* Lima, 28 de noviembre de
       1994, págs. 2-4.

F) Testimonios y entrevistas:

1959   «Noticia biográfica», en: Ángel Flores (ed.), *Historia y anto-
       logía del cuento y la novela en Hispanoamérica,* Nueva York,

117

Las Américas Publ., págs. 503-504. La reproduce Julio Ortega, 1982, págs. 81-82.

1965a Raúl Vargas: «Con el novelista José María Arguedas, sobre *Todas las sangres*», *Expreso*, Lima, 25-26 de marzo, pág. 12.

1965b Tomás G. Escajadillo: «Entrevista a José María Arguedas», *Cultura y Pueblo*, núms. 7-8, Lima, julio-diciembre de 1965, pág. 22-23.

1966 *José María Arguedas*, libro-disco, Lima, Mejía Baca, serie «Perú vivo».

1968 Winston Orrillo: «Arguedas, Premio Garcilaso», *Oiga*, núm. 295, Lima, 18 de octubre de 1968, pág. 26-28.

1969a *Primer encuentro de narradores peruanos. Arequipa, 1965*, Lima, Casa de la Cultura del Perú, intervenciones y menciones de J. M. A. en págs. 36-43, 62, 105-111, 115-116, 137, 139-140, 151, 171-174, 180-181, 185, 191-196, 199-202, 205-206, 230, 235-240, 243-244, 248-249, 254-257, 260-261 y 265-267.

1969b «Prosa en el Perú contemporáneo», *Panorama de la actual literatura latinoamericana*, núm. especial de *Casa de las Américas*, La Habana, 25 de marzo de 1969. Fue reproducido con el mismo título, en Madrid, Fundamentos, 1971, páginas 195-207.

1969c Alfonso Calderón: «José María Arguedas: los rostros del Perú» (respuesta a un cuestionario escrito de A. Calderón), *Ercilla*, Santiago de Chile, 22-28 de enero de 1969, páginas 50-52.

1969d Ariel Dorfman: «Conversación con José María Arguedas», *Trilce*, año VI, t. II-III, núms. 15-16, Valdivia, febrero-agosto de 1969, págs. 65-70.

1970 Claudio Trobo: «Última entrevista con Arguedas», *Imagen*, Suplemento núm. 64, Caracas, 1-15 de enero de 1970, págs. 10-11.

1975 Sara Castro Klarén: «José María Arguedas, sobre preguntas de Sara Castro Klarén», *Hispamérica*, núm. 10, Takoma Park, 1975, págs. 45-54. Reprod. en: Julio Ortega, 1982, págs. 101-112.

1976 Nelly Arguedas: «Testimonio sobre José María Arguedas», *Dominical*, Suplemento de *El Comercio*, Lima, 5 de diciembre de 1976, pág. 9.

1977   Maruja Bárrig: «Testimonios» (de Moisés Arroyo, Manuel Moreno Jimeno, Lily Caballero de Cueto y Sybila Arredondo de Arguedas), *Runa,* núm. 6, Lima, noviembre-diciembre de 1977, págs. 11-15.

1980   *José María Arguedas. Testimonios* (Máximo Damián, Arístides Arguedas, Edmundo Murrugarra, Hugo Blanco), Lima, Instituto Cultural José María Arguedas.

1983a   Cecilia Bustamante: «Una evocación de José María Arguedas», *Revista Iberoamericana,* XLIX, núm. 122, Pittsburgh, enero-marzo, 183-191.

1983b   Chester Christian: «Alrededor de este nudo de la vida. Entrevista con José María Arguedas, 3 de agosto de 1966, Lima, Perú», *Revista Iberoamericana,* vol. XLIX, núm. 122, Pittsburgh, enero-marzo de 1983, págs. 221-234.

1985   *¿He vivido en vano? Mesa Redonda sobre Todas las sangres (23 de junio de 1965),* Lima, Instituto de Estudios Peruanos.

¿1989?   Godofredo Morote Gamboa: *Motivaciones del escritor. Arguedas, Alegría, Izquierdo Ríos, Churata,* Lima, Universidad Nacional Federico Villarreal.

1989   «La vivificante obra de José María Arguedas», entrevista de Eduardo Urdanivia a Luis Alberto Ratto, *Páginas,* número 100, Lima, diciembre de 1989, págs. 67-74.

1993   Manuel Moreno Jimeno/Roland Forgues: «De Manuel Moreno Jimeno a José María Arguedas», en: Roland Forgues, *José María Arguedas, la letra inmortal. Correspondencia con Manuel Moreno Jimeno,* Lima, Ediciones de los ríos profundos, págs. 13-54.

1994   Nelly Arguedas: «Sin una razón para vivir», *Revista,* suplemento de *El Peruano,* Lima, 28 de noviembre de 1994, páginas 6-7.

3. Sobre Arguedas

A) Homenajes:

1969   *Amaru,* núm. 11, Lima, diciembre de 1969, págs. 11-30, Editorial-presentación de Emilio Adolfo Westphalen.

1970a   *Visión del Perú,* núm. 5, Lima, junio de 1970, págs. 19-45.

1970b *Coral,* núm. 13, Valparaíso, octubre 1970, Julio V. Flores, compilador.
1970c *Revista Peruana de Cultura,* núms. 13-14, Lima, diciembre de 1970, presentación de José Miguel Oviedo.
1972 *Proceso,* núm. 1, Huancayo, mayo-junio de 1972.
1977 *Runa,* núm. 6, Lima, noviembre-diciembre de 1977, páginas 2, 8-19 y 22-25, editorial-presentación de Mario Razzeto.
1980a *Revista de Crítica Literaria Latinoamericana,* vol. VI, número 12, Lima, 2.º semestre de 1980, págs. 3-196. Director de la Sección Monográfica «José María Arguedas»: Ariel Dorfman.
1980b *Review,* núms. 25-26, Nueva York, Center for Inter-American Relations, 1980, págs. 5-56.
1983 *Revista Iberoamericana,* vol. XLIX, núm. 122, Pittsburgh, enero-marzo de 1983. Número especial dirigido por Julio Ortega.
1989a «Arguedas y el Perú: vivir todas las patrias», *Páginas,* número 100, Lima, diciembre de 1989, págs. 66-123.
1989b *Cambio,* núm. 93, Lima, 9 de diciembre de 1989.
1992a «José María Arguedas. Indigenismo y mestizaje cultural como crisis contemporánea hispanoamericana», *Anthropos. Revista de documentación científica de la cultura,* núm. 128, Barcelona, enero de 1992, págs. 1-77.
1992b «José María Arguedas: Una recuperación indigenista del mundo peruano. Una perspectiva de la creación latinoamericana», *Suplementos (Materiales de Trabajo Intelectual) Anthropos,* núm. 31, Barcelona, marzo de 1992, presentación y selección de José Carlos Rovira, bibliografía de Carmen Alemany Bay.
1994a «Arguedas, 25 años después», *Revista,* Suplemento de *El Peruano,* Lima, 28 de noviembre de 1994, edición de Dafne Martos y Mito Tumi.
1994b «José María Arguedas, el legado de un escritor», *Dominical,* Suplemento de *El Comercio,* Lima, 4 de diciembre de 1994, págs. 12-15.

B) Libros, tesis y artículos:

ADORNO, Rolena, «La soledad común de Waman Puma de Ayala y José María Arguedas», *Revista Iberoamericana,* vol. XLIX, núm. 122, Pittsburgh, enero-marzo de 1983, págs. 143-148.

AIBAR RAY, Elena, *Identidad y resistencia cultural en las obras de José María Arguedas,* Lima, Pontificia Universidad Católica del Perú, 1992.

ALDRICH, Earl M., «The quechua world of José María Arguedas», *Hispania,* núm. 45, Cincinnati, marzo de 1962, págs. 62-66.

— *The modern short story in Perú,* Wisconsin, University of Wisconsin Press, 1966, págs. 127-140.

ARROYO POSADAS, Moisés, *La multitud y el paisaje peruano en los relatos de José María Arguedas,* Lima, Compañía de Impresiones y Publicidad, 1939. 2.ª ed. con nuevo título: *José María Arguedas, etapas de su vida,* Abancay, Eds. Amankay, ¿1972?

BARRIONUEVO, Alfonsina, «Romerito y los personajes de Arguedas», *Caretas,* núm. 479, Lima, 21 de junio de 1973, págs. 41-42 y 44.

— «Los personajes de Arguedas», *El Comercio,* Lima, 4 de diciembre de 1994, pág. C4.

BENDEZU AIBAR, Edmundo, «*Yawar Fiesta:* espejo quechua de José María Arguedas», *Ínsula,* vol. XXIX, núms. 332-333, Madrid, julio-agosto de 1974, págs. 9 y 23.

— *La otra literatura peruana,* México, Fondo de Cultura Económica, 1986.

— *La novela peruana. De Olavide a Bryce,* Lima, Lumen, 1992.

BONNEVILLE, Henry, «Quelques repères pour l'étude de José María Arguedas», *Les Langues Néo-Latines,* núm. 199, París, 4.º trimestre de 1971, págs. 54-70.

— «L'indigénisme littéraire andin», *Les Langues Néo-Latines,* números 200-201, París, 1er y 2.º trimestres de 1972, págs. 1-58.

BOURRICAUD, François, «Le thème de la violence dans *Yawar Fiesta*», *Annales de la Faculté des Lettres et Sciences Humaines d'Aix-en-Provence,* núm. 38, Aix-en-Provence, 1964, págs. 115-132. Reprod. en Larco, págs. 209-225.

CASTRO ARENAS, Mario, *La novela peruana y la evolución social,* Lima, José Godard, 1967.

CASTRO KLARÉN, Sara, *El mundo mágico de José María Arguedas,* Lima, Instituto de Estudios Peruanos, 1973.

— «Mundo y palabra: hacia una problemática del bilingüismo en Arguedas», *Runa,* núm. 6, Lima, noviembre-diciembre de 1979, págs. 8-10 y 39.

CORNEJO POLAR, Antonio, «El sentido de la narrativa de Arguedas», *Revista Peruana de Cultura,* núms. 13-14, Lima, diciembre de 1970, págs. 17-48. Reproducido en Larco: 45-72.

— *Los universos narrativos de José María Arguedas,* Buenos Aires, Losada, 1973.

— *Literatura y sociedad en el Perú: La novela indigenista,* Lima, Lasontay, 1980.

— *Sobre literatura y crítica latinoamericanas,* Caracas, Universidad Central de Venezuela, 1982.

— *Escribir en el aire. Ensayo sobre la heterogeneidad socio-cultural en las literaturas andinas,* Lima, Ed. Horizonte, 1994.

— «Una nueva lectura de Arguedas: la gesta del migrante», *Revista,* suplemento de *El Peruano,* Lima, 28 de noviembre de 1994, págs. 8-9.

CORTÁZAR, Julio, «Un gran escritor y su soledad (referencias a José María Arguedas)», *Life,* vol. XXXIII, núm. 7, Nueva York, 7 de abril de 1969, págs. 44-45.

COULTHARD, Georges Robert, «Arguedas, un problema de estilo», *Mundo Nuevo,* núm. 19, París, enero de 1968, págs. 73-78. Reprod. en Larco, págs. 111-122.

CRUZ LEAL, Petra Iraides, *Dualidad cultural y creación mítica en José María Arguedas,* La Laguna (España), Universidad de La Laguna, Santa Cruz de Tenerife (1990).

CURUCHET, Juan Carlos, «José María Arguedas, peruano universal», *Cuadernos Hispanoamericanos,* núm. 228, Madrid, diciembre de 1968, págs. 749-755.

DORFMAN, Ariel, «Arguedas y la epopeya americana», *Amaru,* número 11, Lima, diciembre de 1969, págs. 18-26. Aparece con el título nuevo de «Mario Vargas Llosa y José María Arguedas: dos visiones de una sola América», en su libro *Imaginación y violencia en América,* Santiago de Chile, Editorial Universitario, 1970.

— «Puentes y padres en el infierno: *Los ríos profundos*», *Revista de Crítica Literaria Latinoamericana,* núm. 12, Lima, 2.º semestre de 1980, págs. 91-137.

— «*Los ríos profundos* de José María Arguedas», en *Hacia la liberación del lector latinoamericano*, Hanover, Ediciones del Norte, 1984.

ESCAJADILLO, Tomás G., «Meditación preliminar acerca de José María Arguedas», *Revista Peruana de Cultura*, núms. 13-14, Lima, diciembre de 1970, págs. 82-126. Bajo el título «Las señales de un tránsito a la universalidad» aparece en *Coral*, núm. 13, Valparaíso, 1970, págs. 73-110. Reprod. en Larco, págs. 73-110.

— *La narrativa indigenista: un planteamiento y ocho incisiones*, Tesis Dr., Lima, Universidad Nacional Mayor de San Marcos, 1971.

— «Tópicos y símbolos religiosos en el primer capítulo de *Los ríos profundos*», *Revista de Crítica Literaria Latinoamericana*, vol. V, núm. 9, Lima, 1er semestre de 1969, págs. 57-69.

— «Ciro Alegría, José María Arguedas y el indigenismo de Mariátegui». En: Varios, *Mariátegui y la literatura*, Lima, Biblioteca Amauta, 1980, págs. 61-106.

— *La narrativa indigenista peruana*, Lima, Amaru, 1994.

ESCOBAR, Alberto, «José María Arguedas», en su libro *Patio de Letras*, Lima, Caballo de Troya, 1965, págs. 291-295.

— «La guerra silenciosa de *Todas las sangres*», *Revista Peruana de Cultura*, núm. 5, Lima, abril de 1965, págs. 37-49. Reprod. en Larco, págs. 289-300.

— *José María Arguedas, el desmitificador del indio y del rito indigenista*, Chicago, The University of Chicago, 1981. Primero apareció en *Nova Americana*, núm. 3, Turín, 1980, págs. 141-196.

— *Arguedas o la utopía de la lengua*, Lima, Instituto de Estudios Peruanos, 1984.

— *El imaginario nacional/Moro-Westphalen-Arguedas, una formación literaria*, Lima, Instituto de Estudios Peruanos, 1989.

FELL, Eve-Marie, «Arguedas y Huancayo: hacia un nuevo modelo mestizo». En Forgues-Pérez-Garayar, *José María Arguedas. Vida y obra*, Lima, Amaru, 1991, págs. 85-95.

FLORES GALINDO, Alberto, «El Perú hirviente de estos días.../Una reflexión sobre violencia política y cultura en el Perú contemporáneo», en Jeffrey Klaiber, S. J., coordinador, *Violencia y crisis de valores en el Perú*, Lima, Pontificia Universidad Católica del Perú y Fundación Tinker, 1987, págs. 197-233.

— *Dos ensayos sobre José María Arguedas*, Lima, SUR, Casa de Estudios del Socialismo, 1992.

Forgues, Roland, *José María Arguedas: del pensamiento dialéctico al pensamiento trágico. Historia de una utopía*, Lima, Horizonte, 1989. La versión francesa es de 1986, Toulouse, Université de Toulouse.

— *José María Arguedas. Vida y obra*, edición de R. Forgues, Hildebrando Pérez y Carlos Garayar, Lima, Amaru, 1991. Contiene el estudio de Forgues «El mito del monolingüismo quechua de Arguedas», págs. 47-58.

— *José María Arguedas, la letra inmortal. Correspondencia con Manuel Moreno Jimeno*, Lima, Ediciones de los ríos profundos, 1993.

Galleno Villafán, Lucía, *La adaptación literaria: una alternativa en la producción de obras para jóvenes lectores*, Tesis Br., Lima, Pontificia Universidad Católica del Perú, 1993.

González, Galo Francisco, *Amor y erotismo en la narrativa de José María Arguedas*, Madrid, Pliegos, 1990.

González Vigil, Ricardo, «Arguedas y la gestación de la cultura nacional. Tres recopilaciones», *Runa*, núm. 6, Lima, noviembre-diciembre de 1977, págs. 24-25.

— *El cuento peruano 1959-1967*, Lima, Copé (PetroPerú), 1984.

— *El cuento peruano 1920-1941*, Lima, Copé (PetroPerú), 1990.

— *El cuento peruano 1942-1958*, Lima, Copé (PetroPerú), 1991.

— *El Perú es todas las sangres. Arguedas-Alegría-Mariátegui-Martín Adán-Vargas Llosa y otros*, Lima, Pontificia Universidad Católica del Perú, 1991.

— «Prólogo» a César Vallejo, *El tungsteno*, Lima, La Tercera (*Obras Completas*, tomo 7), Editora Perú, 1992, págs. 5-24.

— «De Paisajes Peruanos a Ríos Profundos», *Dominical*, suplemento de *El Comercio*, Lima, 23 de octubre de 1994, págs. 10-11.

— «Arguedas y Faulkner», *El Comercio*, Lima, 6 de noviembre de 1994, pág. A3.

— «El arte en profundidad de Arguedas», *Dominical*, suplemento de *El Comercio*, Lima, 4 de diciembre de 1994, pág. 13.

Groisman Ackerman, Fanny, *Un modelo de análisis para «La agonía de Rasu Ñiti» de José María Arguedas*, Tesis Br., Lima, Pontificia Universidad Católica del Perú, 1981.

Gullón, Ricardo, «Los mitos profundos», *Revista de Occidente*, 3.ª etapa, núm. 4, Madrid, 1976, págs. 58-65.

Gutiérrez, Gustavo, *Entre las calandrias. Ensayo sobre José María Ar-*

guedas, Lima, Instituto Bartolomé de Las Casas/CEP-Centro de Estudios y Publicaciones, 1990.

GUTIÉRREZ, Miguel, «Estructura e ideología de *Todas las sangres*», *Revista de Crítica Literaria Latinoamericana*, núm. 12, Lima, 2.º semestre de 1980, págs. 139-176. Es el capítulo III de su Tesis Br., *Estructura e ideología de "Todas las sangres"*, Lima, Universidad Nacional Mayor de San Marcos, 1974.

HARRISON, Regina, «José María Arguedas: el substrato quechua», *Revista Iberoamericana*, vol. XLIX, núm. 122, Pittsburgh, enero-marzo de 1983, págs. 111-132.

HARSS, Luis, «*Los ríos profundos* como retrato del artista», *Revista Iberoamericana*, vol. XLIX, núm. 122, Pittsburgh, enero marzo de 1983, págs. 133-141.

HUAMAN, Miguel Ángel, *Poesía y utopía andina*, Lima, DESCO, 1988.

HUARAG, Eduardo, *El proceso ideológico en la narrativa de J. M. Arguedas*, Ayacucho, Universidad Nacional de San Cristóbal de Huamanga, 1981.

LA TORRE, Alfonso, «Arguedas: sangre y agua», *Expreso,* Lima, 22 de octubre de 1968, pág. 12.

LARCO, Juan (Compilador), *Recopilación de textos sobre José María Arguedas*, La Habana, Casa de las Américas, 1976.

LEVANO, César, «El contenido antifeudal de la obra de Arguedas», *Tareas del Pensamiento Peruano,* núm. 1, Lima, enero-febrero de 1960, págs. 21-23. Reprod. en su libro *Arguedas: un sentimiento trágico de la vida*, págs. 43-65.

— «José María Arguedas, novelista del Perú profundo», *Caretas,* núm. 235, Lima, 13-25 de enero de 1962. Reproducido en su libro *Arguedas: un sentimiento trágico de la vida,* págs. 31-41.

— *Arguedas: un sentimiento trágico de la vida,* Lima, Gráfica Labor, 1969.

— «La música que hizo llorar a Arguedas», *Caretas,* núm. 413, Lima, 25 de marzo-8 de abril de 1970, págs. 36-37.

LIENHARD, Martin, *Cultura popular andina y forma novelesca. Zorros y danzantes en la última novela de Arguedas,* Lima, Latinoamericana Editores/Tarea, 1982. 2.ª ed. ampliada, con epílogos de William Rowe, Luis Millones y José Cerna Bazán, Lima, Editorial Horizonte/Tarea, 1990.

— «Glosario» y «La "andinización" del vanguardismo urbano», en

Eve-Marie Fell (Coordinadora), edición crítica de *El Zorro de Arriba y el Zorro de Abajo,* Madrid, CSIC (Archivos ALLCA, 14), 1990, págs. 159-266 y 321-332.

— «El poeta quechua Arguedas y la poesía quechua reciente», en Forgues-Pérez-Garayar, *José María Arguedas. Vida y obra,* Lima, Amaru, 1991, págs. 227-249.

— *La voz y su huella. Escritura y conflicto étnico-cultural en América Latina 1492-1988,* 3.ª ed. revisada y aumentada, Lima, Horizonte, 1992. La 1.ª ed.: La Habana, Casa de las Américas. La 2.ª ed.: Hanover, Ediciones del Norte.

LOSADA, Alejandro, *Creación y praxis. La producción literaria como praxis social en Hispanoamérica y el Perú,* Lima, Universidad Nacional Mayor de San Marcos, 1976.

LOVELUCK, Juan, *La novela hispanoamericana,* Santiago de Chile, Universidad de Concepción/Editorial Universitaria, 1963. Sólo en las dos primeras eds. aparece una sección dedicada al Indigenismo.

MARÍN, Gladys C., *La experiencia americana de José María Arguedas,* Buenos Aires, Fernando García Cambeiro, 1973.

MÁRQUEZ, Ismael P., *La retórica de la violencia en tres novelas peruanas,* Nueva York, Peter Lang Publ./University of Texas studies in contemporary Spanish-American fiction, 1994.

MERINO DE ZELA, E. Mildred., «Vida y obra de José María Arguedas», *Revista Peruana de Cultura,* núms. 13-14, Lima, diciembre de 1970, págs. 127-178.

— *José María Arguedas, vida y obra,* Lima, CONCYTEC, s. f., ¿1992?

MONTOYA, Rodrigo (compilador), *José María Arguedas veinte años después, huellas y horizonte, 1969-1989,* Lima, Universidad Nacional Mayor de San Marcos/Ikono Ediciones, 1991.

MORETIC, Yerko, «José María Arguedas y la literatura peruana indigenista», *Atenea,* vol. XLI, tomo XLVI, núm. 406, Santiago de Chile, octubre-diciembre de 1964, págs. 205-216.

— «Los ríos profundos», *El Siglo,* Santiago de Chile, 30 de julio de 1967.

MUÑOZ, Silverio, *José María Arguedas y el mito de la salvación por la cultura,* 2.ª ed., Lima, Horizonte, 1987. La 1.ª ed.: Minneapolis, Instituto para el Estudio de Ideologías y Literatura, 1980.

MURRA, John V., «José María Arguedas: dos imágenes», *Revista*

126

Iberoamericana, vol. XLIX, núm. 122, Pittsburgh, enero-marzo de 1983, págs. 43-54.

NINAMANGO MALLQUI, Eduardo, *Katatay y la poética quechua de José María Arguedas,* Tesis Lic., Lima, Universidad Nacional Mayor de San Marcos, 1982.

ORRILLO, Winston, «*Todas las sangres,* un gigantesco esfuerzo novelístico de José María Arguedas», *Correo,* Lima, 25 de febrero de 1965, pág. 12.

ORTEGA, Julio, *La contemplación y la fiesta,* Lima, Editorial Universitaria, 1969.

— *La imaginación crítica,* Lima, PEISA, 1974.

— *Texto, comunicación y cultura: "Los ríos profundos" de José María Arguedas,* Lima, CEDEP, 1982.

PAOLI, Roberto, *Estudios sobre literatura peruana contemporánea,* Florencia, Università degli studi di Firenze, 1985.

PINILLA, Carmen María, «El principito y el fin: Mariátegui y Arguedas», *Anuario Mariateguiano,* vol. V, núm. 5, Lima, 1993, páginas 45-57.

— *Arguedas: conocimiento y vida,* Lima, Pontificia Universidad Católica del Perú, 1994.

PORTOCARRERO, Gonzalo, *Racismo y mestizaje,* Lima, SUR-Casa de Estudios del Socialismo, 1993, págs. 257-297.

PORTUGAL FLAHERTY, Alberto, *Autobiografía y autobiografía ficcional en "Los ríos profundos",* Tesis Br., Lima, Pontificia Universidad Católica del Perú, 1984.

RAMA, Ángel, «Diez problemas para el novelista latinoamericano», *Casa de las Américas,* núm. 26, La Habana, octubre-noviembre de 1964, págs. 3-43. Ha sido reprod. en Juan Loveluck, *La novela hispanoamericana,* 3.ª ed., Santiago de Chile, Editorial Universitaria, 1969.

— «Introducción» a: José María Arguedas, *Formación de una cultura nacional indoamericana,* México, SigloXXI, 1975, págs. IX-XVII.

— «José María Arguedas, transculturador», prólogo a José María Arguedas, *Señores e indios,* Buenos Aires, Arca/Calicanto Ed., 1976, págs. 7-38.

— «Los ríos profundos del mito y de la historia», *Revista de Crítica Literaria Ltinoamericana,* núm. 12, Lima, 2.º semestre de 1980, págs. 69-90.

— *Transculturación narrativa en América Latina,* México, Siglo XXI, 1982.

— «*Los ríos profundos:* ópera de pobres», *Revista Iberoamericana,* XLIX, núm. 122, Pittsburgh, enero-marzo de 1983, páginas 1-41.

RATTO, Luis Alberto, «Los problemas de la inhibición en Arguedas», *Runa,* núm. 1, Lima, marzo de 1977, págs. 3-5.

RIBEYRO, Julio Ramón, «*Los ríos profundos*», *Dominical,* Suplemento de *El Comercio,* Lima, 26 de abril de 1959, pág. 2.

— *La caza sutil,* Lima, Milla Batres, 1975.

RICHARD, Renaud, «El zumbayllu, objeto emblemático de *Los ríos profundos*». En: Forgues-Pérez-Garayar, *José María Arguedas. Vida y obra,* Lima, Amaru, 1991, págs. 181-194.

RIVERA MARTÍNEZ, Edgardo, «Arguedas y el neoindigenismo», en Forgues-Pérez-Garayar, *José María Arguedas. Vida y obra,* Lima, Amaru, 1991, págs. 71-84.

RODRÍGUEZ GARRIDO, José Antonio, «Las variantes textuales de *Yawar Fiesta* de José María Arguedas», *Lexis,* vol. VIII, Lima, núm. 1, págs. 1-93; núm. 2, págs. 175-225.

— «Problemas de crítica textual en la obra de José María Arguedas», *Lexis,* vol. X, núm. 2, Lima, 1986, págs. 215-227.

RODRÍGUEZ-LUIS, Julio, *La novela indigenista de Clorinda Matto a José María Arguedas,* México, Fondo de Cultura Económica, 1980.

ROUILLÓN, José Luis, S. J., «Notas sobre el mundo mágico de José María Arguedas», *Mercurio Peruano,* núm. 461, Lima, mayo-junio de 1966, págs. 121-133.

— «El espacio mítico de José María Arguedas», *Comunidad,* II, núm. 6, México, 1967. Reproducido con el título «La otra dimensión: el espacio mítico», en Larco, págs. 143-168. También en la edición de José María Arguedas, *Cuentos olvidados,* Lima, Imágenes y Letras, 1973.

— «José María Arguedas y la religión», *Páginas,* vol. III, núm. 15, Lima, mayo de 1978, págs. 11-30.

— «Arguedas y la idea del Perú», en Varios, *Perú: identidad nacional,* Lima, CEDEP, 1979, págs. 379-402.

— «La luz que nadie apagará. Aproximaciones al mito y al cristianismo en el último Arguedas». En: Eve-Marie Fell (coordinadora), edición crítica de *El Zorro de Arriba y el Zorro de Abajo,* Madrid, CSIC (Archivos ALLCA, 14), 1990, págs. 341-359.

Rowe, William, «Mito, lenguaje e ideología como estructuras literarias», en Juan Larco, 1976, págs. 257-283.

— *Mito e ideología en la obra de José María Arguedas,* Lima, Instituto Nacional de Cultura, 1979.

— «Arguedas: el narrador y el antropólogo frente al lenguaje», *Revista Iberoamericana,* XLIX, núm. 122, Pittsburgh, enero-marzo de 1983, págs. 97-109.

Ruffinelli, Jorge, «Los cuentos de José María Arguedas», *Revista Iberoamericana de Literatura,* II, núm. 2, Montevideo, 1970, págs. 73-85.

— «La leyenda de Rulfo: cómo se construye el escritor desde el momento en que deja de serlo». En: Juan Rulfo, *Toda la obra,* ed. crítica coord. por Claude Fell, París-Madrid, Colección Archivos (ALLCA), 1992, págs. 447-470.

Salazar Bondy, Sebastián, «Arguedas y el indigenismo», *La Prensa,* Lima, 15 de noviembre de 1954, pág. 10.

— «Arguedas: fe en el hombre», *El Comercio,* Lima, 30 de noviembre de 1961, pág. 2.

— «La evolución del llamado indigenismo», *Sur,* Buenos Aires, marzo-abril de 1965, págs. 44-50.

— «Arguedas: la novela social como creación verbal», *Revista de la Universidad de México,* vol. XIX, núm 2, México, julio de 1965, págs. 18-20.

Sánchez, Luis Alberto, *La literatura peruana (Derrotero para una historia cultural del Perú),* 6.ª ed., 5 tomos, Lima, EMI Eds. y Banco Central de Reserva del Perú, 1989.

Spina, Vincent, *El modo épico en José María Arguedas,* Madrid, Pliegos, 1986.

Tamayo Vargas, Augusto, «Agua», *La Prensa,* Lima, 7 de julio de 1935, pág. 16. Reproducido en su *150 artículos sobre el Perú,* Lima, Universidad Nacional Mayor de San Marcos, 1966, págs. 561-562.

— *Literatura Peruana,* 5.ª ed., 3 tomos, Lima, PEISA, 1993.

Tauro, Alberto, «José María Arguedas, escritor indigenista», *La Prensa,* Lima, 5 de mayo de 1935, pág. 16.

— «Presencia y definición del indigenismo literario», *3,* núm. 8, Lima, 1941, págs. 67-83.

— «Antecedentes y filiación de la novela indianista», *Mar del Sur,* I, núm. 2, Lima, noviembre-diciembre de 1948, págs. 29-49.

Tauro, Talía, *Psicopatología y amor en la obra de José María Arguedas,* Lima, Taller Grafico de Ed. Universo, 1993.

Telémaco (Seudónimo. Cfr. Zavaleta, C. E.),

Trigo, Pedro, *Arguedas: mito, historia y religión,* Lima, CEP-Centro de Estudios y Publicaciones, 1982. Va acompañado de Gustavo Gutiérrez, *Entre las calandrias,* trabajo que luego sería ampliado, con el mismo título, en el libro que citamos de Gutiérrez, 1990.

Urdanivia Bertarelli, Eduardo, *José María Arguedas en La Molina,* Lima, Universidad Nacional Agraria «La Molina», 1992.

Urrello, Antonio, *José María Arguedas: el nuevo rostro del indio (una estructura mítico-poética),* Lima, Juan Mejía Baca, 1974.

Vargas Llosa, Mario, «José María Arguedas», *El Comercio,* Lima, 4 de septiembre de 1955, pág. 8.

— «José María Arguedas descubre el indio auténtico», *Visión del Perú,* núm. 1, Lima, agosto de 1964, págs. 3-7. Reproducido con el título «José María Arguedas y el indio», en *Casa de las Américas,* núm. 26, La Habana, octubre-noviembre de 1964, págs. 139-147; también como «Prólogo» a la edición cubana de *Los ríos profundos,* La Habana, Casa de las Américas, 1965. Bajo el título «Indigenismo y buenas intenciones», aparece en *Revista de la Universidad de México,* XIX, núm. 5, México, 1965, páginas 7-9; y es incluido dentro de «Tres notas sobre Arguedas» en la recopilación de Jorge Lafforgue, *Nueva novela latinoamericana,* Buenos Aires, Paidós, 1969, págs. 30-36.

— «Los ríos profundos», *Casa de las Américas,* núm. 35, La Habana, marzo-abril de 1966, págs. 105-109. Reproducido con el título *«Los ríos profundos:* ensoñación y magia» dentro de «Tres notas sobre Arguedas», en la recopilación de Jorge Lafforgue, *Nueva novela latinoamericana,* Buenos Aires, Paidós, 1969, páginas 45-54; con el título «Ensoñación y magia en José María Arguedas», aparece en *Expreso,* Lima, 24, 25 y 26 de abril de 1966, pág. 2; luego como introducción a la ed. de *Los ríos profundos,* Santiago de Chile, Editorial Universitaria, 1967; también, como introducción a la ed. *Los ríos profundos y selección de cuentos,* Caracas, Biblioteca Ayacucho, 1978. Aparece en el homenaje de la revista *Coral,* Valparaíso, 1970, págs. 19-24; igualmente, en la traducción inglesa *Deep rivers,* Austin, University or Texas Bress, 1978, págs. 235-242.

— *José María Arguedas, entre sapos y halcones,* Madrid, Eds. Cultura Hispánica, Centro Iberoamericano de Cooperación, 1978. También en la ed. de *Los ríos profundos,* Caracas, Biblioteca Ayacucho, 1978, págs. 191-206; y en *Boletín de la Academia Peruana de la Lengua,* núm. 12, Lima, 1977 (publicado posteriormente en 1978), págs. 89-117.

— *La utopía arcaica,* Cambridge, University of Cambridge, 1978.

VARIOS, *Giornate di Studio su José María Arguedas. Roma, 27 marzo 1979,* Roma, Instituto Italo Latino Americano, 1979.

— *Vigencia y universalidad de José María Arguedas,* Lima, Horizonte, 1984.

— *¿He vivido en vano? Mesa Redonda sobre "Todas las sangres" (23 de junio de 1965,* Lima, Instituto de Estudios Peruanos, 1985.

— *Arguedas: cultura e identidad nacional,* Lima, Edaprospo, 1990.

WESTPHALEN, Emilio Adolfo, «José María Arguedas (1911-1969)» y «La última novela de Arguedas», *Amaru,* núm. 11, Lima, diciembre de 1969, págs. 1-2 y 27-30.

WESTPHALEN, Yolanda (Rodríguez de), *El fenómeno expresivo de lo real-fantástico en el libro "Los ríos profundos",* Tesis Br., Lima, Universidad Nacional Mayor de San Marcos, 1972.

WOLFF UNRUH, Vicky, «El mundo disputado al nivel del lenguaje», *Revista Iberoamericana,* XLIX, núm. 122, Pittsburgh, enero-marzo de 1983, págs. 193-202.

YURKIEVICH, Saúl, «José María Arguedas: encuentro con una narrativa americana», *Cuadernos Americanos,* núm. 130, México, septiembre-octubre de 1963, págs. 263-278. Reprod. en Larco, págs. 235-250.

ZAVALETA, C. E. (seudónimo: Telémaco), «José María Arguedas», *Letras Peruanas,* núm. 12, Lima, agosto de 1955, págs. 79 y 90.

— «José María Arguedas: aprendizaje y logros del novelista», *Nueva Estafeta,* núm. 6, Madrid, 1979, págs. 62-66.

— *Estudios sobre Joyce y Faulkner,* Lima, Universidad Nacional Mayor de San Marcos, 1993.

ZÚÑIGA, Clara Luz, *José María Arguedas: un hombre entre dos mundos,* Cayambe (Ecuador), Universidad de Nariño y Eds. Abya-Yala, 1994.

4. *Obras de referencia de temas diversos*

ARGUEDAS, Alcides, *Raza de bronce,* ed. crítica coord. por Antonio Lorente Medina, París, Colec. Archivos (ALLCA), 1988.

BASADRE, Jorge, *Meditaciones sobre el destino histórico del Perú,* Lima, Huascarán, 1947.

— *Historia de la República del Perú,* 11 vols., Lima, Ed. Universitaria, 1983.

— *Perú: problema y posibilidad,* 2.ª ed., Lima, Banco Internacional del Perú, 1978.

— *La multitud, la ciudad y el campo en la historia del Perú, con un colofón sobre el País Profundo,* 3.ª ed., Lima, Ediciones Treintaitrés y Mosca Azul Eds., 1980.

BRAVO, José Antonio, *Lo real maravilloso en la narrativa latinoamericana actual (Cien años de soledad, El reino de este mundo, Pedro Páramo),* Lima, Editoriales Unidas, 1978.

CAMPBELL, Joseph, *El héroe de las mil caras. Psicoanálisis del mito.* México, F. C. E. 1959.

BURGA, Manuel, *Nacimiento de una Utopía. Muerte y resurrección de los Incas,* Lima, Instituto de Apoyo Agrario, 1988.

CERRÓN-PALOMINO, Rodolfo, «La enseñanza del castellano: deslindes y perspectivas». En: Varios, *El reto del multilingüismo en el Perú,* Lima, Instituto de Estudios Peruanos, 1972, págs. 147-166.

ELIADE, Mircea, *Tratado de Historia de las Religiones,* prefacio de Georges Dumégil, México, Era, 1972.

— *Lo sagrado y lo profano,* Madrid, Guadarrama, 1967.

— *Mito y realidad,* Madrid, Guadarrama, 1968.

— *El mito del eterno retorno. Arquetipos y repetición,* Buenos Aires, Emecé, 1952.

ESCAJADILLO, Tomás G., *La narrativa de López Albújar,* Lima, Consejo Nacional de la Universidad Peruana, 1972.

— *Alegría y El mundo es ancho y ajeno,* Lima, Universidad Nacional Mayor de San Marcos, 1983.

ESCOBAR, Alberto; MATOS MAR, José; ALBERTI, Giorgo, *Perú, ¿país bilingüe?,* Lima, Instituto de Estudios Peruanos, 1975.

FLORES GALINDO, Alberto, *Buscando un Inca. Identidad y Utopía en los Andes,* 2.ª ed., Lima, Instituto de Apoyo Agrario, 1987.

132

— *Obras completas,* tomos I y II, Lima, Instituto de Apoyo Agrario, 1993-94.

GARCÍA, José Uriel, *El nuevo indio. Ensayos indianistas sobre la sierra surperuana,* 2.ª ed., Cusco, Lib. e Imp. H. G. Rozas, 1937.

GONZÁLEZ VIGIL, Ricardo, *El cuento peruano,* 6 tomos en 7 vols., Lima: Eds. Copé (Petróleos del Perú), 1983-93.

— *Comentemos al Inca Garcilaso,* Lima, Banco Central de Reserva del Perú, 1989.

— *Retablo de autores peruanos,* Lima, Eds. Arco Iris, auspicio del CONCYTEC, 1990.

— Edición crítica de la *Obra poética* de César Vallejo, Lima, Banco de Crédito del Perú, 1993.

HUAMAN, Miguel Ángel, *Fronteras de la escritura. Discurso y Utopía en Churata,* Lima, Ed. Horizonte, 1994.

MARIÁTEGUI, José Carlos, *Mariátegui total,* edición dirigida por Sandro Mariátegui Chiappe, prólogo de Antonio Melis, 2 tomos, Lima, Emp. Ed. Amauta, 1994. Los *7 ensayos de interpretación de la realidad peruana* aparecieron primero en 1928.

MILLA BATRES, Carlos (director), *Enciclopedia biográfica e histórica del Perú. Siglos XIX-XX,* 12 tomos, Lima, Ed. Milla Batres, 1994.

PORRAS BARRENECHEA, Raúl, *Antología del Cuzco,* 2..ª ed., Lima, Fundación M. J. Bustamante de la Fuente, 1992 (su 1.ª ed. es de 1961).

RAMA, Ángel, *La novela hispanoamericana. Panoramas 1920-1980,* Bogotá, Colcultura, 1982.

RIVA-AGÜERO, José de la, *Paisajes peruanos,* tomo IX de sus *Obras completas,* estudio preliminar de Raúl Porras Barrenechea, 2.ª ed., Lima, Pontificia Universidad Católica del Perú, 1969.

RULFO, Juan, *Toda la obra,* ed. crítica coordinada por Claude Fell, París-Madrid, Colec. Archivos (ALLCA), 1992.

TAURO, Alberto, *Enciclopedia ilustrada del Perú,* 6 tomos, Lima, PEISA, 1987.

VARGAS LLOSA, Mario, *Gabriel García Márquez: historia de un deicidio,* Barcelona, Barral, 1971.

VILLANES CAIRO, Carlos; CÓRDOVA, Isabel, *Literaturas de la América Precolombina,* Madrid, Istmo, 1990.

133

Los ríos profundos

Andes peruanos y el río Apurímac en la provincia de Abancay (Perú).

I

El viejo[1]

Infundía respeto, a pesar de su anticuada y sucia apariencia. Las personas principales del Cuzco[2] lo saludaban seria-

---

[1] «La relación polar entre Viejo/viaje (Capítulo I: "El viejo", cap. II:
"Los viajes"), que inicia la acción de la novela, señala el origen del conflicto en un texto que buscará rehacer el sentido mismo de la comunicación.
[...] El Viejo, en efecto, es el pariente poderoso que señorea desde el Cuzco. [...] El padre, en cambio, es el errante (el "loco", el que carece de lugar),
y su dispersión es también un signo agónico de la desarticulación del sentido genuino, aquel que construye una percepción alternativa hoy sancio-
nada» (Ortega, 1982: 21). En el punto II.4 de nuestra Introducción hemos
recordado cómo una de las dos historias entrelazadas en *Las palmeras salvajes* de Faulkner, se titula, precisamente, «El Viejo». En el caso de
Faulkner, alude al río Mississipí. Aquí Arguedas contrapone la figura del
tío Viejo (sobreimpuesta al mundo andino, como el piso añadido por los
conquistadores a los muros incaicos) a la del río Apurímac; si aquél abre el
capítulo, éste lo cierra. Buena muestra de la oposición es que el tío Viejo
infunde «respeto» y el Apurímac «infunde presentimientos de mundos
desconocidos» (connotando grandes cambios, particularmente cuando
viene de crecida: *Yawar Mayu*, «río de sangre»).

[2] En la Introducción hemos utilizado la grafía «Cusco», atendiendo al
deseo de muchos cusqueños de que no se confunda con el vocablo *cuzco*
(«perro pequeño»). Empero, Arguedas escribe *Cuzco*, como ha sido tradicional hacerlo. Etimológicamente, la palabra viene del quechua *Cozco* (así
la transcribe el Inca Garcilaso en sus *Comentarios reales*), *Qosqo* (así la están
escribiendo, preferentemente, los cusqueños en los últimos años) o
K'osk'o. En un artículo de gran interés para la comprensión de *Los ríos profundos*, el propio Arguedas explica: «Se ha interpretado siempre la palabra
K'osk'o como que significa ombligo, es decir, centro y ojo del imperio,

137

mente. Llevaba siempre un bastón con puño de oro[3]; su sombrero, de angosta ala, le daba un poco de sombra sobre la frente. Era incómodo acompañarlo, porque se arrodillaba frente a todas las iglesias y capillas y se quitaba el sombrero en forma llamativa cuando saludaba a los frailes.

Mi padre lo odiaba. Había trabajado como escribiente en las haciendas del Viejo. «Desde las cumbres grita, con voz de condenado, advirtiendo a sus indios que él está en todas partes. Almacena las frutas de las huertas, y las deja pudrir; cree que valen muy poco para traerlas a vender al Cuzco o llevarlas a Abancay y que cuestan demasiado para dejárselas a los colonos*. ¡Irá al infierno!», decía de él mi padre[4].

Eran parientes, y se odiaban[5]. Sin embargo, un extraño proyecto concibió mi padre, pensando en este hombre[6].

⌐⟶ Related?.

---

* Indios que pertenecen a las haciendas. (Nota de Arguedas.)

---

cuando el Perú fue el imperio de los Incas. Residencia del Inca, hijo del Sol y padre universal de todos los indios, la gran ciudad legendaria de la que se hablaba en los confines del Imperio como de algo extraterreno y maravilloso.» (Arguedas, «El nuevo sentido histórico del Cuzco», *El Callao,* Callao-Perú, 19 de octubre de 1941; reprod. en *Indios, mestizos y señores:* 131-133).

[3] El bastón o vara es un símbolo de mando o poder, en el mundo andino, a tal punto que Alcalde en quechua se dice *Varayok.* El que sea de *oro* refuerza la impresión de gran señor que pretende brindar el Viejo, cual un Anti-Inca con sus cuatro haciendas, contrafigura de los cuatro *suyos* (regiones) que regentaba el Inca en el llamado *Tahuantinsuyo* (*tahua* significa «cuatro», en quechua).

[4] El Viejo asume muchos rasgos de un tío real de Arguedas: Manuel María Guillén. Véase la información proporcionada en el punto I.1 de la Introducción.

[5] También los parientes se odian en la familia poderosa de *Todas las sangres;* símbolo de la deshumanización y descomposición que acarrea el Poder despótico e injusto.

[6] El padre de modo inconstante concibe proyectos que nunca cumple. Ernesto no aclara cuál es el proyecto en el Cusco, porque apenas percibe vagamente el deseo del padre de enfrentarse al Viejo. Con perspicacia Ariel Dorfman ha caracterizado a Gabriel, el padre de Ernesto: «ha sido ganado por la cultura mestiza pero no puede establecer allá su residencia. Las contradicciones sociales que este abogado vive lo han transformado en un desterrado del mundo de los blancos y los hacendados, sin pertenecer al mundo indígena. [...] no descubre en ningún lugar una clase de alternativa a la cual adscribirse y servir profesionalmente. Vacila entre la rebeldía

138

Y aunque me dijo que viajábamos a Abancay[7], nos dirigimos al Cuzco, desde un lejanísimo pueblo. Según mi padre, íbamos de paso. Yo vine anhelante, por llegar a la gran ciudad. Y conocí al Viejo en una ocasión inolvidable.

* * *

Entramos al Cuzco de noche[8]. La estación del ferrocarril y la ancha avenida por la que avanzábamos lentamente, a pie, me sorprendieron. El alumbrado eléctrico era más débil que el de algunos pueblos pequeños que conocía. Verjas de madera o de acero defendían jardines y casas modernas. El Cuzco de mi padre, el que me había descrito quizá mil veces, no podía ser ése[9].

(NIÑO)

(grandes proyectos para humillar al Viejo y someterlo, sueños de ganar pleitos contra algún terrateniente de importancia) y la sumisión. Por eso sus proyectos son irrealizables o utópicos» (Dorfman, 1980: 93). Gabriel posee muchos rasgos semejantes a los del padre real de Arguedas.

[7] El dato de viajar a Abancay servirá de nexo narrativo entre el comienzo y el final de este cap. I, y el comienzo del cap. III. Sobre Abancay, la capital del departamento de Apurímac, véase la nota 3 del cap. III.

[8] En el punto II.4 de nuestra Introducción hemos consignado cómo la frase «Entramos al Cuzco de noche» se contrapone a la que da inicio a *Paisajes peruanos* de José de la Riva-Agüero: «Partí del Cuzco el sábado 1 de junio de 1912. La mañana era alegre y radiante, de aporcelanada limpidez.» Mientras que el *hispanista* Riva-Agüero parte (utilizando el singular, a pesar de ir acompañado de toda una comitiva), el *indigenista* Arguedas pinta el momento de entrada (empleando el plural *Entramos*, connotando una visión distante de la individualista), de inmersión, de búsqueda de comunión con el *centro del mundo* u ombligo: gran tema del héroe mítico y el *axis mundi* (cfr. Campbell y Eliade). El que sea *de noche*, connota el presente ruinoso y doloroso del mundo indígena. Sin embargo, la noche sirve para que se incube un nuevo día: un *nuevo Cuzco* (véase, abajo, la nota 12).

[9] «Este retorno frustrado al paraíso patriarcal [...] es una figura que preside el conflicto con la usurpación del lugar y la sustitución del sentido.» (Ortega, 1982: 21). El padre es un cusqueño errante, símbolo del *centro* extraviado. Ernesto intuirá la potencialidad del *centro* en el Cusco, al contemplar los muros incaicos, escuchar la María Angola y vincular al pongo con el Cristo de los Temblores, para terminar con el deslumbramiento ante el río profundo Apurímac: un centro de un Perú mestizo con fuertes raíces indígenas, en claro compromiso con las mayorías populares. Los capítulos siguientes permitirán que Ernesto vaya tomando conciencia de ese aprendizaje intuido.

139

Mi padre iba escondiéndose junto a las paredes, en la sombra. El Cuzco era su ciudad nativa y no quería que lo reconocieran. Debíamos de tener apariencia de fugitivos, pero no veníamos derrotados, sino a realizar un gran proyecto.

—Lo obligaré. ¡Puedo hundirlo! —había dicho mi padre. Se refería al Viejo.

Cuando llegamos a las calles angostas, mi padre marchó detrás de mí y de los cargadores que llevaban nuestro equipaje.

Aparecieron los balcones tallados, las portadas imponentes y armoniosas, la perspectiva de las calles, ondulantes, en la ladera de la montaña[10]. Pero ¡ni un muro antiguo!

Esos balcones salientes, las portadas de piedra y los zaguanes tallados, los grandes patios con arcos, los conocía. Los había visto bajo el sol de Huamanga[11]. Yo escudriñaba las calles buscando muros incaicos.

—¡Mira al frente! —me dijo mi padre—. Fue el palacio de un inca.

Cuando mi padre señaló el muro, me detuve. Era oscuro, áspero; atraía con su faz recostada. La pared blanca del segundo piso empezaba en línea recta sobre el muro[12].

—Lo verás, tranquilo, más tarde. Alcancemos al Viejo —me dijo.

Habíamos llegado a la casa del Viejo. Estaba en la calle del muro inca[13].

---

[10] Como las piedras del muro incaico (véase *infra*), las calles del Cusco ondulan, semejantes a la corriente de un río.

[11] Huamanga es el nombre antiguo de Ayacucho.

[12] En el Perú, se llama «primer piso» a la planta baja de las viviendas; el «segundo piso» corresponde a lo que en otros lugares sería el primer piso. Resulta simbólico que, en el Cusco, la planta baja (base, raíz profunda) sea incaica: «No pudieron o no quisieron derruir los cimientos de algunos templos y residencias; sin sospechar que esto también llegaría a ser un símbolo y una imagen del futuro mundo peruano. [...] En los siglos duros y brutales de la Colonia germinó un nuevo Perú que hoy parece muy próximo a su definición. El pueblo español llegó para fecundar el Nuevo Mundo, no sólo para conquistarlo.» (Arguedas, «El nuevo sentido histórico del Cuzco», reproducido en *Indios, mestizos y señores*: 134 y 136).

[13] Esa ubicación facilita que el presentimiento (párrafos abajo) de que el muro incaico pueda pronto aplastar a los actuales señores injustos del Cusco, sea aplicable al Viejo.

Entramos al primer patio. Lo rodeaba un corredor de columnas y arcos de piedra que sostenían el segundo piso, también de arcos, pero más delgados. Focos opacos dejaban ver las formas del patio, todo silencioso. Llamó mi padre. Bajó del segundo piso un mestizo, y después un indio. La escalinata no era ancha, para la vastedad del patio y de los corredores.

El mestizo llevaba una lámpara y nos guió al segundo patio. No tenía arcos ni segundo piso, sólo un corredor de columnas de madera. Estaba oscuro; no había allí alumbrado eléctrico. Vimos lámparas en el interior de algunos cuartos. Conversaban en voz alta en las habitaciones. Debían ser piezas de alquiler. El Viejo residía en la más grande de sus haciendas del Apurímac[14]; venía a la ciudad de vez en cuando, por sus negocios o para las fiestas. Algunos inquilinos salieron a vernos pasar.

Un árbol de cedrón[15] perfumaba el patio, a pesar de que era bajo y de ramas escuálidas. El pequeño árbol mostraba trozos blancos en el tallo; los niños debían de martirizarlo[16].

El indio cargó los bultos de mi padre y el mío. Yo lo había examinado atentamente porque suponía que era el pongo*. El pantalón, muy ceñido, sólo le abrigaba hasta las rodillas. Estaba descalzo; sus piernas desnudas mostraban los músculos en paquetes duros que brillaban. «El Viejo lo obligará a que se lave, en el Cuzco», pensé. Su figura tenía apariencia frágil; era espigado, no alto. Se veía, por los bordes, la armazón de paja de su montera. No nos miró. Bajo el ala de la montera pude observar su nariz aguileña, sus ojos hundidos, los tendones resaltantes del cuello. La expresión del mestizo era, en cambio, casi insolente. Vestía de montar.

---

* Indio de hacienda que sirve gratuitamente, por turno, en la casa del amo. (Nota de Arguedas.)

---

[14] El río Apurímac; véase nota 75 de este capítulo.
[15] Árbol oloroso y medicinal.
[16] La degradación del Cusco no sólo des-humaniza; en general, degrada la comunión con la Naturaleza.

141

Nos llevaron al tercer patio, que ya no tenía corredores.

Sentí olor a muladar allí. Pero la imagen del muro incaico y el olor a cedrón seguían animándome.

—¿Aquí? —preguntó mi padre.

—El caballero ha dicho. Él ha escogido —contestó el mestizo. ⟶= el viejo?

Abrió con el pie una puerta. Mi padre pagó a los cargadores y los despidió.

—Dile al caballero que voy, que iré a su dormitorio enseguida. ¡Es urgente! —ordenó mi padre al mestizo.

Éste puso la lámpara sobre un poyo, en el cuarto. Iba a decir algo, pero mi padre lo miró con expresión autoritaria, y el hombre obedeció. Nos quedamos solos.

—¡Es una cocina! ¡Estamos en el patio de las bestias! —exclamó mi padre.

Me tomó el brazo.

—Es la cocina de los arrieros —me dijo—. Nos iremos mañana mismo, hacia Abancay. No vayas a llorar. ¡Yo no he de condenarme por exprimir a un maldito!

Sentí que su voz se ahogaba, y lo abracé.

—¡Estamos en el Cuzco! —le dije.

—¡Por eso, por eso!

Salió. Lo seguí hasta la puerta.

—Espérame, o anda a ver el muro —me dijo—. Tengo que hablar con el Viejo, ahora mismo.

Cruzó el patio, muy rápido, como si hubiera luz.

Era una cocina para indios el cuarto que nos dieron. Manchas de hollín subían al techo desde la esquina donde había una tullpa indígena, un fogón de piedras. Poyos de adobes rodeaban la habitación. Un catre de madera tallada, con una especie de techo, de tela roja, perturbaba la humildad de la cocina. La manta de seda verde, sin mancha, que cubría la cama, exaltaba el contraste. «¡El Viejo! —pensé—. ¡Así nos recibe!»

Yo no me sentía mal en esa habitación. Era muy parecida a la cocina en que me obligaron a vivir en mi infancia; al cuarto oscuro donde recibí los cuidados, la música, los cantos y el dulcísimo hablar de las sirvientas indias y de los

142

«concertados»*. Pero ese catre tallado ¿qué significaba? La escandalosa alma del Viejo, su locura por ofender al recién llegado, al pariente trotamundos que se atrevía a regresar. Nosotros no lo necesitábamos. ¿Por qué mi padre venía donde él? ¿Por qué pretendía hundirlo? Habría sido mejor dejarlo que siguiera pudriéndose a causa de sus pecados.

Ya prevenido, el Viejo eligió una forma certera[17] de ofender a mi padre. ¡Nos iríamos a la madrugada! Por la pampa de Anta. Estaba previsto. Corrí a ver el muro.

Formaba esquina. Avanzaba a lo largo de una calle ancha y continuaba en otra angosta y más oscura, que olía a orines. Esa angosta calle escalaba la ladera. Caminé frente al muro, piedra tras piedra. Me alejaba unos pasos, lo contemplaba y volvía a acercarme. Toqué las piedras con mis manos; seguí la línea ondulante, imprevisible, como la de los ríos, en que se juntan los bloques de roca. En la oscura calle, en el silencio, el muro parecía vivo, sobre la palma de mis manos llameaba la juntura de las piedras que había tocado[18].

No pasó nadie por esa calle, durante largo rato. Pero cuando miraba, agachado, una de las piedras, apareció un hombre por la bocacalle de arriba. Me puse de pie. Enfrente había una alta pared de adobes, semiderruida. Me arrimé a ella. El hombre orinó, en media calle, y después siguió caminando. «Ha de desaparecer —pensé—. Ha de hundirse.» No porque orinara, sino porque contuvo el paso y parecía que luchaba contra la sombra del muro; aguardaba instantes, completamente oculto en la oscuridad que brotaba de las piedras. Me alcanzó y siguió de largo, siempre con esfuerzo. Llegó a la esquina iluminada y volteó. Debió de ser un borracho.

No perturbó su paso el examen que hacía del muro, la corriente que entre él y yo iba formándose. Mi padre me

---

* Peones a sueldo anual. (Nota de Arguedas.)

[17] En la edición de Sybila falta «certera».
[18] Actitud afín a la del sujeto poético de *Alturas de Machu Picchu* de Neruda (cfr. punto II.4 de nuestra Introducción).

143

había hablado de su ciudad nativa, de los palacios y templos, y de las plazas, durante los viajes que hicimos, cruzando el Perú de los Andes, de oriente a occidente y de sur a norte. Yo había crecido en esos viajes[19].

Cuando mi padre hacía frente a sus enemigos, y más, cuando contemplaba de pie las montañas, desde las plazas de los pueblos, y parecía que de sus ojos azules iban a brotar ríos de lágrimas que él contenía siempre, como con una máscara, yo meditaba en el Cuzco. Sabía que al fin llegaríamos a la gran ciudad. «¡Será para un bien eterno!», exclamó mi padre una tarde, en Pampas, donde estuvimos cercados por el odio[20].

Eran más grandes y extrañas de cuanto había imaginado las piedras del muro incaico; bullían bajo el segundo piso encalado que por el lado de la calle angosta, era ciego. Me acordé, entonces, de las canciones quechuas que repiten una frase patética constante: *«yawar mayu»*, río de sangre; *«yawar unu»*, agua sangrienta; *«puk'tik' yawar k'ocha»*, lago de sangre que hierve; *«yawar wek'e»*, lágrimas de sangre. ¿Acaso no podría decirse *«yawar rumi»*, piedra de sangre, o *«puk'ik' yawar rumi»*, piedra de sangre hirviente? Era estático el muro, pero hervía por todas sus líneas y la superficie era cambiante, como la de los ríos en el verano, que tienen una cima así, hacia el centro del caudal, que es la zona temible, la más poderosa. Los indios llaman *«yawar mayu»* a esos ríos turbios, porque muestran con el sol un brillo en movimiento, semejante al de la sangre. También llaman *«yawar mayu»* al tiempo violento de las danzas guerreras, al momento en que los bailarines luchan[21].

---

[19] Nexo con el cap. II. La visita al Cusco y el viaje a Abancay culminan ese crecimiento de un Ernesto (de 14 años de edad) en tránsito de la infancia a la adolescencia: relato de aprendizaje.

[20] Cfr. cap. II.

[21] Comentando el conflicto de la dualidad sociocultural peruana («el constreñido mundo indohispánico») retratado en *Todas las sangres*, Arguedas explica: «esa pelea aparece en la novela como ganada por el yawar mayu, el río sangriento, que así llamamos en quechua al primer repunte de los ríos que cargan los jugos formados en las cumbres y abismos por los insectos, el sol, la luna y la música. Allí, en esa novela, vence el yawar mayu

144

—*¡Puk'tik' yawar rumi!*—exclamé frente al muro, en voz alta.

Y como la calle seguía en silencio, repetí la frase varias veces[22].

Mi padre llegó en ese instante a la esquina. Oyó mi voz y avanzó por la calle angosta.

—El Viejo ha clamado y me ha pedido perdón —dijo—. Pero sé que es un cocodrilo. Nos iremos mañana. Dice que todas las habitaciones del primer patio están llenas de muebles, de costales y de cachivaches; que ha hecho bajar para mí la gran cuja de su padre. Son cuentos. Pero yo soy cristiano, y tendremos que oír misa, al amanecer, con el Viejo, en la catedral. Nos iremos enseguida. No veníamos al Cuzco; estamos de paso a Abancay. Seguiremos viaje. Éste es el palacio de Inca Roca[23]. La Plaza de Armas está cerca. Vamos

---

andino, y vence bien» (Arguedas, ZZ, V, 71). También vence en *Los ríos profundos,* en el motín de las chicheras y, sobre todo, en la invasión de los colonos; por algo el título del penúltimo capítulo no es otro que «Yawar Mayu».

[22] La comunicación con el muro «se inicia, así, como un ritual de reconocimiento: el niño transmuta la materia cultural (un monumento incaico) en materia original (los ríos tutelares de la infancia). De este modo, el orden natural se establece como un modelo realizado, pleno, que no sólo supone a la "naturaleza" o al "paisaje", sino a una organización del sentido que incluye al sujeto y al mundo natural como una integridad continua en un modelo de cultura [...] El ritual de la comunicación reclama la enunciación de los nombres identificatorios, que son elementales; o sea, la construcción misma de un enunciado primero. Dar nombre significa aquí fundir esos elementos (agua, piedra, sangre) en la palabra reveladora de la mutua identidad. La cultura como modelo, y como fuente de la información, es capaz de reordenar y restituir una plenitud del sentido en el acto mismo de la comunicación» (Ortega, 1982: 23-24).

[23] Nombre del sexto Inca, en la nómina más aceptada de los gobernantes del Incario. Dado que se le atribuye un rol de organizador y de *educador,* resulta interesante que la «epifanía» del muro incaico ocurra en la calle de su palacio: relato de aprendizaje (cfr. Aibar Ray, 1992: 109). Todo apunta a ubicar el muro epifánico en el lugar más alabado por la perfección con que los incas edificaron sus muros, famoso por la Piedra de Doce Ángulos; un muro situado en la Calle del Triunfo (nombre connotativo del futuro *yawar mayu*): «un muro en la Calle del Triunfo, la calle detrás de la capilla de este nombre, en el cual se encuentra la famosa piedra de las doce esquinas. Este muro pertenece al Palacio del Inca Roca»

despacio. Iremos también a ver el templo de Acllahuasi[24]. El Cuzco está igual. Siguen orinando aquí los borrachos y los transeúntes. Más tarde habrá aquí otras fetideces... Mejor es el recuerdo[25]. Vamos.

—Dejemos que el Viejo se condene —le dije—. ¿Alguien vive en este palacio de Inca Roca?

—Desde la Conquista.

—¿Viven?

—¿No has visto los balcones?

La construcción colonial, suspendida sobre la muralla, tenía la apariencia de un segundo piso. Me había olvidado de ella. En la calle angosta, la pared española, blanqueada, no parecía servir sino para dar luz al muro.

—Papá —le dije—. Cada piedra habla. Esperemos un instante.

—No oiremos nada. No es que hablan. Estás confundido. Se trasladan a tu mente y desde allí te inquietan.

—Cada piedra es diferente. No están cortadas. Se están moviendo.

Me tomó del brazo.

—Dan la impresión de moverse porque son desiguales, más que las piedras de los campos. Es que los incas convertían en barro la piedra. Te lo dije muchas veces.

—Papá, parece que caminan, que se revuelven, y están quietas.

(E. W. Middendorff, en: Porras Barrenechea, 1992: 281). «El muro más sorprendente del Cuzco es el del palacio que se dice perteneció a Inca Roca, compuesto de piedras grandes e irregulares. Tienen todas las formas y dimensiones y algunas cuentan hasta doce ángulos, pero perfectamente colocados.» (Hiran Bingham, en: Porras Barrenechea, 1992: 300-301).

[24] *Acllahuasi:* «Frente al Inticancha construyeron los incas el "Ajllahuasi". Vírgenes de la nobleza imperial, escogidas, eran enclaustradas en este edificio. Se las dedicaba al servicio del Sol y del Inca. El convento era un edificio rectangular construido por sillares perfectos; los muros eran altos, un poco inclinados hacia adentro, de puro estilo inca superior, sin ventanas ni ornamentos, abstractos y temibles por su desnudez total.» (Arguedas, en: Porras Barrenechea, 1992: 417).

[25] El padre usa el recuerdo como evasión, como refugio. En cambio, Ernesto le da una dimensión arquetípica: modelo para la actividad en el presente (cfr. punto II.6 de nuestra Introducción).

146

Abracé a mi padre. Apoyándome en su pecho contemplé nuevamente el muro.

—¿Viven adentro del palacio? —volví a preguntarle.

—Una familia noble.

—¿Como el Viejo?

—No. Son nobles, pero también avaros, aunque no como el Viejo. ¡Como el Viejo no! Todos los señores del Cuzco son avaros[26]. 'AVARICE'

—¿Lo permite el Inca?

—Los incas están muertos. —> ✗ (historia)

—Pero no este muro. ¿Por qué no lo devora, si el dueño es avaro? Este muro puede caminar; podría elevarse a los cielos o avanzar hacia el fin del mundo y volver. ¿No temen quienes viven adentro?[27]

—Hijo, la catedral está cerca. El Viejo nos ha trastornado. Vamos a rezar.

—Dondequiera que vaya, las piedras que mandó formar Inca Roca me acompañarán. Quisiera hacer aquí un juramento[28].

—¿Un juramento? Estás alterado, hijo. Vamos a la catedral. Aquí hay mucha oscuridad.

Me besó en la frente. Sus manos temblaban, pero tenían calor.

---

[26] La avaricia es un pecado que concentra la vileza y la desconexión con la humanidad y el orden natural; acumula bienes que dejan de serlo, al no ser empleados para beneficio de alguien. En el capítulo final, Ernesto calificará de avaro al Viejo, en una conversación con el Padre Director: «Es avaro, más que un Judas». De otro lado, nótese que el Padre Augusto (el que corrompió a la demente Marcelina) es avaro; cfr. la nota 1 del capítulo VIII.

[27] El muro está vivo; potencialmente puede moverse como en *yawar mayu*. Connotan que, al moverse, trastornaría los cimientos en que reposa la dominación de los señores, herederos de los conquistadores y autoridades coloniales. Ese *yawar mayu* arribará con la invasión de los «colonos» (denominación que parece conllevar el recuerdo del yugo colonial) a Abancay, en el último capítulo.

[28] Ernesto elige el lado de la masa indígena sojuzgada (cfr. Cornejo Polar, 1973: 110). Dispuesto a luchar con firmeza (cualidades connotadas por el nombre *Ernesto,* como vimos en el punto II.5 de la Introducción), quiere comprometerse de lleno, bajo juramento. Su actitud contrasta con la de su padre, perdido en la inconstancia y la evasión compensatoria.

Pasamos la calle; cruzamos otra, muy ancha, recorrimos una calle angosta. Y vimos las cúpulas de la catedral. Desembocamos en la Plaza de Armas. Mi padre me llevaba del brazo. Aparecieron los portales de arcos blancos. Nosotros estábamos a la sombra del templo.

—Ya no hay nadie en la plaza —dijo mi padre.

Era la más extensa de cuantas había visto[29]. Los arcos aparecían como en el confín de una silente pampa de las regiones heladas. ¡Si hubiera graznado allí un *yanawiku*[30], el pato que merodea en las aguadas de esas pampas!

Ingresamos a la plaza. Los pequeños árboles que habían plantado en el parque, y los arcos, parecían intencionalmente empequeñecidos, ante la catedral y las torres de la iglesia de la Compañía[31].

—No habrán podido crecer los árboles —dije—. Frente a la catedral, no han podido[32].

Mi padre me llevó al atrio. Subimos las gradas. Se descubrió cerca de la gran puerta central. Demoramos mucho en cruzar el atrio. Nuestras pisadas resonaban sobre la piedra. Mi padre iba rezando; no repetía las oraciones rutinarias; le

---

[29] «Estos arcos delgados y los balcones pequeños [arcos y balcones de estilo español], que orillan la plaza como un ornamento intencionalmente frágil, sirven de marco a los dos templos monumentales. Sin embargo, el contraste no es artificioso, su origen es espontáneo y puro; y por esa causa, la ancha figura de la Basílica, la gris superficie de sus bóvedas y las torres altas de la Compañía, la elevada figura de su cúpula y de la fachada, tienen cierta apariencia orográfica andina. En la plaza rectangular, extensa y orientada con un superviviente instinto mítico, los dos templos bajo el cielo nublado, y con vista al gran horizonte, causan una impresión semejante a la que infunden las rocosas montañas que se levantan en los confines de las heladas llanuras andinas.» (Arguedas, en: Porras Barrenechea, 1992: 420).

[30] *Yanawiku:* «especie altoandina de ibis; es negro con brillo metálico y verde purpúreo de cabeza y cuello ferruginosos. Habita a orillas de lagunas y otros lugares pantanosos en la puna, juntándose a veces en grandes bandadas.» (nota de la edición de Sybila: 204).

[31] La Compañía de Jesús (jesuitas).

[32] El diseño español de la Catedral, a pesar de cierto componente mestizo y su similitud con las montañas andinas, algo quiebra en el orden natural.

hablaba a Dios, libremente[33]. Estábamos a la sombra de la fachada. No me dijo que rezara; permanecí con la cabeza descubierta, rendido. Era una inmensa fachada; parecía ser tan ancha como la base de las montañas que se elevan desde las orillas de algunos lagos de altura. En el silencio, las torres y el atrio repetían la menor resonancia, igual que las montañas de roca que orillan los lagos helados. La roca devuelve profundamente el grito de los patos o la voz humana. Ese eco es difuso y parece que naciera del propio pecho del viajero, atento, oprimido por el silencio[34].

Cruzamos, de regreso, el atrio; bajamos las gradas y entramos al parque.

—Fue la plaza de celebraciones de los incas —dijo mi padre—. Mírala bien, hijo. No es cuadrada, sino larga, de sur a norte.

La iglesia de la Compañía, y la ancha catedral, ambas con una fila de pequeños arcos que continuaban la línea de los muros, nos rodeaban. La catedral enfrente y el templo de los jesuitas a un costado. ¿Adónde ir? Deseaba arrodillarme. En los portales caminaban algunos transeúntes; vi luces en pocas tiendas. Nadie cruzó la plaza.

—Papá —le dije—. La catedral parece más grande cuanto de más lejos la veo. ¿Quién la hizo?

—El español, con la piedra incaica y las manos de los indios[35].

—La Compañía es más alta.

—No. Es angosta.

—Y no tiene atrio, sale del suelo.

---

[33] Nótese el contraste con las oraciones convencionales del «cristianismo» del Viejo y, luego, del Padre Director. Está en germen la oposición entre un cristianismo de un Dios vivo, ligado a los sufrientes y a los pobres; y un cristianismo del Dios de los ricos. Oposición que se irá afianzando en *Todas las sangres,* hasta aflorar con claridad en *El Zorro de Arriba...*

[34] La similitud entre la catedral y las montañas (cfr. la nota 29) tiene que ver, también, con la conexión entre un templo (edificio sagrado) y la visión sacralizada de la Naturaleza que tiene el hombre andino, para él cual las montañas son *Apus,* deidades tutelares.

[35] Símbolo de mestizaje entre lo español y lo indio; sincretismo cristiano con aporte andino. Cfr. Forgues, 1989: 314.

—No es catedral, hijo.

Se veía un costado de las cúpulas, en la oscuridad de la noche.

—¿Llueve sobre la catedral? —pregunté a mi padre—. ¿Cae la lluvia sobre la catedral?

—¿Por qué preguntas?

—El cielo la alumbra; está bien. Pero ni el rayo ni la lluvia la tocarán.

—La lluvia sí; jamás el rayo. Con la lluvia, fuerte o delgada, la catedral parece más grande.

Una mancha de árboles apareció en la falda de la montaña.

—¿Eucaliptos? —le pregunté.

—Deben de ser. No existían antes. Atrás está la fortaleza, el Sacsayhuaman[36]. ¡No lo podrás ver! Nos vamos temprano. De noche no es posible ir. Las murallas son peligrosas. Dicen que devoran a los niños. Pero las piedras son como las del palacio de Inca Roca, aunque cada una es más alta que la cima del palacio.

—¿Cantan de noche las piedras?

—Es posible.

—Como las más grandes de los ríos o de los precipicios. Los incas tendrían la historia de todas las piedras con «encanto»[37] y las harían llevar para construir la fortaleza. ¿Y éstas con que levantaron la catedral?

—Los españoles las cincelaron. Mira el filo de la esquina de la torre.

Aun en la penumbra se veía el filo; la cal que unía cada piedra labrada lo hacía resaltar.

—Golpeándolas con cinceles les quitarían el «encanto». Pero las cúpulas de las torres deben guardar, quizás, el resplandor que dicen que hay en la gloria. ¡Mira, papá! Están brillando[38].

---

[36] Véase la nota 74 de este mismo capítulo.

[37] *Encanto:* poder mágico.

[38] Explica Rowe: «El "encanto" proviene de la naturaleza, de la acción de los ríos, las aguas que las pulieron en una forma natural, y la actividad

—Sí, hijo. Tú ves, como niño, algunas cosas que los mayores no vemos. La armonía de Dios existe en la tierra[39]. Perdonemos al Viejo, ya que por él conociste el Cuzco. Vendremos a la catedral mañana.

—Esta plaza, ¿es española?

—No. La plaza no. Los arcos, los templos. La plaza, no. La hizo Pachakutek', el Inca renovador de la tierra[40]. ¿No es distinta de los cientos de plazas que has visto?

—Será por eso que guarda el resplandor del cielo. Nos alumbra desde la fachada de las torres. Papá, ¡amanezcamos aquí!

—Puede que Dios viva mejor en esta plaza, porque es el centro del mundo, elegida por el Inca[41]. No es cierto que la

---

de los incas (erección de murallas) viene a ser un complemento más en una secuencia de las causas naturales [...] En cambio, los golpes y cortes de los españoles constituyeron una "interferencia" en el orden natural» (Rowe, 1979: 115-116). Se destruye la comunicación: «El efecto más devastador que tiene el poder sobre la comunicación en el mundo andino consiste en quitarles el encanto a los elementos participantes en la comunicación colectiva. Ernesto observa en Cusco que quitarles el encanto a las cosas consiste en quitarles la voz, cuando descubre que las piedras vivas del muro incaico ya no cantan, y sugiere que los españoles, al golpearlas con cinceles, les quitaron el encanto» (Wolff Unruh, 1983: 198-199).

[39] El padre ya no niega la visión de Ernesto, tachándola de elaboración subjetiva; la vincula con la armonía de la Creación (su perspectiva sigue siendo cristiana y no predominantemente andina, como es la de Ernesto), más perceptible cuando se posee la mirada infantil (Jesucristo aconseja ser, o volverse, como niños para entrar en el Reino de los Cielos).

[40] Pachacutec, cuyo nombre puede traducirse como «el renovador de la tierra», fue el noveno Inca, el gran organizador del Tahuantinsuyo en su fase de expansión imperial.

[41] Centro del *axis mundi* (*omphalos*, ombligo) que es la ciudad entera, la majestuosa Plaza impresionaba vivamente a Arguedas: «El "Wak'aypata" fue la plaza más importante del Cuzco imperial. Ocupaba el mismo sitio que la Plaza de Armas actual. [...]. Betanzos llama "Auqaypata" a esta plaza; los dos nombres tienen significados absolutamente distintos y producen una irremediable confusión. Auk'a significa enemigo, Wak'ay es llorar. ¿Andén del llanto o plaza del enemigo? Salvo que la palabra Auk'a haya tenido además otra acepción distinta. El nombre Wak'aypata es más propio [...] porque wak'ay puede significar también "canto" y "queja". En esta plaza se celebraban las grandes fiestas del Cusco imperial. Presidía el Inca [...] La persona del Inca sólo podía ser contemplada en casos excepciona-

tierra sea redonda. Es larga; acuérdate, hijo, que hemos andado siempre a lo ancho o a lo largo del mundo.

Nos acercamos a la Compañía. No era imponente, recreaba. Quise cantar junto a su única puerta. No deseaba rezar. La catedral era demasiado grande, como la fachada de la gloria para los que han padecido hasta su muerte. Frente a la portada de la Compañía, que mis ojos podían ver completa, me asaltó el propósito de entonar algún himno, distinto de los cantos que había oído corear en quechua a los indios, mientras lloraban, en las pequeñas iglesias de los pueblos. ¡No, ningún canto con lágrimas![42]

A paso marcial nos encaminamos al Amaru Cancha[43], el palacio de Huayna Capac[44], y al templo de las Acllas[45].

—¿La Compañía también la hicieron con las piedras de los incas? —pregunté a mi padre.

—Hijo, los españoles, ¿qué otras piedras hubieran labrado en el Cuzco? ¡Ahora verás!

Los muros del palacio y del templo incaicos formaban una calle angosta que desembocaba en la plaza.

---

les; y los súbditos con derecho a habitar en el Cusco podían verlo en esta plaza [...] Y aunque, como se ha apuntado, existe duda acerca del nombre de la plaza, este alarido de asombro y rendimiento, de ilimitada entrega, mezcla de ternura, y de terror religioso, justifica muy bien la palabra "Wak'aypata".» (Arguedas, en Porras Barrenechea, 1992: 417-418).

[42] «A diferencia de la Catedral, existe una forma religiosa arquitectónica de otro signo, la Compañía (nombre simbólico), que canta, recrea y no hace llorar [...] Él no plantea el rechazo total de la cultura vigente de origen europeo, puesto que en ella también se pueden manifestar los valores de participación y solidaridad» (Dorfman, 1980: 106).

[43] Sobre *Amaru*, véase la nota 53, más abajo. Sobre *Cancha:* «Se llamaban "canchas" a los palacios imperiales por el cerco macizo que los circundaba. Las canchas encerraban verdaderas ciudadelas; con graneros, acueductos, jardines, patios y desfiladeros. Una puerta ciclópea de dinteles de piedra comunicaba el palacio con la ciudad. Algunas de estas puertas se han conservado; clavadas con trozos de muros incas forman parte de las calles del Cusco actual, y paralizan al visitante, hundiéndolo en un irrenunciable horizonte de adivinación y evocación reconstructora.» (Arguedas, en Porras Barrenechea, 1992: 416-417).

[44] Duodécimo Inca, padre de Huáscar y Atahualpa. Llegó a tener noticias de la presencia de los europeos en América.

[45] Es decir, el Acllahuasi (cfr. la nota 24). *Acllas,* en quechua significa «escogidas»: vírgenes elegidas para el culto del Sol y el servicio del Inca.

—No hay ninguna puerta en esta calle —dijo mi padre—. Está igual que cuando los incas. Sólo sirve para que pase la gente. ¡Acércate! Avancemos.

Parecía cortada en la roca viva. Llamamos roca viva, siempre, a la bárbara, cubierta de parásitos o de líquenes rojos. Como esa calle hay paredes que labraron los ríos, y por donde nadie más que el agua camina, tranquila o violenta.

—Se llama Loreto Kÿllu[46] —dijo mi padre.

—¿Kÿllu, papá?

Se da ese nombre, en quechua, a las rajaduras de las rocas. No a las de las piedras comunes, sino de las enormes, o de las interminables vetas que cruzan las cordilleras, caminando irregularmente, formando el cimiento de los nevados que ciegan con su luz a los viajeros.

—Aquí están las ruinas del templo de Acllahuasi, y de Amaru Cancha —exclamó mi padre.

Eran serenos los muros, de piedras perfectas. El de Acllahuasi era altísimo, y bajo el otro, con serpientes esculpidas en el dintel de la puerta.

—¿No vive nadie adentro? —pregunté.

—Sólo en Acllahuasi; las monjas de Santa Catalina, lejos. Son enclaustradas. No salen nunca.

El Amaru Cancha, palacio de Huayna Capac, era una ruina, desmoronándose por la cima. El desnivel de altura que había entre sus muros y los del templo permitía entrar la luz a la calle y contener, mejor, a la sombra.

La calle era lúcida, no rígida. Si no hubiera sido tan angosta, las piedras rectas se habrían, quizá, desdibujado. Así estaban cerca; no bullían, no hablaban, no tenían la energía de las que jugaban en el muro del palacio de Inca Roca; era

---

[46] *Kijllu* o *Quijllu*. Al respecto: «Toda la ciudad [del Cusco] estuvo formada por palacios, templos y grandes "canchas" vacías destinadas al alojamiento de ejércitos o de multitudes, o para la celebración de fiestas y actos públicos. Y entre los templos y palacios, las plazas, grandes claros en que terminaban los caminos imperiales y las estrechísimas calles, cuyo nombre quechua no encierra la idea de "calle" sino de rajadura en la roca: "k'jllu"; y las terrazas embolsadas que se construyeron en las faldas del Sacsayhuamán y en los declives del Huatanay bajo.» (Arguedas, en Porras Barrenechea, 1992: 416).

153

el muro quien imponía silencio; y si alguien hubiera cantado con hermosa voz, allí, las piedras habrían repetido con
tono perfecto, idéntico, la música.

Estábamos juntos; recordando yo las descripciones que
en los viajes hizo mi padre, del Cuzco. Oí entonces un
canto.

—¡La María Angola[47]! —le dije.

—Sí. Quédate quieto. Son las nueve. En la pampa de
Anta, a cinco leguas, se le oye. Los viajeros se detienen y se
persignan.

La tierra debía convertirse en oro en ese instante; yo también, no sólo los muros y la ciudad, las torres, el atrio y las
fachadas que había visto[48].

La voz de la campana resurgía. Y me pareció ver, frente a
mí, la imagen de mis protectores, los alcaldes indios: don
Maywa[49] y don Victo Pusa[50], rezando arrodillados delante

---

[47] Célebre campana mayor de la Catedral del Cusco, instalada desde 1659. Mide 2.15 metros de altura por 2 metros de diámetro; pesa 50 to-
neladas. El pueblo la ha rodeado de leyendas, afirmando que su nombre
proviene de que una tal María Angola donó oro para su fabricación. ¿El
apellido Angola supone una pronunciación quechua que desfigura el apellido Angulo, ya que en quechua se mezcla el sonido de *o* y *u*, a lo que se
habría añadido una curiosa derivación femenina en el final del apellido: *-a*? Sea como fuere, el Angola hace pensar, tal como nos ha llegado, en
el Angola africano: nexo reforzado por el color negro del Señor de los
Temblores.

[48] La María Angola «esconde sonoridades remotas, en ella suena "el oro
del tiempo de los incas", "quizá trozos del Sol de *Inti Cancha* [Palacio del
Sol] o de las paredes del templo o de los ídolos". Por eso su canto es áureo
y trastrueca todo en oro [...] "Mundo dorado" por una repentina alquimia
sonora que sacraliza a la ciudad y al narrador. Un centro mágico, en el que
una campana cristiana vibra con el oro pagano en un mestizaje religioso
[...] Arguedas subraya, incluso en estudios teóricos, la persistencia de la religiosidad indígena primitiva, bajo las fórmulas cristianas» (Rouillón, en
Larco, 1976: 163-164). De otro lado, hay que tener en cuenta que el Oro
se asocia con su abundancia y esplendor en el Antiguo Perú.

[49] Este «don Maywa» recibe el nombre de «Pablo» pocas páginas después, confirmándose el Pablo en dos ocasiones del cap. V (la segunda, fi-
nalizando ese capítulo, reza: «don Pablo Maywa, el indio que más quise»).
Empero, en el cap. X aparece un «Felipe Maywa», ligado a un Kokchi, que
debe ser el que figura en una secuencia cerca del final del cap. V: «don
Maywa, don Demetrio Pumaylly, don Pedro Kokchi... que me criaron,

de la fachada de la iglesia de adobes, blanqueada, de mi aldea, mientras la luz del crepúsculo no resplandecía, sino cantaba. En los molles, las águilas, los *wamanchas*[51] tan temidos por carnívoros, elevaban la cabeza, bebían la luz, ahogándose.

Yo sabía que la voz de la campana llegaba a cinco leguas de distancia. Creí que estallaría en la plaza. Pero surgía lentamente, a intervalos suficientes; y el canto se acrecentaba, atravesaba los elementos; y todo se convertía en esa música cuzqueña, que abría las puertas de la memoria.

En los grandes lagos, especialmente en los que tienen islas y bosques de totora, hay campanas que tocan a la media-

---

que hicieron mi corazón semejante al suyo». Tal parece que ese Pablo y ese Felipe Maywa son la misma persona (que no debe confundirse con el cornetero don Maywa de *Yawar Fiesta*, II, 87-88). ¿Confusión? ¿Había querido Arguedas mudar el nombre real de «Felipe» por el novelesco de «Pablo», o el indio ostentaba ambos nombres? De hecho, Felipe Maywa se llamaba, en la vida real, el indio que más quiso Arguedas: «Tu sangre ya está en la mía, como la sangre de don Victo Pusa, de don Felipe Maywa. Don Victo y don Felipe me hablan día y noche, sin cesar lloran dentro de mi alma, me reconvienen en su lengua [...] Ellos, oye Hugo, me criaron, amándome mucho, porque viéndome que era hijo de misti veían que me trataban con menosprecio, como a indio. En nombre de ellos, recordándolos en mi propia carne, escribí lo que he escrito, aprendí todo lo que he aprendido y hecho, venciendo barreras que a veces parecían invencibles. Conocí el mundo.» (Arguedas, «Correspondencia entre Hugo Blanco y José María Arguedas»: 14). También hay referencias a Felipe Maywa en *ZZ*, V, 20-22.

[50] En la edición príncipe dice «Víctor». Nos parece acertado corregir por «Victo», conforme hace la edición de Sybila. Así lo llama Arguedas en la carta a Hugo Blanco, un pasaje de la cual hemos citado en la nota 49 (cabe suponer que, al editar la novela, creyeron restaurar el nombre correcto, enmendando «Víctor»). Victo Pusa ocupa un lugar destacado en uno de los cuentos más antiguos de Arguedas: «Los comuneros de Utej Pampa». Copiemos algunas frases de ese cuento: «Don Victo era alto; en todo el distrito ningún hombre era de su tamaño, tenía espaldas anchas y un pecho redondo y carnoso; su cara estaba picada por la viruela [...] Don Victo era verdadero principal en Utej, toda la gente de la pampa le respetaba y quería; porque no abusaba de nadie, porque nunca negaba sus yuntas para las faenas, porque su casa estaba abierta para todo "endio" necesitado» (Arguedas, I, 24). Una figura antagónica del avaro y abusivo tío Viejo de Ernesto.

[51] *wamanchas:* del quechua *waman* (o huaman), halcón.

155

noche. A su canto triste salen del agua toros de fuego, o de oro, arrastrando cadenas; suben a las cumbres y mugen en la helada; porque en el Perú los lagos están en la altura. Pensé que esas campanas debían de ser *illas*[52], reflejos de la María Angola, que convertiría a los *amarus*[53] en toros. Desde el centro del mundo, la voz de la campana, hundiéndose en los lagos, habría transformado a las antiguas criaturas.

—Papá —le dije, cuando cesó de tocar la campana— ¿No me decías que llegaríamos al Cuzco para ser eternamente[54] felices?

—¡El viejo está aquí! —dijo—. ¡El Anticristo!

—Ya mañana nos vamos. Él también se irá a sus haciendas. Las campanas que hay en los lagos que hemos visto en las punas, ¿no serán *illas* de la María Angola?

—Quizás, hijo. Tú piensas todavía como un niño.

—He visto a don Maywa, cuando tocaba la campana.

[52] *illas:* «ser que contiene virtudes mágicas» (DP). Véase el comienzo del cap. VI. Aquí, para entender la resonancia de la María Angola en los lagos, conviene saber lo siguiente: «La leyenda que rodea a la campana mayor de la catedral del Cuzco es la síntesis del mundo cristiano y de la tradición oral que se da en el ombligo del universo inca. La referencia a ella sirve para unir una serie de creencias en relación con las aguas de las lagunas, los toros y los amarus que en ellas habitan. La leyenda de la María Angola cuenta que ésta tenía un hermano con quien jugó una apuesta: volar hasta la ciudad milenaria del Cuzco llevando una cadena de oro y el primero que llegaba debía colgarse de la torre de la Catedral y tocar anunciando su triunfo. María Angola llegó primero y Mariano, su hermano, avergonzado de su fracaso, ya que él recién sobrevolaba la laguna de Huaypo, situada entre Anto y Urubamba, se arrojó a ella haciendo crujir su cadena de oro. Según cuentan los lugareños en cada luna nueva o cuarto menguante sale del agua al camino la hermosa campana y cuando alguien se aproxima se arroja nuevamente a las aguas.» (Marín, 1973: 143).

[53] *amarus:* «Antiguo dios, el Amaru, que tenía forma de serpiente y vivía en el fondo de los lagos, fue transformado en toro, según las creencias indígenas» (Arguedas, *Cultura y Pueblo*, núm. 1). Recuérdese el miedo al toro *Misitu* de la novela *Yawar Fiesta*. También se cree que el amaru puede habitar las profundidades de la tierra; de ahí el terror en las minas, en la novela *Todas las sangres*. Se vincula la aparición del amaru con cataclismos, anuncios de grandes cambios cósmicos (eso connota el temblor al morir Rendón Willka, al final de *Todas las sangres*).

[54] «enteramente» (edición 1972). El «eternamente» de la edición príncipe se ve apoyado por la frase previa, referida al Cusco: «¡Será para un bien eterno!», conforme arguye la ed. Sybila.

156

—Así es. Su voz aviva el recuerdo. ¡Vámonos!

En la penumbra, las serpientes esculpidas sobre la puerta del palacio de Huayna Capac caminaban. Era lo único que se movía en ese *kijllu* acerado. Nos siguieron, vibrando, hasta la casa.

El pongo esperaba en la puerta. Se quitó la montera, y así descubierto, nos siguió hasta el tercer patio. Venía sin hacer ruido, con los cabellos revueltos, levantados. Le hablé en quechua. Me miró extrañado.

—¿No sabe hablar? —le pregunté a mi padre.

—No se atreve —me dijo—. A pesar de que nos acompaña a la cocina.

En ninguno de los centenares de pueblos donde había vivido con mi padre, hay pongos.

—*Taita*[55] —le dije en quechua al indio—. ¿Tú eres cuzqueño?

—*Mánan*[56] —contestó—. De la hacienda.

Tenía un poncho raído, muy corto. Se inclinó y pidió licencia para irse. Se inclinó como un gusano que pidiera ser aplastado.

Abracé a mi padre, cuando prendió la luz de la lámpara. El perfume del cedrón llegaba hasta nosotros. No pude contener el llanto. Lloré como al borde de un gran lago desconocido.

—¡Es el Cuzco! —me dijo mi padre—. Así agarra a los

---

[55] *tayta* o *taita*: «Palabra respetuosa que equivale a señor; sirve también para señalar al más influyente de los comuneros.» («Los comuneros de Ak'ola», I, 15).

[56] *Mánan*: no, en quechua. Comenta Ortega: «El emisor apela al código común del quechua pero el destinatario carece de un rol en la comunicación, que lo distinguiría como un ser específico: su rol de siervo lo excluye del habla misma, que lo aterra. Y aun cuando responde da como su origen, en verdad, su pertenencia a un sistema económico, la hacienda, base de su rol de dominado. [...] La estratificación social impone una distorsión del acto mismo de comunicar, estableciendo entre los hombres un ejercicio diferenciado del habla: la sanción de unos, la manipulación de otros. En *Los ríos profundos* la complejidad de este conflicto sustentará su poderosa denuncia del habla usurpada.» (Ortega, 1982: 26-27). Compruébese cómo en varias ocasiones los «colonos» de Patibamba (hacienda que rodea a Abancay) responden «Mánan», cerrando toda comunicación.

hijos de los cuzqueños ausentes. También debe ser el canto de la «María Angola»[57].

No quiso acostarse en la cuja[58] del Viejo.

—Hagamos nuestras camas —dijo.

Como en los corredores de las casas en que nos alojaban en los pueblos, tendimos nuestras camas sobre la tierra. Yo tenía los ojos nublados. Veía al indio de hacienda, su rostro extrañado; las pequeñas serpientes del Amaru Cancha, los lagos moviéndose ante la voz de la campana. ¡Estarían marchando los toros a esa hora, buscando las cumbres!

Rezamos en voz alta. Mi padre pidió a Dios que no oyera las oraciones que con su boca inmunda entonaba el Viejo en todas las iglesias, y aun en las calles.

* * *

Me despertó al día siguiente, llamándome:

—Está amaneciendo. Van a tocar la campana.

Tenía en las manos su reloj de oro, de tres tapas. Nunca lo vendió. Era un recuerdo de su padre. A veces se le veía como a un fanático, dándole cuerda a ese reloj fastuoso, mientras su ropa aparecía vieja, y él permanecía sin afeitarse, por el abatimiento. En aquel pueblo de los niños asesinos de pájaros, donde nos sitiaron de hambre[59], mi padre salía al corredor, y frente al bosque de hierbas venenosas que crecían en el patio, acariciaba su reloj, lo hacía brillar al sol, y esa luz lo fortalecía.

—Nos levantaremos después[60] que la campana toque, a las cinco —dijo.

---

[57] Dilucida Escajadillo: «el padre piensa que "el Cuzco", y en segundo término la "María Angola" han afectado a Ernesto al punto de llevarlo a las lágrimas; nosotros sabemos, por el contrario, lo intolerable que le resulta ver, por primera vez en su vida, al más humillado (casi) de todos los indios: el pongo; y el dolor que le produce percibirlo "como un gusano que pidiera ser aplastado"» (Escajadillo, 1979: 67). Acertadamente, Escajadillo subraya que esta «imagen simbólica del pongo pervivirá a todo lo largo del libro», tendiendo asociaciones con los «colonos» de Patibamba.

[58] *cuja:* cama.

[59] Cfr. cap. II.

[60] La edición de 1972 coloca «después de que».

—El oro que doña María Angola entregó para que fundieran la campana ¿fueron joyas?—le pregunté.

—Sabemos que entregó un quintal de oro. Ese metal era del tiempo de los incas. Fueron, quizá, trozos del Sol de Inti Cancha[61] o de las paredes del templo, o de los ídolos. Trozos, solamente; o joyas grandes hechas de ese oro. Pero no fue un quintal, sino mucho más, el oro que fundieron para la campana. María Angola, ella sola, llevó un quintal. ¡El oro, hijo, suena como para que la voz de las campanas se eleve hasta el cielo; y vuelve con el canto de los ángeles a la tierra!

—¿Y las campanas feas de los pueblos que no tenían oro?

—Son pueblos olvidados. Las oirá Dios, pero ¿a qué ángel han de hacer bajar esos ruidos? El hombre también tiene poder. Lo que has visto anoche no lo olvidarás.

—Vi, papá, a don Pablo Maywa, arrodillado frente a la capilla de su pueblo.

—Pero ¡recuerda, hijo! Las campanitas de ese pueblo tenían oro. Fue pueblo de mineros.

Comenzó, en ese instante, el primer golpe de la «María Angola». Nuestra habitación, cubierta de hollín hasta el techo, empezó a vibrar con las ondas lentas del canto. La vibración era triste, la mancha de hollín se mecía como un trapo negro. Nos arrodillamos para rezar. Las ondas finales se percibían todavía en el aire, apagándose, cuando llegó el segundo golpe, aún más triste.

---

[61] Sol de *Inti Cancha*: «El K'oricancha o Intihuasi, fue el más importante [templo] y el más perfecto. Su traducción literal es «cerco de oro» o «casa del Sol». Ocupaba el extremo Sur de la ciudad, cerca de la confluencia de los torrentes históricos: el Huatanay y el Tulumayo. Hacia el fondo del Huatanay, que en esa parte de su curso forma ya una pendiente, bajaban varios andenes o terrazas. Algunos cronistas deslumbrados afirman que esas terrazas estaban ornadas de jardines artificiales de oro y plata [...] En el K'oricancha estaban los templos del Sol, de la Luna, de las estrellas y del Rayo. Láminas de oro cubrían las paredes y las cornisas del templo del Sol; sentados en tianas de oro, las momias de los incas formaban dos filas frente a la imagen del dios, que estaba representado por una plancha lúcida y maciza de oro.» (Arguedas, en Porras Barrenechea, 1992: 417). El dios Sol o Inti representado por una plancha de oro, la cual fue saqueada por los conquistadores.

159

Yo tenía catorce años[62]; había pasado mi niñez en una casa ajena, vigilado siempre por crueles personas. El señor de la casa, el padre, tenía ojos de párpados enrojecidos y cejas espesas; le placía hacer sufrir a los que dependían de él, sirvientes y animales. Después, cuando mi padre me rescató y vagué con él por los pueblos, encontré que en todas partes la gente sufría. La «María Angola» lloraba, quizás, por todos ellos, desde el Cuzco[63]. A nadie había visto más humillado que a ese pongo del Viejo. A cada golpe, la campana entristecía más y se hundía en todas las cosas.

—¡Papá! ¿Quién la hizo? —le pregunté, después del último toque.

—Campaneros del Cuzco. No sabemos más.

—No sería un español.

—¿Por qué no? Eran los mejores, los maestros.

—¿El español también sufría?

—Creía en Dios, hijo. Se humillaba ante Él cuanto más grande era. Y se mataron también entre ellos. Pero tenemos que apurarnos en arreglar nuestras cosas.

La luz del sol debía estar ya próxima. La cuja tallada del Viejo se exhibía nítidamente en medio del cuarto. Su techo absurdo y la tela de seda que la cubría, me causaban irritación. Las manchas de hollín le daban un fondo humillante. Derribada habría quedado bien.

Volvimos a empacar el colchón de mi padre, los tres pellejos de carnero sobre los que yo dormía, y nuestras frazadas.

Salimos. Nos miraron sorprendidos los inquilinos del segundo patio. Muchos de ellos rodeaban una pila de agua, llevando baldes y ollas. El árbol de cedrón había sido plantado al centro del patio, sobre la tierra más seca y endurecida. Tenía algunas flores en las ramas altas. Su tronco apare-

---

[62] Ya no es, pues, un niño; sino un púber: período de transición, clave para un aprendizaje.

[63] Escajadillo subraya que la María Angola se ve ligada no a un típico mensaje religioso ultraterreno, sino a uno «terreno» y «comprometido» «con los dolores y padecimientos de "los de abajo"». Eso apunta a la identificación del pongo con el Cristo sufriente de la Catedral del Cusco (Escajadillo, 1979: 66).

cía descascarado casi por completo, en su parte recta, hasta donde empezaba a ramificarse.

Las paredes de ese patio no habían sido pintadas quizá desde hacía cien años; dibujos hechos con carbón por los niños, o simples rayas, las cruzaban. El patio olía mal, a orines, a aguas podridas. Pero el más desdichado de todos los que vivían allí debía de ser el árbol de cedrón. «Si se muriera, si se secara, el patio parecería un infierno», dije en voz baja. «Sin embargo lo han de matar; lo descascarán.»

Encontramos limpio y silencioso el primer patio, el del dueño. Junto a una columna del segundo piso estaba el pongo, con la cabeza descubierta. Desapareció. Cuando subimos al corredor alto lo encontramos recostado en la pared del fondo.

Nos saludó, inclinándose; se acercó a mi padre y le besó las manos.

—¡Niño, niñito! —me dijo a mí, y vino detrás, gimoteando.

El mestizo hacía guardia, de pie, junto a una puerta tallada.

—El caballero lo está esperando —dijo, y abrió la puerta.

Yo entré rápido, tras de mi padre.

El Viejo estaba sentado en un sofá. Era una sala muy grande, como no había visto otra; todo el piso cubierto por una alfombra. Espejos de anchos marcos, de oro opaco, adornaban las paredes; una araña de cristales pendía del centro del techo artesonado. Los muebles eran altos, tapizados de rojo. No se puso de pie el Viejo. Avanzamos hacia él. Mi padre no le dio la mano. Me presentó.

—Tu tío, el dueño de las cuatro haciendas[64] —dijo.

Me miró el Viejo, como intentando hundirme en la alfombra. Percibí que su saco estaba casi deshilachado por la solapa, y que brillaba desagradablemente. Yo había sido amigo de un sastre, en Huamanga, y con él nos habíamos reído a carcajadas de los antiguos sacos de algunos señoro-

---

[64] La posesión de «cuatro haciendas» permite el cotejo con el Inca, gobernante de los «cuatro suyos» o regiones del Tahuantinsuyo.

nes avaros que mandaban hacer zurcidos.» «Este espejo no sirve —exclamaba el sastre, en quechua—. Aquí sólo se mira la cara el diablo que hace guardia junto al señor para llevárselo a los infiernos.»

Me agaché y le di la mano al Viejo. El salón me había desconcertado; lo atravesé asustado, sin saber cómo andar. Pero el lustre sucio que observé en el saco del Viejo me dio tranquilidad. El Viejo siguió mirándome. Nunca vi ojos más pequeños ni más brillantes. ¡Pretendía rendirme! Se enfrentó a mí. ¿Por qué? Sus labios delgadísimos los tuvo apretados. Miró en seguida a mi padre. Él era arrebatado y generoso; había preferido andar solo, entre indios y mestizos, por los pueblos.

—¿Cómo te llamas? —me preguntó el Viejo, volviendo a mirarme.

Yo estaba prevenido. Había visto el Cuzco. Sabía que tras los muros de los palacios de los incas vivían avaros. «Tú», pensé, mirándolo también detenidamente. La voz extensa de la gran campana, los amarus del palacio de Huayna Capac, me acompañaban aún. Estábamos en el centro del mundo.

—Me llamo como mi abuelo, señor —le dije.

—¿Señor? ¿No soy tu tío?·

Yo sabía que en los conventos, los frailes preparaban veladas para recibirlo; que lo saludaban en las calles los canónigos. Pero nos había hecho llevar a la cocina de su casa; había mandado armar allí esa cuja tallada, frente a la pared de hollín. No podía ser este hombre más perverso ni tener más poder que mi cejijunto guardador que también me hacía dormir en la cocina.

—Es usted mi tío. Ahora ya nos vamos, señor[65] —le contesté.

muy sofisticado
mantener distancia

---

[65] «Otra vez los nombres definen la sustancia de la comunicación. [...] el emisor percibe que su rol ha sido cuestionado por un subdiscurso que al parentesco impone la impersonalidad de los sujetos hablantes. Alarmado, pregunta por sí mismo, reclama ser definido no como «señor» sino como «tío», como autoridad familiar y como autoridad del habla. En otro subterfugio que define aún más la identificación recusadora, el niño repli-

Vi que mi padre se regocijaba, aunque permanecía en actitud casi solemne.

Se levantó el Viejo, sonriendo, sin mirarme. Descubrí entonces que su rostro era ceniciento, de piel dura, aparentemente descarnada de los huesos. Se acercó a un mueble del que pendían muchos bastones, todos con puño de oro.

La puerta del salón había quedado abierta y pude ver al pongo, vestido de harapos, de espaldas a las verjas del corredor. A la distancia se podía percibir el esfuerzo que hacía por apenas parecer vivo, el invisible peso que oprimía su respiración.

El Viejo le alcanzó a mi padre un bastón negro; el mango de oro figuraba la cabeza y cuello de un águila. Insistió para que lo recibiera y lo llevara. No me miraron. Mi padre tomó el bastón y se apoyó en él; el Viejo eligió uno más grueso, con puño simple, como una vara de alcalde.

Cuando pasó por mi lado comprobé que el Viejo era muy bajo, casi un enano; caminaba, sin embargo, con aire imponente, y así se le veía aun de espaldas.

Salimos al corredor. Repicaron las campanas. La voz de todas se recortaba sobre el fondo de los golpes muy espaciados de la «María Angola».

El pongo pretendió acercarse a nosotros, el Viejo lo ahuyentó con un movimiento del bastón.

Hacía frío en la calle. Pero las campanas regocijaban la ciudad. Yo esperaba la voz de la «María Angola». Sobre sus ondas que abrazaban al mundo, repicaba la voz de las otras, la de todas las iglesias. Al canto grave de la campana se animaba en mí la imagen humillada del pongo, sus ojos hundidos, los huesos de su nariz, que era lo único enérgico de su figura; su cabeza descubierta en que los pelos parecían premeditadamente revueltos, cubiertos de inmundicia. «No

---

ca con las dos categorías: acepta la fatalidad del parentesco («Es usted mi tío») y reitera su distanciamiento del sujeto («señor») [...] el destinatario ha recusado el rol moral de su emisor ante la información, lo ha sancionado con una identidad no genuina. Si ante el pongo buscaba él establecer esta identificación como el reconocimiento de un rol genuino de los sujetos en el habla; ante su tío, en cambio, convierte a esta identificación en un metadiscurso de recusación.» (Ortega, 1982: 27-28).

tiene padre ni madre, sólo su sombra», iba repitiendo, recordando la letra de un *huayno,* mientras aguardaba, a cada paso, un nuevo toque de la inmensa campana.

Cesó el repique, la llamada a misa, y tuve libertad para mirar mejor la ciudad a la luz del día. Nos iríamos dentro de una hora, o menos. El Viejo hablaba.

—Inca Roca lo edificó. Muestra el caos de los gentiles, de las mentes primitivas.

Era aguda su voz y no parecía la de un viejo, cenizo por la edad, y tan recio.

Las líneas del muro jugaban con el sol; las piedras no tenían ángulos ni líneas rectas; cada cual era como una bestia que se agitaba a la luz; transmitían el deseo de celebrar, de correr por alguna pampa, lanzando gritos de júbilo. Yo lo hubiera hecho; pero el Viejo seguía predicando, con palabras selectas, como tratando de abrumar a mi padre.

Cuando llegamos a la esquina de la Plaza de Armas, el Viejo se postró sobre ambas rodillas, se descubrió, agachó la cabeza y se persignó lentamente. Lo reconocieron muchos y no se echaron a reír; algunos muchachos se acercaron. Mi padre se apoyó en el bastón, algo lejos de él. Yo esperé que apareciera un *huayronk'o*[66] y le escupiera sangre en la frente, porque estos insectos voladores son mensajeros del demonio o de la maldición de los santos. Se levantó el Viejo y apuró el paso. No se puso el sombrero; avanzó con la cabeza canosa descubierta. En un instante llegamos a la puerta de la catedral. Mi padre lo seguía comedidamente. El Viejo era imperioso; pero yo le hubiera sacudido por la espalda. Y tal vez no habría caído, porque parecía pesar mucho, como si fuera de acero; andaba con gran energía.

---

[66] *huayronk'o* «Insecto himenóptero, especie de abejorro.» (Lienhard, 1990, 263); «moscones negrísimos de superficie lúcida, azulada de puro negra como la crin de los potros verdaderamente negros [...] El vuelo del huayronqo es extraño, entre mosca y picaflor [...] Como el helicóptero y el picaflor, y el cernícalo rapaz, puede detenerse en el aire. El huayronqo tiene un cuerpo enorme, casi tan brillante como el del picaflor. [...] Es casi tan ágil como el picaflor, realiza maniobra quebradísima como él. ¡Pero es insecto!» (Arguedas, ZZ, V, 25-27).

Ingresamos al templo, y el Viejo se arrodilló sobre las baldosas. Entre las columnas y los arcos, rodeados del brillo del oro, sentí que las bóvedas altísimas me rendían. Oí rezar desde lo alto, con voz de moscardones, a un coro de hombres. Había poca gente en el templo. Indias con mantas de colores sobre la cabeza, lloraban. La catedral no resplandecía tanto. La luz filtrada por el alabastro de las ventanas era distinta de la del sol. Parecía que habíamos caído, como en las leyendas, a alguna ciudad escondida en el centro de una montaña, debajo de los mantos de hielo inapagables que nos enviaban luz a través de las rocas. Un alto coro de madera lustrada se elevaba en medio del templo. Se levantó el Viejo y nos guió hacia la nave derecha.

—El Señor de los Temblores[67] —dijo, mostrando un retablo que alcanzaba la cima de la bóveda. Me miró, como si no fuera yo un niño.

Me arrodillé junto a él y mi padre al otro lado.

Un bosque de ceras ardía delante del Señor. El Cristo aparecía detrás del humo, sobre el fondo del retablo dorado, entre columnas y arcos en que habían tallado figuras de ángeles, de frutos y de animales.

Yo sabía que cuando el trono de ese Crucificado aparecía en la puerta de la catedral, todos los indios del Cuzco lan-

---

[67] Imagen del Cristo Crucificado venerada en la Catedral del Cusco. Como el Señor de los Milagros, de Lima, su culto triunfó en conexión con los terribles temblores; en su caso, dio origen —por metonimia— al apelativo Señor de los Temblores: «A mediados del siglo XVI, precisamente en la época de la llegada de los españoles al Perú, hubo un temblor bastante violento en esa ciudad [Cuzco]. Carlos V ofreció entonces a la ciudad acongojada esa estatua bendita por el Papa. Desde ese instante no se volvió a sentir remezones en el Cuzco, y la fe popular atribuye a la imagen venerada esa especie de milagro negativo. Ese Cristo inspira a las mujeres y a los indios del Cuzco un temor y un respeto tales que no está permitido a nadie ponerle la mano. También, la vetustez ha grabado todos sus estigmas sobre el Señor de los Temblores. Está hecho de una pasta pintada al óleo: el color está completamente ennegrecido ya por la edad, ya por el humo de los millones de candelas, de cirios y de velas que se han quemado...» (Charles Wiener, en Porras Barrenechea, 1992: 276).

zaban un alarido que hacía estremecer la ciudad[68], y cubrían, después, las andas del Señor y las calles y caminos, de flores de ñujchu[69], que es roja y débil.

El rostro del Crucificado era casi negro, desencajado, como el del pongo[70]. Durante las procesiones, con sus bra-

---

[68] Ese «alarido» nos hace recordar el que lanzaba el pueblo al contemplar al Inca, en la misma plaza donde está ahora la Catedral (cfr. nota 41 de este capítulo). El Lunes Santo, luego de la Pascua del Domingo de Resurrección, a manera de clausura multitudinaria de la Semana Santa, se efectúa una singular procesión de intenso sincretismo entre lo cristiano y lo andino que culmina con un «alarido» (de rica simbología históricocultural) cuando la efigie del Señor de los Temblores debe regresar a su altar: «El Señor de los Temblores ha quedado solo en el atrio, rodeado de diez mil indios que lo interpelan en el idioma local. ¿Adónde vas?, le gritan de todas partes. Quédate con nosotros: ¡no abandones a tus hijos! Los cargadores del anda imprimen un movimiento de izquierda a derecha, y viceversa, y la imagen, que parece contestar a los fieles por una negativa. ¡Ingrato! ¡Dios sin entrañas! prosigue la muchedumbre llorando a lágrima viva. ¿Vas, pues, a dejarnos hasta el año entrante? La imagen del Cristo hace un signo afirmativo. —¡Bueno, pues, anda vete! aúlla en un solo grito la inmensa turba. La puerta central es abierta a medias. Los cargadores de la imagen van a deslizarse por el espacio entreabierto, pero la muchedumbre se agarra a ellos y la gran puerta es cerrada de nuevo. Después de algunos minutos y de esa extraña lucha, la puerta se reabre a dos batientes, y el anda del Cristo, empujada por una ola furiosa de cabezas humanas, desaparece en la iglesia. La desesperación de la muchedumbre estalla entonces en un crescendo final, las mujeres lanzan gritos agudos y se jalan la cabellera, los hombres aúllan y rompen sus ropas; los niños, asustados por el dolor de sus padres, chillan de una manera lamentable, y los perros, aumentando el alboroto, ladran con furor. —Diez minutos después, ese dolor estentóreo se apaga en una inmensa carcajada. No tardan en encenderse hogueras en el atrio. La chicha y el aguardiente corren en grandes olas; las guitarras se afinan, los bailes se organizan...» (Paul Marcoy, en: Porras Barrenechea, 1992: 222-223).

[69] *ñujchu*: «flor sagrada de los incas» (nota de la ed. de Sybila). «Es una yerba de flor rojísima. La flor es la utilizada en la ciudad del Cuzco el día Lunes Santo para echar manojos de ella sobre las andas y el cuerpo del Crucificado durante la procesión, y regar con la misma flor las calles por donde la procesión pasa.» (Arguedas, *Casa de las Américas,* núm. 99, citado en la ed. de Sybila).

[70] Escajadillo (1979) ha subrayado la importancia (para el conjunto de la novela, por la fusión posterior entre el pongo y los «colonos» de Patibamba) de esta identificación entre el pongo y Cristo, polo antagónico del Viejo-Anticristo. Aquí hay una intuición profunda de los valores esenciales del Cristianismo, de la similitud entre el pongo (y los colonos) y la fi-

zos extendidos, las heridas profundas, y sus cabellos caídos a un lado, como una mancha negra, a la luz de la plaza, con la catedral, las montañas o las calles ondulantes, detrás, avanzaría ahondando las aflicciones de los sufrientes, mostrándose como el que más padece, sin cesar. Ahora, tras el humo y esa luz agitada de la mañana y de las velas, aparecía sobre el altar hirviente de oro, como al fondo de un crepúsculo del mar, de la zona tórrida, en que el oro es suave o brillante, y no pesado y en llamas como el de las nubes de la sierra alta, o de la helada, donde el sol del crepúsculo se rasga en mantos temibles.

Renegrido, padeciendo, el Señor tenía un silencio que no apaciguaba. Hacía sufrir; en la catedral tan vasta, entre las llamas de las velas y el resplandor del día que llegaba tan atenuado, el rostro del Cristo creaba sufrimiento, lo extendía a las paredes, a las bóvedas y columnas. Yo esperaba que de ellas brotaran lágrimas. Pero estaba allí el Viejo, rezando apresuradamente con su voz metálica[71]. Las arrugas de su frente resaltaron a la luz de las velas; eran esos surcos los que daban la impresión de que su piel se había descarnado de los huesos.

—No hay tiempo para más —dijo.

No oímos misa. Salimos del templo. Regresamos a paso ligero. El Viejo nos guiaba.

_____

gura bíblica del Siervo Sufriente, conectable a la bienaventuranza de los que padecen y sufren injustamente. Ya la había percibido Guaman Poma de Ayala, a fines del siglo XVI y comienzos del XVII, al hablar de los indios martirizados como «los pobres de Jesucristo», punto examinado brillantemente por Gustavo Gutiérrez. El propio Arguedas percibió la profunda sintonía existente entre los indios y el Crucificado (Arguedas, «El valor poético y documental de los himnos religiosos quechuas», en _Indios, mestizos y señores:_ 182).

[71] «Si las voces del mundo andino son emotivas y polivalentes, la voz del poder, metálica como las armas, subraya el poder. El viejo de Cuzco reza con "voz metálica". El padre Linares, cuando predica contra el motín, habla con voz metálica, y la banda de músicos militares toca sus grandes instrumentos metálicos, como un eco de las oraciones del Padre. Los _zumbayllus_ [sic.; en verdad, no lo son, son trompos comunes] de Lima se contrastan con los andinos en que aquéllos, hechos de lata pintada, cantan con voces metálicas.» (Wolff Unruh, 1983: 198).

167

No entramos a la iglesia de la Compañía; no pude siquiera contemplar nuevamente su fachada, sólo vi la sombra de sus torres sobre la plaza.

Encontramos un camión en la puerta de la casa. El mestizo de botas hablaba con el chofer. Habían subido nuestros atados a la plataforma. No necesitaríamos ya entrar al patio.

—Todo está listo, señor —dijo el mestizo.

Mi padre entregó el bastón al Viejo.

Yo corrí hasta el segundo patio. Me despedí del pequeño árbol. Frente a él, mirando sus ramas escuálidas, las flores moradas, tan escasas, que temblaban en lo alto, temí al Cuzco. El rostro del Cristo, la voz de la gran campana, el espanto que siempre había en la expresión del pongo, ¡y el Viejo!, de rodillas en la catedral, aun el silencio de Loreto Kijllu, me oprimían. En ningún sitio debía sufrir más la criatura humana. La sombra de la catedral y la voz de la «María Angola» al amanecer, renacían, me alcanzaban. Salí. Ya nos íbamos.

El Viejo me dio la mano.

—Nos veremos[72] —me dijo.

Lo vi feliz. Un poco lejos, el pongo estaba de pie, apoyándose en la pared. Las roturas de su camisa dejaban ver partes del pecho y del brazo. Mi padre ya había subido al camión. Me acerqué al pongo y me despedí de él. No se asombró tanto. Lo abracé sin estrecharlo. Iba a sonreír, pero

---

[72] «el Viejo sabe que es él quien detenta el poder y que, en definitiva, aunque Gabriel [padre de Ernesto] escape de sus redes lo hace fugándose dentro de las fronteras de un mundo donde lo que persiste como ley es su imagen sucia y subyugadora, donde todo está moldeado a su fracturadora semejanza. Ernesto-niño no se podrá evadir. [...] El círculo que deberá describir Ernesto ya está trazado por el Viejo: se comienza en el Cuzco y de ahí se huye, sólo para acabar, aparentemente, en las cuatro haciendas del mismo Viejo, donde se repetirán las mismas condiciones de humillación y destrozo. Cuando Ernesto decide, en la última página de la novela, desobedecer a su padre y al Padre Director, rebelarse contra el Viejo, lo que hace es quebrar este círculo, desmentir ese "nos veremos", esta fatalidad cíclica que lo espera (y a la que han sucumbido tantos personajes de otras novelas latinoamericanas). A diferencia de su padre, elige los valores de la liberación...» (Dorfman, 1980: 133-134).

gimoteó, exclamando en quechua: «¡Niñito, ya te vas; ya te estás yendo! ¡Ya te estás yendo![73]».

Corrí al camión. El Viejo levantó los dos bastones en ademán de despedida.

—¡Debimos ir a la iglesia de la Compañía! —me dijo mi padre, cuando el camión se puso en marcha—. Hay unos balcones cerca del altar mayor; sí, hijo, unos balcones tallados, con celosías doradas que esconden a quienes oyen misa desde ese sitio. Eran para las enclaustradas. Pero sé que allí bajan, al amanecer, los ángeles más pequeños, y revolotean, cantando bajo la cúpula, a la misma hora en que tocan la «María Angola». Su alegría reina después en el templo durante el resto del día.

Había olvidado al Viejo, tan apurado en despacharnos, aún la misa no oída; recordaba sólo la ciudad, su Cuzco amado y los templos.

—Papá, la catedral hace sufrir— le dije.

—Por eso los jesuitas hicieron la Compañía. Representan el mundo y la salvación.

Ya en el tren, mientras veía crecer la ciudad, al fuego del sol que caía sobre los tejados y las cúpulas de cal y canto, descubrí el Sacsayhuaman, la fortaleza, tras el monte en el que habían plantado eucaliptos.

En filas quebradas, las murallas se asentaban sobre la ladera, entre el gris del pasto. Unas aves negras, no tan grandes como los cóndores, daban vueltas, o se lanzaban desde el fondo del cielo sobre las filas de muros. Mi padre vio que contemplaba las ruinas y no me dijo nada. Más arriba, cuando el Sacsayhuaman se mostró, rodeando la montaña, y podía distinguirse el perfil redondo, no filudo, de los ángulos de las murallas, me dijo:

—Son como las piedras de Inca Roca. Dicen que permanecerán hasta el juicio final; que allí tocará su trompeta el arcángel.

---

[73] La serie ya-te-vas-ya-te-estás-yendo ha sido destacada por Rowe (1979: 65) como un buen ejemplo de la expresividad que consigue Arguedas trasladando al español fórmulas sintácticas del quechua.

169

Le pregunté entonces por las aves que daban vueltas sobre la fortaleza.

—Siempre están —me dijo—. ¿No recuerdas que *huaman* significa águila? «*Sacsay huaman*» quiere decir «águila repleta»[74].

—¿Repleta? Se llenarán con el aire.

—No, hijo. No comen. Son águilas de la fortaleza. No necesitan comer; juegan sobre ella. No mueren. Llegarán al juicio final.

—El Viejo se presentará ese día peor de lo que es, más ceniciento.

—No se presentará. El juicio final no es para los demonios.

Pasamos la cumbre. Llegamos a Iscuchaca. Allí alquilamos caballos para seguir viaje a Abancay. Iríamos por la pampa de Anta.

Mientras trotábamos en la llanura inmensa, yo veía el Cuzco; las cúpulas de los templos a la luz del sol, la plaza larga en donde los árboles no podían crecer. ¿Cómo se habían desarrollado, entonces, los eucaliptos, en las laderas del Sacsayhuaman? Los señores avaros habrían envenenado quizá, con su aliento, la tierra de la ciudad. Residían en los antiguos solares desde los tiempos de la conquista. Recordé la imagen del pequeño cedrón de la casa del Viejo.

Mi padre iba tranquilo. En sus ojos azules reinaba el regocijo que sentía al iniciar cada viaje largo. Su gran proyecto se había frustrado, pero estábamos trotando. El olor de los caballos nos daba alegría.

En la tarde llegamos a la cima de las cordilleras que cer-

---

[74] Principal fortaleza del Cusco, «la obra mayor y más soberbia que [los Incas] mandaron hacer para mostrar su poder y majestad», según el Inca Garcilaso. «Su construcción fue planeada por Pachacutec, iniciada por Inca Túpac Yupanqui y concluida por Huayna Cápac [...] según estimaciones tradicionales, tardóse 77 años para concluirla, y en los trabajos fueron simultáneamente empleados entre 10.000 y 30.000 hombres» (Tauro, 1987, tomo 5, 1851). Ostentaba tres grandes torreones. Dado que la utilizó en 1536 Manco Inca para atacar a los españoles afincados en el Cusco, éstos, luego de acabar con esa rebelión, decidieron utilizar las piedras de Sacsayhuamán para edificar sus casas.

can el Apurímac. «Dios que habla» significa el nombre de este río[75].

El forastero lo descubre casi de repente, teniendo ante sus ojos una cadena sin fin de montañas negras y nevados, que se alternan. El sonido del Apurímac alcanza las cumbres, difusamente, desde el abismo, como un rumor del espacio.

El río corre entre bosques negruzcos y mantos de cañaverales que sólo crecen en las tierras quemantes. Los cañaverales reptan las escarpadas laderas o aparecen suspendidos en los precipicios. El aire transparente de la altura va tornándose denso hacia el fondo del valle.

El viajero entra a la quebrada bruscamente. La voz del río y la hondura del abismo polvoriento, el juego de la nieve lejana y las rocas que brillan como espejos, despiertan en su memoria los primitivos recuerdos, los más antiguos sueños.

A medida que baja al fondo del valle, el recién llegado se siente transparente, como un cristal en que el mundo vibrara. Insectos zumbadores aparecen en la región cálida; nubes de mosquitos venenosos se clavan en el rostro. El viajero oriundo de las tierras frías se acerca al río, aturdido, febril, con las venas hinchadas. La voz[76] del río aumenta; no en-

---

[75] *Apu*, en quechua «gran señor», «señor supremo». Tauro registra tres aplicaciones: a) «en el Imperio Incaico era el título que se daba a un personaje cuya eminencia quería destacarse»; b) «aplicado a un gobernante, el apelativo *apu* remarcaba la grandeza alcanzada mediante sus actos, o la correspondiente a su jurisdicción»; y c) «espíritu tutelar de una comunidad indígena. Preside la vida del pueblo desde la *huaca* en que habita; y ésta puede ser una altiva cumbre [...] o un lugar convencionalmente determinado en atención a caracteres que lo singularicen» (Tauro, 1987, tomo 1, 152-153). *Rímac*, en quechua «el que habla, hablador»; adquiere relieve de oráculo. El río *Apurímac* (más poderoso que el *Rímac* que baña la ciudad de Lima) posee el mismo nombre que el departamento de Apurímac donde está la ciudad de Abancay (espacio central en esta novela) y la de Andahuaylas (donde nació Arguedas).

[76] La *voz* se apoya en «una figura natural protectora, contrapuesta a la fijeza ocupada: el movimiento libre, purificador, del río [...] Los ríos profundos corren en ese fondo mítico y original donde se alimenta la promesa de comunicación plena que define al peregrinaje del sujeto» (Ortega, 1982: 35). Con entusiasmo, había sentenciado Riva-Agüero, en *Paisajes peruanos*, sobre el río Apurímac: «es la gigante voz de la patria, el sacro río de los vaticinios» (Riva-Agüero, tomo IX, 49).

sordece, exalta. A los niños los cautiva, les infunde presentimientos de mundos desconocidos. Los penachos de los bosques de carrizo se agitan junto al río. La corriente marcha como a paso de caballos, de grandes caballos cerriles.

—¡Apurímac mayu! ¡Apurímac mayu![77] —repiten los niños de habla quechua, con ternura y algo de espanto.

(más adoito)

---

[77] *mayu:* «río», en quechua. En el cap. VIII, veremos que un carnaval (de gran efecto liberador, subversivo) comienza con las palabras «Apurímac mayu».

II

Los viajes[1]

Mi padre no pudo encontrar nunca dónde fijar su residencia; fue un abogado de provincias, inestable y errante. Con él conocí más de doscientos pueblos. Temía a los valles cálidos y sólo pasaba por ellos como viajero; se quedaba a vivir algún tiempo en los pueblos de clima templado: Pampas, Huaytará, Coracora, Puquio[2], Andahuaylas[3], Yauyos, Cangallo... Siempre junto a un río pequeño, sin bosques, con grandes piedras lúcidas y peces menudos. El arrayán, los lambras, el sauce, el eucalipto, el capulí, la tara, son árboles de madera limpia, cuyas ramas y hojas se recortan libremente. El hombre los contempla desde lejos; y quien busca sombra se acerca a ellos y reposa bajo un árbol que

---

[1] Cfr. la nota 1 al cap. I. Urrello ha destacado la importancia de los viajes (donde abundan los padecimientos) en la formación del Héroe, en la narrativa universal. Aquí Arguedas muestra cómo el sufrimiento y la deshumanización, la pérdida de la relación armónica con la naturaleza, campea en todas partes. No hay la visión idealizada (indianista) del indio; tampoco la imagen denigrante del hispanismo recalcitrante, que pinta un indio en ruinas, inerte, sojuzgado. Los habitantes del Ande ejercen la violencia, pero mal encaminada por el odio y la destrucción (no respetan valores andinos milenarios: los animales, hospedaje a forasteros), sin poder liberador.

[2] Ahí está ambientada la novela *Yawar Fiesta*.

[3] Cuna de Arguedas.

canta solo, con una voz profunda, en que los cielos, el agua y la tierra se confunden[4].

Las grandes piedras detienen el agua de esos ríos pequeños; y forman los remansos, las cascadas, los remolinos, los vados. Los puentes de madera o los puentes colgantes y las oroyas[5], se apoyan en ellas. En el sol, brillan. Es difícil escalarlas porque casi siempre son compactas y pulidas. Pero desde esas piedras se ve cómo se remonta el río, cómo aparece en los recodos, cómo en sus aguas se refleja la montaña. Los hombres nadan para alcanzar las grandes piedras, cortando el río llegan a ellas y duermen allí. Porque de ningún otro sitio se oye mejor el sonido del agua. En los ríos anchos y grandes no todos llegan hasta las piedras. Sólo los nadadores, los audaces, los héroes; los demás, los humildes y los niños se quedan; miran desde la orilla, cómo los fuertes nadan en la corriente, donde el río es hondo, cómo llegan hasta las piedras solitarias, cómo las escalan, con cuánto trabajo, y luego se yerguen para contemplar la quebrada, para aspirar la luz del río, el poder con que marcha y se interna en las regiones desconocidas[6].

* * *

Pero mi padre decidía irse de un pueblo a otro, cuando las montañas, los caminos, los campos de juego, el lugar donde duermen los pájaros, cuando los detalles del pueblo empezaban a formar parte de la memoria.

A mi padre le gustaba oír *huaynos**; no sabía cantar, bai-

---

* Canción y baile popular de origen incaico. (Nota de Arguedas.) Cfr. Arguedas, *Indios, mestizos y señores:* 59-63.

---

[4] Gran encarnación mítica del *axis mundi* (liga los distintos «mundos»: celeste, terráqueo y acuático-subterráneo), el Árbol ha sido estudiado, en esa dimensión, por Eliade.

[5] *oroya:* «especie de puente colgante, construido en la época de los Incas para atravesar los ríos en aquellos lugares donde su curso era demasiado ancho y turbulento.» (Tauro, 1987, tomo 4, 1474).

[6] Ese nadar los ríos será desarrollado en las conversaciones de Ernesto con Antero.

laba mal, pero recordaba a qué pueblo, a qué comunidad, a qué valle pertenecía tal o cual canto. A los pocos días de haber llegado a un pueblo averiguaba quién era el mejor arpista, el mejor tocador de charango[7], de violín y de guitarra. Los llamaba, y pasaban en la casa toda una noche. En esos pueblos sólo los indios tocan arpa[8] y violín. Las casas que alquilaba mi padre eran las más baratas de los barrios centrales. El piso era de tierra y las paredes de adobe desnudo o enlucido con barro. Una lámpara de kerosene nos alumbraba. Las habitaciones eran grandes; los músicos tocaban en una esquina. Los arpistas indios tocan con los ojos cerrados. La voz del arpa parecía brotar de la oscuridad que hay dentro de la caja; y el charango formaba un torbellino que grababa en la memoria la letra y la música de los cantos.

* * *

En los pueblos, a cierta hora, las aves se dirigen visiblemente a lugares ya conocidos. A los pedregales, a las huertas, a los arbustos que crecen en la orilla de las aguadas. Y según el tiempo, su vuelo es distinto. La gente del lugar

---

[7] *charango:* instrumento musical del mundo andino (muy popular en el Centro y el Sur del Perú) que implica una adaptación original de la bandurria española. Más pequeño que la guitarra, conserva la forma de ésta, aunque «su caja de resonancia varía, según se emplee en ella madera de aliso o sauce, el cuenco de un mate o la caparazón de un quirquincho; y según afecte la forma de un ocho, un óvalo o un triángulo» (Tauro, 1987, tomo 2, 633). Arguedas lo juzga «ahora el instrumento más querido y expresivo de los indios y aún de los mestizos» (*Indios, mestizos y señores:* 53).

[8] *arpa:* instrumento musical con características originales, producto de una transformación experimentada en manos de los músicos andinos: «el "cuerpo sonoro", de madera, es la mitad de un cono o de una pirámide con base poligonal; la "tabla de armonía", que cierra su oquedad, suele llevar dos filas de aberturas, a uno y otro lado de la línea por donde se insertan las cuerdas, y cada una con 2, 4 ó 6 aberturas cuyo diámetro varía en relación con el ancho que a su altura presenta la caja; la "columna" es un simple listón de madera, que estabiliza por un lado el mango sinuoso donde se hallan las clavijas de las cuerdas, y por el otro está adherido a la base del "cuerpo sonoro"; para apoyarla en el suelo se le fijan dos sustentáculos» (Tauro, 1987, tomo I, 186). Suele atribuírsele al arpista, en el mundo andino, poderes mágicos o tratos con seres sobrenaturales.

no observa estos detalles, pero los viajeros, la gente que ha de irse, no los olvida. Las *tuyas*[9] prefieren los árboles altos, los jilgueros duermen o descansan en los arbustos amarillos; el *chihuaco*[10] canta en los árboles de hojas oscuras: el sauco, el eucalipto, el lambras[11]; no va a los sauces. Las tórtolas vuelan a las paredes viejas y horadadas; las torcazas buscan las quebradas, los pequeños bosques de apariencia lejana; prefieren que se les oiga a cierta distancia. El gorrión es el único que está en todos los pueblos y en todas partes. El *viuda-pisk'o*[12] salta sobre las grandes matas de espino, abre las alas negras, las sacude, y luego grita. Los loros grandes son viajeros. Los loros pequeños prefieren los cactos, los árboles de espino. Cuando empieza a oscurecer se reparten todas esas aves en el cielo; según los pueblos toman diferentes direcciones, y sus viajes los recuerda quien las ha visto, sus trayectos no se confunden en la memoria.

* * *

Cierta vez llegamos a un pueblo cuyos vecinos principales odian a los forasteros. El pueblo es grande y con pocos indios. Las faldas de los cerros están cubiertas por extensos campos de linaza[13]. Todo el valle parece sembrado de lagu-

---

[9] *tuya:* en quechua, «calandria». Las calandrias han dictado imágenes espléndidas a Arguedas, en momentos culminantes de sus libros; verbigracia, la despedida entre dos calandrias, antes de suicidarse, en *El Zorro de Arriba...* La belleza del canto de la calandria le hace afirmar, en el poema *Llamado a algunos doctores:* «el pequeño corazón de la calandria en que se retrata el mundo» (V, 255).

[10] *chihuaco* o *chiwaco:* zorzal. «Estimado por los campesinos indígenas como el mejor amigo, pues interpretan su canto como una petición de lluvias: "seco estoy, seco estoy"» (Tauro, 1987, tomo 2, 652).

[11] *lambras:* aliso.

[12] *viuda-pisk'o:* «Es un pájaro con jaspes negros. Las viudas en el Perú visten de negro. *Viuda pisk'o* significa "pájaro viudo", pero el nombre este se debe al color casi predominantemente negro. Canta abriendo las alas y de ese modo muestra mejor su color...» (Arguedas, *Casa de las Américas,* núm. 99; citado en la ed. de Sybila).

[13] La *linaza* (simiente del *lino*) admite asociación con el *linar;* por ende, con el Padre Linares (cfr. punto II.5 de la Introducción). Sus efectos son amargos, negativos.

176

nas. La flor azul de la linaza tiene el color de las aguas de altura[14]. Los campos de linaza parecen lagunas agitadas; y, según el poder del viento, las ondas son menudas o extensas.

Cerca del pueblo, todos los caminos están orillados de árboles de capullí[15]. Eran unos árboles frondosos, altos, de tronco luminoso; los únicos árboles frutales del valle. Los pájaros de pico duro, la *tuya*, el *viuda-pisk'o*, el *chihuaco*, rondaban las huertas. Todos los niños del pueblo se lanzaban sobre los árboles, en la tarde y al mediodía. Nadie que los haya visto podrá olvidar la lucha de los niños de ese pueblo contra los pájaros. En los pueblos trigueros[16], se arma a los niños con hondas y latas vacías; los niños caminan por las sendas que cruzan los trigales; hacen tronar sus hondas, cantan y agitan el badajo de las latas. Ruegan a los pájaros en sus canciones, les avisan: «¡Está envenenado el trigo! ¡Idos, idos! ¡Volad, volad! Es del señor cura. ¡Salid! ¡Buscad otros campos!» En el pueblo del que hablo, todos los niños estaban armados con hondas de jebe; cazaban a los pájaros como a enemigos de guerra; reunían los cadáveres a la salida de las huertas, en el camino, y los contaban: veinte *tuyas*, cuarenta *chihuacos*, diez *viuda-pisk'os*.

Un cerro alto y puntiagudo era el vigía del pueblo. En la cumbre estaba clavada una cruz[17]; la más grande y poderosa de cuantas he visto. En mayo la bajaron al pueblo para que fuera bendecida. Una multitud de indios vinieron de las comunidades del valle; y se reunieron con los pocos comuneros del pueblo, al pie del cerro. Ya estaban borrachos, y cargaban odres llenos de aguardiente. Luego escalaron el cerro, lanzando gritos, llorando. Desclavaron la cruz y la

[14] Aquí, en la primitiva versión del capítulo publicada en 1948, figura una frase que parece pintar al Padre Linares: «El tallo de esa planta es delgado y alto, y cualquier viento lo sacude.»

[15] *capulí*: árbol pequeño, oriundo de México. Sus frutos son agridulces; se usan en preparaciones domésticas. Uno de los versos más famosos de Vallejo celebra a la amada «mi andina y dulce Rita, de junco y capulí» («Idilio muerto», en *Los heraldos negros*).

[16] Nótese el contraste entre los pueblos que producen una planta nutricia como el *trigo*, y los que están cubiertos por la linaza.

[17] Cfr. la nota 70 del cap. I. Arguedas ha destacado el culto indio a la Cruz, en «La fiesta de la Cruz» (*Indios, mestizos y señores*: 105-112).

bajaron en peso. Vinieron por las faldas erizadas y peladas de la montaña y llegaron de noche.

Yo abandoné ese pueblo cuando los indios velaban su cruz en medio de la plaza. Se habían reunido con sus mujeres, alumbrándose con lámparas y pequeñas fogatas. Era pasada la medianoche. Clavé en las esquinas unos carteles en que me despedía de los vecinos del pueblo, los maldecía. Salí a pie, hacia Huancayo.

En ese pueblo quisieron matarnos de hambre; apostaron un celador en cada esquina de nuestra casa para amenazar a los litigantes que iban al estudio de mi padre; odiaban a los forasteros como a las bandas de langostas. Mi padre viajaría en un camión, al amanecer; yo salí a pie en la noche. La cruz estaba tendida en la plaza. Había poca música; la voz de unas cuantas arpas opacas se perdía en la pampa. Los indios hacen bulla durante las vísperas, pero en esa plaza estaban echados, hombres y mujeres; hablaban junto a la cruz, en la sombra, como los sapos grandes que croan desde los pantanos.

Lejos de allí, ya en la cordillera, encontré otros pueblos que velaban su cruz. Cantaban sin mucho ánimo. Pero estaban bien alumbrados; centenares de velas iluminaban las paredes en las que habían reclinado las cruces.

Sobre el abra, antes de pasar la cumbre, recordé las hileras de árboles de capulí que orillan los muros en ese pueblo; cómo caían, enredándose en las ramas, los pájaros heridos a honda; el río pequeño, tranquilo, sin piedras grandes, cruzando en silencio los campos de linaza[18]; los peces menudos en cuyos costados brilla el sol; la expresión agresiva e inolvidable de las gentes.

Era un pueblo hostil que vive en la rabia, y la contagia. En la esquina de una calle donde crecía yerba de romaza que escondía grillos y sapos, había una tienda. Vivía allí una joven alta, de ojos azules. Varias noches fui a esa esquina a cantar *huaynos* que jamás se habían oído en el pueblo. Desde el abra podía ver la esquina; casi terminaba allí el pue-

---

[18] Río pequeño y silencioso, eso en el campo de linaza. La antípoda del río profundo y «hablador»: Apurímac o Pachachaca.

178

blo. Fue un homenaje desinteresado. Robaba maíz al comenzar la noche, cocinaba choclos con mi padre en una olla de barro, la única de nuestra casa. Después de comer, odiábamos al pueblo y planeábamos nuestra fuga. Al fin nos acostábamos; pero yo me levantaba cuando mi padre empezaba a roncar. Más allá del patio seco de nuestra casa había un canchón[19] largo cubierto de una yerba alta, venenosa para las bestias; sobre el canchón alargaban sus ramas grandes capulíes de la huerta vecina. Por temor al bosque tupido, en cuyo interior caminaban millares de sapos de cuerpo granulado, no me acerqué nunca a las ramas de ese capulí. Cuando salía en la noche, los sapos croaban a intervalos; su coro frío me acompañaba varias cuadras. Llegaba a la esquina, y junto a la tienda de aquella joven que parecía ser la única que no miraba con ojos severos a los extraños, cantaba *huaynos* de Querobamba, de Lambrama, de Sañayca, de Toraya, de Andahuaylas... de los pueblos más lejanos; cantos de las quebradas profundas. Me desahogaba; vertía el desprecio amargo y el odio con que en ese pueblo nos miraban, el fuego de mis viajes por las grandes cordilleras, la imagen de tantos ríos, de los puentes que cuelgan sobre el agua que corre desesperada, la luz resplandeciente y la sombra de las nubes más altas y temibles. Luego regresaba a mi casa, despacio, pensando con lucidez en el tiempo en que alcanzaría la edad y la decisión necesarias para acercarme a una mujer hermosa; tanto más bella si vivía en pueblos hostiles.

* * *

Frente a Yauyos[20] hay un pueblo que se llama Cusi. Yauyos está en una quebrada pequeña, sobre un afluente del río Cañete. El riachuelo nace en uno de los pocos montes nevados que hay en ese lado de la cordillera; el agua baja a sal-

---

[19] *canchón:* cancha (en quechua significa «patio» o «corral») grande. Se aplica al «terreno cercado en el cual se depositan materiales rústicos (maderas, metales) o de desecho; se improvisan las viviendas de los trabajadores agrícolas; o efectúan los soldados sus ejercicios» (Tauro, 1987, tomo 2, 416).

[20] *Yauyos:* capital de la provincia del mismo nombre, perteneciente a la zona serrana del departamento de Lima. Tauro consigna que, en lengua kauki, Yauyos significa «gente belicosa» (Tauro, 1987, tomo 6, 2295).

tos hasta alcanzar el río grande que pasa por el fondo lejano del valle, por un lecho escondido entre las montañas que se levantan bruscamente, sin dejar un claro, ni una hondonada. El hombre siembra en las faldas escarpadas inclinándose hacia el cerro para guardar el equilibrio. Los toros aradores, como los hombres, se inclinan; y al fin del surco dan la media vuelta como bestias de circo, midiendo los pasos. En ese pueblo, el pequeño río tiene tres puentes; dos de cemento, firmes y seguros, y uno viejo de troncos de eucalipto, cubiertos de barro seco. Cerca del puente viejo hay una huerta de grandes eucaliptos. De vez en cuando llegaban bandadas de loros a posarse en esos árboles. Los loros se prendían de las ramas; gritaban y caminaban a lo largo de cada brazo de árbol; parecían conversar a gritos, celebrando su llegada. Se mecían en las copas altas del bosque. Pero no bien empezaban a gozar de sosiego, cuando sus gritos repercutían en las rocas de los precipicios, salían de sus casas los tiradores de fusil; corrían con el arma en las manos hacia el bosque. El grito de los loros grandes sólo lo he oído en las regiones donde el cielo es despejado y profundo.

Yo llegaba antes que los fusileros a ese bosque de Yauyos. Miraba a los loros y escuchaba sus gritos. Luego entraban los tiradores. Decían que los fusileros de Yauyos eran notables disparando en la posición de pie porque se entrenaban en los loros. Apuntaban, y a cada disparo caía un loro; a veces, por casualidad, derribaban dos. ¿Por qué no se movía la bandada? ¿Por qué no levantaban el vuelo al oír la explosión de los balazos y al ver caer tantos heridos? Seguían en las ramas, gritando, trepando, saltando de un árbol a otro. Yo hacía bulla, lanzaba piedras a los árboles, agitaba latas llenas de piedras; los fusileros se burlaban; y seguían matando loros, muy formalmente. Los niños de las escuelas venían por grupos a recoger los loros muertos; hacían sartas con ellos. Concluido el entrenamiento, los muchachos paseaban las calles llevando cuerdas que cruzaban todo el ancho de la calle; de cada cuerda colgaban de las patas veinte o treinta loros ensangrentados.

* * *

180

En Huancapi[21] estuvimos sólo unos días. Es la capital de provincia más humilde de todas las que he conocido. Está en una quebrada ancha y fría, cerca de la cordillera. Todas las casas tienen techo de paja y solamente los forasteros: el juez, el telegrafista, el subprefecto, los maestros de las escuelas, el cura, no son indios. En la falda de los cerros el viento sacude la paja; en el lecho de la quebrada y en algunas hondonadas crece la *k'eñwa*, un árbol chato, de corteza roja. La montaña por donde sale el sol termina en un precipicio de rocas lustrosas y oscuras. Al pie del precipicio, entre grandes piedras, crecen también esos árboles de puna, rojos, de hojas menudas; sus troncos salen del pedregal y sus ramas se tuercen entre las rocas. Al anochecer, la luz amarilla ilumina el precipicio; desde el pueblo, a gran distancia, se distingue el tronco rojo de los árboles, porque la luz de las nubes se refleja en la piedra, y los árboles, revueltos entre las rocas, aparecen. En ese gran precipicio tienen sus nidos los cernícalos de la quebrada. Cuando los cóndores y gavilanes pasan cerca, los cernícalos los atacan, se lanzan sobre las aves enormes y les clavan sus garras en el lomo. El cóndor es inerme ante el cernícalo; no puede defenderse, vuela agitando las alas, y el cernícalo se prende de él, cuando logra alcanzarlo. A veces, los gavilanes se quejan y chillan, cruzan la quebrada perseguidos por grupos de pequeños cernícalos. Esta ave ataca al cóndor y al gavilán en son de burla; les clava las garras y se remonta; se precipita otra vez y hiere el cuerpo de su víctima.

Los indios, en mayo, cantan un *huayno*[22] guerrero:

Killinchu yau,	*Oye, cernícalo,*
Wamancha yau,	*oye, gavilán,*
urpiykitam k'echosk'ayki	*voy a quitarte a tu paloma,*
yanaykitam k'echosk'ayki.	*a tu amada voy a quitarte.*
K'echosk'aykim,	*He de arrebatártela,*
k'echosk'aykim,	*he de arrebatártela,*

---

[21] *Huancapi:* distrito del departamento de Ayacucho; su capital está sobre la margen derecha del río Pampas. En quechua, Huancapi significa «ladera peligrosa».

[22] Cfr. nota de Arguedas en este capítulo.

apasak'mi apasak'mi	me la he de llevar, me la he
	[de llevar[23]
¡killincha!	¡oh cernícalo!
¡wamanchai	¡oh gavilán!

El desafío es igual, al cernícalo, al gavilán o al cóndor. Junto a las grandes montañas, cerca de los precipicios donde anidan las aves de presa, cantan los indios en este mes seco y helado. Es una canción de las regiones frías, de las quebradas altas, y de los pueblos de estepa, en el sur.

Salimos de Huancapi antes del amanecer. Sobre los techos de paja había nieve, las cruces de los techos también tenían hielo. Los toros de barro que clavan a un lado y a otro de las cruces parecían más grandes a esa hora; con la cabeza levantada, tenían el aire de animales vivos sólo sensibles a la profundidad. El pasto y las yerbas que orillan las acequias de las calles estaban helados; las ramas que cuelgan sobre el agua, aprisionadas por la nieve, se agitaban pesadamente con el viento o movidas por el agua. El precipicio de los cernícalos era muy visible; la vía láctea pasaba junto a la cumbre. Por el camino a Cangallo bajamos hacia el fondo del valle, siguiendo el curso de la quebrada. La noche era helada y no hablábamos; mi padre iba adelante, yo tras él, y el peón me seguía de cerca, a pie. Íbamos buscando al gran río, al Pampas[24]. Es el río más extenso de los que pasan por las regiones templadas. Su lecho es ancho, cubierto de arena. En mayo y junio, las playas de arena y de piedras se extienden a gran distancia de las orillas del río, y tras las playas, una larga faja de bosque bajo y florido de retama, un bosque virgen donde viven palomas, pequeños pájaros y nubes de mariposas amarillas. Una paloma demora mucho en cruzar de una banda a otra del río. El vado para las bestias de carga es ancho, cien metros de un agua cristalina que dejar ver la sombra de los peces, cuan-

---

[23] La ed. de Sybila transcribe mal este verso y el anterior.
[24] Río que cruza el departamento de Ayacucho y desemboca en el río Apurímac.

do se lanzan a esconderse bajo las piedras. Pero en verano el río es una tempestad de agua terrosa; entonces los vados no existen, hay que hacer grandes caminatas para llegar a los puentes. Nosotros bajamos por el camino que cae al vado de Cangallo.

Ya debía amanecer. Habíamos llegado a la región de los lambras, de los molles y de los árboles de tara[25]. Bruscamente, del abra en que nace el torrente, salió una luz que nos iluminó por la espalda. Era una estrella más luminosa y helada que la luna. Cuando cayó la luz en la quebrada, las hojas de los lambras brillaron como la nieve; los árboles y las yerbas parecían témpanos rígidos; el aire mismo adquirió una especie de sólida transparencia. Mi corazón latía como dentro de una cavidad luminosa. Con luz desconocida, la estrella siguió creciendo; el camino de tierra blanca ya no era visible sino a lo lejos. Corrí hasta llegar junto a mi padre; él tenía el rostro agachado; su caballo negro también tenía brillo, y su sombra caminaba como una mancha semioscura. Era como si hubiéramos entrado en un campo de agua que reflejara el brillo de un mundo nevado. «¡Lucero grande, *werak'ocha*[26], lucero grande!», llamándonos, nos alcanzó el peón; sentía la misma exaltación ante esa luz repentina[27].

La estrella se elevaba despacio. Llegamos a la sombra de un precipicio alto, cortado a pico en la roca; entramos en la oscuridad como a un refugio. Era el último recodo del torrente. A la vuelta estaba el río, la quebrada amplia, azul; el gran Pampas tranquilo, del invierno. De la estrella sólo quedó un pozo blanco en el cielo, un círculo que tar-

---

[25] Árbol leguminoso usado para tintura y efectos medicinales; «creen los indios que al descansar bajo sus ramas se adormecen con el perfume de sus flores, y al despertar no recuerdan sus penas» (Tauro, 1987, tomo 6, 2050).

[26] *werak'ocha* o *wiraqocha:* «Epíteto de unos héroes míticos andinos que desaparecieron en el mar después de haber reorganizado el mundo. Se aplicó luego a los primeros españoles por su procedencia "oceánica". Por extensión, miembro de los sectores rurales dominantes, latifundista» (Lienhard, 1990: 266).

[27] Magnífico pasaje de fusión con la armonía cósmica.

dó mucho en diluirse. Cruzamos el vado; los caballos chapotearon, temblando de alegría, en la corriente cristalina. Llegamos a los bosques de lúcumos que crecen rodeando las casas de las pequeñas haciendas, cerca de Cangallo. Eran unos árboles altos, de tronco recto y con la copa elevada y frondosa. Palomas y *tuyas* volaban en los árboles hacia el campo.

* * *

De Cangallo seguimos viaje a Huamanga[28], por la pampa de los indios morochucos.

Jinetes de rostro europeo, cuatreros legendarios, los morochucos son descendientes de los almagristas[29] excomulgados que se refugiaron en esa pampa[30] fría, aparentemente inhospitalaria y estéril. Tocan charango y *wak'rapuku*, raptan mujeres y vuelan en la estepa en caballos pequeños que corren como vicuñas[31]. El arriero que nos guieaba no cesó de rezar mientras trotábamos en la pampa. Pero no vimos ninguna tropa de morochucos en el camino. Cerca de Huamanga, cuando bajábamos lentamente la cuesta, pasaron como diez de ellos; descendían cortando camino, al galope. Apenas pude verles el rostro. Iban emponchados; una alta bufanda les abrigaba el cuello; los largos ponchos[32] caían sobre los costados del caballo. Varios llevaban *wak'rapukus* en la espalda, unas trompetas de cuerno ajustadas con ani-

---

[28] Nombre antiguo de Ayacucho.
[29] Perteneciente al bando del conquistador Diego de Almagro, en pugna con el bando de los pizarristas (de Francisco Pizarro).
[30] *pampa:* llanura extensa sin vegetación arbórea.
[31] *vicuñas:* animales auquénidos, típicos de los Andes. Poseen una lana de muy alta calidad.
[32] *poncho:* «manta cuadrangular, con una abertura longitudinal en el centro. Se lo usa como frazada o cobertor; y caído sobre los hombros, después de pasar la cabeza a través de la abertura, es la pieza de vestir que se halla más difundida entre las poblaciones indígenas y mestizas de América. Terciado, a la manera de una capa, completa el atuendo de los jinetes; y tejido con lana de vicuña es prenda señorial» (Tauro, 1987, tomo 5, 1664-1665).

llos de plata. Muy abajo, cerca de un bosque reluciente de molles, tocaron sus cornetas anunciando su llegada a la ciudad. El canto de los *wak'rapukus* subía a las cumbres como un coro de toros encelados e iracundos.

Nosotros seguimos viaje con una lentitud inagotable[33].

---

[33] Contrasta la «lentitud inagotable» (que semeja sin fin, reiterada en los 200 pueblos que Ernesto afirmará luego haber conocido con su padre Gabriel) de esos viajes errantes con el curso de «grandes caballos cerriles» del río Apurímac, al final del cap. I: esterilidad de la errancia (evasión sin centro ni meta) contra poder liberador de las raíces andinas milenarias. Puntualiza Dorfman: «Los años de estéril transmigración han repetido una y otra vez ("con una lentitud inagotable") las mismas características de crueldad y explotación, forzándolos a evadirse de nuevo...» (Dorfman, 1980: 95).

III

La despedida

Hasta[1] un día en que mi padre me confesó, con ademán aparentemente más enérgico que otras veces, que nuestro peregrinaje terminaría en Abancay[2].

Tres departamentos tuvimos que atravesar para llegar a esta pequeña ciudad silenciosa. Fue el viaje más largo y extraño que hicimos juntos; unas quinientas leguas en jornadas medidas que se cumplieron rigurosamente. Pasó por el Cuzco, donde nació, estudió e hizo su carrera; pero no se detuvo; al contrario, pasó por allí como sobre fuego.

Cruzábamos el Apurímac, y en los ojos azules e inocentes de mi padre vi la expresión característica que tenían cuando el desaliento le hacía concebir la decisión de nuevos viajes. Mientras yo me debatía en el fuego del valle, él caminaba silencioso y abstraído.

—Es siempre el mismo hombre maldito —exclamó una vez.

Y cuando le pregunté que a quién se refería, me contestó: «¡El Viejo!».

Se llama *amank'ay* a una flor silvestre, de corola amarilla, y *awankay* al balanceo de las grandes aves. *Awankay* es vo-

---

[1] Este «Hasta» enlaza con la frase final del cap. II; y los dos primeros párrafos completan la información de los viajes anteriores a la visita al Cuzco, para retomar la escena final del cap. I.

[2] Cfr. la nota 7 del cap. I.

lar planeando, mirando la profundidad[3]. ¡Abancay! Debió de ser un pueblo perdido entre bosques de pisonayes[4] y de árboles desconocidos, en un valle de maizales inmensos que llegaban hasta el río. Hoy los techos de calamina brillan estruendosamente; huertas de mora separan los pequeños barrios, y los campos de cañaverales se extienden desde el pueblo hasta el Pachachaca[5]. Es un pueblo cautivo, levantado en la tierra ajena de una hacienda[6].

El día que llegamos repicaban las campanas. Eran las cuatro de la tarde. Todas las mujeres y la mayor parte de los hombres estaban arrodillados en las calles. Mi padre se bajó del caballo y preguntó a una mujer por la causa de los repiques y del rezo en las calles. La mujer le dijo que en ese instante operaban en el Colegio al padre Linares, santo predicador de Abancay y Director del Colegio[7]. Me ordenó que

---

[3] Ese «volar planeando, mirando la profundidad» connota la actividad que desarrollará Ernesto en Abancay, corriendo o caminando raudo (sobre todo, a partir del motín) de un lado a otro de la ciudad y alrededores, de un punto a otro del Colegio, sin perder de vista valores profundos de solidaridad, generosidad, firmeza, ternura y fidelidad a los ideales. Más que un río moviéndose (imagen exacta para las chicheras amotinadas y los colonos invasores de Abancay), Ernesto parece un lazo de unión, un apasionado punto de encuentro entre personas que pertenecen a mundos contrapuestos, de las que aprende y a las que quiere iluminar con sus valores e ideales enhiestos.

[4] *pisonay:* árbol oriundo de América, frondoso, de flores rojas y brillantes. «Desde la época prehispánica fue cultivado en las plazas públicas, y bajo su follaje se guarecían los Incas o los sinchis para presenciar las ceremonias de sus fiestas» (Tauro, 1987: tomo 5, 1647).

[5] Río que pasa por la ciudad de Abancay, separa las provincias de Abancay y Andahuaylas, y desemboca en el río Apurímac. Sobre el significado de su nombre, véase el título y el epígrafe del cap. V.

[6] Esta frase sintetiza la dependencia del sistema social de Abancay: «la cúspide de la pirámide social está ocupada por los dueños de las haciendas» (Cornejo Polar, 1973: 129). Dos páginas más adelante, el dato se confirma y despliega: «toda la tierra pertenecía a las haciendas; la propia ciudad, Abancay, no podía crecer porque estaba rodeada por la hacienda Patibamba, y el patrón no vendía tierras a los pobres ni a los ricos...» El segundo sub-capítulo del cap. IV, refuerza esto: «Abancay está cercado por las tierras de la hacienda Patibamba. Y todo el valle, de sur a norte, de una cima a la otra, pertenece a las haciendas.»

[7] Doble rol del Padre Linares, en la ciudad y en el colegio. Personaje cru-

desmontara y que me arrodillara junto a él. Estuvimos cerca de media hora rezando en la acera. No transitaba la gente; las campanas repicaban como llamando a misa. Soplaba el viento y la basura de las calles nos envolvía. Pero nadie se levantó ni siguió su camino hasta que las campanas cesaron.

—Él ha de ser tu Director —dijo mi padre—. Sé que es un santo, que es el mejor orador sagrado del Cuzco y un gran profesor de Matemáticas y Castellano[8].

Nos alojamos en la casa de un notario, ex compañero de colegio de mi padre. Durante el largo viaje me había hablado de su amigo y de la convicción que tenía de que en Abancay le recomendaría clientes, y que así, empezaría a trabajar desde los primeros días. Pero el notario era un hombre casi inútil. Encorvado y pálido, debilitado hasta el extremo, apenas caminaba. Su empleado hacía el trabajo de la notaría y le robaba sin piedad[9].

Mi padre sintió lástima de su amigo y se lamentó, durante todo el tiempo que estuvo en Abancay, de haber ido a alojarse en la casa de este caballero enfermo y no a un tam-

---

cial (a pesar de que posee cierta ambigüedad, se inclina hacia el bando de los poderosos, la violencia injusta y la utilización de la religión para predicar obediencia y resignación) para contrastarlo con el aprendizaje que hará Ernesto en la ciudad y en el colegio, conforme lo ha subrayado Trigo.

[8] «Con esta suscinta descripción se establece claramente una serie de elementos representativos del poder opresivo que rige a la comunidad: primero, la presunta santidad que implica una jerarquía sobrenatural cercana a Dios y, segundo, la autoridad patriarcal inherente del que detenta la posición de maestro. Íntimamente ligada a esta estructura piramidal del poder está el uso del lenguaje, de la fuerza de la oratoria como medio de persuasión, dominación y ascendencia cultural. Pero además del dominio de la lengua, también se tiene el dominio sobre las matemáticas, el otro gran sistema comunicativo basado en símbolos, fórmulas y abstracciones. Así pues, aquellos que controlan y manejan los símbolos, que son la base de los medios comunicativos por antonomasia, ostentan, por extensión, la aureola sagrada que confirma su poder y su derecho a dominar. La retórica de la oratoria manipulativa se convertirá, en el espacio novelado, en uno de los elementos que proveerá a la obra de sus episodios más dramáticos e intensos...» (Márquez, 1994: 40).

[9] Dorfman hace notar la mala elección que hace el padre de Ernesto, siempre desinformado y desubicado.

189

bo[10]. Nos hicieron dos camas en el suelo, en el dormitorio de los niños. Los hijos durmieron sobre pellejos y nosotros en los colchones.

—¡Gabriel! Dispensa, hermano, dispensa —decía el notario.

La mujer caminaba con los ojos bajos, sin atreverse a hablar ni a mirar. Nosotros hubiéramos preferido salir de allí con cualquier pretexto. «¡Debimos ir a un tambo, a cualquier tambo!», exclamaba mi padre en voz baja.

—Después de tanto tiempo, viniendo tú de tan lejos y no poder atenderte —se lamentaba el enfermo.

Mi padre le agradecía y le pedía perdón, pero no se decidía a declararle que nos dejara irnos. No fue posible. La voz de su amigo parecía que iba a apagarse en cualquier instante; hablaba con gran esfuerzo[11]. Los niños ayudaban a la madre, me miraban sin mucha desconfianza; pero estaban asombrados y no se atrevían a observar a mi padre.

Mi padre llevaba un vestido viejo, hecho por un sastre de pueblo. Su aspecto era complejo. Parecía vecino de una aldea; sin embargo, sus ojos azules, su barba rubia, su castellano gentil y sus modales, desorientaban. No, no debíamos causar lástima, ni podíamos herir aun a la gente más humilde. Sin embargo, fue un día cruel. Y nos sentimos dichosos cuando al día siguiente pudimos dormir sobre un poyo de adobes, en una tienda con andamios que alquilamos en una calle central.

* * *

Nuestra vida empezó así, precipitadamente, en Abancay. Y mi padre supo aprovechar los primeros inconvenientes para justificar el fracaso del principal interés que tuvo ese

---

[10] *tambo:* mesón, posada.

[11] Ortega enfatiza el contraste entre el notario y el Padre Director (cfr. la nota 8 de este capítulo): «la escritura como servicio de la ley agoniza en la figura del notario cuya cortesía de hidalgo pobre hace eco a la hidalguía desamparada del padre [...], un abogado trotamundos que no ha "oficializado", o institucionalizado, su profesión» (Ortega, 1982: 39). La Ley no es útil a los hacendados; no prospera en Abancay.

viaje. No pudo quedarse, no organizó su estudio. Durante diez días estuvo lamentando las fealdades del pueblo, su silencio, su pobreza, su clima ardiente, la falta de movimiento judicial. No había pequeños propietarios en la provincia; los pleitos eran de carácter penal, querellas miserables que jamás concluían; toda la tierra pertenecía a las haciendas; la propia ciudad, Abancay, no podía crecer porque estaba rodeada por la hacienda Patibamba, y el patrón no vendía tierras a los pobres ni a los ricos y los grandes señores sólo tenían algunas causas antiguas que se ventilaban desde hacía decenas de años.

Yo estaba matriculado en el Colegio y dormía en el internado. Comprendí que mi padre se marcharía. Después de varios años de haber viajado juntos, yo debía quedarme; y él se iría solo. Como todas las veces, alguna circunstancia casual decidiría su rumbo. ¿A qué pueblo; y por qué camino? Esta vez él y yo calculábamos a solas. No tomaría nuevamente el camino del Cuzco; se iría por el otro lado de la quebrada, atravesando el Pachachaca, buscando los pueblos de altura. De todos modos empezaría bajando hacia el fondo del valle. Y luego subiría la cordillera de enfrente; vería Abancay por última vez desde un abra muy lejana, de alguna cumbre azul donde sería invisible para mí. Y entraría en otro valle o pampa, ya solo; sus ojos no verían del mismo modo el cielo ni la lejanía; trotaría entre las piedras y los arbustos sin poder hablar; y el horizonte, en las quebradas o en las cimas, se hundiría con más poder, con gran crueldad y silencio en su interior. Porque cuando andábamos juntos el mundo era de nuestro dominio, su alegría y sus sombras iban de él hacia mí.

No; no podía quedarse en Abancay. Ni ciudad ni aldea, Abancay desesperaba a mi padre.

Sin embargo, quiso demostrarme que no quería faltar a su promesa. Limpió su placa de abogado y la clavó en la pared, junto a la puerta de la tienda. Dividió la habitación con un bastidor de tocuyo[12], y detrás del bastidor, sobre una tarima de adobes, tendió su cama. Sentado en la puerta de la

---

[12] *tocuyo:* tela burda de algodón.

tienda o paseándose, esperó clientes. Tras la división de madera, por lo alto, se veían los andamios de la tienda. A veces, cansado de caminar o de estar sentado, se echaba en la cama. Yo lo encontraba así, desesperado. Cuando me veía, trataba de fingir.

—Puede ser que algún gran hacendado me encomiende una causa. Y bastaría con eso —decía—. Aunque tuviera que quedarme diez años en este pueblo, tu porvenir quedaría asegurado. Buscaría una casa con huerta para vivir y no tendrías que ir al internado.

Yo le daba la razón. Pero él estaba acostumbrado a vivir en casas con grandes patios, a conversar en quechua con decenas de clientes indios y mestizos; a dictar sus recursos mientras el sol alumbraba la tierra del patio y se extendía alegremente en el entablado del «estudio». Ahora estaba agachado, oprimido, entre las paredes de una tienda construida para mercachifles.

Por eso, cuando una tarde fue a visitarme al Colegio en compañía de un forastero con aspecto de hacendado de pueblo, presentí que su viaje estaba resuelto. Una alegría incontenible brillaba en su rostro. Ambos habían bebido.

—He venido un instante, con este caballero—me dijo—. Ha llegado de Chalhuanca[13] para consultar con un abogado; y hemos tenido suerte. Su asunto es sencillo. Ya tienes autorización para salir. Ven al estudio después de las clases.

El forastero me dio la mano.

Se despidieron inmediatamente. El pantalón de montar, con refuerzos de cuero, del forastero, sus polainas opacas, su saco corto, su corbata con un nudo pequeño sobre el cuello ancho de la camisa; el color de sus ojos, su timidez, su sombrero ribeteado, eran muy semejantes a los de todos los hacendados de los distritos de indios.

En la tarde fui a ver a mi padre. Encontré al chalhuanqui-

---

[13] Chalhuanca es distrito de la provincia de Aymaraes, en el departamento de Apurímac. Para entender cómo después Ernesto busca «mandar mensajes» a su padre en Chalhuanca, informemos que el río Chalhuanca (baña a la ciudad homónima) se une al Antabamba para formar el río Pachachaca (el de la ciudad de Abancay).

no en el estudio, sentado en una de las bancas. La puerta de la tienda estaba casi completamente cerrada. Sobre la mesa había varias botellas. Mi padre servía un vaso de cerveza negra al forastero.

—Mi hijito, el sol que me alumbra. Helo aquí, señor —dijo.

El hombre se levantó y se acercó a mí con ademán muy respetuoso.

—Soy de Chalhuanca, joven. Su padre, el doctor, me honra.

Puso su mano sobre mi hombro. Una bufanda de vicuña[14] colgaba de su cuello; los botones de su camisa eran morados. Tenía ojos claros, pero en su cara quemada parecían ojos de indio. Era idéntico a todos los amigos que mi padre había tenido en los pueblos.

—Usted es el contento del señor doctor, usted es su corazón. Yo, yo estoy de paso. ¡Por él, doctor!

—¡Por él!

Y bebieron un vaso lleno.

—Ya es un hombre, señor don Joaquín —dijo mi padre, señalándome—. Con él he cruzado cinco veces las cordilleras; he andado en las arenas de la costa. Hemos dormido en las punas, al pie de los nevados. Cien, doscientas, quinientas leguas a caballo. Y ahora está en el internado de un Colegio religioso. ¿Qué le parecerá, a él que ha trotado por tantos sitios, el encierro día y noche? ¡Pero estás en tu Colegio! ¡Estás en tu lugar verdadero! Y nadie te moverá hasta que termines, hasta que vayas a la Universidad. ¡Sólo que nunca, que jamás serás abogado! Para los grandes males basta conmigo.

Estaba inquieto. Se paseaba a lo ancho de la sala. No necesitaba hablar más. Allí estaba ese viajero; su bufanda de vicuña, su sombrero de hechura india, sus polainas con hebillas amarillas, los botones morados de su camisa; sus cabellos largos, apelmazados por el sudor; sus ojos verdes, pero como diluidos por el frío. Me hablaba en castellano.

---

[14] Cfr. la nota 31 del cap. II.

Cuando hablara en quechua se quitaría la bufanda, o se la envolvería al cuello como era debido.

—Yo, joven, soy de Chalhuanca. Estoy pleiteando con un hacendado grande. Le quitaré el cuero. ¡Ahora sí! Como el cernícalo cuando pedacea al gavilán en el aire[15]. Con los consejos de su padre, desde lejos no más. ¿Qué necesidad hay de que me acompañe hasta mi pueblo? ¿No es cierto, doctor?

Se dirigió hacia él, pero mi padre se quedó quieto, de espaldas.

Entonces el forastero volvió a mirarme.

—No vaya usted a creer nada, joven. Soy de Chalhuanca; he venido por un consejo para mi pleito. Ahí está el doctor. Como un gavilán ha visto. Yo ya estaba amarrado. Pero un abogado es un abogado y sabe más que un tinterillo. ¡Tinterillitos de porquería! ¡Ahura verán! *¡Paykunak'a nerk'achá...!*[16]

Y continuó desahogándose en quechua.

Mi padre ya no pudo contenerse. Era inútil ocultar que se iría. Los esfuerzos inocentes de su amigo para aplazar la noticia estaban denunciando su viaje, y lo turbaron definitivamente. Se recostó sobre la mesa y lloró. El chalhuanquino pretendió consolarlo; le hablaba en quechua[17], ofreciéndole todas las recompensas y los mundos que en el idioma de los indios pueden prometerse, hasta calmar por un instante las grandes aflicciones. Luego se dirigió a mí:

—No es lejos Chalhuanca, joven —me dijo—. Detrás de estas cordilleras; en una quebradita. Vendremos en comisión para llevarte. Reventaremos cohetes cuando entres a la plaza. Haremos bailar a los danzantes. Pescarás con dinamita en el río; andarás por todos los cerros, a caballo; cazarás venados, vizcachas, chanchos cerriles..

Lo dejé hablando y me acerqué a mi padre. Estuvimos

---

[15] Cfr. la canción inserta en el cap. II.

[16] *¡Paykunak'a nerk'achá...!*: en quechua, «ellos habrán dicho» (Arguedas, *Casa de las Américas*, núm. 99, citado en la ed. de Sybila).

[17] Se acude al quechua como la lengua del corazón, de la expresividad, de la familiaridad. Cfr. Ortega, 1982: 40.

mucho rato juntos. El chalhuanquino siguió hablando en quechua, rodeándonos, haciendo bulla, pronunciando las palabras en voz cada vez más alta y tierna:

—Chalhuanca es mejor. Tiene un río, juntito al pueblo. Allí queremos a los forasteros. Nunca ha ido un abogado, ¡nunca! Será usted como un rey, doctorcito. Todos se agacharán cuando pase, se quitarán el sombrero como es debido. Comprará tierras; para el niño le regalaremos un caballo con un buen apero de metal... ¡Pasarás el vado al galope...! ¡En mi hacienda manejarás un zurriago tronador y arrearás ganado! Buscaremos a los patos en los montes del río; capearás a los toritos bravos de la hacienda. ¡Ja caraya[18]! ¡No hay que llorar! ¡Es más bien el milagro del Señor de Chalhuanca! ¡Él ha escogido ese pueblo para ustedes! ¡Salud, doctor; levante su cabeza! ¡Levántate, muchacho guapo! ¡Salud, doctor! ¡Porque se despide de este pueblo triste!

Y mi padre se puso de pie. El chalhuanquino me sirvió medio vaso de cerveza:

—Ya está grandecito; suficiente para la ocasión. ¡Salud!

Fue la primera vez que bebí con mi padre[19]. Y comenzó nuevamente su alegría. Los planes deslumbrantes de siempre, en la víspera de los viajes.

—Me quedaré en Chalhuanca, hijo. ¡Seré por fin vecino de un pueblo! Y te esperaré en las vacaciones, como dice el señor, con un caballo brioso en que puedas subir los cerros y pasar los ríos al galope. Compraré una chacra junto al río, y construiremos un molino de piedra. ¡Quién sabe podamos traer a don Pablo Maywa para que lo arme! Es necesario afincarse, no seguir andando así, como un Judío Errante... El pobre Alcilla será tu apoderado, hasta diciembre[20].

---

[18] *¡Ja caraya!*: «interjección de júbilo, de burla, de sorpresa» (Arguedas, YF).

[19] Acto casi ritual de abandono de la infancia; va a quedarse solo, sin el «cordón umbilical» de la protección paterna.

[20] «La precariedad del padre queda subrayada por el hecho de que deja a Ernesto con Alcilla, ex-compañero suyo, un ser débil, enfermo, engañado, incapaz. Este apoderado, supuesto responsable del bienestar y la salud del joven durante la ausencia del padre, expresa (es el notario del pueblo), la inevitable subordinación y esterilidad que deberán padecer este tipo de seres, en caso de no escapar» (Dorfman, 1980: 94).

Y nos separamos casi con alegría, con la misma esperanza que después del cansancio de un pueblo nos iluminaba al empezar otro viaje.

Él subiría la cumbre de la cordillera que se elevaba al otro lado del Pachachaca; pasaría el río por un puente de cal y canto, de tres arcos. Desde el abra se despediría del valle y vería un campo nuevo. Y mientras en Chalhuanca, cuando hablara con los nuevos amigos, en su calidad de forastero recién llegado, sentiría mi ausencia, yo exploraría palmo a palmo el gran valle y el pueblo; recibiría la corriente poderosa y triste que golpea a los niños, cuando deben enfrentarse solos[21] a un mundo cargado de monstruos y de fuego, y de grandes ríos que cantan con la música más hermosa al chocar contra las piedras y las islas[22].

---

[21] En la soledad Ernesto madura como sujeto heroico, desembarazándose de la postura errante del padre, sin respuestas válidas y eficaces «para la pregunta fundamental: ¿cómo crezco en una sociedad enajenada sin variar o perder mis valores humanos aprendidos en algún río de mi infancia? Le ha dado mucho: le ha ido iluminando el camino con búsquedas y leyendas y música, le ha señalado que hay valores morales inalterables, lo ha puesto en contacto con el cariño. Pero la novela se abre en el momento preciso en que eso no puede seguir así, a menos que el niño se convierta en una réplica desmejorada y absurda del padre, continuador de su fracaso y frustración. Ernesto tiene que instalarse, su padre debe seguir moviéndose. El viaje al Cusco será el penúltimo, el de Abancay el último, de una interminable serie de intentos por hallar un sitio donde ambos, en conjunto, podrían resolver la contradicción entre residir y ganarse la vida, entre afincarse en la geografía y afincarse en los ideales. [...] Lo que se va agotando, entonces, no es la renovable capacidad de Gabriel de alimentarse de ilusiones, sino la posibilidad de que Ernesto lo siga acompañando en esa constante huida deslumbrada. A medida que el niño crece, el mañana donde todo se arreglará (ya verás, hijo) va apareciendo como lo que es, una delusión. [...] era inevitable que finalmente Ernesto se quedara solo y cautivo para enfrentar lo que su padre no puede o no quiere enfrentar» (Dorfman, 1980: 94-95).

[22] De un lado (el negativo, el de las pruebas que hay que vencer), monstruos y fuego; del otro (fuerzas nutricias, talismanes), los ríos profundos y su música. Lo primero comenzó a experimentarlo ya con el padre en los caps. I y II; y lo segundo adquirió esplendor singular, a causa del río Apurímac, al final del cap. I. Nótese, pues, las conexiones entre los finales de los caps. I, II y III.

IV

La hacienda[1]

Los hacendados de los pueblos pequeños contribuyen
con grandes vasijas de chicha[2] y pailas de picantes[3] para las
faenas comunales. En las fiestas salen a las calles y a las plazas, a cantar *huaynos*[4] en coro y a bailar. Caminan de diario,
con polainas viejas, vestidos de diablo fuerte[5] o casinete[6], y
una bufanda de vicuña[7] o de alpaca[8] en el cuello. Montan en

---

[1] «Cabría preguntarse ahora, ¿por qué el capítulo en que el foco narrativo es el comienzo de la vida de Ernesto en el internado se titula "La hacienda"? ¿Por qué no "El colegio"? [...] Arguedas se propone hacer resaltar
con mayor intensidad el estado de servidumbre infrahumana del indio,
que la ficción anecdótica del protagonista. Esta sólo existe en función de
la primera. Los flujos narrativos [...] consisten en la sinergia de afluentes
sociales, culturales y personales que conforman un rugiente y profundo
río, como el Pachachaca que corre despeñándose por las sierras de Abancay» (Márquez, 1994: 40 y 42).

[2] *chicha:* bebida a base de maíz, de origen prehispánico; se fermenta según se desee que resulte refrescante o de efecto embriagador.

[3] *picante:* «plato, o género culinario criollo, cuya preparación se basa en
el uso predominante del ají» (Tauro, 1987: tomo 5, 1628).

[4] *huaynos:* cfr. la nota de Arguedas en el cap. II.

[5] *diablo fuerte:* árbol de la selva alta. Tejido burdo.

[6] *casinete:* «tejido burdo de lana, que en cierto modo imita al paño llamado casimir» (Tauro, 1987, tomo 2, 463).

[7] *vicuña:* cfr. la nota 31 del cap. II.

[8] *alpaca:* auquénido que habita en los Andes; su lana es de fina calidad.

caballos de paso[9], llevan espuelas de bronce y, siempre, sobre la montura, un pellón[10] de cuero de oveja. Vigilan a los indios cara a cara, y cuando quieren más de lo que comúnmente se cree que es lo justo, les rajan el rostro o los llevan a puntapiés hasta la cárcel, ellos mismos. En los días de fiesta, o cuando se dirigen a la capital de la provincia, visten de casimir, montan sobre pellones sampedranos, con apero de gala cubierto de anillos de plata, estribos con anchas fajas de metal y «roncadoras»[11], con una gran aspa de acero. Parecen transformados; cruzan la plaza a galope u obligan a los caballos a trotar a paso menudo, braceando. Cuando se emborrachan, estando así vestidos, hincan las espuelas hasta abrir una herida a los caballos; los estribos y el aspa de las espuelas se bañan en sangre. Luego se lanzan a carrera por las calles y sientan a los caballos en las esquinas. Temblando, las bestias resbalan en el empedrado, y el jinete los[12] obliga a retroceder. A veces los caballos se paran y levantan las patas delanteras, pero entonces la espuela se hunde más en la herida y la rienda es recogida con crueldad; el jinete exige, le atormenta el orgullo. La gente los contempla formando grupos. Muy rara vez el caballo logra arrancar la brida y zafar hacia el camino, arrastrando al jinete y sacudiéndolo sobre la tierra.

La casa de esos hacendados es bien conocida por los indios. Duermen en catres de bronce, antiguos, con techo de varillas

---

[9] *caballo de paso:* un tipo de caballo que camina señorialmente, marcando el paso con un compás rítmico de los cascos que «bracean» (cual extremidades que dieran brazadas de adentro hacia afuera). En el Perú se lo cría con esmero y es uno de los componentes típicos de la simbología del criollo tradicional.

[10] *pellón:* «especie de almohadilla [de piel manufacturada], que en toda América coloca el jinete sobre la montura, para amortiguar la dureza de ésta [...] Los más famosos pellones que hoy se fabrican en el país son los *sampedranos,* en atención a ser de San Pedro de Lloc, en la provincia de Pacasmayo, el lugar donde se los hace. Sobre un tejido de malla tupida, se emplea en su manufactura hilos torcidos, de lana negra y teñida» (Tauro, 1987: tomo 4, 1585).

[11] *roncadora:* «espuela que acompasa con sonidos metálicos el paso del caballo» (Tauro, 1987: tomo 5, 1832).

[12] La ed. de Sybila pone «las», quizás buscando concordar con «las bestias», pero el texto original reza «los» para concordar con «los caballos».

doradas. La casa tiene un patio y un corral, grandes; un corredor, una despensa, un troje, una sala amueblada con bancas y sillones antiguos de madera; y la cocina, que siempre está lejos, al otro lado del patio, porque allí comen los peones. El hacendado también pasa el alferado o mayordomía[13] de las fiestas. No puede agasajar al pueblo menos que un indio, salvo que haya perdido su honor de terrateniente.

* * *

Abancay está cercado por las tierras de la hacienda Patibamba. Y todo el valle, de sur a norte, de una cima a la otra, pertenece a las haciendas.

El parque de Patibamba estaba mejor cuidado y era más grande que la Plaza de Armas de Abancay. Árboles frondosos daban sombra a los bancos de piedra. Rosales y lirios orillaban las aceras empedradas del parque. La casa tenía arquería blanca, un corredor silencioso con piso de losetas[14] brillantes y grandes ventanas de rejas torneadas. La huerta de la hacienda se perdía de vista, sus sendas estaban bordeadas de flores, y de plantas de café. En una esquina de la huerta había una pajarera alta; su cúpula llegaba hasta la cima de los árboles. La jaula tenía varios pisos y encerraba decenas de jilgueros, de calandrias y otros pájaros. La casa-hacienda aparecía rodeada de muros blanqueados. Una reja de acero protegía el arco de entrada.

El patrón y su familia vivían como perdidos en la inmensa villa. Yo fui muchas veces a mirar desde la reja; siempre estaban silenciosos y vacíos el parque y los corredores. Mariposas comunes, de alas rojas y manchas negras, volaban sobre las flores, se elevaban hasta las ramas altas de los pisonayes. Sólo una vez escuché desde ese sitio la voz de un piano; alguien tocaba en el interior de la mansión, y la música parecía llegar desde la huerta de árboles frutales que rodeaba a la casa.

---

[13] El *mayordomo* es un «miembro de una cofradía, o devoto de un santo, a quien se encarga en los pueblos indígenas la organización de la fiesta respectiva» (Tauro, 1987: tomo 4, 1302).
[14] *losetas:* baldosas.

Un callejón ancho comunicaba la residencia del patrón con la fábrica y el caserío donde viven los indios «colonos»[15]. A poca distancia de la casa-hacienda el callejón ya estaba cubierto de bagazo. La fábrica se levanta sobre un patio empedrado. Durante muchos años el bagazo acumulado había formado un montículo ancho y blando, había sido llevado a la callejuela del caserío y se extendía más lejos, cubriendo parte de un cerco de grama.

El sol arde sobre la miel seca, sobre los restos blancos de la caña molida. Cae la lluvia, el bagazo hierve, huele a aguardiente, y su vaho cubre todo el caserío. Las paredes de las casas son bajas, de adobe angosto; un techo de hoja de caña, haraposo, lleno de polvo, cubre a las casas. Los indios y las mujeres no hablaban con los forasteros.

—*Jampuyki mamaya* (Vengo donde ti, madrecita) —llamé desde algunas puertas.

—*¡Mánan[16]! ¡Ama rimawaychu!* (¡No quiero! ¡No me hables!) —me contestaron.

Tenían la misma apariencia que el pongo del Viejo[17]. Un sudor negro chorreaba de sus cabezas a sus cuellos[18]; pero eran aún más sucios, apenas levantados sobre el suelo polvoriento del caserío y de la fábrica, entre las nubes de mosquitos y avispas que volaban entre los restos de caña. Todos llevaban sombreros de lana, apelmazados de grasa, por el largo uso.

—*¡Señoray, rimakusk'ayki!* (¡Déjame hablarte, señora!) —insistí, muchas veces, pretendiendo entrar en alguna casa. Pero las mujeres me miraban atemorizadas y con desconfianza. Ya no escuchaban ni el lenguaje de los *ayllus**; les habían hecho perder la memoria; porque yo les hablé con las palabras y el tono de los comuneros, y me desconocieron[19].

---

* Comunidad de indios. (Nota de Arguedas.)

[15] *colonos:* cfr. la nota de Arguedas en el cap. I.
[16] *Mánan:* cfr. la nota 56 del cap. I.
[17] *pongo:* cfr. la nota de Arguedas en el cap. I.
[18] La ed. de 1972 pone «sus cabezas a sus cuellos», en vez de «sus cabezas al cuello» de la ed. príncipe. En este caso, nos parece mejor la lección de 1972.
[19] «El rechazo de la comunicación equivale a la pérdida de la identidad

Y tenía que regresar a la ciudad. Aturdido, extraviado en el valle, caminaba por los callejones hirvientes que van a los cañaverales. Al atardecer, cuando ya no quedaba luz del sol sino en las cumbres, llegaba al pueblo, temiendo desconocer a las personas, o que me negaran. En el Colegio, viéndome entrar al patio, así cubierto de polvo, el Padre Director me llamaba «loco» y «tonto vagabundo» Durante muchos días no podía jugar ni retener lo que estudiaba. En las noches me levantaba y decidía irme, hacer un atado de mi ropa, y cruzar de noche el Pachachaca; alcanzar la otra cumbre y caminar libremente en la puna hasta llegar a Chalhuanca. Pero supe respetar la decisión de mi padre, y esperé, contemplándolo todo, fijándolo en la memoria.

En esos días de confusión y desasosiego, recordaba el canto de despedida que me dedicaron las mujeres, en el último *ayllu* donde residí, como refugiado[20], mientras mi padre vagaba perseguido[21].

Huyendo de parientes crueles pedí misericordia a un *ayllu* que sembraba maíz en la más pequeña y alegre quebrada que he conocido. Espinos de flores ardientes y el canto de las torcazas iluminaban los maizales. Los jefes de familia y las señoras, *mamakunas*[22] de la comunidad, me protegieron y me infundieron la impagable ternura en que vivo.

Cuando los políticos dejaron de perseguir a mi padre, él fue

("memoria"); o sea, al vacío cultural de la sumisión más violenta que pueda imaginarse. Su silencio no es sólo la forma de su miedo; es antes la marca de su lugar social. Así desconocido, no reconocido, Ernesto comprueba que el modelo de la comunicación plena (el habla de los comuneros) ha sido aquí desarticulada. Esta fractura de su rol de emisor pone en duda su propia identidad: volvió al pueblo, leemos, "temiendo desconocer a las personas, o que me negaran". En el colegio, es identificado como "loco" y "tonto vagabundo". La crisis de su rol comunicante reproduce la zozobra de su identidad cultural, de su pertenencia a un orden que carece de substrato social suficiente y que, desde ahora, marca su marginalidad radical» (Ortega, 1982: 44-45).

[20] En lugar de «refugiado», la ed. de 1972 y la de Sybila ponen «refugio».

[21] Mildred Merino consigna que el padre de Arguedas padeció medidas políticas, que lo privaron de su cargo de juez en Puquio, por ejemplo.

[22] *mamakunas:* en quechua, «madres».

a buscarme a la casa de los parientes donde me dejó. Con la culata de su revólver rompió la frente del jefe de la familia, y bajó después a la quebrada. Se emborrachó con los indios, bailó con ellos muchos días. Rogó al Vicario que viniera a oficiar una misa solemne en la capilla del *ayllu*. Al salir de la misa, entre cohetazos y el repique de las campanas, mi padre abrazó en el atrio de la iglesia a Pablo Maywa y Victo Pusa, alcaldes de la comunidad. En seguida montamos a caballo, en la plaza, para comenzar el inmenso viaje. Salimos del caserío y empezamos a subir la cuesta. Las mujeres cantaban el *jarahui*[23] de la despedida:

¡Ay warmallay warma
yuyaykunkim, yuyaykum-
[kim!

Jhatun yurak' ork'o
kutiykachimunki;
abrapi puquio, pampapi
[puquio
yank'atak' yakuyananman.

Alkunchallay, kutiykamun-
[chu
raprachaykipi apaykamun-
[ki.

Riti ork'o, jhatun riti ork'o
yank'atak' ñannimpi riti-
[wak';

¡No te olvides, mi pequeño
no te olvides!

Cerro blanco,
hazlo volver;
agua de la montaña, ma-
[nantial de la pampa

que nunca muera de sed.

Halcón, cárgalo en tus alas

y hazlo volver.
Inmensa nieve, padre de la
[nieve,

---

[23] *jarahui, jarawi* o *harahui*: «Es una canción implorativa, ceremonial o religiosa; se canta en los matrimonios, las cosechas y siembras; se cantaba en las despedidas, al momento de partir el viajero a los viajes muy largos y peligrosos; en los entierros podían cantarse jarahuis, además de los ayatakis o canciones funerarias; también se cantaba al recibir a los viajeros que habían logrado volver de los viajes sumamente peligrosos, y a la vuelta de los trabajos semiforzados del reclutamiento forzoso para el ejército [...] el jarahui es de especialistas mujeres, muy rara vez de hombres» (Arguedas, *Casa de las Américas,* núm. 99, citado en ed. de Sybila). Es de origen prehispánico.

yank'atak wayra
ñannimpi k'ochpaykunki-
[man.
Amas pára amas pára
aypankichu;
amas k'ak'a, amas k'ak'a

ñannimpi tuñinkichu.
¡Ay warmallay warma
kutiykamunki
kutiykamunkipuni!

no lo hieras en el camino.
Mal viento,
no lo toques.

Lluvia de tormenta,
no lo alcances.
¡No, precipicio, atroz preci-
[picio,
no lo sorprendas!
¡Hijo mío,
has de volver,
has de volver![24]

—No importa que llores. Llora, hijo, porque si no, se te puede partir el corazón —exclamó mi padre, cuando vio que apretaba los ojos y trotaba callado.

Desde entonces no dejamos ya de viajar. De pueblo en pueblo, de provincia en provincia, hasta llegar a la quebrada más profunda, a estos feudos de cañaverales. Mi padre se fue demasiado pronto de Abancay, cuando empezaba a descubrir su infierno; cuando el odio y la desolación empezaban a aturdirme de nuevo.

* * *

Los dueños de las haciendas sólo venían al Colegio a visitar al Padre Director. Cruzaban el patio sin mirar a nadie.
—¡El dueño de Auquibamba! —decían los internos.
—¡El dueño de Pati!
—¡El dueño de Yaca!
Y parecía que nombraban a las grandes estrellas[25].

los dueños

---

[24] Similares jarahuis son cantados en *Yawar Fiesta* y *Todas las sangres*.

[25] «El mundo *blanco* de Abancay es poco más que un supuesto, una fuerza superior que domina sin que su presencia sea necesaria. Con este mundo casi no tiene Ernesto relaciones. Los hacendados llegan de vez en cuando al internado y se les recibe como a seres extraterrestres, inalcanzables, poderosísimos» (Cornejo Polar, 1973: 131). «Al suprimir los nombres

El Padre Director iba a celebrar misa para ellos en las capillas de las haciendas. Pero ciertos domingos venían los hacendados al pueblo. Entonces había sermón y canto en la iglesia.

El Padre Director empezaba suavemente sus prédicas. Elogiaba a la Virgen con palabras conmovedoras; su voz era armoniosa y delgada, pero se exaltaba pronto. Odiaba a Chile y encontraba siempre la forma de pasar de los temas religiosos hacia el loor de la patria y de sus héroes. Predicaba la futura guerra contra los chilenos[26]. Llamaba a los jóvenes y a los niños para que se prepararan y no olvidaran nunca que su más grande deber era alcanzar el desquite. Y así, ya exaltado, hablando con violencia, recordaba a los hombres sus otros deberes. Elogiaba a los hacendados; decía que ellos eran el fundamento de la patria, los pilares que sostenían su riqueza. Se refería a la religiosidad de los señores, al cuidado con que conservaban las capillas de las haciendas y a la obligación que imponían entre los indios de confesarse, de comulgar, de casarse y vivir en paz, en el trabajo humilde. Luego bajaba nuevamente la voz y narraba algún pasaje del calvario.

Después de la misa, las autoridades y los hacendados lo esperaban en la puerta de la iglesia; lo rodeaban y lo acompañaban hasta el Colegio[27].

Esos domingos el Padre Director almorzaba con los in-

---

de los hacendados y presentarlos por su dominio sobre la propiedad, el texto agudamente muestra el funcionamiento identificatorio de este modelo de comunicación [...] se basa en la propiedad semifeudal. En lugar de nombres propios su identidad requiere de los nombres del poder, su identidad está en la pirámide de la sociedad y del lenguaje» (Ortega, 1982: 47).

[26] La mayor frustración político-militar del Perú posterior a la Independencia ha sido la derrota ante Chile en la Guerra del Pacífico (1879-1883), a causa de la cual perdió un extenso territorio al sur de sus fronteras. En los años que estudió Arguedas en el colegio había un espíritu de desquite en muchos peruanos, cuando en 1929 debía decidirse el destino peruano o chileno de los departamentos de Tacna (quedaría peruano) y Árica (sería chileno).

[27] Repárese en la diferencia entre esta misa que agrada a las autoridades y los hacendados, y la que obligarán los «colonos» a celebrar al final de la novela.

ternos; presidía la mesa, nos miraba con expresión bondadosa. Resplandecía de felicidad; bromeaba con los alumnos
y se reía. Era rosado, de nariz aguileña; sus cabellos blancos,
altos, peinados hacia atrás, le daban una expresión gallarda
e imponente, a pesar de su vejez. Las mujeres lo adoraban;
los jóvenes y los hombres creían que era un santo, y ante
los indios de las haciendas llegaba como una aparición. Yo
lo confundía en mis sueños; lo veía como un pez de cola
ondulante y ramosa, nadando entre las algas de los remansos, persiguiendo a los pececillos que viven protegidos por
las yerbas acuáticas, a las orillas de los ríos; pero otras veces
me parecía don Pablo Maywa, el indio que más quise, abrazándome contra su pecho al borde de los grandes maizales.

Mercado en Pésac, en el alto Urubamba (Perú).

V

Puente sobre el mundo

> *«¡Pachachaca! Puente sobre el*
> *mundo, significa este nombre.»*

Sólo un barrio alegre había en la ciudad: Huanupata. Debió ser en la antigüedad el basural de los *ayllus,* porque su nombre significa «morro del basural». En ese barrio vivían las vendedoras de la plaza del mercado, los peones y cargadores que trabajaban en menesteres ciudadanos, los gendarmes, los empleados de las pocas tiendas de comercio; allí estaban los tambos[1] donde se alojaban los litigantes de los distritos, los arrieros y los viajeros mestizos. Era el único barrio donde había chicherías[2]. Los sábados y domingos tocaban arpa y violín en las de mayor clientela, y bailaban *huaynos* y marineras[3]. Decían que en esas jara-

---

[1] *tambo:* cfr. la nota 10 del cap. III.
[2] *chichería:* establecimiento donde se hace o se vende la *chicha.* Ahí se bebe, come, canta y baila.
[3] Sobre *arpa* y *huayno* hemos anotado en el cap. II. *Marinera:* baile peruano, de origen limeño. Aunque se lo juzga típico de la música criolla de la Costa (mientras que el *huayno* sería el baile de la sierra por antonomasia), es un baile «que ha alcanzado difusión en todas las regiones del país [...] Ritmo y melodía son vibrantes, y en la coreografía se expresa la persecución del hombre a la mujer [...] Según las regiones, acusa pequeñas diferencias; y así hay una marinera limeña, una marinera norteña y una marinera serrana [...] difieren por los instrumentos que se emplean en su ejecu-

207

nas[4] podían encontrarse mujeres fáciles y aun mestizas que vivían de la prostitución[5].

Oleadas de moscas volaban en las puertas de las chicherías. En el suelo, sobre los desperdicios que arrojaban del interior, caminaba una gruesa manta de moscas. Cuando alguien entraba a las chicherías, las moscas se elevaban del suelo y formaban un remolino. El piso estaba endurecido por el caminar de la gente; las mesas eran bajas, y las bancas pequeñas. Todo era negro de suciedad y de humo. Varias mestizas atendían al público. Llevaban rebozos de Castilla con ribetes de seda, sombreros de paja blanqueados y cintas anchas de colores vivos. Los indios y cholos las miraban con igual libertad. Y la fama de las chicherías se fundaba muchas veces en la hermosura de las mestizas que servían, en su alegría y condescendencia. Pero sé que la lucha por ellas era larga y penosa. No se podía bailar con ellas fácilmente; sus patronas las vigilaban e instruían con su larga y mañosa experiencia. Y muchos forasteros lloraban en las abras de los caminos, porque perdieron su tiempo inútilmente, noche tras noche, bebiendo chicha y cantando hasta el amanecer[6].

---

ción: en Lima, de donde es originaria, intervienen guitarras y *cajón;* en el norte, guitarras, cajón y, además, arpa; en la sierra aumenta el número de instrumentos con charango y violines. Es mestiza, española y negroide» (Tauro, 1987: tomo 4, 1276).

[4] *jarana:* «reunión donde campean el alcohol, una excesiva algazara, cierto desorden y modales desentonados» (Tauro, 1987: tomo 3, 1070).

[5] Las chicherías resultan un espacio «antioficial, en él se conjugan indios, cholos y mestizos: barrio "alegre", lugar de intermediación étnica y social, éste es un espacio de activa comunicación. [...] Es revelador el que este espacio cultural aperture una de las alternativas dinamizadas por el conflicto: la rebelión de las chicheras. También es interesante que sean las mujeres, cuyo rol intermediario es más intenso, quienes cumplan esta ruptura del sistema» (Ortega, 1982: 48-49). Enfatizando su rol en la plasmación del mestizaje (del «nuevo indio», ya mestizo culturalmente), en los años 30 José Uriel García había calificado a las chicherías de «cavernas de la nacionalidad».

[6] «Las dos vías separadas (sexo y sentimientos) que atormentan el ingreso al hemisferio adulto de los alumnos del Colegio, aquí se dan entreveradas, sumadas a la chicha y al baile y, sobre todo, establecidas en una relación de hombre y mujer donde no parece haber dominación, apropiación, sino libre consentimiento de las partes» (Rama, 1980: 78).

Las chicherías recibían gente desde el mediodía, pero sólo en la tarde y en la noche de los sábados y domingos iban los músicos. Cualquier parroquiano podía pedir que tocaran el *huayno* que prefería. Era difícil que el arpista no lo supiera. A las chicherías van más forasteros que a un tambo. Pero ocurría, a veces, que el parroquiano venía de tierras muy lejanas y distintas; de Huaraz, de Cajamarca, de Huancavelica o de las provincias del Collao, y pedía que tocaran un *huayno* completamente desconocido. Entonces los ojos del arpista brillaban de alegría; llamaba al forastero y le pedía que cantara en voz baja. Una sola vez era suficiente. El violinista lo aprendía y tocaba; el arpa acompañaba. Casi siempre el forastero rectificaba varias veces: «¡No; no es así! ¡No es así su genio!». Y cantaba en voz alta, tratando de imponer la verdadera melodía. Era imposible. El tema era idéntico, pero los músicos convertían el canto en *huayno* apurimeño, de ritmo vivo y tierno. *«¡Mánan!»*, gritaban los hombres que venían de las regiones frías; los del Collao se enfurecían, y si estaban borrachos, hacían callar a los músicos amenazándolos con los grandes vasos de chicha. «Igual es, señor», protestaba el arpista. «¡No, *alk'o* (perro)!», vociferaba el collavino. Ambos tenían razón. Pero el collavino cantaba, y los de la quebrada no podían bailar bien con ese canto. Tenía un ritmo lento y duro, como si molieran metal; y si el *huayno* era triste, parecía que el viento de las alturas, el aire que mueve a la paja y agita las pequeñas yerbas de la estepa, llegaba a la chichería. Entonces los viajeros recordábamos las nubes de altura, siempre llenas de amenaza, frías e inmisericordes, o la lluvia lóbrega y los campos de nieve interminables. Pero los collavinos eran festejados. Las mestizas que no habían salido nunca de esas cuevas llenas de moscas, tugurios con olor a chicha y a guarapo[7] ácido, se detenían para oírles.

---

[7] *guarapo:* «bebida popular, obtenida mediante la fermentación del jugo de la caña de azúcar. Se lo considera refrescante y digestivo, si la extracción del jugo es reciente; pero altamente embriagador si la fermentación es dilatada. Hubo pueblos que le agregaron algunas hierbas estimulantes» (Tauro, 1987: tomo 3, 914).

Ellas sabían sólo *huaynos* del Apurímac y del Pachachaca, de la tierra tibia donde crecen la caña de azúcar y los árboles frutales. Cuando cantaban con sus voces delgaditas, otro paisaje presentíamos; el ruido de las hojas grandes, el brillo de las cascadas que saltan entre arbustos y flores blancas de cactus, la lluvia pesada y tranquila que gotea sobre los campos de caña; las quebradas en que arden las flores del pisonay, llenas de hormigas rojas y de insectos voraces:

¡Ay siwar k'enti!	*¡Ay picaflor!*[8]
amaña wayta tok'okachay-	*ya no horades tanto la flor,*
[chu,	
siwar k'enti.	*alas de esmeralda.*
Ama jhina kaychu	*No seas cruel,*
mayupataman urayamus-	*baja a la orilla del río,*
[pa,	
k'ori raphra,	*alas de esmeralda,*
kay puka mayupi	*y mírame llorando junto al*
[wak'ask'ayta	*[agua roja,*
k'awaykamuway.	*mírame llorando.*
K'awaykamuway	*Baja y mírame,*
siwar k'enti, k'ori raphra,	*picaflor dorado,*
llakisk' ayta,	*toda mi tristeza,*
purun wayta kirisk'aykita,	*flor del campo herida,*
mayupata wayta	*flor de los ríos*
sak'esk'aykita.	*que abandonaste.*

Yo iba a las chicherías a oír cantar y buscar a los indios de hacienda. Deseaba hablar con ellos y no perdía la esperanza. Pero nunca los encontré. Cierta vez, entraron a una chichería varios indios traposos[9], con los cabellos más crecidos y sucios que de costumbre; me acerqué para preguntarles si pertenecían a alguna hacienda. *¡Mánan haciendachu kani!* (No soy de hacienda), me contestó con desprecio uno de

---

[8] *picaflor:* colibrí; pájaro-mosca.
[9] *traposo:* «individuo cuyos vestidos están hecho trapos; andrajoso» (Tauro, 1987: tomo 6, 2105).

ellos. Después, cuando me convencí de que los «colonos» no llegaban al pueblo, iba a las chicherías, por oír la música, y a recordar. Acompañando en voz baja la melodía de las canciones, me acordaba de los campos y las piedras, de las plazas y los templos, de los pequeños ríos adonde fui feliz. Y podía permanecer muchas horas junto al arpista o en la puerta de calle de las chicherías, escuchando. Porque el valle cálido, el aire ardiente, y las ruinas cubiertas de alta yerba de los otros barrios, me eran hostiles[10].

* * *

Las autoridades departamentales, los comerciantes, algunos terratenientes y unas cuantas familias antiguas empobrecidas vivían en los otros barrios de Abancay. La mayoría de las casas tenían grandes huertas de árboles frutales. La sombra de los árboles llegaba hasta las calles. Muchas huertas estaban descuidadas, abandonadas; sus muros derruidos, en muchos sitios casi hasta los cimientos. Se veían las raíces de los espinos plantados en la cima de las paredes, las antiguas veredas, desmoronadas y cubiertas de ramas y de mantos de hojas húmedas. Los sapos caminaban en el fondo de las yerbas. Caudalosas acequias de agua limpia, inútil, cruzaban las huertas.

En esos barrios había manzanas enteras sin construcciones, campos en que crecían arbustos y matas de espinos. De la Plaza de Armas hacia el río sólo había dos o tres casas, y luego un campo baldío, con bosques bajos de higuerilla, poblados de sapos y tarántulas. En ese campo jugaban los alumnos del Colegio. Los sermones patrióticos del Padre Director se realizaban en la práctica; bandas de alumnos «peruanos» y «chilenos» luchábamos allí; nos arrojábamos frutos de la higuerilla[11] con hondas de jebe[12], y después, nos

---

[10] La ed. de 1972 y la de Sybila no separan con espacio grande este párrafo del siguiente.
[11] *higuerilla:* arbusto oriundo de África «introducido durante la época colonial, y cuyo crecimiento se ha hecho silvestre» (Tauro, 1987), en muchas partes del Perú. Da como frutos unos piñones.
[12] *jebe:* goma elástica.

lanzábamos al asalto, a pelear a golpes de puño y a empellones. Los «peruanos» debían ganar siempre. En ese bando se alistaban los preferidos de los campeones del Colegio, porque obedecíamos las órdenes que ellos daban y teníamos que aceptar la clasificación que ellos hacían.

Muchos alumnos volvían al internado con la nariz hinchada, con los ojos amoratados o con los labios partidos. «La mayoría son chilenos, padrecito», informaban los «jefes». El Padre Director sonreía y nos llevaba al botiquín para curarnos.

El «Añuco» era un «chileno» artero y temible. Era él el único interno descendiente de una familia de terratenientes.

Se sabía en Abancay que el abuelo del «Añuco» fue un gran hacendado, vicioso, jugador y galante. Hipotecó la hacienda más grande e inició a su hijo en los vicios.

El padre del «Añuco» heredó joven, y dedicó su vida, como el abuelo, al juego. Se establecía en las villas de los grandes propietarios; invitaba a los hacendados vecinos y organizaba un casino en el salón de la casa-hacienda. Tocaba piano, cantaba, y era galante con las hijas y las esposas de los terratenientes. Las temporadas que él pasaba en los palacios de las haciendas se convertían en días memorables. Pero al cabo, se quedó sin un palmo de tierra. Sus dos haciendas cayeron en manos de un inmigrante que había logrado establecer una fábrica en el Cuzco, y que estaba resuelto a comprar tierras para ensayar el cultivo del algodón.

Contaban en Abancay que el padre del «Añuco» pasó los tres últimos años de su vida en la ciudad. Habitaba su propia casa; una mansión desmantelada, con una huerta de árboles inútiles y de yerbas que se secaban en el invierno y renacían con las lluvias del verano. El señor decidía suicidarse casi todos los días. Iba a la iglesia y rezaba; se despedía del mundo contemplando el cielo y las montañas; luego se dirigía a su casa caminando con pasos firmes. Al principio, sus vecinos y los pocos amigos que tenía en el pueblo, lo observaban con temor y con cierto alivio. Sabían cuál era su decisión. Pero a la mañana siguiente, se abría la puerta, y el señor aparecía, siempre abrigado con una amplia capa española. Contaban que una vez lo vieron, antes de la hora del rosario, armando un nudo corredizo en un naranjo de la huerta; que dejó la cuerda suspendida y trajo del interior de la casa dos cajones, y los puso uno encima del otro. Y que así, ya parecía todo resuelto. Pero el ex hacendado esperó, apoyado en el árbol. Y cuando a la hora del rosario tocaron las campanas, salió a la calle, se dirigió lentamente a la iglesia, y volvió. Pero ya no pasó a la huerta. Se quedó en las habitaciones interiores. No deshizo en los días siguientes la horca que había armado, y los cajones quedaron junto al árbol.

El «Añuco» era hijo natural de ese señor. Los frailes del Colegio lo recogieron cuando tenía nueve años, poco antes que muriera el padre. La casa fue vendida para pagar las últimas deudas que dejó el caballlero.

A pesar de su absoluta pobreza, el «Añuco» era distinguido en el Colegio. Los hacendados que visitaban a los Padres le dirigían a veces la palabra; y se aseguraba que algunos dejaban dinero para sus gastos de libros y propinas. Pero él lo negaba con violencia, y atropellaba a quien lo insinuara. «¡A mí me mantienen los Padres!», gritaba.

El «Añuco» tenía un protector: Lleras, el campeón de garrocha, de carreras de velocidad y *back* insustituible del equipo de fútbol. Lleras era el estudiante más tardo del Colegio; no se conocía bien su origen, y los Padres lo protegían. Había repetido tres veces el primer año de media, pero era el más fuerte, y nadie en el pueblo dejaba de temerle. Había destrozado a todos los estudiantes y a los jóvenes del pueblo que pelearon con él. Era altanero, hosco, abusivo y caprichoso. Sin embargo, muchos domingos, después de las competencias de fútbol, cuando el equipo del Colegio derrotaba a los clubes del pueblo o a los equipos de otras provincias, los alumnos lo llevábamos en hombros, desde el Estadio hasta el Colegio. Gritábamos su nombre por las calles. Iba él en medio del tumulto, con un semblante frío y displicente; muy raras veces parecían conmoverle nuestros aplausos. El «Añuco» era entonces el héroe, el engreído. Le hacíamos un espacio delante del campeón, y saltaba solo, chillaba el nombre de Lleras, echaba ajos y voceaba grandes interjecciones. Formaba otra multitud separada, celebraba su fiesta. Pero ocurría, a veces, que después de una gran competencia en que Lleras había decidido el triunfo, al concluir el *match*, empezaba a vestirse lentamente y con expresión de desafío. El «Añuco» le alcanzaba su ropa, empaquetaba los zapatos de juego, la chompa[13]. Y se erguían ambos: «¡Fuera de aquí!», gritaba Lleras; «¡Largo, perros! ¡Sarnas!», agregaba el «Añuco». Y nos dispersaban en el campo. Nadie entonces podía felicitarlos, ni el Padre Director se atrevía a acercarse a Lleras. Sólo en la noche lo llevaba a la capilla del Colegio; lo abrazaba, y así juntos, iban hasta la capilla. Casi siempre, Lleras salía con los ojos hundidos, pero con el semblante despejado. Y durante algunos días no torturaba a los pequeños, comía y almorzaba sin hablar con nadie. La misma sombra dominaba al «Añuco».

El «Añuco» aparecía bruscamente entre los «chilenos». Atacaba como un gato endemoniado. Era delgado; tendría entonces catorce años. Su piel era delicada, de una blancura desagradable que le daba apariencia de enfermizo; pero sus brazos flacos y duros, a la hora de la lucha se convertían en fieras armas de combate; golpeaba con ambas manos, como si hiriera con los extremos de dos troncos delgados. Nadie lo estimaba. Los alumnos nuevos, los que llegaban de las provincias lejanas, hablaban con él durante algunos días. El «Añuco» trataba de infundirles desconfianza y rencor por todos los internos. Era el primero en acercarse a los nuevos, pero acababa siempre por cansarlos; y se convertía en el primer adversario de los recién llegados. Si era mayor, lo insultaba con las palabras más inmundas, hasta ser atacado, para que Lleras interviniera; pero si reñía con algún pequeño lo golpeaba encarnizadamente. En las guerras era feroz. Hondeaba con piedras y no con frutos de higuerilla. O intervenía sólo en el «cuerpo a cuerpo», pateando por detrás, atropellando a los que estaban de espaldas. Y cambiaba de «chileno» a «peruano», según fuera más fácil el adversario, por pequeño o porque estuviera rodeado de mayor

---

[13] *chompa:* jersey.

número de enemigos. No respetaba las reglas. Se sentía feliz cuando alguien caía derribado en una lucha en grupo, porque entonces se acomodaba hábilmente para pisotear el rostro del caído o para darle puntapiés cortos, como si todo fuera casual, y sólo porque estaba cegado por el juego. Sin embargo, alguna vez, su conducta era distinta. Al «Añuco» se le llegó a prohibir que jugara a las «guerras». A pesar de Lleras, en una gran asamblea, lo descalificamos, por «traicionero» y «vendepatria». Pero él intervenía casi siempre, cuando no iba a escalar los cerros con Lleras, o a tomar chicha y a fastidiar a las mestizas y a los indios. Llegaba repentinamente; aparecía en los bosques de higuerilla, saltaba de una tapia o subía del fondo de alguna zanja; y a veces peleaba a favor de cualquier pequeño que estuviera perseguido o que había sido tomado prisionero y estaba en el «cuartel», escoltado por varios «guardias». Se lanzaba como una pequeña fiera, gruñía, mordía, arañaba y daba golpes contundentes y decisivos. «¡Fuera, sarnas! ¡Tengo mal de rabia!», gritaba, con los ojos brillantes, que causaban desconcierto; se lanzaba a luchar de verdad, y sus adversarios huían. Pero muchas veces, cuando el «Añuco» caía entre algún grupo de alumnos que lo odiaban especialmente, era golpeado sin piedad. Gritaba como un cerdo al que degüellan, pedía auxilio y sus chillidos se oían hasta el centro del pueblo. Exageraba sus dolores, gemía durante varios días. Y los odios no cesaban, se complicaban y se extendían.

* * *

En las noches, algunos internos tocaban la armónica en los corredores del primer patio; otros preferían esconderse en el patio de recreo, para fumar y contar historias de mujeres. El primer patio era empedrado. A la derecha del portón de entrada estaba el edificio; a la izquierda sólo había una alta pared desnuda y húmeda. Junto a esa pared había un gran caño de agua con un depósito cuadrangular de cal y canto, muy pequeño. Viejos pilares de madera sostenían el corredor del segundo piso y orillaban el patio. Tres fo-

215

cos[14] débiles alumbraban el corredor bajo; el patio quedaba casi en la sombra. A esa hora, algunos sapos llegaban hasta la pila y se bañaban en la pequeña fuente o croaban flotando en las orillas. Durante el día se escondían en las yerbas que crecían junto al chorro.

Muchas veces, tres o cuatro alumnos tocaban *huaynos* en competencia. Se reunía un buen público de internos para escucharlos y hacer de juez. En cierta ocasión cada competidor tocó más de cincuenta *huaynos*. A estos tocadores de armónica les gustaba que yo cantara[15]. Unos repetían la melodía; los otros «el acompañamiento», en las notas más graves; balanceaban el cuerpo, se agachaban y levantaban con gran entusiasmo, marcando el compás. Pero nadie tocaba mejor que Romero, el alto y aindiado rondinista[16] de Andahuaylas.

El patio interior de recreo era de tierra. Un pasadizo largo y sin pavimento comunicaba el primer patio con este campo. A la derecha del pasadizo estaba el comedor, cerca del primer patio; al fondo, a un extremo del campo de juego, tras de una pared vieja de madera, varios cajones huecos, clavados sobre un canal de agua, servían de excusados. El canal salía de un pequeño estanque.

Durante el día más de cien alumnos jugaban en ese pequeño campo polvoriento. Algunos de los juegos eran brutales; los elegían los grandes y los fuertes para golpearse, o para ensangrentar y hacer llorar a los pequeños y a los débiles. Sin embargo, muchos de los alumnos pequeños y débiles preferían, extrañamente, esos rudos juegos; aunque durante varios días se quejaban y caminaban cojeando, pálidos y humillados.

Durante las noches, el campo de juego quedaba en la oscuridad. El último foco de luz era el que alumbraba la pared[17] del comedor, a diez metros del campo.

---

[14] *foco:* «bombilla de cristal que se emplea en el alumbrado eléctrico» (Tauro, 1987: tomo 2, 816).

[15] Arguedas poseía hermosa voz y cantaba con frecuencia en reuniones de amigos (cfr. el testimonio de Sybila, quien lo conoció cuando él estaba cantando). Hay grabaciones de Arguedas cantando.

[16] *rondinista:* músico que toca el *rondín* (armónica).

[17] En vez de «pared», la ed. de 1972 coloca «puerta».

Ciertas noches iba a ese patio, caminando despacio, una mujer demente, que servía de ayudante en la cocina. Había sido recogida en un pueblo próximo por uno de los Padres. No era india; tenía los cabellos claros y su rostro era blanco, aunque estaba cubierto de inmundicia. Era baja y gorda. Algunas mañanas la encontraron saliendo de la alcoba del Padre que la trajo al Colegio. De noche, cuando iba al campo de recreo, caminaba rozando las paredes, silenciosamente. La descubrían ya muy cerca de la pared de madera de los excusados, o cuando empujaba una de las puertas. Causaba desconcierto y terror. Los alumnos grandes se golpeaban para llegar primero junto a ella, o hacían guardia cerca de los excusados, formando una corta fila. Los menores y los pequeños nos quedábamos detenidos junto a las paredes más próximas, temblando de ansiedad, sin decirnos una palabra, mirando el tumulto o la rígida espera de los que estaban en la fila. Al poco rato, mientras aún esperaban algunos, o seguían golpeándose en el suelo, la mujer salía a la carrera, y se iba. Pero casi siempre alguno la alcanzaba todavía en el camino y pretendía derribarla. Cuando desaparecía en el callejón, seguía el tumulto, las increpaciones, los insultos y los pugilatos entre los internos mayores.

Jamás peleaban con mayor encarnizamiento; llegaban a patear a sus competidores[18] cuando habían caído al suelo; les clavaban el taco del zapato en la cabeza, en las partes más dolorosas. Los menores no nos acercábamos mucho a ellos. Oíamos los asquerosos juramentos de los mayores; veíamos cómo se perseguían en la oscuridad, cómo huían algunos de los contendores, mientras el vencedor los amenazaba y ordenaba a gritos que en las próximas noches ocuparan un lugar en el rincón de los pequeños. La lucha no cesaba hasta que tocaban la campana que anunciaba la hora de ir a los dormitorios; o cuando alguno de los Padres llamaba a voces desde la puerta del comedor, porque había escuchado los insultos y el vocerío.

---

[18] La ed. de 1972 cambia «competidores» por «compinches», lo cual malogra el sentido, porque no se trata de patear a los cómplices o colaboradores, sino a los que compiten contra él.

En las noches de luna la demente no iba al campo de juego.

* * *

El «Añuco» y Lleras miraban con inmenso desprecio a los contusos de las peleas nocturnas. Algunas noches contemplaban los pugilatos desde la esquina del pasadizo. Llegaban cuando la lucha había empezado, o cuando la violencia de los jóvenes cedía, y por la propia desesperación organizaban una fila.

—¡A ver, criaturas! ¡A la fila! ¡A la fila! —gritaba el «Añuco», mientras Lleras reía a carcajadas. Se refería a nosotros, a los menores, que nos alejábamos a los rincones del patio. Los grandes permanecían callados en su formación, o se lanzaban en tumulto contra Lleras; él corría hacia el comedor, y el grupo de sus perseguidores se detenía.

Un abismo de odio separaba a Lleras y «Añuco» de los internos mayores. Pero no se atrevían a luchar con el campeón.

Hasta que cierta noche ocurrió algo que precipitó aún más el odio a Lleras.

El interno más humilde y uno de los más pequeños era Palacios. Había venido de una aldea de la cordillera. Leía penosamente y no entendía bien el castellano. Era el único alumno del Colegio que procedía de un *ayllu* de indios. Su humildad se debía a su origen y a su torpeza. Varios alumnos pretendimos ayudarle a estudiar, inútilmente; no lograba comprender y permanecía extraño, irremediablemente alejado del ambiente del Colegio, de cuanto explicaban los profesores y del contenido de los libros. Estaba condenado a la tortura del internado y de las clases. Sin embargo, su padre insistía en mantenerlo en el Colegio, con tenacidad invencible. Era un hombre alto, vestido con traje de mestizo; usaba corbata y polainas. Visitaba a su hijo todos los meses. Se quedaba con él en la sala de recibo, y le oíamos vociferar encolerizado. Hablaba en castellano, pero cuando se irritaba, perdía la serenidad e insultaba en quechua a su hijo. Palacitos se quejaba, imploraba a su padre que lo sacara del internado.

218

—¡Llévame al Centro Fiscal, papacito! —le pedía en quechua.

—¡No! ¡En Colegio! —insistía enérgicamente el cholo[19].

Y luego se iba. Dejaba valiosos obsequios para el Director y para los otros frailes. Traía cuatro o cinco carneros degollados y varias cargas de maíz y de papas.

El Director llamaba a Palacitos luego de cada visita del padre. Tras una larga plática, Palacitos salía aún más lloroso que del encuentro con su padre, más humilde y acobardado, buscando un sitio tranquilo donde llorar. A veces la cocinera podía hacerlo entrar en su habitación, cuidando de que los Padres no lo vieran. Nosotros le disculpábamos ante el profesor, y Palacitos pasaba la tarde, hasta la hora de la comida, en un extremo de la cocina, cubierto con algunas frazadas sucias. Sólo entonces se calmaba mucho. Salía de la cocina con los ojos un poco hinchados, pero con la mirada despejada y casi brillante. Conversaba algo con nosotros y jugaba. La demente lo miraba con cierta familiaridad, cuando pasaba por la puerta del comedor.

Lleras y «Añuco» se cansaron de molestar a Palacitos. No era rebelde, no podía interesarles. Al cabo de un tiempo, el «Añuco» le dio un puntapié y no volvió a fijarse en él.

Pero una noche, la demente fue al patio de recreo en forma inusitada; debió de caminar con gran sigilo, porque nadie la descubrió. De pronto oímos la voz de Palacitos que se quejaba.

—¡No! ¡No puedo! ¡No puedo, hermanito!

Lleras había desnudado a la demente, levantándole el traje hasta el cuello, y exigía que el humilde Palacios se echara sobre ella. La demente quería, y mugía, llamando con ambas manos al muchacho.

Se formó un tropel. Corrimos todos. La oscuridad no era tan grande. Era una noche sin nubes y muy estrellada. Vimos a Palacios cerca de la puerta, dentro de la pared de ma-

---

[19] *cholo:* «mestizo de indio con español o cualquier otro grupo extranjero, pero con preponderancia del elemento indígena» (Tauro, 1987: tomo 2, 677).

dera; en el suelo se veía también el cuerpo de la demente. Lleras estaba frente a la puerta.

—¿Qué quieren, perros? —habló a gritos—. ¡Fuera, fuera! ¡Aquí está el doctor Palacios, el doctor Palacios!

Iba a reírse, pero saltamos sobre él. Y entonces llamó con voz desesperada.

—¡Auxilio, Padres, auxilio!

La demente pudo escapar. No se dirigió al callejón; astutamente, corrió hacia el otro extremo del campo. Dos Padres vinieron al patio.

—Me han querido *huayquear**, Padre —se quejó Lleras.

Los demás no pudieron decir nada.

—¿Por qué? —preguntó uno de los Padres.

—Ustedes saben, Padre, que es un matón, un abusivo —contestó Romero, el mayor de todos.

—¿Qué he hecho? ¡Digan qué he hecho! —preguntó cínicamente Lleras.

—Ha querido abusar de Palacios, como un demonio, suciamente...

—¿Suciamente? ¿Qué es eso? —preguntó uno de los Padres, con aparente ira.

—Pretextos, Padrecito —contestó el Añuco—. Le tienen envidia por sus campeonatos.

—¡Estupideces de malcriados! ¡A dormir! ¡Largo de aquí todos! —ordenó el Padre[20].

Lleras corrió primero. Todos fuimos tras él.

Ya en el dormitorio, Romero desafió a Lleras.

—Mañana en la noche —dijo Lleras.

—¡Ahora mismo! —pidió Romero.

—¡Ahora mismo! —clamamos todos.

Pero el Director empezó a caminar frente al dormitorio.

---

* Golpear entre muchos a uno solo. (Nota de Arguedas.)

---

[20] Varios críticos han enfatizado cómo los Padres del Colegio fingen no darse cuenta de la degradación sexual reinante; así, Márquez (1994: 44) anota en este pasaje: «Es esta actitud la que es verdaderamente repudiable, ya que lejos de extirpar el mal, con su indiferencia condona y estimula la falta.»

Palacios no se atrevía a mirar a nadie. Se acostó vestido y se cubrió la cabeza con las mantas.

El «Añuco» miró a Romero antes de entrar en su cama, y le dijo:

—¡Pobrecito, pobrecito!

Romero estaba decidido y no contestó al «Añuco»; no se volvió siquiera hacia él.

Luego el Padre Director apagó las luces. Y nadie más volvió a hablar.

A pesar de nuestra gran ansiedad el desafío no pudo realizarse. El Director prohibió que durante la semana fuéramos al patio interior.

Lleras y su amigo fumaban en los sitios ocultos del corredor, o se paseaban abrazados. Nadie se acercaba a ellos. El «Añuco» corría a la fuente, cuando oía croar a los sapos, y lanzaba pequeñas piedras al depósito de agua, o daba golpes en los bordes del estanque, con un palo largo de leña. «¡Malditos, malditos!», exclamaba; y golpeaba ferozmente. «Va uno, Lleras. Le rompí el cuerpo», decía jubilosamente. Y venía al pie del foco para ver si el palo tenía sangre.

Pasaron los días y Romero perdió su coraje. Dejó de hablar sobre sus planes para derrotar a Lleras, del método que iba a emplear para fundirlo y humillarlo. «Llegó por fin la hora», nos había prometido: «Le romperé la nariz. Han de ver chorreando sangre a ese maldito.» Y podía haberlo conseguido. Romero era delgado, pero ágil y fuerte; sus piernas tenían una musculatura poderosa; jugaba de centro *half* en el equipo del Colegio; chocaba con adversarios más altos y gruesos y los derribaba; o saltaba como un mono, esquivando diestramente a grupos de jugadores. Teníamos una gran fe en él. Sin embargo, fue callando día a día. Y nadie quiso obligarlo. Lleras era mañoso, experimentado y feroz. «Si se ve perdido puede clavarle un cuchillo a Romero», dijo uno de los internos.

Pero Lleras tampoco recordó el compromiso[21]. El do-

---

[21] Primera muestra del deterioro del terrible poder de Lleras entre los alumnos del Colegio. Una página después, el narrador opina: «Creo que desde entonces Lleras decidió fugar del Colegio...».

mingo siguiente salieron primero, él y su amigo. No los vimos en el pueblo ni en el campo de fútbol. No vinieron a almorzar al Colegio. Dijeron después que habían ido a escalar montes y que consiguieron llegar hasta las primeras nieves del Ampay[22].

Palacios huía de Lleras y del «Añuco». Se protegía caminando siempre con nosotros; sentándose a nuestro lado. Su terror hizo que confiara algo más en sus compañeros de clase.

—Si lo viera en mi pueblo, con mi padre lo haría matar —me dijo en aquellos días en que esperábamos la pelea. Temblaba un poco mientras hablaba. Y por primera vez vi que una gran resolución endureció su mirada y dio a su rostro una expresión resplandeciente. Sus mejillas enrojecieron.

Su padre vino a visitarlo cuando el desafío se había frustrado. Poco después de la visita me llamó a nuestro salón de clase. Junto a la mesa del profesor me habló en voz muy baja.

—Oye, hermanito, dale esto a Romero. Mi padre me lo ha regalado porque le he ofrecido pasar de año.

Y puso en mis manos una libra de oro brillante, que parecía recién acuñada.

—¿Y si no quiere?

—Ruégale. Nadie sabrá. Si no quiere, dile que me escaparé del Colegio.

Fui donde Romero. Lo llevé al internado. Era cerca de las seis de la tarde y todos los alumnos estaban en los patios. Le entregué la libra. Primero enrojeció, como ante un gran insulto, luego me dijo: «No; yo no puedo aceptar; soy un perro.» «Tú ya has humillado al Lleras —le contesté en voz alta—. ¿No lo ves? Hace muchos días que no impera como

---

[22] Debe ser buscado que el monte se llame Ampay, dado que, en el juego infantil de las «escondidas» (un niño debe salir a buscar a otros, los cuales se han escondido mientras él contaba un número prefijado, tapados los ojos) los que se salvan de ser descubiertos llegan al punto de salvación exclamando: ¡Ampay! (palabra quechua que, en ese idioma, se usa en los juegos de niños).

222

antes, que no abofetea a los chicos. Grita, resondra[23] y amenaza; pero no tiene valor para tocarnos. Mejor que no peleaste. Le has puesto un bozal sin haberle derrotado.» Y como siguió dudando y no levantaba los ojos, yo continué hablándole. Me aturdía verle con la mirada baja, siendo tan mayor y llevándome tantos grados de estudios. «¿No ves cómo Palacitos ha cambiado? —le dije—. Tú tendrías la culpa si huye del Colegio.» Recibió la moneda. Y se decidió a mirarme. «Pero no la voy a gastar —dijo—. La guardaré para recuerdo.» Luego pudo sonreír. en oro

Y Palacios llegó a ser un buen amigo de Romero. No de pronto, sino lentamente. Este hecho, por sí mismo, se convirtió en una especie de advertencia a Lleras. Creo que desde entonces Lleras decidió fugar del Colegio, aun teniendo en cuenta que debería abandonar al «Añuco», dejándolo tan inerme, tan bruscamente hundido.

* * *

La demente no volvió a ir al patio oscuro, varias semanas.

Muchos internos se impacientaron. Uno de ellos, que era muy cobarde, a pesar de su corpulencia, llegó a maldecir. Le llamaban «Peluca», porque su padre era barbero. «Peluca» se escondía en los excusados y aun bajo los catres, cuando alguno de los Padres llevaba al patio de juego los guantes de box. Tenía una constante expresión lacrimosa, semejante a la de los niños que contienen el llanto.

—«Peluca», no llores. No seas así —le decían sus compañeros de clase y los internos. Él enrojecía de ira; rompía sus cuadernos y sus libros. Y cuando lo exasperaban, llamándole en coro, llegaba a derramar lágrimas.

---

[23] *resondrar:* «injuriar, colmar de improperios a una persona, de una manera vulgar y no pocas veces cómica» (Tauro, 1987: tomo 5, 1783). De modo inadecuado, la ed. de 1972 cambia «resondra» por un vocablo difícil de escuchar en Perú: «rezonga».

—«Peluquita», no seas triste.

—«Peluquita», traeré a mi abuela para que te consuele.

—¡Agú, «Peluquita»! —le decían.

Debía tener 19 o 20 años. Su cuello era ancho, su nuca fuerte, como la de un toro; sus manos eran grandes. Tenía piernas musculosas; durante las vacaciones trabajaba en el campo. Al principio creyeron que podría boxear. Contaban los alumnos que temblaba mientras le aseguraban los guantes; que su rival, a pesar de todo, lo miraba con desconfianza. Pero cuando recibió el primer golpe en la cara, «Peluca» se volvió de espaldas, se encogió y no quiso seguir luchando. Lo insultaron; los propios Padres le exigieron, lo avergonzaron, con las palabras más hirientes; todo fue inútil, se negó a dar cara a su contendor. El Padre Cárpena, que era aficionado al deporte, no pudo contenerse, le dio un puntapié y lo derribó de bruces.

Sin embargo, en el patio interior, cuando veía llegar a la demente, el «Peluca» se transfiguraba. Aprovechaba el desconcierto del primer instante para que no lo rezagaran. Decían que entonces se portaba con una astucia que enloquecía a los demás. Y luego huía al patio de honor, cerca de los Padres. Muchas veces, ciegos de ira, los otros internos pretendían separarlo de la demente, con terribles golpes; pero decían que la demente lo abrazaba con invencible fuerza. Y «Peluca» salía de los excusados entre una lluvia de puntapiés. Muy raras veces lo dejaban atrás; y en una de aquellas ocasiones rompió la pared de madera de un solo puñetazo.

A la cuarta semana de espera, luego del incidente de Palacitos y la opa[24], «Peluca» fue presa de gran impaciencia. No hablaba, caminaba agitadamente; subía y bajaba las escaleras que conducían a los dormitorios. Profería obscenas maldiciones. No oía los insultos y las burlas con que acostumbraban herirlo.

---

[24] *opa:* «(quechua y aymara: "tonto, necio, bobo"): término despectivo, que en diversas circunscripciones del país, y principalmente entre los pueblos andinos, tiene igual acepción que en quechua. Es indistintamente aplicado a los idiotas y a quienes padecen algún defecto que les impide expresarse con fluidez o comprender con presteza (p. ej.: los sordomudos)» (Tauro, 1987: tomo 4, 1466).

—Oye, «Peluca»; oye, bestia —le llamaban.
—¡Qué amorcito a la demente!
—¡Se muere, se muere por ellita!
—¡Miren cómo llora!
Y reían todos.

Pero a él no le importaba ya; estaba demasiado pendiente de su propia impaciencia.

El aislamiento de sí mismo que el «Peluca» había logrado alcanzar a causa de la devoradora espera, exasperó a los internos. Y lo atacaron, una noche, en el patio interior.

—Ya no nos oye el «Peluca» —se quejaron varios.
—Hay que sacudirlo a fondo —recomendó otro.

Entonces era noche de luna. La tierra casi blanca del patio interior y las paredes encaladas iluminaban el campo de juego. El «Peluca» entró al campo, solo. Los internos formaron una especie de cerco tras él, y lo encerraron. El «Peluca» no lo advirtió; siguió caminando en el patio; y cuando se volvió, porque había llegado junto a los estudiantes que estaban frente a él, vio que lo habían rodeado. Le empezaron a llamar, entonces:

—¡Mueres, «Peluca»!
—¡Por la inmunda chola[25]!
—¡Por la demente!
—¡Asno como tú!
—¡Tan doncella que es!
—¡La doncella! ¡Tráiganle la doncellita al pobrecito! ¡Al «Peluquita»!

Quedó paralizado en el centro del corro. Los internos siguieron gritándole. Luego, él se repuso, y acercándose al sitio donde estaban los alumnos más grandes, lanzó un juramento con voz firme y ardiente.

—¡Silencio, *k'anras!**. ¡Silencio!

---

* Asquerosos. (Nota de Arguedas.)

---

[25] *chola*: Además del significado registrado en la nota 19 de este capítulo, *cholo (chola)* puede ser un término despectivo o injuriante, alimentado por un racismo que considera inferiores o vulgares a los que no son «blancos».

Se paró frente a Ismodes y le habló. Ismodes era cerdón[26] y picado de viruela.

—¡Yo te he visto, *k'anra!* —le dijo—. Te he visto aquí, en el suelo, junto a los cajones, refregándote solo, como un condenado. ¡Casi te saltaban los ojos, chancho!

—Y tú ¡Anticristo! —le dijo a Montesinos—. ¡Tú también, en el mismo sitio! Te restregabas contra la pared, ¡perro!

Y fue señalando a todos y acusándolos del mismo crimen.

A Romero le habló de forma especial.

—Tú, a medianoche, en tu cama; acezando como animal con mal de rabia. ¡Aullando despacito! ¡Sólo el Lleras y yo somos cristianos valientes! ¡Te vas a condenar, *k'anra!* ¡Todos, todos ustedes van a revolcarse en el infierno!

Nadie lo detuvo. Se fue con la cabeza levantada, rompiendo el corro; orgulloso, como ninguno podía mostrarse.

Los internos se dispersaron, procurando no rozar mucho el suelo, no levantar ningún ruido; como si en el patio durmiera un gran enemigo, un *nakak'* *.

Durante el rosario, después de la comida, lloraron algunos de los pequeños. El Padre Director se sorprendió mucho. Pero se sintió muy satisfecho del sollozo intenso de los alumnos. Por única vez el rosario fue coreado con gran piedad y fervor.

* * *

El patio oscuro fue desde entonces más temido e insondable para muchos de los internos menores. Desde el patio empedrado, donde cantábamos *huaynos* jocosos y alegres, donde conversábamos plácidamente, oyendo y contando interminables historias de osos, ratones, pumas y cóndores; desde el río pequeño de Abancay, el Mariño cristalino, al tiempo que construíamos estanques cerrando la corriente,

---

* Degollador de seres humanos. (Nota de Arguedas.)

[26] *cerdón:* cerdoso (ed. de Sybila).

226

no podíamos salvarnos del súbito asalto del temor a ese patio.

Las palabras del «Peluca» definieron un antiguo presentimiento. Yo sabía que los rincones de ese patio, el ruido del agua que caía al canal de cemento, las yerbas pequeñas que crecían escondidas detrás de los cajones, el húmedo piso en que se recostaba la demente y donde algunos internos se revolvían, luego que ella se iba, o al día siguiente, o cualquier tarde; sabía que todo ese espacio oculto por los tabiques de madera era un espacio endemoniado. Su fetidez nos oprimía, se filtraba en nuestro sueño; y nosotros, los pequeños, luchábamos con ese pesado mal, temblábamos ante él, pretendíamos salvarnos, inútilmente, como los peces de los ríos, cuando caen en el agua turbia de los aluviones. La mañana nos iluminaba, nos liberaba; el gran sol alumbraba esplendorosamente, aun sobre las amarillas yerbas que crecían bajo el denso aire de los excusados. Pero el anochecer, con el viento, despertaba esa ave atroz que agitaba su ala en el patio interior. No entrábamos solos allí, a pesar de que un ansia oscura por ir nos sacudía. Algunos, unos pocos de nosotros, iban, siguiendo a los más grandes. Y volvían avergonzados, como bañados en agua contaminada; nos miraban con temor; un arrepentimiento incontenible los agobiaba. Y rezaban casi en voz alta en sus camas, cuando creían que todos dormíamos.

Una noche, vi levantarse a Chauca. Descalzo y medio desnudo salió al corredor. Un foco rojo, opaco, alumbraba brumosamente el dormitorio. Chauca era rubio y delgado. Abrió con gran cuidado la puerta, y se fue. Llevaba una correa de caucho en la mano. Al poco rato volvió. Tenía los ojos llenos de lágrimas y temblaban sus manos. Besó la correa de caucho, y se acostó muy despacio. Su cama estaba frente a la mía, en un extremo del dormitorio. Permaneció unos instantes recostado sobre los fierros del catre; siguió llorando, hasta que se cubrió con las frazadas. A la mañana siguiente despertó muy alegre; cantando un hermoso carnaval de su pueblo fue a lavarse a la pila del patio; bajó las escaleras corriendo; pasó el patio a saltos y rodeó el pequeño estanque, bailando; gritó burlonamente a los pequeños sapos, salpicándoles chorros de agua. Su alegría, la limpidez de sus ojos, contagiaba. Ni una sombra había en su alma; estaba jubiloso, brillaba la luz en sus pupilas. Supe después que en la noche se había flagelado frente a la puerta de la capilla.

* * *

Yo esperaba los domingos para lanzarme a caminar en el campo. Durante los otros días refrenaba el mal recordando a mi padre, concibiendo grandes hazañas que intentaría realizar cuando fuera hombre; dedicando mi pensamiento a esa joven alta, de rostro hermoso, que vivía en aquel pueblo salvaje de las huertas de capulí. Y con ella, recordando su imagen, me figuraba otras niñas más jóvenes; alguna que acaso pudiera mirarme con más atención, que pudiera adivinar y tomar para sí mis sueños, la memoria de mis viajes, de los ríos y montañas que había visto, de los precipicios y grandes llanuras pobladas de lagos que había cruzado. Debía ser delgada y pequeña, de ojos azules, y de trenzas.

Pero yo también, muchas tardes, fui al patio interior tras de los grandes, y me contaminé, mirándolos. Eran como los duendes, semejantes a los monstruos que aparecen en las pesadillas, agitando sus brazos y sus patas velludas. Cuando volvía del patio oscuro me perseguía la expresión de algunos de ellos; la voz angustiosa, sofocada y candente con que se aquejaban o aullaban triunfalmente. Había aún luz a esa hora, el crepúsculo iluminaba los tejados; el cielo amarillo, meloso, parecía arder. Y no teníamos adónde ir. Las paredes, el suelo, las puertas, nuestros vestidos, el cielo de esa hora, tan raro, sin profundidad, como un duro techo de luz dorada; todo parecía contaminado, perdido o iracundo. Ningún pensamiento, ningún recuerdo podía llegar hasta el aislamiento mortal en que durante ese tiempo me separaba del mundo. Yo que sentía tan mío aun lo ajeno: ¡Yo no podía pensar, cuando veía por primera vez una hilera de sauces hermosos, vibrando a la orilla de una acequia, que esos árboles eran ajenos! Los ríos fueron siempre míos; los arbustos que crecen en las faldas de las montañas, aun

228

las casas de los pequeños pueblos, con su tejado rojo cruzado de rayas de cal; los campos azules de alfalfa, las adoradas pampas de maíz. Pero a la hora en que volvía de aquel patio, al anochecer, se desprendía de mis ojos la maternal imagen del mundo[27]. Y llegada la noche, la soledad, mi aislamiento, seguían creciendo. Estaba rodeado de niños de mi edad y de la otra gente, pero el gran dormitorio era más temible y desolado que el valle profundo de Los Molinos donde una vez quedé abandonado, cuando perseguían a mi padre.

El valle de Los Molinos era una especie de precipicio, en cuyo fondo corría un río pequeño, entre inmensas piedras erizadas de arbustos. El agua bullía bajo las piedras. En los remansos, casi ocultos bajo la sombra de las rocas, nadaban, como agujas, unos peces plateados y veloces. Cinco molinos de piedra, escalonados en la parte menos abrupta de la quebrada, eran movidos por la misma agua. El agua venía por un acueducto angosto, abierto por los españoles, hecho de cal y canto y con largos socavones horadados en la roca. El camino que comunicaba ese valle y los pueblos próximos era casi tan angosto como el acueducto, y así como él, colgado en el precipicio, con largos pasos bajo techo de rocas; los jinetes debían agacharse allí, mirando el río que hervía en el fondo del barranco. La tierra era amarilla y ligosa[28]. En los meses de lluvia el camino quedaba cerrado; en el barro amarillo resbalaban hasta las cabras cerriles. El sol llegaba tarde y desaparecía poco después del mediodía; iba subiendo por las faldas rocosas del valle, elevándose lentamente como un líquido tibio. Así, mientras las cumbres

---

[27] La «maternal imagen del mundo» es la andina, de comunión cósmica («sentía tan mío aun lo ajeno»). Comenta Cornejo Polar: «Para el hombre católico, el pecado lo aleja de Dios; para Ernesto, como se acaba de ver, lo aleja, lo separa del mundo. El pecador ofende a la naturaleza y la naturaleza lo condena a la soledad absoluta. Todo eso implica una concepción india del hombre y del mundo [...] sin embargo, en el sustrato mismo de toda esta construcción moral, juegan algunos elementos de filiación cristiana: la idea de pecado y su asociación preferente con lo sexual, por lo menos» (Cornejo Polar, 1973: 117).

[28] *ligosa:* debe connotar una mezcla (ligazón) viscosa o pegajosa, como ocurre con el término *ligamaza.*

permanecían iluminadas, el valle de Los Molinos quedaba en la sombra[29].

En esa quebrada viví abandonado durante varios meses; lloraba a gritos en las noches; deseaba irme, pero temía al camino, a la sombra de los trechos horadados en la roca, y a esa angosta senda, apenas dibujada en la tierra amarilla que, en la oscuridad nocturna, parecía guardar una luz opaca, blanda y cegadora. Cuando salía la luna, me levantaba; la tarabilla de los molinos tronaba; las inmensas piedras del río, coronadas de arbustos secos, me esperaban, y yo no podía ir contra ellas. El pequeño puente de eucaliptos, también cubierto de tierra amarilla, se movía con los primeros pasos de los transeúntes.

Pero aun allí, en aquel valle frío, que sepultaba a sus habitantes; solo, bajo el cuidado de un indio viejo, cansado y casi ciego, no perdí la esperanza. Los peces de los remansos, el gran sol que cruzaba rápidamente el cielo, los jilgueros que rondaban los patios donde se tendía el trigo, y los molinos que empujaban lerdamente la harina; el sudario, cubierto de polvo, de las cruces que clavan en las paredes de los molinos; el río, aun así enmarañado y bárbaro, me dieron aliento. Viví temblando, no tanto porque estaba abandonado, sino porque el valle era sombrío; y yo había habitado hasta entonces en pampas de maizales maternales e iluminadas; y necesitaba compañía para dominarme y explorar tranquilo las rocas, los socavones, las grandes piedras erizadas de ese río hosco y despoblado.

Lo recordaba, lo recordaba y revivía en los instantes de gran soledad; pero lo que sentía durante aquellas noches del internado, era espanto, no como si hubiera vuelto a caer en el valle triste y aislado de Los Molinos, sino en un abismo de hiel, cada vez más hondo y extenso, donde no

---

[29] «Mientras la quebrada de Viseca [donde fue feliz Ernesto, también Arguedas] se abre transversalmente entre los Andes, en la ruta del sol y las migraciones, el valle de Los Molinos es un tajo longitudinal, cerrado al sol y al movimiento migratorio, espacio negativo física y humanamente (debo esta reflexión íntegramente a Fernando Fuenzalida, que tuvo a bien ofrecerme su opinión de antropólogo sobre este ensayo)» (Rouillón, en Larco, 1976: 154).

podía llegar ninguna voz, ningún aliento del rumoroso mundo[30]. ~~Saludê l~~

Por eso, los días domingos, salía precipitadamente del Colegio, a recorrer los campos, a aturdirme con el fuego del valle.

Bajaba por el camino de los cañaverales, buscando el gran río. Cuanto más descendía, el camino era más polvoriento y ardoroso; los pisonayes formaban casi bosques; los molles se hacían altos y corpulentos. El molle, que en las montañas tibias es cristalino, de rojas uvas musicales que cantan como sonajas cuando sopla el viento, aquí, en el fondo del valle ardiente, se convertía en un árbol coposo, alto, cubierto de tierra, como abrumado por el sueño, sus frutos borrados por el polvo; sumergido como yo bajo el aire denso y calcinado.

A veces, podía llegar al río, tras varias horas de andar. Llegaba a él cuando más abrumado y doliente me sentía. Lo contemplaba, de pie sobre el releje del gran puente, apoyándome en una de las cruces de piedra que hay clavadas en lo alto de la columna central.

El río, el Pachachaca temido, aparece en un recodo liso, por la base de un precipicio donde no crecen sino enredaderas de flor azul. En ese precipicio suelen descansar los grandes loros viajeros; se prenden de las enredaderas y llaman a gritos desde la altura.

Hacia el este, el río baja en corriente tranquila, lenta y temblorosa; las grandes ramas de chachacomo[31] que rozan la superficie de sus aguas se arrastran y vuelven violentamente, al desprenderse de la corriente. Parece un río de acero líquido, azul y sonriente, a pesar de su solemnidad y de su hondura. Un viento casi frío cubre la cima del puente.

El puente del Pachachaca fue construido por los españo-

---

[30] Así es, para Ernesto, todo lleno de voces el concierto universal de los seres: «rumoroso mundo». Parece oponerse a la concepción cristiana que llama «mundo» a uno de los «enemigos del alma»; de ahí, Fray Luis de León puede estampar lo contrario de la frase arguediana, ese «mundanal ruido» de la Oda a la Vida Retirada.

[31] *chachacomo:* árbol que crece en estado silvestre, en el Perú.

les. Tiene dos ojos altos, sostenidos por bases de cal y canto, tan poderosos como el río. Los contrafuertes que canalizan las aguas están prendidos en las rocas, y obligan al río a marchar bullendo, doblándose en corrientes forzadas. Sobre las columnas de los arcos, el río choca y se parte; se eleva el agua lamiendo el muro, pretendiendo escalarlo, y se lanza luego en los ojos del puente. Al atardecer, el agua que salta de las columnas, forma arcoiris fugaces que giran con el viento.

Yo no sabía si amaba más al puente o al río[32]. Pero ambos despejaban mi alma, la inundaban de fortaleza y de heroicos sueños. Se borraban de mi mente todas las imágenes plañideras, las dudas y los malos recuerdos.

Y así, renovado, vuelto a mi ser, regresaba al pueblo; subía la temible cuesta con pasos firmes. Iba conversando mentalmente con mis viejos amigos lejanos: don Maywa, don Demetrio Pumaylly, don Pedro Kokchi... que me criaron, que hicieron mi corazón semejante al suyo.

Durante muchos días después me sentía solo, firmemente aislado. Debía ser como el gran río: cruzar la tierra, cortar las rocas; pasar, indetenible y tranquilo, entre los bosques y montañas; y entrar al mar, acompañado por un gran pueblo de aves que cantarían desde la altura[33].

Durante esos días los amigos pequeños no me eran necesarios. La decisión de marchar invenciblemente, me exaltaba.

—¡Como tú, río Pachachaca! —decía a solas.

Y podía ir al patio oscuro, dar vueltas en su suelo polvoriento, aproximarme a los tabiques de madera, y volver más altivo y sereno a la luz del patio principal. La propia demente me causaba una gran lástima. Me apenaba recordarla sacudida, disputada con implacable brutalidad; su cabeza golpeada contra las divisiones de madera, contra la base de los

---

[32] Ernesto también ama las construcciones españolas, como el puente. Simbólicamente, él actúa, en la novela, como río y como puente (cfr. la nota 3 del cap. III).

[33] Firmeza heroica es un rasgo contenido en el sentido etimológico del nombre Ernesto (cfr. el punto II.5 de la Introducción).

excusados; y su huida por el callejón, en que corría como un oso perseguido. Y los pobres jóvenes que la acosaban; y que después se profanaban, hasta sentir el ansia de flagelarse, y llorar bajo el peso del arrepentimiento.

¡Sí! Había que ser como ese río imperturbable y cristalino, como sus aguas vencedoras. ¡Como tú, río Pachachaca! ¡Hermoso caballo de crin brillante, indetenible y permanente, que marcha por el más profundo camino terrestre![34]

---

[34] La imagen de este final enlaza con los finales de los capítulos I y III.

VI
Zumbayllu[1]

larga introdción;
voz narrativa
mas adulto

La terminación quechua *yllu* es una onomatopeya. *Yllu* representa en una de sus formas la música que producen las pequeñas alas en vuelo; música que surge del movimiento de objetos leves. Esta voz tiene semejanza con otra más vasta: *illa. Illa* nombra a cierta especie de luz y a los monstruos que nacieron heridos por los rayos de la luna. *Illa* es un

---

[1] Prácticamente, todos los estudios de *Los ríos profundos* han destacado el papel relevante del *zumbayllu*. Así Cornejo Polar (1973: 121-128) estima que «concentra sobre sí todo aquello que es positivo para Ernesto», rompe límites del espacio y del tiempo, acaba con el odio y la violencia, empero, en un nivel hondo, «obliga a que la fraternidad con unos imponga el odio a los otros»; aunque conviene subrayar que un «zumbayllu contaminado no es un zumbayllu verdadero [...] sólo tiene sentido y fuerza cuando está adherido al mundo indio». Por su parte, Rowe, en diversos pasajes de sus trabajos, ha analizado con finura cómo ejemplifica el zumbayllu «un pensamiento de estructura mágico-religiosa», ligando luces, sonidos y seres dentro de una óptica de la armonía cósmica. Ortega enfatiza su papel liberador que posibilita instalar un diálogo pleno, un nuevo modelo de comunicación (1982: 52). Y Renau Richard lo erige en «objeto emblemático» de toda la novela, decisivo en la estructuración del material narrativo (contrasta al verse entrelazado con episodios negativos), al punto que aparece en el cap. VI (ocupa la posición central en una novela de once capítulos) y que en el centro exacto de la numeración de las páginas se presenta al «segundo tipo de *zumbayllu*, el trompo brujo, *winko* y *layk'a*» (cap. VIII). De otro lado, simboliza el mestizaje cultural: asocia «una forma verbal onomatopéyica española *(zumba)* a la onomatopeya quechua *-yllu*, integrando así una armoniosa voz mixta española-quechua» (Richard, 1991: 192).

235

niño de dos cabezas o un becerro que nace decapitado; o un peñasco gigante, todo negro y lúcido, cuya superficie apareciera cruzada por una vena ancha de roca blanca, de opaca luz; es también *illa* una mazorca cuyas hileras de maíz se entrecruzan o forman remolinos; son *illas* los toros míticos que habitan el fondo de los lagos solitarios, de las altas lagunas rodeadas de totora[2], pobladas de patos negros. Todos los *illas,* causan el bien o el mal, pero siempre en grado sumo. Tocar un *illa,* y morir o alcanzar la resurrección, es posible. Esta voz *illa* tiene parentesco fonético y una cierta comunidad de sentido con la terminación *yllu.*

Se llama *tankayllu* al tábano zumbador e inofensivo que vuela en el campo libando flores. El *tankayllu* aparece en abril, pero en los campos regados se le puede ver en otros meses del año. Agita sus alas con una velocidad alocada, para elevar su pesado cuerpo, su vientre excesivo. Los niños lo persiguen y le dan caza. Su alargado y oscuro cuerpo termina en una especie de aguijón que no sólo es inofensivo, sino dulce. Los niños le dan caza para beber la miel en que está untado ese falso aguijón. Al *tankayllu* no se le puede dar caza fácilmente, pues vuela alto, buscando la flor de los arbustos. Su color es raro, tabaco oscuro; en el vientre lleva unas rayas brillantes; y como el ruido de sus alas es intenso, demasiado fuerte para su pequeña figura, los indios creen que el *tankayllu* tiene en su cuerpo algo más que su sola vida. ¿Por qué lleva miel en el tapón del vientre? ¿Por qué sus pequeñas y endebles alas mueven el viento hasta agitarlo y cambiarto? ¿Cómo es que el aire sopla sobre el rostro de quien lo mira cuando pasa el *tankayllu*? Su pequeño cuerpo no puede darle tanto aliento. Él remueve el aire, zumba como un ser grande; su cuerpo afelpado desaparece en la luz, elevándose perpendicularmente. No, no es un ser malvado; los niños que beben su miel sienten en el corazón, durante toda la vida, como el roce de un tibio aliento que los protege contra el rencor y la melancolía. Pero los in-

---

[2] *totora:* especie de junco, que vive parcialmente sumergido en el agua. Se usa para fabricar embarcaciones, esteras, petates, asientos y aun casas (cfr. Tauro, 1987: tomo 6, 2102).

dios no consideran al *tankayllu* una criatura de Dios como todos los insectos comunes; temen que sea un réprobo. Alguna vez los misioneros debieron predicar contra él y otros seres privilegiados. En los pueblos de Ayacucho hubo un danzante de tijeras[3] que ya se ha hecho legendario. Bailó en las plazas de los pueblos durante las grandes fiestas; hizo proezas infernales en las vísperas de los días santos; tragaba trozos de acero, se atravesaba el cuerpo con agujas y garfios; caminaba alrededor de los atrios con tres barretas entre los dientes; ese *danzak'* se llamo «Tankayllu»[4]. Su traje era de piel de cóndor ornado[5] de espejos.

Pinkuyllu es el nombre de la quena gigante que tocan los indios del sur durante las fiestas comunales. El *pinkuyllu* no se toca jamás en las fiestas de los hogares. Es un instrumento épico. No lo fabrican de caña común ni de carrizo, ni siquiera de *mámak'*, caña selvática de grosor extraordinario y dos veces más larga que la caña brava. El hueco del *mámak'* es oscuro y profundo. En las regiones donde no existe el *huaranhuay*, los indios fabrican *pinkuyllus* menores de *mámak'*, pero no se atreven a dar al instrumento el nombre de *pinkuyllu*, le llaman simplemente *mámak'*, para diferenciarlo de la quena familiar. *Mámak'* quiere decir la madre, la germinadora, la que da origen; es un nombre mágico. Pero no hay caña natural que pueda servir de materia para un *pin-*

---

[3] *danzante de tijeras*, en quechua *danzak'*: «bailarines que danzan en los pueblos serranos en las grandes fiestas; se visten muy vistosamente, a veces son profesionales. Muchos de ellos hacen pruebas de prestidigitación por lo que creen los indios que los "danzak" son "compagres" del diablo» (Arguedas, A, I, 79). Arguedas le ha consagrado pasajes importantes de sus libros, especialmente el cuento *La agonía de Rasu Niti* y momentos diversos de *El Zorro de Arriba...* (cfr. Groisman, 1981, y Lienhard, 1982). En el cuento *La muerte del diablo* (perteneciente a su libro *La lluvia de cielo ajeno*, 1984) Carlos Villanes Cairo (escritor peruano nacido en 1943) ha retratado memorablemente a un danzante de tijeras, escenificando rasgos que, en este párrafo y otros posteriores de *Los ríos profundos*, Arguedas describe de ellos.

[4] Tankayllu es uno de los personajes de *Yawar Fiesta*. Existió realmente; a él se refiere Arguedas en diversos escritos.

[5] La ed. de 1972 pone «ornada», ligando el vocablo con «piel»; pero el texto admite mejor el nexo entre «traje» y «ornado», conforme reza la ed. príncipe.

kuyllu; el hombre tiene que fabricarlo por sí mismo. Construye un *mámak'* más profundo y grave; como no nace ni aun en la selva. Una gran caña curva. Extrae el corazón de las ramas del *huaranhuay,* luego lo curva al sol y lo ajusta con nervios de toro. No es posible ver directamente la luz que entra por el hueco del extremo inferior del madero vacío, sólo se distingue una penumbra que brota de la curva, un blando resplandor, como el del horizonte en que ha caído el sol.

El fabricante de *pinkuyllus* abre los huecos del instrumento dejando aparentemente distancias excesivas entre uno y otro. Los dos primeros huecos deben ser cubiertos por el pulgar y el índice, o el anular, abriendo la mano izquierda en toda su extensión; los otros tres por el índice, el anular y el meñique de la mano derecha, con los dedos muy abiertos. Los indios de brazos cortos no pueden tocar *pinkuyllu.* El instrumento es tan largo que el hombre mediano que pretende servirse de él tiene que estirar el cuello y levantar la cabeza como para mirar el cenit. Lo tocan en tropas, acompañándose de tambores; en las plazas, el campo abierto o en los corrales y patios de las casas, no en el interior de las habitaciones.

Sólo la voz de los *wak'rapukus* es más grave y poderosa que la de los *pinkuyllus.* Pero en las regiones donde aparece el *wak'rapuku* ya no se conoce el *pinkuyllu.* Los dos sirven al hombre en trances semejantes. El *wak'rapuku* es una corneta hecha de cuernos de toro, de los cuernos más gruesos y torcidos. Le ponen boquilla de plata o de bronce. Su túnel sinuoso y húmedo es más impenetrable y oscuro que el del *pinkuyllu,* y como él, exige una selección entre los hombres que pueden tocarlo.

En el *pinkuyllu* y el *wak'rapuku* se tocan sólo canciones y danzas épicas. Los indios borrachos llegan a enfurecerse cantando las danzas guerreras antiguas; y mientras otros cantan y tocan, algunos se golpean ciegamente, se sangran y lloran después, junto a la sombra de las altas montañas, cerca de los abismos, o frente a los lagos fríos, y la estepa.

Durante las fiestas religiosas no se oye el *pinkuyllu* ni el *wak'rapuku.* ¿Prohibirían los misioneros que los indios tocaran en los templos, en los atrios o junto a los tronos de las procesiones católicas estos instrumentos de voz tan grave y extraña? Tocan el *pinkuyllu* y el *wak'rapuku* en el acto de la renovación de las autoridades de la comunidad; en las feroces luchas de los jóvenes, durante los días de carnaval; para la hierra del ganado; en las corridas de toros. La voz del *pinkuyllu* o del *wak'rapuku* los ofusca, los exalta, desata sus fuerzas; desafían a la muerte mientras lo oyen. Van contra los toros salvajes, cantando y maldiciendo; abren caminos extensos o túneles en las rocas; danzan sin descanso, sin percibir el cambio de la luz ni del tiempo. El *pinkuyllu* y el *wak'rapuku* marcan el ritmo; los hurga y alimenta; ninguna sonda, ninguna música, ningún elemento llega más hondo en el corazón humano.

La terminación *yllu* significa propagación de esta clase de música, e *illa* la propagación de la luz no solar. *Killa* es la luna, e *illapa* el rayo. *Illariy* nombra el amanecer, la luz que brota por el filo del mundo, sin la presencia del sol. *Illa* no nombra la fija luz, la esplendente y sobrehumana luz solar. Denomina la luz menor: el claror, el relámpago, el rayo, toda luz vibrante. Estas especies de luz no totalmente divinas con las que el hombre peruano antiguo cree tener aún relaciones profundas, entre su sangre y la materia fulgurante[6].

* * *

¡Zumbayllu![7] En el mes de mayo trajo Antero el primer *zumbayllu* al Colegio. Los alumnos pequeños lo rodearon.

---

[6] Hasta aquí, en lo relativo a este cap. VI, Arguedas publicó primero el texto como un artículo de valor antropológico: «Acerca del intenso significado de dos voces quechuas», *La Prensa* (Buenos Aires, 6 de junio de 1948; reprod. en *Indios, mestizos y señores*: 193-196. Inserto en la novela, permite comprender los párrafos siguientes donde van a aparecer los términos quechuas glosados en dicha colaboración antropológica, que no por serlo, deja de poseer un alto valor poético.

[7] Adecuadamente la ed. de Sybila no coloca el guión que, en la ed. príncipe, precede a esta exclamación de ¡Zumbayllu! No recoge la emisión de ningún personaje, sino la emocionada evocación del narrador mismo.

—¡Vamos al patio, Antero!

—¡Al patio, hermanos! ¡Hermanitos!

Palacios corrió entre los primeros. Saltaron el terraplén y subieron al campo de polvo. Iban gritando:

—¡Zumbayllu, zumbayllu!

Yo los seguí ansiosamente.

¿Qué podía ser el zumbayllu? ¿Qué podía nombrar esta palabra cuya terminación me recordaba bellos y misteriosos objetos? El humilde Palacios había corrido casi encabezando todo el grupo de muchachos que fueron a ver el zumbayllu; había dado un gran salto para llegar primero al campo de recreo. Y estaba allí, mirando las manos de Antero. Una gran dicha, anhelante, daba a su rostro el esplendor que no tenía antes. Su expresión era muy semejante a la de los escolares indios que juegan a la sombra de los molles, en los caminos que unen las chozas lejanas y las aldeas. El propio «Añuco», el engreído, el arrugado y pálido «Añuco», miraba a Antero desde un extremo del grupo; en su cara amarilla, en su rostro agrio, erguido sobre el cuello delgado, de nervios tan filudos y tensos, había una especie de tierna ansiedad. Parecía un ángel nuevo, recién convertido.

Yo recordaba al gran «Tankayllu», el danzarín cubierto de espejos, bailando a grandes saltos en el atrio de la iglesia. Recordaba también el verdadero tankayllu, el insecto volador que perseguíamos entre los arbustos floridos de abril y mayo. Pensaba en los blancos pinkuyllus que había oído tocar en los pueblos del sur. Los pinkuyllus traían a la memoria la voz de los wak'rapukus, ¡y de qué modo la voz de los pinkuyllus y wak'rapukus es semejante al extenso mugido con que los toros encelados se desafían a través de los montes y los ríos!

Yo no pude ver el pequeño trompo ni la forma cómo Antero lo encordelaba. Me dejaron entre los últimos, cerca del «Añuco». Sólo vi que Antero, en el centro del grupo, daba una especie de golpe con el brazo derecho. Luego escuché un canto delgado.

Era aún temprano; las paredes del patio daban mucha sombra; el sol encendía la cal de los muros, por el lado del poniente. El aire de las quebradas profundas y el sol cálido

240

no son propicios a la difusión de los sonidos; apagan el canto de las aves, lo absorben; en cambio, hay bosques que permiten estar siempre cerca de los pájaros que cantan. En los campos templados o fríos, la voz humana o la de las aves es llevada por el viento a grandes distancias. Sin embargo, bajo el sol denso, el canto del *zumbayllu* se propagó con una claridad extraña; parecía tener agudo filo. Todo el aire debía estar henchido de esa voz delgada; y toda la tierra, ese piso arenoso del que parecía brotar.

—¡*Zumbayllu, zumbayllu!*

Repetí muchas veces el nombre, mientras oía el zumbido del trompo. Era como un coro de grandes *tankayllus* fijos en un sitio, prisioneros sobre el polvo. Y causaba alegría repetir esta palabra, tan semejante al nombre de los dulces insectos que desaparecían cantando en la luz.

Hice un gran esfuerzo; empujé a otros alumnos más grandes que yo y pude llegar al círculo que rodeaba a Antero[8] Tenía en las manos un pequeño trompo. La esfera estaba hecha de un coco de tienda, de esos pequeñísimos cocos grises que vienen enlatados; la púa era grande y delgada. Cuatro huecos redondos, a manera de ojos, tenía la esfera. Antero encordeló el trompo, lentamente, con una cuerda delgada; le dio muchas vueltas, envolviendo la púa desde su extremo afilado; luego lo arrojó. El trompo se detuvo, un instante, en el aire y cayó después en un extremo del círculo formado por los alumnos, donde había sol. Sobre la tierra suelta, su larga púa trazó líneas redondas, se revolvió lanzando ráfagas de aire por sus cuatro ojos; vibró como un gran insecto cantador, luego se inclinó, volcándose sobre el eje. Una sombra gris aureolaba su cabeza giradora, un círculo negro lo partía por el centro de la esfera. Y su agudo canto brotaba de esa faja oscura. Eran los ojos del trompo, los cuatro ojos grandes que se hundían, como en un líquido,

---

[8] Repárese cómo Ernesto sí atropella o arremete decidido cuando se trata de esta fuente liberadora que es el zumbayllu. ¡Qué contraste con tantos alumnos, sobre todo el «Peluca», que actúan así para copular vilmente con la opa Marcelina!

en la dura esfera. El polvo más fino se levantaba en círculo envolviendo al pequeño trompo.

El canto del *zumbayllu* se internaba en el oído, avivaba en la memoria la imagen de los ríos, de los árboles negros que cuelgan en las paredes de los abismos.

Miré el rostro de Antero. Ningún niño contempla un juguete de ese modo. ¿Qué semejanza había, qué corriente, entre el mundo de los valles profundos y el cuerpo de ese pequeño juguete móvil, casi proteico, que escarbaba cantando la arena en la que el sol parecía disuelto?

Antero tenía cabellos rubios, su cabeza parecía arder en los días de gran sol. La piel de su rostro era también dorada; pero tenía muchos lunares en la frente. «Candela» le llamaban sus condiscípulos; otros le decían en quechua «Markask'a», «El Marcado», a causa de sus lunares. Antero miraba el *zumbayllu* con un detenimiento contagioso. Mientras bailaba el trompo todos guardaban silencio. Así atento, agachado, con el rostro afilado, la nariz delgada y alta, Antero parecía asomarse desde otro espacio.

De pronto, Lleras gritó, cuando aún no había caído el trompo:

—¡Fuera, *akatank'as*!* ¡Mirando esa brujería del «Candela» ! ¡Fuera, zorrinos!

Nadie le hizo caso. Ni siquiera el «Añuco». Seguimos oyendo al *zumbayllu*[9].

—¡Zorrinos, zorrinos! ¡Pobres *k'echas**! (meones) —amonestaba Lleras, con voz casi indiferente.

El *zumbayllu* se inclinó hasta rozar el suelo; apenas tocó el polvo, la esfera rodo en línea curva y se detuvo.

—¡Véndemelo! —le grité a Antero—. ¡Véndemelo!

Antes de que nadie pudiera impedírmelo me lancé al suelo y agarré el trompo. La púa era larga, de madera amarilla. Esa púa y los ojos, abiertos con clavo ardiendo, de bordes negros que aún olían a carbón, daban al trompo un aspecto irreal. Para mí era un ser nuevo, una aparición en el mun-

---

* Escarabajos. (Nota de Arguedas.)

---

[9] Claro resquebrajamiento del poder maligno de Lleras.

do hostil, un lazo que me unía a ese patio odiado, a ese valle doliente, al Colegio[10]. Contemplé detenidamente el juguete, mientras los otros chicos me rodeaban sorprendidos.

—¡No le vendas al foráneo!—pidió en voz alta el «Añuco».

—¡No le vendas a ése! —dijo otro.

—¡No le vendas! —exclamó con voz de mando, Lleras—. No le vendas, he dicho.

Lleras se abrió paso a empujones y se paró frente a Antero. Le miré a los ojos. Yo sé odiar, con pasajero pero insofrenable odio. En los ojos de Lleras había una especie de mina de poco fondo, sucia y densa.

¿Alguien había detenido el relámpago turbio de sus ojos? ¿Algún pequeño había permanecido quieto delante de él, mirándolo con odio creciente, arrollador de todo otro sentimiento?[11]

—Te lo vendo, forastero. ¡Te lo regalo, te lo regalo! —exclamó Antero, cuando aún la mirada de Lleras chocaba contra la mía.

Abracé al «Markask'a», mientras los otros hacían bulla, como si aplaudieran.

—Deja a los *k'echas,* campeón —habló el «Añuco» con cierta dulzura.

—¡Regalo éstos también! —dijo Antero. Y echó al aire varios *zumbayllus.*

Los chicos pelearon alegremente por apoderarse de los trompos. Lleras y «Añuco» se fueron al patio de honor.

Los dueños de los otros *zumbayllus* improvisaron cordeles; reunidos en pequeños grupos empezaron a hacer bailar sus trompos. Se oía la voz de algunos *zumbayllus.* Desde los extremos del patio llegaba el zumbido leve y penetrante.

---

[10] Primera vivencia que liga, desde la dimensión profunda de su «maternal imagen del mundo», a Ernesto con Abancay, rompiendo su condición de forastero desintegrado y marginal. Cuando, en el capítulo final, Ernesto quiere devolver el zumbayllu a Antero, declara al Padre Linares: «¡Por el zumbayllu soy de Abancay, Padre!»

[11] Ernesto muestra firmeza y coraje (animado por la experiencia del zumbayllu); se enfrenta a la encarnación del Mal en el Colegio. Sabe odiar con más profundidad que Lleras.

Era como si hubiera venido desde algún bosque de arbustos floridos una tropa pequeña de insectos cantadores, que extraviados en el patio seco se levantaran y cayeran en el polvo.

Rogué a Antero que lanzara su trompo. Junto a nosotros se volvió a reunir el grupo más numeroso de alumnos. Nadie hacía bailar el trompo durante más tiempo ni con la intensidad que Antero. Sus dedos envolvían al trompo como a un gran insecto impaciente. Cuando tiraba de la cuerda, la gris esfera se elevaba hasta la altura de nuestros ojos, y caía lentamente.

—Ahora tú —me dijo—. Ya has visto cómo lo hago bailar.

Yo tenía la seguridad de que encordelaría bien el *zumbayllu* y que lo lanzaría como era debido. Estaba impaciente y temeroso. Agarré el trompo y empecé a envolverle la cuerda. Ajustaba el cordel en la púa, ciñendo las vueltas lentamente y tirando fuerte. Aseguré el trompo entre mis dedos, en la mano izquierda; saqué el extremo de la cuerda por el arco que formaban el índice y el anular, como lo había visto hacer al «Candela».

—¡Pretensión del foráneo!

—¡El forasterito!

—¡El sonso!

Empezaron a gritar los abanquinos.

—Este juego no es para cualquier forastero.

Pero Antero, que me había estado observando atentamente, exclamó:

—¡Ya está! ¡Ya está, hermano!

Tiré de la cuerda, cerrando los ojos. Sentí que el *zumbayllu* giraba en la palma de mi mano. Abrí los dedos cuando todo el cordel se desenrrolló. El *zumbayllu* saltó silbando en el aire; los alumnos que estaban de pie se echaron atrás; le dieron campo para que cayera al suelo. Cuando lo estuve contemplando, ante el silencio de los otros chicos, tocaron la campana anunciando el fin del recreo. Huyeron casi todos los alumnos del grupo. Sólo quedaron dos o tres, ante quienes Antero me felicitó solemnemente.

—¡Casualidad! —dijeron otros.

—¡Zumbayllero de nacimiento! —afirmó el «Candela»—. ¡Como yo, zumbayllero!¹²

La base de sus cabellos era casi negra, semejante a la vellosidad de ciertas arañas que atraviesan lentamente los caminos después de las lluvias torrenciales. Entre el color de la raíz de sus cabellos y sus lunares había una especie de indefinible pero clara identidad. Y sus ojos parecían de color negro a causa del mismo inexplicable misterio de su sangre.

* * *

Hasta aquella mañana de los *zumbayllus,* Antero había sido notable únicamente por el extraño color de sus cabellos y por sus grandes lunares negros. El apodo lo singularizó pero le quitó toda la importancia a la rareza de su rostro. «Es el Candela¹³, el Markask'a», me dijeron cuando pregunté por él. Era mayor que yo y estudiaba en el segundo grado de media; me adelantaba en dos grados. En su clase no se distinguía ni por excelente ni por tardo. No tenía amigos íntimos y era discreto. Sin embargo, algún poder tenía, alguna autoridad innata, cuando sus compañeros no lo convirtieron en el «punto» de la clase, es decir, en el hazmerreír, en el manso, o el raro, el predilecto de las bromas. A él sólo le pusieron un apodo que no lo repetían ni con exceso ni en son de burla.

Cuando salía del Colegio y del salón de clases, su cabeza

---

¹² «Sufre, como si lo bautizaran, un típico rito de iniciación. Al demostrar su capacidad para manejar un objeto hecho en Abancay [...] frente a los niños burlones, puede también encontrar alegría, poder congregador, solidaridad, en algo y en alguien provenientes de un espacio hasta entonces unilateralmente endemoniado. Es el comienzo de la lenta socialización [...] de los valores del Río. Pero el objeto mágico cristaliza, además, una unidad contra Lleras, la hace patente, revela un grado de resistencia a su tiranía que a partir de ese momento irá acrecentándose. [...] Este cambio de énfasis puede observarse en la preponderancia que irá tomando el diálogo sobre la narración subjetiva, a partir de ese momento» (Dorfman, 1980: 108).

¹³ La ed. de 1972 y la de Sybila quitan ese «el», cuando resulta más idóneo dejarlo, siguiendo a la primera ed.: «el Markask'a» (así se lo llama, una y otra vez, en la novela).

atraía la atención de los recién llegados. En el Colegio, durante los recreos, se paraba apoyándose en las columnas de los corredores, miraba jugar y a veces intervenía, pero no en los juegos crueles.

* * *

—Oye, Ernesto, me han dicho que escribes como poeta. Quiero que me hagas una carta —me dijo el «Markask'a» algunos días después del estreno de los *zumbayllus*.

Fue a buscarme a mi sala de clases. Todos salieron al recreo y nos quedamos solos.

—Así no más yo no pediría a los de aquí un favor como éste. Tú eres de otro modo.

—¡Claro! ¡Muy bien, hermanito! —le dije—. Te escribiré la carta más linda. Es para una chica, ¿no es cierto?

—Sí. Para la reina de Abancay. Tú debes saber quién es, ¿no es cierto?

—No. Dime cuál es tu reina, hermano.

—¡Qué bruto soy! No me acordaba que tú eres el forastero. Tú no conoces Abancay. Caminas entre los cañaverales de Patibamba. Estás atontado, hermano. Pero yo te abriré los ojos. Te voy a guiar un poco en este pueblo. De lejos y de cerca he mirado a todas las chicas. Y ella es la reina. Se llama Salvinia. Está en el Colegio de las Mercedes. Vive en la Avenida de Condebamba, cerca del Hospital[14]. Tiene ojos chiquitos y negros. El cerquillo le tapa la frente. Es bien morena, casi negra.

—¡Como un *zumbayllu*, hermano «Markask'a»!

—¡Eso, Ernesto! ¡Como un *zumbayllu*, cuando está bailando desde que amanece! Pero tienes que verla antes de escribir la carta. Tienes que mirarla bien. Y siendo mía, tú no te enamorarás de ella. ¿No es cierto?

—¡Ni digas! Es como si fuera ya mi hermana.

—Mañana sábado iremos a mi cuarto. Esta noche te haré

---

[14] Nótese el nexo entre vivir cerca de un Hospital y llamarse *Salvinia* (deriva de «salud»).

un *zumbayllu* especial. Tengo un *winku**, cholo. Los *winkus* cantan distinto. Tienen alma.

—Iré pensando en la carta. ¿Tú ya le hablas?

—No. Todavía no. Pero con su sirvienta le he mandado decir. Su sirvienta es de mi pueblo.

Tocaron la campana y salimos a formar, al patio. En la puerta de mi salón nos apretamos las manos en señal de alianza.

El «Markask'a» cruzó el patio y fue a alinearse en la fila de sus compañeros de aula.

* * *

Después de la última lección de la mañana, cuando salieron del Colegio los externos, yo me quedé solo en mi clase. Sentía la necesidad de pensar en el encargo del «Markask'a».

¿Cómo empezaría la carta? Yo no recordaba a esa pequeña reina de Abancay. La Avenida Condebamba era ancha, sin aceras. La llamaban avenida por los árboles de mora que crecían a sus orillas. Decían que fue el camino de entrada de una gran quinta. Cuando llegué a Abancay, unía el pueblo con el campo de fútbol. No recordaba haber visto a una niña de cerquillo junto a ninguna puerta de las pocas casas que había tras las moras, ni asomada a las ventanas. Los árboles crecían junto a los muros de piedra. Las hojas grandes, nervudas, daban una sombra tupida sobre el camino. En los pueblos andinos no hay moreras. A Abancay las trajo un sericicultor que fracasó porque los hacendados consiguieron hacer dictar un impuesto contra él. Pero las moreras se multiplicaron en las huertas de la ciudad; crecieron con una lozanía sin igual; se convirtieron en grandes y coposos árboles, mansos y nobles. Los pájaros y los niños disfrutaban de sus frutos. Los muros de piedra conservaban las manchas rosadas del fruto. Durante el tiempo de la cosecha, los pájaros fruteros se reunían en las huertas del pueblo para hartarse de moras; el excremento de todos ellos era rojo y

---

* Deformidad de los objetos que debían ser redondos. (Nota de Arguedas).

247

caía sobre la cal de las paredes, sobre la calamina de los techos, a veces sobre el sombrero de paja de los transeúntes.

¿En qué casa, a qué distancia del término de la avenida viviría la reina del «Markask'a»? Era un camino hermoso para esperar a la niña amada.

Yo no conocía a las señoritas del pueblo. Los domingos me internaba en los barrios, en las chicherías, en los pequeños caseríos próximos. Consideré siempre a las señoritas como seres lejanos, en Abancay y en todos los pueblos. Las temía, huía de ellas; aunque las adoraba en la imagen de algunos personajes de los pocos cuentos y novelas que pude leer. No eran de mi mundo. Centelleaban en otro cielo.

Desde las rejas de la gran hacienda que rodea y estrangula a Abancay escuché muchas veces tocar al piano un vals desconocido. Cantaban las calandrias y los centenares de jilgueros que hay entre los árboles, junto al corredor de la casa-hacienda. Nunca pude ver a la persona que tocaba el piano; pensé que debía ser una mujer blanca, de cabellos rubios, quien tocaba esa música lenta.

En el valle del Apurímac, durante el viaje que hice con mi padre, tuvimos que alojarnos en una hacienda. El arriero nos guió al tambo, lejos de la gran residencia del patrón. Yo tenía el rostro hinchado a causa del calor y de la picadura de los mosquitos. Pasamos bajo el mirador de la residencia. Aún había sol en las cumbres nevadas; el brillo de esa luz amarillenta y tan lejana parecía reflejarse en los penachos de los cañaverales. Yo tenía el corazón aturdido, febril, excitado por los aguijones de los insectos, por el ruido insignificante de sus alas, y la voz envolvente del gran río. Pero volví los ojos hacia el alto mirador de la casa-hacienda, y vi a una joven delgada, vestida de amarillo, contemplando las negras rocas del precipicio de enfrente. De esas rocas negras, húmedas, colgaban largos cactos cubiertos de salvajina[15]. Aquella noche dormimos entre unas cargas de alfalfa

---

[15] *salvajina:* «parece inerte, son hojas largas, en forma de hilos gruesos; echan sus raíces en la corteza de los árboles que crecen en los precipicios; son de color gris claro; no se sacuden sino con el viento fuerte, porque pesan, están cargados de esencia vegetal densa. La "salvajina" cuelga sobre

olorosa, cerca de la cuadra de los caballos. Latió mi rostro toda la noche. Sin embargo pude recordar la expresión indiferente de aquella joven blanca; su melena castaña, sus delgados brazos apoyados en la baranda; y su imagen bella veló toda la noche en mi mente.

La música que oí en la residencia de Patibamba tenía una extraña semejanza con la cabellera, las manos y la actitud de aquella niña. ¿Qué distancia había entre su mundo y el mío? ¿Acaso la misma que mediaba entre el mirador de cristales en que la vi y el polvo de alfalfa y excremento donde pasé la noche atenaceado por la danza de los insectos carnívoros?

Yo sabía, a pesar de todo, que podía cruzar esa distancia, como una saeta, como un carbón encendido que asciende. La carta que debía escribir para la adorada del «Markask'a» llegaría a las puertas de ese mundo. «Ahora puedes escoger tus mejores palabras —me dije—. ¡Escribirlas!» No importaba que la carta fuera ajena; quizá era mejor empezar de ese modo. «Alza el vuelo, gavilán ciego, gavilán vagabundo», exclamé.

Un orgullo nuevo me quemaba. Y como quien entra a un combate empecé a escribir la carta del «Markask'a». _LA CARTA_

«Usted es la dueña de mi alma, adorada niña. Está usted en el sol, en la brisa, en el arco iris que brilla bajo los puentes, en mis sueños, en las páginas de mis libros, en el cantar de la alondra, en la música de los sauces que crecen junto al agua limpia. Reina mía, reina de Abancay; reina de los pisonayes floridos; he ido al amanecer hasta tu puerta. Las estrellas dulces de la aurora se posaban en tu ventana; la luz del amanecer rodeaba tu casa, formaba una corona sobre ella. Y cuando los jilgueros vinieron a cantar desde las ramas de las moreras, cuando llegaron los zorzales y las calandrias, la avenida semejaba la gloria. Me pareció verte entonces, caminando solita, entre dos filas de árboles iluminados. Ninfa

---

abismos donde el canto de los pájaros, especialmente de los loros viajeros repercute; _ima sapra_ es su nombre quechua en Ukuhuay. El ima sapra se destaca por el color y la forma; los árboles se estiran hacia el cielo y el ima sapra hacia la roca y el agua; cuando llega el viento, el ima sapra se balancea pesadamente o se sacude, asustado, y transmite su espanto a los animales» (Arguedas, ZZ, V, 27).

adorada, entre las moreras jugabas como una mariposa...»

Pero un descontento repentino, una especie de aguda vergüenza, hizo que interrumpiera la redacción de la carta. Apoyé mis brazos y la cabeza sobre la carpeta; con el rostro escondido me detuve a escuchar ese nuevo sentimiento. «¿Adónde vas, adónde vas? ¿Por qué no sigues? ¿Qué te asusta; quién ha cortado tu vuelo?» Después de estas preguntas, volví a escucharme ardientemente.

«¿Y si ellas supieran leer? ¿Si a ellas pudiera yo escribirles?»

Y ellas eran Justina o Jacinta, Malicacha o Felisa; que no tenían melena ni cerquillo, ni llevaban tul sobre los ojos. Sino trenzas negras, flores silvestres en la cinta del sombrero[16]... «Si yo pudiera escribirles, mi amor brotaría como un río cristalino; mi carta podría ser como un canto que va por los cielos y llega a su destino.» ¡Escribir! Escribir para ellas era inútil, inservible. «¡Anda; espéralas en los caminos, y canta! ¿Y, si fuera posible, si pudiera empezarse?» Y escribí:

«Uyriy chay k'atik'niki siwar k'entita...»

«Escucha al picaflor esmeralda que te sigue; te ha de hablar de mí; no seas cruel, escúchale[17]. Lleva fatigadas las pequeñas alas, no podrá volar más; detente ya. Está cerca la pie-

---

[16] Contraste entre las amadas que ha conocido en el Ande y la imagen de una mujer ideal burilada por la pasión romántica y el esteticismo y cosmopolitismo modernistas. Al privilegiar el recuerdo de las primeras, Ernesto efectúa una evolución sentimental que reproduce la trayectoria de la poesía peruana desde las composiciones románticas de Carlos Augusto Salaverry (su principal poemario se llama, pertinentemente, *Cartas a un ángel*, 1871) y las vírgenes vaporosas del simbolista José María Eguren, hasta la poderosa sensibilidad andina de César Vallejo (ya en su primer poemario, *Los heraldos negros*, 1919, celebra a una «andina y dulce Rita», con «falda de franela», planchando...).

[17] La importancia de la oralidad y del canto en *Los ríos profundos* puede ilustrarse con este pasaje de la carta de amor: «se parte de un plano inicial regido por una escritura convencional y muerta, visiblemente palabras sobre un papel; se pasa a un segundo que es aún de escritura, pero con ritmo premioso y emocionalismo comunicante; se desemboca entonces en la viva habla del monólogo en alta voz, para, por último, saltar al nivel máximo en que las insuficiencias percibidas en los anteriores modos verbales son compensadas por el canto: "¡Escribir! Escribir para ellas era inútil, inservible. ¡Anda; espéralas en los caminos, y canta!" Y no bien dicho esto, irrumpe un texto en lengua quechua que lo que hace es exhortar a la joven a escuchar, no a leer» (Rama, 1983: 31).

dra blanca donde descansan los viajeros, espera allí y escúchale; oye su llanto; es sólo el mensajero de mi joven corazón, te ha de hablar de mí. Oye, hermosa, tus ojos como estrellas grandes, bella flor, no huyas más, detente! Una orden de los cielos te traigo: ¡te mandan ser mi tierna amante...!»

Esta vez, mi propio llanto me detuvo. Felizmente, a esa hora, los internos jugaban en el patio interior y yo estaba solo en mi clase.

No fue un llanto de pena ni de desesperación. Salí de la clase erguido, con un seguro orgullo; como cuando cruzaba a nado los ríos de enero cargados del agua más pesada y turbulenta[18]. Estuve unos instantes caminando en el patio empedrado.

* * *

La campanilla que tocaban durante largo rato anunciando la hora de entrar al comedor me despertó de esa especie de arrebato. Cuando entré al comedor, los internos estaban de pie junto a sus asientos. El Hermano Miguel rezó en voz alta y el coro de alumnos repitió la oración. Yo seguía aún aturdido; mis compañeros parecían moverse en un espacio turbio y ondulante; los veía alargados y extraños.

—¿Qué te pasa? —me preguntó Palacitos—. Pareces como asustado. Los *zumbayllus* te están loqueando.

—Que lea Ernesto el *Manual* de Carreño[19] —ordenó el Hermano Miguel.

---

[18] «Ernesto emprende la tarea como si de esta manera vicaria pudiera incluirse en el mundo de las señoritas [...] Mientras escribe la carta siente "una especie de aguda vergüenza", corta la redacción y la reinicia en quechua. [...] En un instante Ernesto suplanta a Antero, cambia la muchacha *blanca* por las niñas indias que recuerda [...] y pasa del español al quechua [...] al igual que en la escena en que entierra el zumbayllu, ha reafirmado su pertenencia al mundo indio. Casi podría decirse que ha vencido la tentación de ser *blanco*» (Cornejo Polar, 1973: 132). Apuntemos que Justina es la amada de Ernesto en el cuento *Warma Kuyay* (del libro *Agua*).

[19] Texto de amplia difusión: «un "manual de urbanidad y buenas maneras, para uso de la juventud de ambos sexos; en el cual se encuentran las principales reglas de civilidad y etiqueta que deben observarse en las diversas situaciones sociales", en boga a finales del siglo XIX y principios del XX» (nota de la ed. de Sybila).

Un sirviente me alcanzó el libro. Empecé a leer el capítulo que estaba señalado por el marcador. La corrección que se exigía en la lectura de ese *Manual* despertó inmediatamente todo mi pensamiento. Fueron esas lecturas públicas las que me dieron prestigio. Yo era uno de los alumnos más crecidos de mi año; y cuando ingresé al Colegio no sabía leer en voz alta. Fracasé la primera vez y fui relevado a los pocos instantes. Así pareció confirmarse que la causa de mi retardo no era la vida errante que había llevado, sino alguna otra más grave. Pero a los quince días pedí leer nuevamente —había ensayado muchas horas— y sorprendí a todos. Leí con voz alta, clara y pausadamente. Los internos dejaron de tomar la sopa por unos instantes y me miraron. Desde entonces fui uno de los lectores predilectos de todos los Padres que presidían la mesa, y del Hermano Miguel. Esta vez, cuando fui relevado por Romero, me había tranquilizado ya. Y pude decirle a Palacios:

—¡Era el hambre, Palacitos! Yo no soy tan amigo de la cocinera como tú.

Palacitos estiró el cuello y me habló al oído:

—Estuve en la cocina. Esta noche va a ir la opa al patio. El Lleras le ha pedido. ¡Algo ha de suceder esta noche, hermanito! El Lleras ha estado hablando con «Añuco», como dos brujos.

—Está bien. Nosotros no iremos.

—Tocaremos rondín con Chauca en el patio de afuera.

Lleras empezó a observarnos. Palacitos se aterrorizó y no volvió a hablarme.

—Se ha dado cuenta. ¡Pero no seas así; no te asustes! —le dije.

Su terror era muy grande. No volvió a levantar la cabeza. Humildemente almorzó. Yo tuve que conversar con Rondinel que se sentaba a mi derecha, le tuve que hablar, a pesar de que siempre me miraba orgullosamente. Lleras y el «Añuco» seguían observándonos.

—Tú crees ya leer mucho —me dijo Rondinel—. Crees también que eres un gran maestro del *zumbayllu*. ¡Eres un indiecito, aunque pareces blanco! ¡Un indiecito, no más!

—Tú eres blanco, pero muy inútil. ¡Una nulidad sin remedio!

Algunos que me oyeron rieron de buena gana. Palacitos siguió cuidándose.

—¡Te desafío para el sábado! —exclamó Rondinel mirándome con furia.

Era muy delgado, hueso puro. Sus ojos hundidos, como no he visto otros, y muy pequeños, causaban lástima: estaban rodeados de pestañas gruesas, negrísimas, muy arqueadas y tan largas que parecían artificiales. «Podrían ser hermosísimos sus ojos —decía Valle, un alumno de quinto año, muy lector y elegante—. Podrían ser hermosísimos si no parecieran de un niño muerto.»

Causaban lástima por eso. Daban la impresión de que sólo sus pestañas habían crecido; y hacia adentro sus ojeras; pero los ojos mismos seguían siendo como los de una criatura de pocos meses.

—¡Pobre guagua[20]! ¡Pobre guagua! —le dije.

Palideció de rabia.

—Te mataré a patadas el sábado —me dijo.

Yo no le contesté; ni volvimos a hablar más durante el almuerzo.

A la salida del comedor me buscó Lleras.

—¡Qué bien disimulas, cholito! —me dijo en voz muy alta, para que oyera Palacios—. Pero yo sé que el indio Palacios te secreteaba de mí.

—Yo no, Lleras —le contestó Palacios, casi gimoteando—. Le hablaba de mi rondín.

—¡Cuidadito, cuidadito! Sólo que Rondinel le cajeará las costillas al foráneo. Buenos fierros son sus brazos y sus piernas. Hacen doler. ¡Ay *zumbayllito, zumbayllu!*

Acabó riéndose y mirándome irónicamente. Se llevó a Rondinel, del brazo:

—Te entrenaré —le dijo—. ¡Cálmate! Yo te garantizo que le sacarás un buen chocolate[21] al foráneo.

Sentí miedo al oírle hablar.

---

[20] *guagua:* en quechua, «niño de pecho; bebé».

[21] *chocolate:* «en lenguaje familiar, y principalmente entre escolares, designa la sangre. *Sacar chocolate* equivale a sacar sangre por efecto de pugilato» (Tauro, 1987: tomo 2, 676).

—Te asustaste —me dijo Palacitos, mirándome—. Si te pega te hará su oveja por todo el año.

Hasta entonces yo no había luchado en formal desafío con nadie. Ésa debía ser la primera vez y tuve miedo. No podía dominar el vergonzoso, el inmundo temor.

—Es al Lleras, no al Flaco —decía.

Sin embargo, no era cierto. Era al otro.

Y el «Markask'a» no vino en la tarde al Colegio.

—Cuídate —me dijo Romero—. Los muy flacos son peligrosos. Si le das primero, lo desarmas; pero si te adelanta, te abre un forado en la cara.

Los internos no comentaron mucho el desafío. El único que le dio importancia fue Valle.

—Será una lucha original —dijo—. Hay que verla. Un zancudo de alambre contra un forastero melancólico. Debemos procurar que no se frustre. Será un espectáculo raro.

Hasta aquel día había sentido mucho respeto por Valle. Era el único lector del Colegio. Escondía novelas y otros libros bajo el colchón de su cama. Los Padres lo vigilaban porque declaró ser ateo y prestaba libros a los internos. «Dios no existe —decía al entrar a la Capilla—. Mi Dios soy yo.» Su orgullo era muy grande, pero parecía tener fundamento. Me prestó una *Antología* de Rubén Darío; y como aprendí de memoria los poemas más largos, me los hacía repetir. Luego, con una expresión meditativa, decía: «Emotivo, sensible; demasiado, demasiado.» Y se iba.

Valle enamoraba a las señoritas más encumbradas del pueblo. Tenía derecho, pues cursaba el último año de estudios, y era elegante. Planchaba sus ternos con un cuidado y acierto que causaban envidia. Usaba las corbatas con un lazo de su invención que él nombraba, increíblemente, con una palabra quechua: *k'ompo*[22]. El *k'ompo* llegó a ponerse de moda en Abancay. Era un nudo ancho, de gran volumen. Valle empleaba en hacerlo casi toda la corbata. Así llamaba la atención de las jóvenes. Él despreciaba a las colegialas, su desdén era sincero. Decía que su gran amor era la esposa del

---

[22] *k'ompo:* «significa bulto, abultamiento» (Arguedas, *Casa de las Américas,* núm. 99, citado en la ed. de Sybila).

254

médico titular, y lo demostraba. Se paraba los domingos en la esquina que ocupaba la casa del médico. Muy perfumado, con el sombrero hundido sobre la frente; su enorme *k'ompo*, tan visible, tan perfecto; los zapatos relucientes, esperaba. Erguido, y adoptando una postura muy distinguida, Valle silbaba en la esquina.

A pesar de que parecía un joven galante, con sus derechos ya expeditos, no era admitido en la sociedad. La esposa del médico le dedicaba alguna mirada complaciente; las otras jóvenes toleraban sus galanterías, pero no conseguía que lo invitaran a las fiestas sociales. Él se consolaba, porque de todos modos ocupaba una situación de privilegio entre los alumnos; sabía que las colegialas murmuraban de él, le dedicaban su atención, le contemplaban. Su ateísmo era famoso, y su «materialismo», pues él decía tener cultura «enciclopédica». Adoraba sólo la forma; desdeñaba a los románticos y «pasionistas». «El pobre, el desgraciado Espronceda; y el otro, el más desventurado, el llorón Bécquer», decía. Consideraba sus ídolos a Schopenhauer y a Chocano. Nunca intervenía en las luchas por la demente, ni tenía amigos. Prestaba novelas y libros de poesía con ademán gentil aunque algo desdeñoso; sólo un libro de Schopenhauer que guardaba bajo llave, en una pequeña maleta, no lo prestó jamás a nadie. «Ésta es lectura de los fuertes, de los gigantes; únicamente el oro recibe este líquido sin disolverse. Ustedes se condenarían si lo leyeran, o no lo entenderían», nos decía.

Valle le habló a Rondinel; esperó vernos cerca y mientras yo escuchaba, demostró a mi rival que dadas las características de ambos, él tenía todas las probabilidades de derrotarme, de darme una buena y concluyente paliza. Luego se acercó a mí, y me dijo:

—Tu situación es, pues, honrosa. Si le ganas será por tu coraje, y nada más que por tu coraje. Te felicito; bien quisiera tener una oportunidad semejante.

Su lenguaje era siempre así, atildado. Y como todos creíamos que tenía derecho a hablar de ese modo, a causa de sus lecturas, no nos hería ni sorprendía su estilo. Al contrario, influía en muchos, que trataban de imitarlo.

255

Valle era el único estudiante que no hablaba quechua; lo comprendía bien, pero no lo hablaba. No simulaba ignorancia; las pocas veces que le oí intentar la pronunciación de algunas palabras, fracasó realmente; no le habían enseñado de niño.

—No tengo costumbre de hablar en indio —decía—. Las palabras me suenan en el oído, pero mi lengua se niega a fabricar esos sonidos. Por fortuna no necesitaré de los indios; pienso ir a vivir a Lima o al extranjero.

Con el reto de Rondinel, Valle encontró una ocasión de divertirse.

—Sólo tu coraje puede salvarte —me repetía—. Felizmente, los sentimentales son grandes valientes o grandes cobardes.

Y me miraba agudamente.

Yo empecé a sentir hacia él una especie de rencor impotente. Adivinaba o conocía ciertamente el miedo que me oprimía, que estaba a punto de vencerme. Quizá él había sentido alguna vez ese bajo y vergonzoso temor.

—Debe ganar el sarmentoso Rondinel —pregonaba—. Un Quijote de Abancay derribará a un quechua, a un cantador de *jarahuis*. ¡Qué combate, jóvenes, qué homérico y digno combate! Un nuevo duelo de las razas. ¡Por Belcebú! Será un espectáculo merecedor de la atención del internado en pleno. ¡Hasta de una loa épica!

A Rondinel le inflamaban los pronósticos de Valle. Se paseaba agitadamente. Rechazaba ya los consejos de Lleras. Extendía su brazo flaco —enteramente influenciado por el lenguaje y los ademanes de Valle— y le decía a Lleras:

—¡No me des consejos! A ese cholito lo tumbo yo solo. ¡Lo hago tiras!

El «Añuco» me buscaba, pasaba por mi lado y me gritaba:

—¡Qué triste estás, zumbayllero! ¡Qué tal duelo tan anticipado!

—Cierto —confirmaba Palacitos—. Te has puesto amarillo. Frótate, hermano, la cara y las orejas. Mejor es que salga sangre.

Los internos de mi edad no me hablaban. Preferían estar

256

a la expectativa. Romero me daba ánimos, pero en tono compasivo.

Por la noche, en el rosario, quise encomendarme y no pude. La vergüenza me ató la lengua y el pensamiento.

Entonces, mientras temblaba de vergüenza, vino a mi memoria, como un relámpago, la imagen del *Apu*[23] K'arwarasu. Y le hablé a él, como se encomendaban los escolares de mi aldea nativa, cuando tenían que luchar o competir en carreras y pruebas de valor.

—¡Sólo tú, *Apu* y el «Markask'a»! —le dije—. ¡*Apu* K'arwarasu, a ti voy a dedicarte mi pelea! Mándame tu *killincho**[ ]* para que me vigile, para que me chille desde lo alto. ¡A patadas, carajo, en su culo, en su costilla de perro hambriento, en su cuello de violín! ¡Ja caraya! ¡Yo soy lucana, minero lucana! *¡Nakak'*[24]*!*

Empecé a darme ánimos, a levantar mi coraje, dirigiéndome a la gran montaña, de la misma manera como los indios de mi aldea se encomendaban, antes de lanzarse en la plaza contra los toros bravos, enjalmados de cóndores.

El K'arwarasu es el *Apu,* el Dios regional de mi aldea nativa. Tiene tres cumbres nevadas que se levantan sobre una cadena de montañas de roca negra. Le rodean varios lagos en que viven garzas de plumaje rosado. El cernícalo es el símbolo del K'arwarasu. Los indios dicen que en los días de Cuaresma sale como un ave de fuego, desde la cima más alta, y da caza a los cóndores, que les rompe el lomo, los hace gemir y los humilla. Vuela, brillando, relampagueando

---

* Cernícalo. (Nota de Arguedas.)

---

[23] *Apu:* cfr. la tercera acepción de *apu,* en la nota 75 del cap. I.

[24] «Ernesto tiene miedo, siente que en el combate el otro vencerá. Pero Valle, burlándose, y para intimidar a Ernesto, ha definido el conflicto entre uno de razas: lo indio (Ernesto) contra lo español quijotesco (Rondinel). Ernesto sacará, por el contrario, fuerzas de su raza elegida, de su religión adoptiva, encomendándose al *Apu K'arwarasu,* divinidad de la montaña, padre natural que lo inspire desde la quebrada hermosa y marcial donde se crió. Así se fortalece internamente, logra superar la vergüenza y los insultos racistas» (Dorfman, 1980: 109).

sobre los sembrados, por las estancias de ganado, y luego se hunde en la nieve[25].

Los indios invocan al K'arwarasu únicamente en los grandes peligros. Apenas pronuncian su nombre el temor a la muerte desaparece.

Yo salí de la capilla sin poder contener ya mi enardecimiento. Inmediatamente después[26] que el Padre Director y los otros frailes subieron al segundo piso, me acerqué a Rondinel y le di un puntapié suave, a manera de anuncio.

—Oye, alambre —le dije—. ¡Ahora mismo, ahora mismo! ¡En el patio!

En ese sitio, frente a la capilla, había poca luz. Valle saltó entre los dos.

—¡La explosión de los sentimentales! —dijo, tranquilamente, apartando al Flaco—. Éste es un desafío legal, caballeresco, para el sábado y no para luchar a tientas en la oscuridad.

—¡Sí, sí! ¡Ahora no! —gritaron varios.

—Déjalos que se zurren —dijo Romero.

—Mi desafío es para el sábado, en el campo de higuerillas —dijo Rondinel, y saltó al corredor. Se paró bajo un foco de luz—. ¡Quiero ver lo que hago! No soy un indio para trompearme en la oscuridad.

Comprendí que temía, que era él, ahora, el que estaba asustado.

—Indio traicionero —dijo Lleras.

Pero el Flaco rectificó, creo que para no enfurecerme más.

—No me ha pateado de veras —dijo—. Sólo ha sido de anuncio.

—Creo que el Quijote eres tú. ¡Serás vencido, ahora con mayor razón! —me dijo Valle, poniéndome sus manos sobre los hombros—. Ese puntapié «de anuncio» te retrata. Fue un aperitivo, para ti y para nosotros que veremos tu noble derrota.

Su ironía esta vez no me hizo mella. Se dirigía al vacío.

<hr>

[25] Cfr. el huayno guerrero del cap. II.
[26] La ed. de 1972 prefiere «después de que».

258

El Flaco huyó al dormitorio, sigilosamente, mientras hablaba Valle; y los otros internos se dispersaron. Palacitos se retiró al mismo tiempo que Rondinel. Y Valle perdió su entusiasmo.

Yo ya no sentí vergüenza de esperar a Antero para contarle la historia; hasta pude recordar las cartas que había escrito.

* * *

A las ocho y media tocaban la campanilla indicando la hora de entrar al dormitorio. Pero los que deseaban acostarse antes podían hacerlo.

Yo me dirigí al patio interior. Estaba seguro de que iría la demente y que algo ocurriría. Debía faltar aún cerca de media hora para que tocaran la campanilla.

En una de las esquinas del patio, junto a los excusados, hacía guardia el «Peluca». Estaba solo. Muy cerca, sobre la explanada, Lleras y el «Añuco» fumaban. Como yo sabía que Lleras había hablado con la demente, podía percibir que él y el «Añuco» vigilaban al «Peluca». De la casa vecina entraba mucha luz al patio; iluminando la cima del muro carcomida por la lluvia, una fuerte luz pasaba hacia lo alto del patio. Grupos de alumnos que estaban sentados al pie del muro permanecían completamente ocultos. Contaban historias de mujeres, chistes de curas y sacristanes.

Yo me retiré, solo, hacia el fondo del patio, junto al muro. No deseaba hablar con nadie. Sentía un placer raro; me asaltaba una especie de deseo de echarme a reír a carcajadas. «El Flaco Rondinel te ha hecho sudar frío. El Flaco Rondinel te ha hecho temblar como a un conejo» —decía casi en voz alta. Pero no pude reír una sola vez.

Luego recordé cómo había hecho frente al Lleras, devolviéndole su mirada de perdonavidas. Y hubiera seguido repasando en mi memoria los instantes de flaqueza y de coraje que tuve que sufrir, si el «Peluca» no salta al patio y se encamina hacia mí:

—¿Qué te ocultas aquí? —me preguntó con voz amenazadora.

—Va a venir la opa —le dije—. ¡Cuídate, hermano! Creo que el Lleras te va a hacer algo.

—¿Me tienes miedo? —volvió a preguntarme, ya no con rabia sino con gran curiosidad.

—No sé —respondí—. En este momento no me das miedo. Te aviso porque odio a Lleras.

Lleras y el «Añuco» vinieron, casi corriendo, hacia nosotros.

—¿Qué te dice el foráneo? ¡O me avisas o te rompo el lomo! —advirtió Lleras al «Peluca», aún antes de llegar.

El «Peluca» se quedó callado. A Lleras se le veía pequeño junto a él; en la penumbra, la mole, la sola figura del «Peluca» aparecía inclinada ante la más pequeña de Lleras.

—¡No le digas, «Peluca»! ¡No le digas! ¡Aplástalo con tu cuerpo! —le grité.

Los otros internos corrieron para ver lo que ocurría «Peluca» iba a hablar ya; pero oyó los pasos de los que venían corriendo y escapó de un salto; bajó la alta grada del terraplén, pasó velozmente frente a los reservados y entró al pasadizo. Yo le seguí atentamente; no oí sus pasos en el callejón y comprendí que se había ocultado a la vuelta de la esquina. El grupo de alumnos llegó junto a nosotros.

—¿Qué hay, k'echas[27]? El foráneo está nervioso, grita por gusto. ¡Fuera de aquí! —ordenó Lleras—. ¡Fuera de aquí!

Yo busqué a Romero en el grupo. No estaba. Todos se alejaron. Algunos ya no volvieron al rincón. Se dirigieron al patio de honor. Yo permanecí tranquilo. Esperé que Lleras me amenazara. Y podía haberle contestado valientemente. Pero bajó con el «Añuco», del campo hacia la vereda de los reservados. Los otros internos se acomodaron nuevamente en los rincones. Al poco rato se fueron, en grupos de dos y tres. Chauca se separó del último grupo; caminando despacio vino hacia mí; más de una vez se detuvo, mirando a Lleras, como si esperara que le diera un grito, prohibiéndole continuar.

—¿Qué hay? —me preguntó en voz baja, cuando llegó—. ¿Por qué tan solitario?

_____

[27] *k'echas:* en quechua, «meones».

260

—Estoy esperando. Algo va a suceder. La opa ha de venir.

—¿La opa ha de venir? ¿Y cómo lo sabes?

—Lleras ha estado hablando con ella en la cocina. Palacitos los vio. Después, parece que Lleras y «Añuco» han tramado algo. ¿Será contra el «Peluca»?

—¿La opa ha de venir? No hay casi nadie en el patio, hermanito. ¡Yo espero! ¡Alguna vez seré yo!

—¡Pobrecito Chauca! —le dije—. Esta noche no sé qué sucederá. Ya vendrá Lleras y nos expulsará de aquí.

—¡Gritaré! Le amenazaré con pedir auxilio si no me deja. ¡Hoy será, o nunca! —la impaciencia ahogaba su respiración.

—No te metas con Lleras —le dije—. Anda a Huanupata. Dicen que allí hay otras cholas mejores. ¡Ésta es una opa! ¡Sucia, babienta!

—No sé, hermano. ¡Ella tiene que ser! Creo que estoy endemoniado. ¡Me estoy condenando, creo! ¿Por qué me aloca esta opa babienta? Le ruego al Niño Dios todas las noches. ¡En vano, en vano! Yo he estado con otras cholas. ¡Claro! Mi propina me alcanza para dos. Pero vengo aquí, de noche; el excusado me agarra, con su olor, creo. Yo todavía soy muchacho; estoy en mis dieciséis años. A esa edad dicen que el demonio entra con facilidad en el alma. ¿Dónde, dónde estará mi ángel de la guarda[28]? Yo creo que si la tumbo una sola vez quedaré tranquilo, que me curará el asco...[29]

Cuando estaba hablando Chauca, apareció la demente en el patio; pegada a la pared, rechoncha, bajita, entró a la vereda de los excusados. No había caminado dos metros cuando el «Peluca» saltó sobre ella y la derribó. Lleras y el «Añuco» salieron de uno de los tabiques de madera; se acercaron hacia el «Peluca».

—Hay que dejar tranquilo al buen padrillo —oímos que

---

[28] Aceptamos la corrección de la ed. de 1972. En la ed. de 1958 figura «guardia», forma impropia de referirse al Ángel de la Guarda en la prédica cristiana.

[29] La ed. de Sybila omite los puntos suspensivos que hay en la edición de 1958.

decía Lleras, con voz casi normal, sin temer que le escucháramos.

Chauca no se atrevió a correr. Fue caminando paso a paso, casi meditando. Yo le seguí. Así llegamos al borde del terraplén.

El «Añuco» le amarraba algo en la espalda al «Peluca». Parecía ser la punta de una honda de lana, de aquellas que terminan en pequeñas borlas. Lleras vigilaba la maniobra. No nos hizo caso; no volvió la cara siquiera hacia nosotros. El «Añuco» se levantó y nos miró; luego miró a Lleras.

—Vámonos —le dijo éste, en voz muy baja—. Que disfruten los *k'echas,* si quieren.

Y se fueron, caminando de puntillas, sin hacer el menor ruido.

Yo sentí que Chauca temblaba. Se puso la mano derecha sobre las mejillas. Un denso calor empezó a escalarme por el cuerpo, como si brotara desde los pies.

Salté al callejón, y corrí al patio.

El Hermano Miguel agitaba ya la campanilla desde el corredor del segundo piso. Dos Padres llamaron, palmeando:

—¡Ya, ya! ¡A dormir!

Avanzaron hacia el callejón y vocearon allí varias veces. Los alumnos que estábamos cerca pasamos al dormitorio. El «Peluca» vino corriendo del patio interior; subió a grandes trancos la escalera. Entró al dormitorio con el rostro sumamamente pálido; sus ojos parecían bañados en un líquido brilloso. Todos los internos, de pie, esperamos que el Padre Director entrara.

El Director no pasó a inspeccionar el dormitorio. Lo hacía casi todas las noches. Esta vez se detuvo a dos pasos de la puerta junto al primer catre y rezó el Ave María. Le contestamos en coro.

—Buenas noches, hijos. Dormid en paz —dijo, y se fue.

En la puerta se encontró con Chauca.

—¡Eh, tú! ¡Malcriado! —le dijo—. ¡Sinvergüenza!

—¡Estuve en el reservado, Padrecito! —oímos que decía Chauca.

Yo sentí que su voz desfalleciente no sólo imploraba disculpa, sino un auxilio mayor.

—¿Qué tienes? ¿Te pasa algo? —preguntó el Director con mucha ternura— ¡Ven aquí, hijo! ¡Ven aquí!

Lo hizo entrar al dormitorio y lo contempló en la luz.

Todos lo miraron. Estaba sucio de tierra. Había tierra aun en sus cabellos. Su actitud era de una humillación tan extremada que ni siquiera hubo risas del «Añuco» y de Lleras. «Ahora, ahora se ríen», pensé, ardiendo de odio. Pero no pudieron reírse.

—¡Me caí, Padre! —esclamó Chauca, lloriqueando.

—¡No seas tonto, hijo! ¡Vuelve en ti! —le dijo el Padre. Y con ambas manos le sacudió el polvo.

Chauca se dirigió hacia su cama con la cabeza inclinada. El Padre salió, y cerró la puerta del dormitorio.

«Ahora empieza la fiesta del Lleras», pensé. Creí que reaccionaría pronto y que se ensañaría con Chauca. Pero ambos, él y el «Añuco», miraban al «Peluca».

Uno de los vecinos de cama del «Peluca» exclamó, de pronto, saltando al medio del dormitorio:

—¡Jesús! ¡Jesús! ¡Dios mío!

Era nativo de Pampachiri, un pueblo de altura. Con gran terror señaló la espalda del «Peluca».

—¡*Apasankas* [30], *apasankas*! —gritó.

Una sarta de inmensas arañas velludas colgaba del saco del «Peluca».

Aun los internos que ya estaban acostados se levantaron y fueron hacia la cama del «Peluca».

---

[30] «En las quebradas tibias de la sierra vive el *apasanka* o *k'ampu*: es una araña enorme, peluda y extraña; sus pelos son rojos en las puntas y negros en la base; es un animal irritable y poco numeroso; se le encuentra a veces en los caminos, después de la lluvia, andando pesadamente; y parece un gigante; si se le hurga o se le molesta de algún modo, se enfurece, se yergue y se levanta hasta donde le permiten sus patas gruesas y lanudas, y luego embiste; entonces ya no parece una araña sino un toro enfurecido y terrible. Los niños huyen de ella y la sueñan durante mucho tiempo. El *k'ampu* es venenoso; pero en Abancay, capital del departamento de Apurímac, vi una niña que jugaba con una de esas arañas; la acariciaba, la tiraba al aire y la volvía a recibir en la palma de sus manos. El juego era impresionante e increíble, porque en Ayacucho sólo el *layk'a* [brujo] San Jorge vence a los *k'ampus* y los devora» (Arguedas, artículo «El Layk'a», de 1943, reproducido en *Indios, mestizos y señores*: 175-176).

263

—¿Y...? ¿Qué importa? —dijo éste, al parecer muy tranquilo.

Se quitó el saco suavemente; lo levantó, lo más alto que pudo, sosteniéndolo de una de las solapas.

Las arañas pataleaban. No con movimientos convulsos y rápidos, sino lentamente. Las tarántulas son pesadas; movían sus extremidades como si estuvieran adormecidas. El cuerpo rojinegro de las arañas, oscuro, aparecía enorme, tras de los vellos erizados que también se movían.

Yo no pude contenerme. Temí siempre a esas tarántulas venenosas. En los pueblos de altura son considerados como seguros portadores de la muerte. No grité; pude sofrenar el grito en mi garganta; pero me apoyé en el catre y luché con gran esfuerzo contra la terrible ansia que sentía de llamar a grandes voces. Chauca y Romero se me acercaron.

—¡Qué bruto, qué maldito! —dijo Romero— ¡Pero ve, fíjate! ¡No son nada!

El «Peluca» había arrancado la sarta de arañas; las había arrojado al suelo y las aplastaba con ambos pies.

—¡Con esto sí que no me asustan! Yo las reviento desde que era guagua —dijo.

Pasaba la planta de los pies sobre los cuerpos molidos de las *apasankas*. Luego bailó en el sitio. No quedó allí sino una mancha.

Romero me ayudó a desvestirme. Me miró a los ojos mucho rato, procurando ahuyentar mi temor.

—No es nada, chico. Además, no es cierto que pican —me dijo—. Yo creo que aquí, en el valle, se amansan. Hasta las niñas juegan con ellas; las pelotean de lo lindo. ¡Claro! Ni qué decir que su cuerpo es feo. El vecino del «Peluca», el pampachirino, con lo grandazo que es, está igual que tú; hasta más pálido.

Chauca se sentó junto a mi cama. Nadie se ocupaba ya de él, felizmente. Lleras y el «Añuco» se acostaron rápidamente; se hacían los dormidos. Chauca me puso una de sus manos en la frente.

—Esto sí que no es para asustarse tanto —me dijo— ¡Espera no más! ¡Algún día le haremos algo al Lleras! ¡Algo de que se acuerde toda su vida!

—¡El *apasanka* no es para asustarse! —se atrevió a decirme Palacitos, desde su cama.

El incidente salvó a Chauca. Recuperó su tranquilidad; se disipó de su rostro todo misterio, toda sombra. Y pudo acompañarme un instante. Romero se había ido antes.

Sin embargo, durante la noche, como un estribillo tenaz, escuché en sueños un *huayno* antiguo, oído en la infancia, y que yo había olvidado hacía ya mucho tiempo:

Apank'orallay, apank'	*Apankora, apankora**
[orallay	
apakullawayña,	*llévame ya de una vez;*
tutay tutay wasillaykipi	*en tu hogar de tinieblas*
uywakullawayña.	*críame, críame por piedad.*
Pelochaykiwan	*Con tus cabellos,*
yana wañuy pelochayki-	*con tus cabellos que son la*
[wan	*[muerte*
kuyaykullawayña.	*acaríciame, acaríciame.*

Al día siguiente me levanté muy temprano. Me bañé en la fuente del primer patio para refrescarme la cabeza. Luego me vestí con gran cuidado sin despertar a los internos. Y me dirigí al patio de tierra.

La madrugada se extinguía. Los pequeños sapos asomaban la cabeza entre las yerbas que rodeaban el pozo de la fuente. Bajo las nubes rosadas del cielo, los pocos árboles que podían verse desde el patio interior, y las calandrias amarillas que cantaban en las ramas, se dibujaban serenamente; algunas plumas de las aves se levantaban con el aire tibio del valle.

Encordelé mi hermoso *zumbayllu* y lo hice bailar[31]. El trompo dio un salto armonioso, bajó casi lentamente, cantando por todos sus ojos. Una gran felicidad, fresca y pura,

---

* Como apasanka, nombre de la tarántula. (Nota de Arguedas.)

---

[31] La ed. de Sybila separa aquí como si fueran dos párrafos. Es punto y seguido en la ed. de 1958.

265

iluminó mi vida. Estaba solo, contemplando y oyendo a mi *zumbayllu* que hablaba con voz dulce, que parecía traer al patio el canto de todos los insectos alados[32] que zumban musicalmente entre los arbustos floridos.

—¡Ay *zumbayllu*, *zumbayllu*! ¡Yo también bailaré contigo! —le dije.

Y bailé, buscando un paso que se pareciera al de su pata alta. Tuve que recordar e imitar a los danzantes profesionales de mi aldea nativa.

Cuando tocaron la campanilla para despertar a los internos, yo era el alumno más feliz de Abancay. Recordaba al «Markask'a»; repasaba en mi memoria la carta que había escrito para su reina, para su amada niña, que según él tenía las mejillas del color del *zumbayllu*.

—¡Al diablo el «Peluca»! —decía— ¡Al diablo el Lleras, el Valle, el Flaco! ¡Nadie es mi enemigo! ¡Nadie, nadie![33].

---

[32] La ed. de Sybila ha omitido «alados».

[33] «Ernesto no ha de utilizar las armas del Lleras, no debe dirigir la fuerza del *Apu*, del padre-montaña, para dominar o subordinar a otro, no desea recrear y repartir el odio y el miedo que él mismo ha sentido. La violencia no lo sobrepasa, sino que él controla sus pasiones, ofreciendo la paz desde la certeza de que es más fuerte. Con esto, queda claro que Ernesto ha crecido de veras: ha evitado la tentación de usar su coraje o su energía para fragmentar o dividir, para hacer llorar a los demás» (Dorfman, 1980: 109).

VII

El motín[1]

Esa mañana, a la hora del recreo, le entregué a Antero el borrador de la carta para Salvinia.

—La leeré en mi cuarto, a solas —me dijo—. Y en la tarde la leeremos juntos. Yo te esperaré a la una en la puerta del Colegio.

—¿No quieres leerla ahora? —le pregunté.

—No. Ahora no, mejor a solas, recordándola. Si quisiera preguntarte algo no podría hacerlo aquí. Los alumnos nos fastidiarían.

Luego le conté mi aventura con Rondinel.

—¡Pero si a ese flaco puedes matarlo! —exclamó—. Llora por cualquier cosa. ¡Pobrecito! Mejor será que no pelees con él. A esta hora debe estar temblando, llorando como un pajarito. Es malogrado el pobre. Dicen que su madre es

---

[1] En los capítulos previos sobresale el «tono retrospectivo y reminiscente que en la memoria de eventos y tiempos pasados recubre la realidad vivida como si fuera una bruma. El *yo* narrativo, a través de sus múltiples voces, es el foco central que recibe y que irradia toda sensación y toda experiencia. Pero en el capítulo "El motín", este centro se desdibuja, se pluraliza y las experiencias dejan de ser las vividas para convertirse en las percibidas, en las oídas, en las captadas al vuelo [...] el narrador apela al repetido uso de la palabra *dicen,* que de por sí ya tiene connotaciones sociolingüísticas» (Márquez, 1994: 51). Al respecto, puntualicemos que no sólo son experiencias percibidas, sino vividas (se suma a la acción colectiva) por Ernesto.

media loca y que cuando el Flaco era niño lo castigaba como a un condenado.

—¡De veras! Ya ni me mira, ni mira a nadie. Está como sepultado —le dije.

Entonces Antero me pidió que lo esperara en la puerta de mi salón de clases, y fue a buscar a Rondinel.

—Lo calmaré —me dijo—. Me da lástima. Su madre es muy amiga de la madre de mi reina. Por ella lo hago. Le diré que estás decidido a no reclamar el desafío.

Volvió al poco rato del brazo con el Flaco. Llegaron corriendo. Antero lo guiaba, lo arrastraba casi.

—Aquí está —dijo—. Él también quiere amistar. Yo soy el juez. ¡Dense la mano!

Le tendí la mano, sonriéndole. En sus pequeños ojos hundidos, tras de sus pestañas arqueadas y hermosas, una mirada angustiosa pugnaba por no extinguirse. Comprendí que si no seguía sonriéndole, que si no me acercaba a él, cerraría los ojos y se echaría a correr.

Lo abracé.

—¡Soy un perro, soy un perro! —decía. Y empezó a llorar.

Lo llevamos a mi sala de clases. Todos los alumnos jugaban en los patios, y los internos no vieron nuestra reconciliación. Eran los únicos que hubieran podido perturbarla.

El Flaco se sentó en una carpeta y apoyando la cabeza sobre los brazos de Antero lloró unos instantes. Después levantó el rostro para mirarme.

—¡No seas zonzo! —le dijo el «Markask'a».

—Los otros son los peores —le dije yo—. El Lleras, el Valle, el «Añuco». Nosotros no, hermano.

—Dios los castigará. ¡Algún día! —exclamó.

Se levantó y volvió a darme la mano.

—Tú eres un caballero. ¡Lo reconozco como hombre! Desde hoy te voy a querer.

Temblaba un poco.

—¡Juguemos, hermanitos! —gritó de repente—. ¡Juguemos al *zumbayllu*! ¡Vamos!

Salimos corriendo. Él me llevaba de la mano.

En el callejón que une los patios nos topamos con Valle.

Venía a paso lento, erguido como siempre. Un gesto de gran sorpresa interrumpió, como un relámpago, su pesada solemnidad. Rondinel le sacó la lengua y le dijo a gritos:

—¡Espera sentado a que nos peleemos! ¡Zonzo!

Y seguimos adelante. Ni rastros de forzada amabilidad hubo entre nosotros. Deseábamos halagarnos. Hicimos cantar a nuestros *zumbayllus* con gran destreza. Los arrojábamos al mismo tiempo. Y una vez el del Flaco derrotó en duración al de Antero. ¡Qué felicidad fue para él! Saltaba; me miraba y miraba al «Markask'a». Daba vueltas sobre un pie. El sol alumbraba para él solo, esa mañana. El mundo redondo, como un juguete brillante, ardía en sus manos. ¡Era de él! Y nosotros participamos de la dicha de sentirlo dueño.

* * *

A las doce, cuando los externos salían a la calle, se oyeron gritos de mujeres afuera. Rondinel y yo, de pie en la pequeña escalera que conducía a mi sala de clases, podíamos ver la calle. Varias mujeres pasaron corriendo; todas eran mestizas, vestidas como las mozas y las dueñas de las chicherías. El Padre Director salió de su oficina, se dirigió al zaguán y observó la calle, mirando a uno y a otro lado. Volvió en seguida; entró precipitadamente a la Dirección. Creímos percibir que tenía miedo.

El tumulto aumentó en la calle. Más mujeres pasaban corriendo. Un oficial entró al Colegio.

El Director apareció en la puerta y llamó a gritos a los Padres.

—¡Hazles oír! —me dijo, palmeando.

Yo corrí a los dormitorios y al comedor, llamando a los Padres. Eran cinco, y el Hermano Miguel. Se reunieron en la Dirección con el oficial. Conferenciaron pocos minutos y salieron juntos a la calle. El Hermano Miguel se quedó a cargo del Colegio.

—No es nada —dijo—. Ya voy a llamar para el almuerzo.

El portero continuaba observando la calle, no había cerrado aún el zaguán. Seguía corriendo la gente en la calle. Hombres, mujeres y niños pasaban como persiguiéndose unos a otros. Todos los internos nos acercamos al zaguán.

En ese instante, las campanas tocaron a rebato y un griterío de mujeres, tan alto como el sonido de las campanas, llegó desde la plaza. Lleras y Romero saltaron a la calle y siguieron adelante, hacia la plaza. Todos los seguimos. El portero empezó a gritar en quechua:

—¡Se escapan, Padrecitos! ¡Auxilio!

En la primera esquina nos encontramos con Antero; venía corriendo. Rondinel iba conmigo.

—¡El Flaco, no! —dijo Antero—. Tu mamá irá a buscarte al Colegio y se alocará si no te encuentra. Anda a tu casa. ¡Corre! La plaza está hirviendo de mujeres rabiosas. Te pueden atropellar. ¡Te pueden matar! ¡Anda!

Rondinel dudaba, entre el espanto y la curiosidad.

—¡Llévenme, hermanitos! —dijo.

En la energía con que Antero hablaba parecía encontrar la protección suficiente.

—¡Quiero ir, «Markask'a»! ¡Llévame, hermanito!

—¡No! —le replicó Antero—. Hay mucha gente. Es como un repunte de agua[2]. ¿Quién podría cuidarte, hermano? Te contaremos todo. Sube a un balcón de tu casa y verás pasar a la gente. ¡Ya! Nosotros vamos a carrera.

Partimos, y el Flaco no pudo seguirnos. Volví la cabeza para verlo, cuando llegamos al final de la calle. Rondinel seguía aún en el mismo sitio, dudando.

Cuando desembocamos a la plaza, una gran multitud de mujeres vociferaba, extendiéndose desde el atrio de la iglesia hasta más allá del centro de la plaza. Todas llevaban mantas de Castilla y sombreros de paja. Los colegiales miraban a la multitud desde las esquinas. Nosotros avanzamos hacia el centro. Antero se abría paso, agachándose y metiendo la cabeza entre la cintura de las mujeres.

---

[2] Repunte de agua, es decir *yawar mayu* (cfr. las notas 23 y 27 del capítulo I): «la colectividad aparece como un río creciente, poderoso y peligroso» (Spina, 1986: 112).

270

No se veían hombres. Con los pies descalzos o con los botines altos, de taco, las mujeres aplastaban las flores endebles del «parque», tronchaban los rosales, los geranios, las plantas de lirios y violetas[3]. Gritaban todas en quechua:

—¡Sal[4], sal! ¡Los ladrones, los pillos de la Recaudadora!

Antero continuó acercándose a la torre. Yo le seguía furiosamente.

La violencia de las mujeres me exaltaba. Sentía deseos de pelear, de avanzar contra alguien.

Las mujeres que ocupaban el atrio y la vereda ancha que corría frente al templo, cargaban en la mano izquierda un voluminoso atado de piedras.

Desde el borde del parque pudimos ver a la mujer que hablaba en el arco de entrada a la torre. No era posible avanzar más. En la vereda la multitud era compacta. Sudaban las mujeres; los aretes de plata y de quintos de oro que llevaban algunas, brillaban con el sol. La mujer que ocupaba el arco de la torre era una chichera famosa; su cuerpo gordo cerraba completamente el arco; su monillo azul, adornado de cintas de terciopelo y de piñes, era de seda, y relucía. La cinta del sombrero brillaba, aun en la sombra; era de raso y parecía en alto relieve al albayalde blanquísimo del sombrero recién pintado. La mujer tenía cara ancha,

---

[3] Spina, con perspicacia, contrasta el «impacto» que tiene «sobre la naturaleza» esta sublevación de las chicheras con la invasión de los colonos que ocurrirá en el último capítulo (ni pisan, ni desordenan): «sugieren, se diría, una diferencia cualitativa entre los dos sucesos. Las chicheras, justificadamente llevadas a un acto de violencia, dispersan esta violencia a su alrededor —en este caso, a la naturaleza simbolizada por las flores— sin importarles la inocencia o culpabilidad del que la reciba. Los colonos, al contrario, parecen discriminar de modo que ni siquiera trastornan las flores del parque aún cuando la violencia que ellos han sufrido es peor que la de las chicheras. Esto sugiere una alta conciencia de la justicia y, como tal, llega al primer plano de importancia para una cultura cuya visión del universo es totalizante y reconoce que, como si fuera una cadena ecológica de dependencia, todo acto repercute sobre los otros elementos del sistema» (Spina, 1986: 119).

[4] La *sal* connota la falta de lo esencial para la vida. En varios pueblos antiguos, la sal es tan apreciada que sirve para el intercambio comercial, al no existir monedas.

toda picada de viruelas[5]; su busto gordo, levantado como una trinchera, se movía; era visible, desde lejos, su ritmo de fuelle, a causa de la respiración honda. Hablaba en quechua. Las ces suavísimas del dulce quechua de Abancay sólo parecían ahora notas de contraste, especialmente escogidas, para que fuera más duro el golpe de los sonidos guturales que alcanzaban a todas las paredes de la plaza.

—¡*Mánan!*[6] ¡*Kunankamallam suark'aku...!* —decía.

(¡No! ¡Sólo hasta hoy robaron la sal! Hoy vamos a expulsar de Abancay a todos los ladrones. ¡Gritad, mujeres; gritad fuerte; que lo oiga el mundo entero! ¡Morirán los ladrones!)

Las mujeres gritaron:

—¡*Kunanmi suakuna wañunk'aku!* (¡Hoy van a morir los ladrones!)[7]

Cuando volvieron a repetir el grito, yo también lo coreé. El «Markask'a» me miró asombrado.

—Oye, Ernesto, ¿qué te pasa? —me dijo—. ¿A quién odias?

—A los salineros ladrones, pues —le contestó una de las mujeres.

En ese instante llegó hasta nosotros un movimiento de la multitud, como una oleaje[8]. El Padre Director avanzaba entre las mujeres, escoltado por dos frailes. Sus vestiduras blancas se destacaban entre los rebozos multicolores de las mujeres. Le hacían campo y entraba con cierta rapidez. Lle-

---

[5] Las marcas de viruelas connotan, en el mundo andino, personalidad, energía extraordinaria; suele vinculárselas con poderes superiores que han «marcado» a alguien. En *El mundo es ancho y ajeno* (1941) de Ciro Alegría, el bandolero Vásquez (ayuda a defender la comunidad de Rumi, con valentía) es *Fiero* (o sea, con marcas dejadas por la viruela).

[6] Este ¡*Mánan!* de Felipa invierte el significado, de sumisión y deshumanización (con casi olvido de su dignidad individual y colectiva), que había en los *Mánan* del pongo (cap. I) y los colonos (cap. IV). Brota como un ¡*No!*, un ¡*Basta ya!*, de rebelión liberadora, de recuperación del derecho a la palabra, a decir la verdad.

[7] «los de la Recaudadora son calificados de "ladrones" y, como tales, su culpa social es comparable a la "avaricia" de los señores cuzqueños» (Ortega, 1982: 55-56).

[8] Otra imagen del *yawar mayu*. Cfr. la nota 2 de este mismo capítulo.

gó junto al arco de la torre, frente a la chichera. Levantó el brazo derecho como para bendecirla; luego le habló. No podíamos oír la voz del Padre; pero por la expresión de la mujer comprendimos que le rogaba. Las mujeres guardaron silencio: y, poco a poco, el silencio se extendió a toda la plaza. Podía escucharse el caer del sol sobre el cuerpo de las mujeres, sobre las hojas destrozadas de los lirios del parque... Oímos entonces las palabras del Padre. Habló en quechua.

—...No, hija. No ofendas a Dios. Las autoridades no tienen la culpa. Yo te lo digo en nombre de Dios.

—¿Y quién ha vendido la sal para las vacas de las haciendas? ¿Las vacas son antes que la gente, Padrecito Linares?

La pregunta de la chichera se escuchó claramente en el parque. La esquina que formaban los muros de la torre y del templo servían como caja de resonancia.

—¡No me retes, hija! ¡Obedece a Dios!

—Dios castiga a los ladrones, Padrecito Linares —dijo a voces la chichera, y se inclinó ante el Padre. El Padre dijo algo y la mujer lanzó un grito:

—¡Maldita no, padrecito! ¡Maldición a los ladrones![9]

---

[9] «Trascendiendo su motivación concreta, el motín se convierte en símbolo de la ruptura de una de las más sutiles formas de dominación, la que se ampara en la religiosidad del pueblo. Si en *Yawar Fiesta* se relata la muerte de un *auki* [se vence el temor mítico], en *Los ríos profundos* se testimonia la superación del terror a la obediencia de la palabra divina. En la base del acto rebelde están implicadas, pues, una conciencia y una fuerza; la conciencia que permite reconocer la validez ética de los actos propios [...] y el poder que ofrece la posibilidad de realizar efectivamente esa conciencia de actualizar su dictado en el orden externo y no sólo en el fuero íntimo de cada quien» (Cornejo Polar, 1973: 136). Aceptando lo principal de la interpretación de Cornejo Polar, atinadamente Trigo formula una puntualización crucial: «Habría que recalcar que la capacidad de juzgar por sí mismo no es sólo un acto ético, sino también un acto religioso. [...]. No es el padre quien tiene la exclusiva de maldecir o bendecir. Al pueblo no sólo le toca asentir, también puede desmentirle al cura en lo que cree erróneo. Es un diálogo, pues, en el interior del cristianismo» (Trigo, 1982: 70). Añadamos la importancia de que se profiera una *maldición*, en una novela de tantas vibraciones míticas y religiosas. Fruto de esa maldición será la *peste*, vista como castigo, expresión de la condena mítico-religiosa dirigida a una sociedad corrupta, injusta y des-almada (en todo el sentido etimológico del término).

273

Agitó el brazo derecho, como si sacudiera una cuerda. Todas las campanas se lanzaron a vuelo, tocando nuevamente a rebato.

—¡Yastá! ¡Avanzo, avanzo! —gritó la chichera, en castellano.

Bajó del arco; dio un rodeo junto a los Padres, respetuosamente, y se dirigió a la esquina más próxima. La multitud le abrió campo. Las mujeres mayores, que eran también las más gordas, como las dueñas de las chicherías, formaron una especie de primera fila, a la izquierda y derecha de la cabecilla. Avanzaron hacia la esquina.

Se oyeron unos tiros.

—¡Nada, nada! ¡Avanzo, avanzo! —gritó la cabecilla.

—¡Avanzo, avanzo! —repitió la multitud de mujeres.

—¡Avanzo, avanzo!

—¡Avanzo, avanzo!

Fue ya el grito único que se repetía hasta la cola del tumulto. El grito corría como una onda en el cuerpo de una serpiente[10].

Los gendarmes que resguardaban la esquina fueron arrollados. No los golpearon. Eran humildes parroquianos de las chicherías, y dispararon al aire, levantando visiblemente el cañón del rifle al cielo. Les quitaron sus armas.

La mayoría de los colegiales y los curiosos huyeron al escuchar los primeros disparos. El «Markask'a» no se asustó. Me miró dudando. «¿Seguimos?», me preguntó.

—Seguimos hasta el fin.

—Griten ¡Avanzo! —nos decían las mujeres.

Gritábamos a todo pulmón.

—¡Ahora sí! ¡Valiente muchacho! ¡Avanzo, avanzo!

Al voltear una esquina, la última para llegar a la oficina del estanco de la sal, Antero me quiso arrastrar hacia afuera.

—¡Vámonos! —me dijo—. Es feo ir entre tanta chola. ¡Vámonos! Ya es bastante para mataperradas.

—No —le dije—, veamos el final. ¡El final, «Markask'a»!

---

[10] La comparación con la serpiente connota al *amaru* (cfr. la nota 53 del cap. I).

274

La muchedumbre empezó a gritar con más furia. Se oyeron unas descargas menos resonantes y de pocos tiros. Antero escapó. «Yo me voy. ¡No soy solo! —me gritó al oído—. ¡Tengo que cuidarla!»

Era cierto. En todas las casas debían de estar temblando a esa hora. Él no tenía miedo, lo vi en sus ojos. Al contrario, cuando habló de protegerla y se lanzó fuera de la multitud, parecía que iba a enfrentarse a otra lucha mayor[11].

Se abrió camino, agachándose. Yo avancé más. Si era verdad que él iba a custodiar a su amada, ¿qué haría yo? Grité más alto, empujé hacia adelante. En las primeras filas se sentía un gran alboroto. Las piedras empezaron a sonar al caer sobre los postes, contra las rejas y las puertas de la Salinera. Se deshacían vidrios. Ya no disparon más.

—¡Sangre! ¡Sangre! —oí que decían en quechua, junto a las paredes de la Salinera.

Derribaron varias puertas y entraron al patio de la Salinera. Yo alcancé allí la primera fila. La cabecilla se había terciado un rifle a la espalda. Un gran sudor le chorreaba de los cabellos. Subida en el alto poyo del corredor, miraba agudamente a todos.

—¡Silencio! —ordenó.

Una mujer que estaba a su lado tenía una larga mancha de sangre en el costado, hacia el hombro izquierdo. También cargaba un rifle.

—¿Qué es esto, mujer? —dijo ella—. ¡Bala de salinero! ¡No sirve! —Movió el brazo violentamente, en molinete, y lanzó una risotada.

---

[11] Ernesto asume las dos grandes facetas del ideal heroico-caballeresco: el compromiso altruista con la colectividad (hasta el sacrificio de la propia vida, perdiéndole miedo a la muerte en aras del triunfo de los valores colectivos) y la idealización del amor (culto a la dama); Antero sólo practica la segunda. Antero se encuentra marcado por su condición de hijo de hacendado, la cual lo hace oponerse a los reclamos del pueblo (no entiende por qué Ernesto corea junto con las chicheras, si no es de la clase «inferior»), a pesar de que aprecia muchos elementos de la cultura andina, simbolizados por el *zumbayllu* y el cruzar a nado los ríos. Incluso su manera de idealizar a Salvinia reconoce semejanzas con la óptica caballeresca española: obsesión por la pureza y la honra, celos, desafíos...

—¡Almacén! ¡Veinte al almacén! —ordenó en quechua la cabecilla.

Un grupo de cholas entró al depósito de sal. Llamaron al instante desde dentro:

—*¡Kachi, kachi!** ¡Harto!

Empezaron a arrastrar los sacos de sal hasta el patio.

Ante el asombro y el griterío de las mujeres, sacaron cuarenta costales de sal blanca al patio.

—¡Padrecito Linares: ven! —exclamó con un grito prolongado la chichera —¡Padrecito Linares, ahistá sal! —hablaba en castellano—. ¡Ahistá sal! ¡Ahistá sal! ¡Este sí ladrón! ¡Este sí maldecido!

La multitud se detuvo, como si fuera necesario guardar un instante de silencio para que las palabras de la chichera alcanzaran su destino. Una vez más volvió a llamar la mujer:

—¡Padrecito Linares...!

Luego bajó del poyo, por un instante; hizo despejar la puerta del almacén; dio varias órdenes y las mujeres formaron una calle, aplastándose unas a otras.

Y comenzó el reparto.

Presidió ella, desde lo alto del poyo. No hubo desorden[12]. Con cuchillos, las chicheras encargadas abrían los sacos y llenaban las mantas de las mujeres. Luego ellas salían por la tienda y las que estaban hacia el zaguán, se acercaban.

En los pueblos de indios las mujeres guardan silencio cuando los hombres celebran reuniones solemnes. En las fiestas familiares, aun en los cabildos, los indios hablan a gritos y a un mismo tiempo. Cuando se observan desde afuera esas asambleas parecen una reunión de gente desaforada. ¿Quién habla a quién? Sin embargo, existe un orden, el pensamiento llega a su destino y los cabildos concluyen en acuerdos. La mujer que es callada cuando los hombres

* Sal. (Nota de Arguedas.)

[12] Si bien causaron destrozos en las plantas, en el plano social las chicheras respetan el orden, al igual que los indios.

276

intervienen en los cabildos, chilla, vocifera, es incontenible en las riñas y en los tumultos.

¿Por qué en el patio de la Salinera no se arañaban, no se destrozaban a gritos?[13] ¿Cómo no insultaban o llamaban a las que aún permanecían fuera del zaguán, en la calle? Si una sola hubiera podido gritar como cuando era libre, habría incendiado a la multitud y la hubiera destrozado.

Pero ahí estaba ella, la cabecilla, regulando desde lo alto del poyo hasta los latidos del corazón de cada una de las enfurecidas y victoriosas cholas. Al menor intento de romper el silencio, ella miraba, y las propias mujeres se empujaban unas a otras, imponiéndose orden, buscando equilibrio. Del rostro ancho de la chichera, de su frente pequeña, de sus ojos apenas visibles, brotaba una fuerza reguladora que envolvía, que detenía y ahuyentaba el temor. Su sombrero reluciente le daba sombra hasta los párpados. Un contraste había entre la frente que permanecía en la sombra y su mandíbula redonda, su boca cerrada y los hoyos negros de viruela que se exhibían al sol.

—Para los pobres de Patibamba tres costales —dijo, como para sacudirme.

Hasta ese momento se había repartido ya la mayor parte de los sacos de sal, y el patio se veía despejado.

Ante la orden, casi inesperada, varias mujeres fueron a ver el corral de la Salinera. Encontraron cuarenta mulas aún aperadas. La noticia desconcertó a las cholas. Pero la cabecilla ordenó que arrearan tres al patio. No hizo ningún comentario.

Mientras las repartidoras seguían llenando las mantas de las mujeres con grandes trozos de sal, alegremente, se dedicaron a preparar las cargas para los «colonos» de Patibamba.

---

[13] Las chicheras establecen «una armonía absolutamente antagónica a la locura que impera en otro patio, tan cercano en el espacio, donde precisamente es una hembra la violada oscuramente. Las mujeres no se reparten la sal como los niños se reparten la opa. [...] Es la primera, pero no la última, oportunidad en que se va a esbozar un paralelo entre doña Felipa y la demente, esa secreta corriente que une a una mujer que encabeza, eleva, pone equilibrio, y la otra, pasiva extrema, que vuelve bestias a los internos» (Dorfman, 1980: 113).

277

Levantaron con gran dificultad los costales llenos. Tuvieron que sacar buena cantidad de sal de los sacos y los volvieron a coser. Pesaban mucho para que las mujeres pudieran alzarlos hasta el lomo de las mulas.

La mujer herida quiso ir a Patibamba. La cabecilla la miró con duda.

—Ya no sale sangre —le dijo. Se desnudó el pecho y levantó su monillo. Mostró la herida.

La cabecilla no accedió. Señaló a diez; y pidió que las acompañaran todas las que quisieran. Cerca de cincuenta mujeres cargadas ya con sus mantas de sal siguieron a las que fueron designadas.

—¡Que viva doña Felipa! ¡*Patibambapak*[14]! —gritaron las mujeres que salían tras de las mulas.

—¡Doña Felipa! ¡Doña Felipa! —corearon todas, despidiéndose de la cabecilla.

Ella no se había olvidado de los indefensos, de los «pobres» de Patibamba. Con la violencia del éxito ninguna otra se había acordado de ellos[15].

—Despacio van a repartir —dijo en quechua, dirigiéndose a la comisión.

El reparto continuaba aún en el patio, pero yo no dudé; salí tras de las mujeres que iban a Patibamba. Como ellas, tenía impaciencia por llegar. Una inmensa alegría y el deseo de luchar, aunque fuera contra el mundo entero, nos hizo correr por las calles[16].

---

[14] *Patibambapak'*: en quechua, «para Patibamba».

[15] «ella no se olvida de los colonos [...] No se trata únicamente de cumplir su función de Gran Madre repartidora, sino porque debe intuir que su rebelión está condenada a ser efímera de no apoyarse en las capas mayoritarias, aquellas que, al ponerse en movimiento, podrían estremecer la estructura social. De ahí su dimensión mítica, profética, la epopeya probable que gesta y anuncia: los valores en nombre de los cuales se subleva están representados potencialmente por los desposeídos y marginales» (Dorfman, 1980: 113). Aquí conviene recordar que, en la organización económica del Imperio Incaico, se tenía en cuenta las necesidades de todos, incluyendo a ancianos e incapacitados.

[16] Cornejo Polar ha apuntado que aquí «el narrador casi pierde su identidad, desaparece la primera persona del singular como base narrativa y se

Arrearon las mulas al trote. En el barrio de la Salinera, todas las calles estaban llenas de gente. Hombres del pueblo formaban una especie de barrera pasiva. No dejaban avanzar a los caballeros de corbata.

—Las mujeres te pueden degollar, señor —oí que les decían.

—¡*Patibambapak'*! ¡*Patibambapak'*! —gritaban las mujeres y arreaban las mulas. Les abrieron campo.

Desde algunos balcones, en las calles del centro, insultaron a las cholas.

—¡Ladronas! ¡Descomulgadas!

No sólo las señoras, sino los pocos caballeros que vivían en esas casas insultaban desde los balcones.

—¡Prostitutas, cholas asquerosas!

Entonces, una de las mestizas empezó a cantar una danza de carnaval[17]; el grupo la coreó con la voz más alta.

---

impone el plural» (1973: 138); aunque, según él, esto es momentáneo, dado que luego «hay una constante y sugestiva indecisión entre el singular y el plural, entre formas que aislan al personaje o que lo incluyen en el movimiento colectivo [...] La ambigüedad que caracteriza a Ernesto, el doble movimiento que lo funde y margina de la masa, su condición de hombre de dos mundos, todo eso se grafica en las imprecisiones narrativas [...] su función termina siendo más la de un testigo, comprometido pero marginal, que la de un actor» (1973: 138-139). Eso no es exacto: Ernesto aquí comienza a dejar de ser un testigo entre dos mundos para actuar decididamente del lado del mundo andino, el del pueblo sojuzgado, conforme sostiene Dorfman. La hondura del tratamiento novelesco puede medirse en que ese proceso es paulatino; subsisten algunos rasgos de la marginalidad de Ernesto en las escenas siguientes, pero sin que impidan ya el compromiso creciente de Ernesto, en el Colegio y en la ciudad.

[17] «El carnaval es la fiesta más grande de los pueblos indios peruanos. No conocemos bien su verdadero origen. Pero tiene sus danzas propias y su música propia. Y es la más hermosa música de todo el folklore peruano. Debe tener un lejano origen indio puro» (Arguedas, «El carnaval de Tambobamba», 1942, reprod. en *Indios, mestizos y señores*: 152-153). Reveladoramente Arguedas establece nexos entre el carnaval de Apurímac y el río en creciente *(Yawar Mayu) (Indios, mestizos y señores)*: 153). El carnaval brota en concierto con la voz del Apurímac: «oyendo la voz del gran río, confundido en este canto que es su fruto más verdadero, su entraña, su imagen viviente, su voz humana, cargada de dolor y furia, mejor y más poderosa que su propia voz de río, río gigante que cavó mil leguas de abismo en la roca dura» *(Indios, mestizos y señores*: 155).

Así, la tropa se convirtió en una comparsa que cruzaba a
carrera las calles. La voz del coro apagó todos los insultos y
dio un ritmo especial, casi de ataque, a los que marchába-
mos a Patibamba. Las mulas tomaron el ritmo de la danza
y trotaron con más alegría. Enloquecidas de entusiasmo, las
mujeres cantaban cada vez más alto y más vivo:

Patibamballay	*¡Oh árbol de pati*
patisachachay	*de Patibamba!*
sonk'oruruykik'a	*nadie sabía*
k'orimantas kask'a	*que tu corazón era de oro,*
sonk'ruruykik'a	*nadie sabía*
k'ollk'emantas kask'a.	*que tu pecho era de plata.*
¡K'ocha mayullay	*¡Oh mi remanso,*
k'ocha remanso!	*mi remanso del río!*
Challwachallaykik'a	*nadie sabía*
k'orimantas kask'a	*que tus peces eran de oro,*
patuchallaykik'a	*nadie sabía*
k'ollk'emantas kask'a	*que tus patitos eran de plata.*

Cerca de Huanupata muchos hombres y mujeres se su-
maron a la comisión. La gente salía de las casas para vernos
pasar, corrían de las calles transversales para mirarnos desde
las esquinas.

Así llegamos a la carretera, al ancho camino polvoriento
de la hacienda. Era ya un pueblo el que iba tras de las mulas, avanzando a paso de danza. Las chicheras seguían cantando con el rostro sonriente[18].

---

[18] La participación de todo el pueblo en el canto y el baile de carnaval
admite ser leída dentro de lo que Mijail Bakhtine llama la «carnavalización», la cual trastoca el orden existente, lo socava y aniquila; dentro de esa
perspectiva, Lienhard ha estudiado la última novela de Arguedas.
   Con relación a este pasaje, acota Dorfman: «La sociedad futura que au-
gura esta y cada rebelión se expresa en ese mismo momento en la marcha
hacia Patibamba ("una inmensa alegría y deseo de luchar, aunque fuera
contra el mundo entero"). Este hecho de ir bailando hasta la hacienda no
puede ser más significativo. El capítulo anterior había terminado con su
baile solitario, animado por el zumbayllu, en el sitio mismo donde una

Pensé que en el camino dejarían el canto y que iríamos al paso. Hay cerca de dos kilómetros de Abancay al caserío de Patibamba. El polvo era removido por los cascos de las mulas, por los pies de la gente que marchaba a la carrera; en el aire quieto se elevaba el polvo hasta las copas de los árboles; las grandes flores rojas de los pisonayes se cubrían de tierra en la altura y su resplandor se apagaba. Dentro de la lengua de polvo las mulas y la gente avanzábamos en marcha jubilosa. Cruzábamos chapoteando los acequiones y los charcos, arrastrábamos por un instante a los transeúntes o los incorporábamos a la danza.

Las mujeres llegaron a los límites de la casa-hacienda, al camino empedrado. Ellas pasaron frente a las rejas sin mirar siquiera hacia el parque. Deseaban entrar al caserío, al polvoriento barrio de los indios colonos inmediatamente. Pero yo miré los corredores de la gran residencia, mientras corría tras de la comisión. Las mujeres levantaron la voz, aún más, junto a las rejas; fue ésa la única advertencia. En los extremos de los corredores, dos mestizos de botas y de grandes sombreros alones se arrodillaron con fusiles en las manos. Un hombre vestido de blanco estaba de pie en la última grada de la escalinata; vio pasar a las cholas sin hacer ningún ademán, con aparente tranquilidad.

Llegamos a la «ranchería»; entramos a la carrera, y cantando todavía, a la agria callejuela.

Las puertas de todas las chozas permanecieron cerradas.

—¿No han de salir, acaso? ¿No han de salir ahora? ¿Qué va a suceder, Dios santo? —me preguntaba, contemplando los techos deshilachados y renegridos de las pequeñas casas.

—¡Salid, madrecitas! ¡Os traemos sal! —gritó en quechua una de las chicheras.

—¡*Mamachakuna! ¡Mamachakuna!** —llamó otra.

El silencio continuó. Las mujeres empezaron a mirar a

---

* Madrecitas. (Nota de Arguedas.)

---

mujer ha sido violada. Ahora baila en conjunto Ernesto con otras mujeres, todos de pie, queriendo restituir a seres tan arrastrados como la opa, la sal que les ha sido robada» (Dorfman, 1980: 113).

todos lados, con los semblantes escrutadores y llenos de odio, mientras algunas descargaban las mulas.

—¿*Pim manchachinku, merdas*? (¿Quién las asusta...?) —exclamó la guía. Su voz casi varonil, llena de amenaza, vivificó el caserío.

—¿*Pim manchachinku, merdas*? —repitió la pregunta. Avanzó violentamente hacia una puerta y la hundió con el hombro.

—¡*Au*[19] mamacita! ¡*Au* mamacita! —gimieron mujeres y niños en el oscuro interior de la choza.

—¡Sal del pueblo, para ti, madrecita! —exclamó la chichera y señaló las cargas de sal. Su voz se tornó tierna y dulce.

—¡Salid a recibir, madrecitas! —gritó entonces en quechua una de las mujeres de Patibamba.

Se abrieron las puertas, a lo largo de la callejuela melosa, poblada de avispas; y vinieron las mujeres, dudando aún, caminando muy despacio.

En ese momento la chichera levantó un gran trozo de sal blanca y lo dejó caer sobre la falda de la india de Patibamba que llamó a las otras. Le ordenó que sostuviera bien su falda y le echó varios trozos más de sal. La india miró a la chichera y los trozos de sal. Dio media vuelta y se lanzó a la carrera, hacia su choza; la siguieron sus criaturas; y cuando todos estuvieron adentro, cerró la puerta.

Todas las mujeres se acercaron luego al sitio del reparto. Se abrieron los tres sacos y se hizo la distribución con cierto orden, entre un murmullo ininteligible. Las indias recibían la sal, la bendecían con sus manos, se volvían a sus chozas, y se encerraban.

Mientras repartían la sal sentí que mi cuerpo se empapaba de sudor frío. Mi corazón palpitaba con gran fatiga; un intenso vacío me constreñía el estómago. Me senté en el suelo enmelado de esa especie de calle y me apreté la cabeza con las manos. El rumor de la gente disminuía. Oí unos disparos. Las mujeres de Abancay empezaron nuevamente

[19] Sí; de acuerdo (quechua).

a cantar. El olor agrio del bagazo húmedo, de la melaza y de los excrementos humanos que rodeaban las chozas se hinchaba dentro de mis venas. Hice un esfuerzo, me puse de pie y empecé a caminar hacia el parque de la hacienda, buscando la senda empedrada.

En el cielo brillaban nubes metálicas como grandes campos de miel. Mi cabeza parecía navegar en ese mar de melcocha que me apretaba crujiendo, concentrándose. Vencido de sueño llegué junto a una de las columnas de las rejas de acero. Pude ver aún, en el jardín de la hacienda, algunas mariposas amarillas revoloteando sobre el césped y las flores; salían de la profunda corola de los grandes lirios y volaban, girando sus delicadas, sus suaves alas. Me eché bajo la sombra de la columna y de los árboles, y cerré los ojos. Se balanceaba el mundo. Mi corazón sangraba a torrentes. Una sangre dichosa, que se derramaba libremente en aquel hermoso día en que la muerte, si llegaba, habría sido transfigurada, convertida en triunfal estrella.

Galoparon las mulas por el camino empedrado, muy cerca de mis pies; pasaron en tumulto, de regreso, las mujeres de Abancay. Se alejó rápidamente el tropel, como un viento ligero. Yo no lo pude ver. Estaba sumergido en un sopor tenaz e invencible.

* * *

Tarde, al declinar el sol, una señora gorda, vestida de rosado, me despertó. Cuando abrí los ojos, me humedecía la frente con un pañuelo empapado en agua.

—¡Estás amarillo, hijito! —me dijo.

Descascaró una naranja y me la dio de comer, gajo tras gajo. La miré despacio. Tenía medias negras y zapatos bajos; su falda rosada le cubría hasta los pies; su monillo estaba adornado de cintas que dibujaban flores sobre el pecho, a la moda de las mestizas. Pero ella era blanca y de mejillas encendidas, de ojos azules. Tenía la apariencia de una costurera de casa grande o de la mujer de algún mayordomo o empleado de hacienda.

—¿Quién eres, hijito? —me preguntó—. ¿Qué te ha sucedido? ¡Ay, felizmente en la hacienda hasta se pudren las naranjas y los limones!

Unos álamos que crecían cerca de la reja nos daban sombra. La sombra de las hojas jugaba sobre los cabellos y la frente de la señora. Estaba en cuclillas frente a mí. Me recosté sobre sus rodillas. Sentí que me acariciaba la cabeza con sus manos. Luego oí que sollozaba, hablando en quechua.

—¿Quién te ha traído aquí, hijito? ¿Quién te ha abandonado?[20]

—Vine con las cholas trayendo sal para los colonos de Patibamba —le dije.

Se quedó callada. Bajo sus manos gordas que me acariciaban suavemente, se disipaba la inclemencia del camino polvoriento, del alto cielo quemado y de mis recuerdos. Su llanto no me inducía como otros a llorar más desesperadamente. Llamaba al sueño, al verdadero sueño de los niños en el regazo materno. La señora lo comprendió. Se sentó sin incomodarse, apoyándose en el muro que servía de base al enrejado, y esperó que descansara.

No debió pasar mucho rato. Gente de a caballo cruzó a galope por el camino. Las herraduras hicieron crujir el empedrado. Levanté la cabeza y vi a varios jinetes galopando entre el polvo, con dirección a Abancay. Me pareció que alguno de ellos volteaba la cabeza para mirarme. En ese momento empezaron a cerrar la puerta de las rejas de hierro de la hacienda.

—Se llevaron la sal —dijo la señora.

Me incorporé y le pregunté, ya de pie.

—¿Qué sal, señora?

—La que le quitaron a las indias.

—¿A qué indias?

—A las de la hacienda. Entraron a las casas, mientras el amansador de potros y su ayudante hacían restallar zurriagos en el caserío; y les quitaron toda la sal. El zurriago no dejaba oír ni lo que lloraban las pobres mujeres.

---

[20] «esta escena aparece como la expresión de la necesidad de ternura, de cariño, de calor humano, y de amor maternal del huérfano. Toda la búsqueda del joven héroe, solo y desamparado, consiste precisamente en volver a encontrar *su maternal imagen del mundo*» (Forgues, 1989: 228).

—¿Usted es de aquí, señora?

—No. Soy cuzqueña. Estoy con mi señora en Patibamba. Ella ha venido de visita donde el administrador.

—¿Les han quitado la sal a zurriagazos?

—No. El zurriago sólo tronaba en la callecita del rancherío. Los peones siguen en el cañaveral. Los están atajando con disparos de revólver. ¡Qué pasará, hijito! Los peones dicen que están acorralados y quieren pasar a buscar a sus mujeres. Están avanzando a pocos. Pero ahora que ya les quitaron la sal los dejarán pasar. Y tú, criatura. ¿Quién eres? ¿Por qué no te vas? Tengo miedo.

Le dije quién era.

Entonces me acompañó lejos, casi hasta la mitad del camino.

Yo hubiera querido cantar, entre lágrimas de sangre, aquel carnaval de Patibamba con que avanzamos por el mismo camino, hacia la hacienda. La señora me llevaba casi abrazándome, pero su ancho brazo con que me rodeaba el cuello y que tocaba mi hombro, no lo apoyaba en mí. No sentía ningún peso, sólo el calor de su piel. Yo iba callado. El mundo nunca fue más triste; calcinado, sin esperanza, hundido en mis entrañas como un helado duelo. «¡Dios mío! —iba diciendo—, ¡haz que encuentre a mi padre en la puerta del Colegio!».

En el momento de despedirnos, la señora me besó en los ojos. Y se regresó. Yo me olvidé de preguntarle su nombre. Pero como un sol inapagable veo siempre sus ojos azules, sus inmortales y tiernos ojos[21].

Caminé rápidamente. Tenía la obsesión de que encontraría a mi padre en el pueblo. No podía correr porque mis piernas temblaban y desfallecían.

Llegué al barrio de Huanupata y lo encontré alborotado. Un rumor de fiesta, de gran día, se escuchaba en la sucia calle. El suelo es duro, lo riegan diariamente; manchas húmedas, extensas, alternan en el suelo con las huellas de los orines de caballos y de hombres. Cada vecino y cada chichería

---

[21] Posee ojos azules, como el padre de Ernesto y como las amadas idealizadas por nuestro protagonista.

empapa la parte de la calle que le corresponde. El piso es quebrado. A veces, el viento corre hacia la ciudad, desde los caminos, y arrastra polvo, basura, trozos de lana y hojas secas. Ahora entraba el polvo por el lado de Huanupata, cargaba desperdicios calle adentro; girando y revolviéndose, el viento ingresaba como un manto, buscando el otro extremo del pueblo. Frente a las chicherías bailaban. La gente rebosaba de las picanterías[22]. La voz delgada y jubilosa de las mozas llegaba lejos, hasta la boca del camino.

Cuando avancé algunos pasos en la calle vi que también cantaban hombres en el interior de las chicherías. Entré al barrio como si una luz de amanecer lloviera sobre la calle; una luz ploma, húmeda y ondulante. Las nubes, tan encendidas al mediodía, se condensaron y oscurecieron; ahora cubrían al sol débil de la tarde.

¿De dónde habían venido tantos mestizos e indios al barrio de las chicherías? Ya estaban borrachos, bailaban con los ojos cerrados y haciendo figuras casi acrobáticas con los pies. No era posible entrar a las chicherías. De mano en mano alcanzaban por lo alto jarras llenas de chicha para los que estaban fuera. Todos tomaban, como en los días de fiesta, a costa ajena, hasta hartarse.

—¿Tú quieres, muchacho? —me preguntó un mestizo que parecía ser un cargador del mercado.

—Sí quiero —le contesté[23].

Me alcanzó una jarra pesada; la levanté y la sostuve en alto con mucha dificultad, para beber, mientras el mestizo y los de su grupo se reían. La chicha era fuerte y sentí que me abrigaba.

—¡Buena, muchacho! ¡Caray! ¡Caray, guapo! ¡Adentro, adentro consuelo! —gritaba mi invitante oyendo los largos tragos que tomaba.

---

[22] *picantería:* «establecimiento donde se hace o se vende *picantes* [viandas con uso predominante del ají]. Se lo identifica con la *chichería*, porque el acompañante tradicional de los picantes es la *chicha*» (Tauro, 1987: tomo 5, 1628).

[23] Beber con ellos sella su deseo firme de integración. Compárese con el momento que bebe con su padre (cap. III), ritual de despedida, en ese caso, y de invitación a vivir solo, a madurar.

—¿Y por qué es la fiesta, don? —le pregunté.

—¡Ja caraya[24]! —dijo. Y lanzó una gran carcajada—. La mujer, pues, ha hecho correr a los guardias. La Salinera, pues, han agarrado. ¡Viva doña Felipa!

Y empezó a cantar un *huayno* cómico que yo conocía; pero la letra, improvisada por él en ese instante, era un insulto a los gendarmes y al salinero. Todos los del grupo formaron un coro. Alternaban cada estrofa con largas carcajadas. El cholo cantaba la estrofa lentamente, pronunciando cada palabra con especial cuidado e intención, y luego la repetía el coro. Se miraban y volvían a reírse.

Impusieron el canto en la chichería. Desde el interior empezaron a corearlo. Luego bailaron todos con esa melodía. Zapateaban a compás. Los descalzos, los de ojotas[25] y los de zapatos golpeaban el suelo brutalmente. Los talones de los descalzos sonaban hondo; el cuero de las ojotas palmeaba el suelo duro y los tacos martilleaban[26]. Parecía que molían las palabras del *huayno*.

Soldaduchapa riflink'a	*El rifle del soldadito*
tok'romantas kask'a	*había sido de huesos de cac-*
	[tus,
chaysi chaysi	*por eso, por eso,*
yank'a yank'a tok'yan,	*truena inútilmente,*
chaysi chaysi	*por eso, por eso,*
yank'a yank'a tok'yan.	*truena inútilmente.*
Manas manas wayk'ey,	*No, no, hermano,*
riflinchu tok'ro	*no es el rifle,*
alma rurullansi	*es el alma del soldadito*
tok'ro tok'ro kask'a.	*de leña inservible.*
Salineropa revolverchank'a	*El revólver del salinero*

---

[24] Cfr. la nota 18 del cap. III.

[25] *ojota:* «especie de sandalia, usada por los indígenas desde tiempos inmemoriales [...] ordinariamente hechas con cuero fresco que mediante el uso debía adaptarse al pie» (Tauro, 1987: tomo 4, 1454).

[26] El «martilleaban» de la ed. príncipe describe mejor el zapateo, que el «martillaban» de la ed. de 1972.

llama akawansi	*estaba cargado*
armask'a kask'a,	*con excremento de llama,*
polvorañantak'	*y en vez de pólvora*
mula salinerok'	*y en vez de pólvora*
asney asnay supin.	*pedo de mula salinera.*

El canto se extendió a todos los grupos de la calle y a las otras chicherías. Mi invitante y su grupo bailaban con entusiasmo creciente. No debían ya acordarse de mí ni de nada.

Yo quedé fuera del círculo[27], mirándolos, como quien contempla pasar la creciente de esos ríos andinos de régimen imprevisible; tan secos, tan pedregosos, tan humildes y vacíos durante años, y en algún verano entoldado, al precipitarse las nubes, se hinchan de un agua salpicante, y se hacen profundos; detienen al transeúnte, despiertan en su corazón y su mente meditaciones y temores desconocidos.

Debí permanecer quizá una hora sentado en el suelo delante de la chichería. Antero me encontró allí, al anochecer.

—¡Te he buscado como a Cristo[28], hermanito! He pasado por aquí varias veces. ¿Por qué te escondiste? —me preguntó.

Me ayudó a levantarme.

—No me escondí; aquí he estado, desde que regresé de Patibamba —le dije.

—El Padre Director está furioso. Les ha quitado la salida de mañana. Yo lo vi resondrando a los internos.

---

[27] La similitud entre ese «quedé fuera del círculo» y el famoso pasaje del cuento *Warma Kuyay* (mientras unos indios bailan en ronda, Ernesto afirma: «Yo me quedé fuera del círculo, avergonzado, vencido para siempre»: WK, I, 7) no debe mover a confusión, leyéndolos como situaciones idénticas. Aquí, en *Los ríos profundos,* Ernesto ya selló (simbólicamente bebiendo) su integración a la gente de las chicherías; eso no impide que preserve su personalidad dada a la observación y meditación, en este caso, constatando algo capital: la afinidad entre el movimiento colectivo y la creciente de los ríos andinos.

[28] Alusión al pasaje del Evangelio en que la Virgen y San José buscan a Jesús, niño de doce años que está conversando con los doctores de la Ley, atendiendo a la Misión que debe cumplir en la tierra. Está connotando cómo Ernesto necesita romper amarras con su extracción familiar y social (sus parientes son hacendados, como los de Antero), para asumir su misión entre el pueblo sufriente y combativo.

Hablaba a gritos para hacerse oír. Me llevó del brazo, hacia el centro del pueblo.

—Comerás a la vuelta. ¡Te esperan, hermanito! ¡Te esperan! ¡Salvinia y Alcira! Sé que es un abuso llevarte antes de que comas algo; y así como estás. Pero ella dice que le gustas, por loco, por huraño.

—¿Quién? ¿A quién?

—Alcira es una amiga de Salvinia. Te quiere ver. Si no llegamos dentro de unos minutos ya será tarde.

Me obligó a correr un poco. Yo tenía sueño. Oía mal; seguía muy aturdido. Deseaba sentir los latidos del corazón y no los percibía. Me detuve en una esquina.

—¿Te sientes mal? —me preguntó Antero.

—No —le dije—. Corramos.

—Así le gustarás más —me dijo acezando el «Markask'a»—. Tus cabellos están revueltos, casi parados; estás bien pálido.

Yo no podía fijar mi pensamiento en la joven desconocida, que según Antero, me esperaba en la casa de Salvinia.

Quizá en otro día, en otra tarde, una noticia como ésa me hubiera arrebatado, y habría corrido al encuentro de quien me esperaba. ¿Qué importaba que fuera hermosa o fea? Era la primera noticia y yo tenía catorce años. Aguardaba desde la infancia ese instante.

Frente a mi aldea nativa existe un río pequeño cuyas orillas se hielan en invierno. Los pastos de las orillas, las ramas largas que alcanzan el agua permanecen cubiertas de nieve hasta cerca del mediodía. Los niños de la aldea sueltan pequeños barcos de papel y de totora en la corriente. Las navecillas pasan bajo las figuras arborescentes de nieve, velozmente. Yo esperaba muy abajo, junto a una mata de espino, de grandes agujas que también parecían de hielo. Echado sobre el pasto veía cruzar los pequeños barcos. ¡Muchas veces creía que a bordo de alguno de ellos aparecería la niña impar, la más bella de todas! ¡Sería rubia! Los arcos de hielo la alumbrarían con esa luz increíble, tan blanca. Porque el sol a ninguna hora es blanco como la luz que brota de la nieve endurecida sobre la delgada grama.

Pero cuando llegamos muy cerca de la casa de Salvinia, otro

sentimiento rudo me dominaba. ¿Por qué no había entrado a las chicherías hasta encontrar a doña Felipa? Quizá al verla bailar habría olvidado la triste imagen de las mujeres de Patibamba entregando la sal, mientras los zurriagos tronaban. Quizá ya no volvería a verla más. Una gran impaciencia me detuvo. «¡Iré a buscarla! —pensé—. ¡Y buscaré también a la señora de Patibamba; le preguntaré su nombre y le besaré las manos!»

—¿Qué tienes? —me preguntó Antero—. ¿No ves que ya hemos llegado? ¡Mira! ¡Ahí está Salvinia!

¡Qué delgada y morena parecía! Su falda corta, de color lila, y su blusa blanca, lucían juvenilmente bajo el resplandor solemne de las nubes altísimas.

—¿Es alegre, ella? —pregunté a Antero.

—Nadie más alegre que ella. ¡Mira! Nos llama.

Corrió bajo las moreras, llamándonos. Se detuvo junto a la reja que cerraba el muro de la huerta.

Yo sabía que Antero caminaba en ese instante muy despacio, con paso de ladrón, a causa de su gran temor. No se atrevía a mirarme. Me agarró del brazo, no para apoyarse, sino para contenerme, para transmitirme su confusión.

—No te apures, hermano. Sí. Tengo como un miedo alegre —me dijo.

¿Era a causa de sus lunares y del agudo perfil de su nariz, o de ese raro juego que existía entre sus ojos y sus lunares, que en el rostro del «Markask'a» se expresaban con tanto poder los sentimientos, aun el pensamiento?

Yo tuve que empujarlo un poco.

—¿Por qué tan despacio? —dijo ella desde el otro lado de la pequeña reja—. Ya Alcira se fue.

Tenía ojos rasgados, imperceptiblemente oblicuos; era el cerquillo, recto, cuidadosamente cortado, lo que hacía posible descubrir la graciosa línea de sus ojos. No eran su rostro ni sus brazos del color del *zumbayllu* sino sus ojos. Pero no del *zumbayllu* detenido, que es prieto, sino en pleno canto, girando velozmente; porque entonces el color del *zumbayllu* clarea, se torna pardo cristalino.

Yo me presenté con la mayor cortesía. Mi padre era un modelo de ademanes caballerescos. ¡Si yo hubiera tenido los ojos azules de él, sus manos blancas y su hermosa barba rubia...!

Me dio la mano. Sus dedos eran tan largos y dejaban una sensación de suavidad que perduraba.

—Ya me tengo que ir — dijo—. Mi padre puede llegar de un momento a otro. Los he esperado mucho; porque a Antero debía agradecerle nuevamente. ¡Qué valiente es! Muchas gracias. Antero. Déme la mano.

Él no dijo una sola palabra.

Cuando Salvinia cerró la reja y se despidió de mí con un ademán, Antero pudo hablar; dijo en voz muy baja:

—¡Adiós, adiós, mi reina!

Quizá ella lo oyó, pero no quiso demostrarlo. Se fue caminando airosamente.

—¡Es linda, muy linda! —le dije.

—¿Sabes? —me dijo él—. ¿Por qué será? Cuando están quietos sus ojos parecen un poco bizquitos; no se fijan parejos; uno de ellos se queda sin haber llegado al centro. En esa desigualdad hay una duda de su alma; su hermosura queda como pensando, atrayéndote. ¡Y otra cosa, hermanito! Cuando los ojos de mi reina se detienen así muestran mejor su color. ¿Cuál es? ¿Tú podrías decirlo?

—No, «Markask'a». Creo que es del color del *zumbayllu*, del canto del *zumbayllu*.

—¡Cierto! ¡Cierto! Pero yo estoy pensando en otro parecido. ¡Es más exacto! Algún día te llevaré a la hacienda de mi padre. Está muy adentro del Pachachaca, donde empieza la selva. Más allá nadie ha entrado. Yo te voy a mostrar un remanso que hay entre precipicios amarillos. El barranco se refleja en el remanso. ¡Ése es el color, hermano! El amarillo del precipicio con el verde del agua tranquila, en ese remanso del Pachachaca. Los patitos del río y un pajarito que merodea en las orillas tienen alas de ese color. Los indios dicen que son criaturas del remanso grande. Si yo, algún día, llevo a Salvinia a mi hacienda, ellos dirían que sus ojos fueron hechos de esa agua; dirán que es hija del río. ¡Seguro, hermanito! Creerán que yo la llevo por orden del río. Y quizá es cierto. ¡Quizá es la verdad!

—¿Y el *zumbayllu*?

—¡Ah, también es como el *zumbayllu*! ¡Pero mira esto, hermano!

Me mostró un pequeño puñal que desenvainó de su funda. Lo había asegurado a su cinturón. La funda tenía adornos de plata; el mango del puñal era dorado.

—¡Quisiera que alguien intentara quitármela! ¡Que alguien se opusiera! ¡Tengo ansias de pelear, hermano! —me dijo a gritos el «Markask'a»—. ¡Que ella me viera desde su ventana quebrantando a algún rival, a algún ofensor de ella! ¡A caballo! Mejor sería a caballo. Le haría bracear en el aire las patas delanteras; de un solo golpe de pecho derribaría al otro. Yo he pasado a galope por caminos que cruzan precipicios. Mi madre lloraba al saberlo. Ella también llorará, y seré feliz[29]. ¿Oiste cómo dijo que yo era valiente? Por una tontería. Porque a unos mestizos que se detuvieron en la avenida y miraron la casa de Salvinia los espanté mostrándoles el puñal. Le he prometido hacer guardia esta noche en la avenida, cerca de su casa. Los indios y mestizos están borrachos y cantarán en pandilla en todas las calles. Los soldaditos se han escondido. Y aunque ella se opone, yo iré con mi puñal y rondaré su casa. Si por curiosidad sale a la ventana, me verá...

Bajo el alumbrado de la calle pude verle mejor el rostro. Su nariz mostraba casi el filo del hueso; sus ojos seguían ardiendo de impaciencia.

—No es nada, no es ninguna prueba el hacer ronda contra los indios borrachos. ¡Que hubiera otro peligro quisiera! Que hubiera ido de paseo a una isla del río y que llegara el repunte y rodeara la isla. Entre los tumbos nadaría, solo, o en mi caballo. ¡Iría a rescatarla, hermanito! La traería, la volvería a su casa. Yo conozco a los ríos bravos, a estos ríos traicioneros; sé cómo andan, cómo crecen, qué fuerza tienen por dentro; por qué sitios pasan sus venas. Sólo por asustar a los indios de mi

---

[29] «A lo largo de la novela, hacer llorar es equivalente a atemorizar y empequeñecer. Llorar es lo que hacen los colonos y pongos tratados como indios. Llorar es lo que hace cada interno cuando agoniza de miedo o sucumbe a los caprichos del Lleras o a la locura de su propia sexualidad inhibida. Llorar es lo que desea el Padre director para indios y niños, lo que la Catedral del Cusco infiltra en los corazones. Hacer llorar a una mujer es, por ende, un modo de afirmarla en su rol de objeto pasivo, de ser marginal, subordinado, mero instrumento de placer o prestigio para el hombre» (Dorfman, 1980: 111).

hacienda me tiraba al Pachachaca en el tiempo de lluvias. Las indias gritaban, mientras dejaba que el río me llevara. No hay que cruzarlos al corte; de una vena hay que escapar a lo largo; la corriente tiembla, tú te estiras en su dirección, y de repente, con un movimiento ligero del cuerpo te escapas; la fuerza del agua te lanza. ¡Esa prueba sí, es como para que[30] vea tu adorada! ¡Que llore, y que después me mire alcanzar la orilla! ¿Y si la salvas? ¿Si llegas bajo tormentas a la isla, en tu caballo, y la salvas? ¡Gran Pachachaca, río maldito, eso quisiera! Mi caballo conoce mejor que yo las mañas de este río. Porque es hondo, porque corre entre barrancos; porque en esos barrancos se extienden como culebras los cactos espinosos, feos, enredados de salvajina, los indios le temen. Mi caballo se ríe de él. Yo le he enseñado y él a mí. A veces hemos cruzado el río contra un precipicio, por sólo tocar la roca de enfrente. Los indios dicen que mi fuerza está guardada en mis lunares, que estoy encantado. ¡Lindo, hermano, lindo! Creo que algunas veces hasta mi madre duda. Me mira pensativa, examinando mis lunares... Mi padre en cambio se ríe, se alegra, me regala caballos...

El «Markask'a» era mejor que yo, había explorado un río; un río temido, y no como hombre de paso. ¡Pachachaca! «Puente sobre el mundo» significa este nombre. Yo no podía decir cuál era el que más amaba, el verdadero, el autor de mi pensamiento.

La voz del «Markask'a» era como la del Pachachaca irritado. Cuando dominara la timidez de los primeros días, le hablaría a Salvinia con ese lenguaje: «O la asusta o la domina», pensaba yo.

—Dicen que se puede querer a una después de otra —siguió hablando—. ¡No! A ella sola. Yo no pienso estudiar mucho. Me la llevaré, y si el demonio me la quita, me dedicaré a las cholas. Tendré diez o veinte.

Ya no parecía un colegial; a medida que hablaba, su rostro se endurecía, maduraba. «No le conocía, no le conocía bien», pensaba yo, mientras tanto. Podía haberse vestido de montar, con esos pantalones que tienen refuerzos de cuero; llevar en

---

[30] La ed. de 1972 y la de Sybila añaden «*la* vea». Es más clara la redacción así, pero sin «la» suele hablarse en un diálogo corriente.

las manos un fuete y cubrirse la cabeza con un sombrero alón de paja. Tendría el aspecto de un hacendado pequeño, generoso, lleno de ambición, adorado[31] por sus indios. ¿Dónde estaba el alegre, el diestro colegial campeón del *zumbayllu*? Sus ojos que contemplaban el baile del *zumbayllu* confundiendo su alma con el juguete bailador, ahora miraban como los de un raptor, de un cachorro crecido, impaciente por empezar su vida libre[32].

Llegamos a la puerta del Colegio. Me abrazó.

—Me has hecho hablar —dijo—. Todo lo que pienso a solas lo he cantado. No sé por qué, contigo se abre mi pensamiento, se desata mi lengua. Es que no eres de acá; los abanquinos no son de confiar. Fuera del Romero y de Lleras, los otros parece que hubieran nacido para amujerados. Mañana te busco temprano. ¡Te llevo tu *zumbayllu*! ¡Del *winku*[33], hermano, del *winku* brujo! ¡Ahora mismo lo hago!

Se fue, corriendo. Yo entré al Colegio por la puerta pequeña.

---

[31] Aquí hay un cambio radical: «adorado» en la ed. de 1958 (y en la reedición chilena de 1967) y «temido» en la ed. de 1972 (variante aceptada por Sybila en su ed.). La lección de «temido» parece más adecuada; empero, cabe entender «adorado» en el sentido de reverenciado cual señor todopoderoso, de criterio incomprensible (*wiracocha:* cfr. la nota 26 del cap. II).

[32] «Antero es legatario de la clase social responsable de la miseria y la deshumanización vigentes [...] Para él, crecer y madurar es sinónimo de traicionar el zumbayllu y su mensaje. Para conservar esos valores intuidos en la infancia, tendría que quebrar con su padre, con su origen, con su clase, con su futuro. [...] Por eso, quizá, Antero no es interno ni es huérfano, no se siente abandonado. No está, como Ernesto, en una situación intermedia, mestiza, colocado en los puntos de conflicto o confluencia social, teniendo que optar a cada rato. Antero no va eligiendo su destino tanto como siguiéndolo. No tiene para qué, como Ernesto, comprobar y tantear la validez de sus raíces...» (Dorfman, 1980: 112).

[33] Cfr. la nota de Arguedas en el cap. VI.

VIII

Quebrada Honda

El Padre Director me llevó a la capilla del Colegio. Delante del pequeño altar adornado con flores artificiales, me azotó.

—Es mi deber sagrado. Has seguido a la indiada, confundida por el demonio. ¿Qué han hecho, qué han hecho? Cuéntale a Dios, junto a su altar.

Era un pequeño azote trenzado. Recibí los golpes y el dolor, casi jubilosamente. Recordé el trueno de los zurriagos en el caserío de Patibamba. Me incliné sobre el alfombrado, en las gradas del altar.

—Te han visto correr por Huanupata, detrás de las mulas robadas por las indias. ¿Cantabas con las forajidas? ¿Cantabas? ¡Di!

—Sí cantaba. Llevaban la sal para los pobres de la hacienda. ¡Cantábamos!

Mi pecho parecía inundado de fuego.

—¿La Felipa me maldecía? ¡Confiesa! Estamos solos en la capilla. ¡A solas con Dios! ¿Me maldecía?

—No, Padre. Lo llamó, no más, fuerte, cuando descubrieron los cuarenta sacos de sal.

El Padre me puso sus manos sobre los hombros.

—Tienes ojos inocentes. ¿Eres tú, tú mismo, o el demonio disfrazado de cordero? ¡Criatura! ¿Por qué fuiste? —me preguntó.

—¡Usted hubiera ido, Padre!

—Yo no sabía que la sal había llegado. El recaudador es un imbécil. Pero que no entre la furia aquí. Recemos, hijo. Después te confiesas; para que duermas.

Le conté todo. El reparto; las órdenes de doña Felipa. La llegada a la hacienda; mi caminata desfalleciente a las rejas de acero del parque. Mi despertar sobre el regazo de la señora de ojos azules. Cómo vimos galopar los caballos en que devolvían la sal.

—No entraron por la carretera —dijo el Padre—. Felizmente alcanzaron la Prefectura dando un rodeo. El administrador es enérgico y sutil.

—Les quitaron la sal a los pobres mientras reventaban zurriagazos. El corazón les arrancaron —me atreví a decirle.

—Lo robado, no, hijo. Lo robado ni para los pobres.

—Ellas no robaron; no quisieron recibir nada. Les entregamos la sal y corrían.

—¿Por qué dices «les entregamos»?

—Yo también fui, Padre. ¿Es robo eso?

—Te atreves, pequeño. Si eres inocente no juzgues. Yo soy viejo, e hijo de Dios.

—A mí también me golpearon el corazón. Los vi galopar en el camino. Y la señora lloró, lágrimas de sangre.

Me apoyé en el pecho del fraile.

—Eres enfermo o estás enfermo. O te han insuflado algo de su inmundicia, las indias rebeldes. ¡Arrodíllate!

Sobre mi cabeza rezó en latín. Y me azotó nuevamente, en la cara, aunque con menos violencia.

—Avisaré a tu padre. No saldrás más del internado. No vagabundearás los domingos. Irás conmigo a las haciendas. Tu alma necesita compañía. Ven.

Salimos. El castigo y los rezos me habían empequeñecido. Temí seguir llorando hasta ahogarme. Los internos ya habían comido y murmuraban en el corredor semioscuro. Lleras y el «Añuco» vigilaban la capilla desde una columna del corredor. El Padre apoyó su brazo sobre mi hombro, como para protegerme; y me llevó al comedor. No sentía hambre, sino sueño.

El Padre comió largo rato. Tomó su vino.

—Tu cuerpo está vacío, por eso no apeteces nada. Mejor que ayunes —me dijo.

Hizo llamar al rosario.

—Tú ya has cumplido. Mereces la piedad de Dios. Mejor que te lleven a acostar.

El viejo Padre Augusto me llevó al internado. Fue él quien trajo a la demente. Su rostro gordo estaba siempre animado por una expresión bondadosa y persuasiva, a pesar de que era avaro, famoso por avaro[1].

—¡Eh, tú, vagabundillo; zorrillo, zorrillo! —me iba diciendo.

Los internos subieron atropellándose al dormitorio; se persignaron, contestaron las oraciones de costumbre a la voz del Padre, y se acostaron. Pero apenas sintieron perderse los pasos del Padre Director en la escalera corrieron hacia mi cama. Veía mal sus caras en la penumbra.

—¿Qué te dijo? Amenazó que te azotaría hasta que te sacara sangre.

—Nunca estuvo así. Ya no era santo; parecía un vengativo. ¿Por qué?

—¿Qué hicieron las cholas?

—Te vieron correr tras las mulas. Parecías loco.

—¡Que cuente mañana! —exclamó Romero.

—¡Mañana! —repitió Chauca.

—¡Es un héroe! Que cuente ahora —dijo Valle.

—¡Déjenlo, déjenlo, avispas! —dijo el «Chipro»[2], y se dirigió hacia su cama—. ¡Avispas, *akatank'as*!

Yo me cubrí la cabeza con las frazadas. Estuvieron hablando largo rato.

—Si quieren que hable, sáquenle las frazadas. ¡Échenle agua, o cállense! —gritó Lleras.

La voz de los internos, la voz del Padre; la voz de Antero y de Salvinia, la canción de las mujeres, de las aves en la alameda de Condebamba, repercutían, se mezclaban en mi memoria; como una lluvia desigual caían sobre mi sueño. La luz del sol suele aparecer en medio de las lluvias dispa-

---

[1] Cfr. la nota 26 del cap. I.
[2] Cfr. la nota de Arguedas, más adelante, en este mismo capítulo.

res; fulge por algún vacío de las nubes, y el campo resalta, brilla el agua, los árboles y las yerbas se agitan, iluminados; empiezan a cantar los pájaros. El hombre contempla indeciso el mundo así disputado, sacudido por el sol y las nubes tenebrosas que se precipitan[3].

* * *

El Padre Director entró al dormitorio, al día siguiente, muy temprano, casi al amanecer. No tocaron la campanilla. Abrió la puerta y vino directamente hacia mi cama:

—Levántate —me dijo—. Vamos a Patibamba.

Algunos internos se sentaron y saludaron al Padre.

—¡Sigan ustedes, sigan! No es hora todavía. Tengo una misión con Ernesto.

Esperó que me vistiera. Bajamos al patio. En la puerta del Colegio había un automóvil. Era de la hacienda.

Ni el amanecer es penetrante en los valles cálidos. A esa hora, en la altura, el resplandor atraviesa los elementos; el hombre domina el horizonte; sus ojos beben la luz y en ella el universo. En el Pachachaca la luz del amanecer es blanda, invita al sueño, flota en el mundo como un vapor rosado.

Era el mismo camino atroz de la víspera. Pero ahora lo cruzaba en automóvil, junto al santo de Abancay. El Padre iba rezando. Las flores inmensas de los pisonayes pasaban rápidamente como una roja franja, en lo alto. No se les veía una por una o árbol por árbol, como yendo a pie. Reconocí un gran cedro[4] en el camino.

---

[3] «el modelo de la comunicación en el mundo social es el de las voces disputadas, el modelo de la comunicación en el mundo natural es el de la luz que impone un orden armónico. Sólo que ambos modelos están ahora yuxtapuestos: debajo del social, como la posibilidad de su reordenamiento, está el del mundo natural. Tal vez el mundo es una disputa de ambos, pero la única alternativa de su sentido radica en que el modelo natural reformule y sustente al modelo social. El desorden anti-natural de éste es un verdadero mundo al revés; y su imposición un escándalo de injusticia. Pero en la interacción de ambos órdenes se han generado márgenes, zonas dinamizadoras de una vía alterna que podría trabajar, por ejemplo, con su rebelión, una modificación de los términos de la dominación» (Ortega, 1982: 58).

[4] En vez de «cedro», las eds. de 1972 y la de Sybila prefieren «molle».

—Aquí me despedí de ella —dije en voz alta.

—¿De quién? —preguntó el Padre.

—De la señora de ojos azules.

No se detuvo el automóvil frente a la reja de la casa-hacienda. Siguió de frente, hacia el caserío de los indios.

En el patio de la fábrica estaba reunida la gente de la hacienda, todos los «colonos» o *runas*[5] de Patibamba. Las mujeres orillaban el campo; vestían de azul o negro. Los hombres, de bayeta[6] blanca y chaleco de diablo fuerte.

Cuando apareció el Padre lanzaron un grito, al unísono.

Habían levantado una especie de estrado junto al arco de entrada a la fábrica, y lo habían adornado con hojas de palma.

El Padre subió al palco por una escalera. Yo le seguí.

Allí, frente al tabladillo, estaban los hombres que yo había buscado en vano en las chicherías del pueblo; y más lejos, junto a los muros, las mujeres que nos recibieron, el día anterior, aterrorizadas y huyendo, la sal del pueblo. ¿Qué iba a hacer el Padre con ellos y conmigo? Miré a mi alrededor, buscando.

El olor a bagazo se levantaba más agriamente del suelo, con la llegada del día.

El Padre se sentó en una silla que había sobre el tabladillo. Violentamente se escucharon los pasos del mayordomo principal que subió al palco. Tenía botas, de las más altas, con botones de acero. Habló en quechua desde el extremo del tabladillo. Dijo que el santo Padre de Abancay había venido temprano, a decir un sermón para la gente de la hacienda, porque los colonos de Patibamba le preocupaban mucho; a ellos era a quienes más amaba. El mayordomo saltó luego al suelo; no bajó por las gradas.

Cuando el Padre se puso de pie y avanzó hacia el borde del tabladillo, los indios volvieron a lanzar un grito. Se retorcían los dedos; lo contemplaban con los ojos brillantes, conteniendo el llanto. El viento había empezado a agitar la sotana blanca del Padre.

---

[5] *runa:* en quechua, «gente, ser humano».

[6] *bayeta:* «género de lana tejido por los mismos indios» (Arguedas, I, 163). «No es muy tupido y es un poco áspero al tacto» (ed. de Sybila).

Con su voz delgada, altísima, habló el Padre, en quechua:

«Yo soy tu hermano, humilde como tú; como tú, tierno y digno de amor, peón de Patibamba, hermanito. Los poderosos no ven las flores pequeñas que bailan a la orilla de los acueductos que riegan la tierra. No las ven, pero ellos[7] les dan el sustento. ¿Quién es más fuerte, quién necesita más mi amor? Tú, hermanito de Patibamba, hermanito; tú sólo estás en mis ojos, en los ojos de Dios, nuestro señor. Yo vengo a consolarlos, porque las flores del campo no necesitan consuelo; para ellas, el agua, el aire y la tierra es suficiente. Pero la gente tiene corazón y necesita consuelo. Todos padecemos, hermanos. Pero unos más que otros. Ustedes sufren por los hijos, por el padre y el hermano; el patrón padece por todos ustedes; yo por todo Abancay; y Dios, nuestro Padre, por la gente que sufre en el mundo entero. ¡Aquí hemos venido a llorar, a padecer, a sufrir, a que las espinas nos atraviesen el corazón como a nuestra Señora! ¿Quién padeció más que ella? ¿Tú, acaso, peón de Patibamba, de corazón hermoso como el del ave que canta sobre el pisonay? ¿Tú padeces más? ¿Tú lloras más...?»

Comenzó el llanto de las mujeres, el Padre se inclinó, y siguió hablando:

—¡Lloren, lloren —gritó—, el mundo es una cuna de llanto para las pobrecitas criaturas, los indios de Patibamba!

Se contagiaron todos. El cuerpo del Padre se estremecía. Vi los ojos de los peones. Las lágrimas corrían por sus mejillas sucias, les caían al pecho, sobre las camisas, bajaban al cuello. El mayordomo se arrodilló. Los indios le siguieron; algunos tuvieron que arrodillarse sobre el lodo del canchón[8].

El sol resplandecía ya en las cumbres. Yo no me arrodillé; deseaba huir, aunque no sabía adónde.

---

[7] La ed. de 1972 (y su lección la sigue la ed. de Sybila) pone «ellas» (busca la concordancia con «las flores»), cuando la ed. de 1958 (y la reedición de 1967) brinda «ellos» (pronombre que sustituye a «los poderosos»). Se podrá constatar que la variante introducida en 1972 no hace sentido adecuado en este pasaje.

[8] *canchón:* Cfr. la nota 19 del cap. II.

—¡Arrodíllate! —me ordenó el Padre— ¡Arrodíllate!

Atravesé el tabladillo; salté lejos, y caí a los pies de un peón viejo. La voz del Padre empezó de nuevo:

«El robo es la maldición del alma; el que roba o recibe lo robado en condenado se convierte; en condenado que no encuentra reposo, que arrastra cadenas, cayendo de las cumbres nevadas a los abismos, subiendo como asno maldito de los barrancos a las cordilleras... Hijitas, hermanitas de Patibamba, felizmente ustedes devolvieron la sal que las chicheras borrachas robaron de la Salinera. Ahora, ahora mismo, recibirán más, más sal, que el patrón ha hecho traer para sus criaturas, sus pobrecitos hijos, los *runas* de la hacienda...»

Me levanté para mirarlo. Del oscuro piso bajo del tabladillo, ayudantes del mayordomo principal arrastraban costales repletos.

El Padre Director impartió la bendición a los colonos. Se persignaron todos. Se buscaban unos a otros. Eran felices. Se arremolinaron murmurando confusamente, como moscardones que horadan madera vieja, dando vueltas, y cantando.

Salí al camino. Desde la cima de un muro vi que les repartían la sal. El sol se acercaba al patio; había llegado ya a los penachos de los cañaverales. En ese instante, decidí bajar a carrera hasta el río. El Padre me vio y me llamó. Le miré con temor; pero él también sonreía.

—Vete al Colegio —me dijo—. Yo voy a decir misa en la capilla. Tú eres una criatura confusa. Veré lo que hago. Un mayordomo te acompañará.

—Padre ¿podría tan sólo visitar a la señora? —le pregunté.

—No. El mayordomo te llevará a caballo hasta la puerta del Colegio. Tú no saldrás, los otros tampoco.

Y volví a Abancay, en el anca de un caballo de Patibamba. Por cuarta vez iba huyendo por ese camino.

—Señor —le dije al mayordomo—. ¿Conoce usted a una señora de ojos azules que ha venido a la hacienda con su patrona?

—Sí.

—¿Se va pronto?

—Mañana.

—¿Por qué?

—No llega todavía la tropa del Cuzco. Están asustadas; por eso se van.

—¿La tropa?

—Dicen. Se han asustado los patrones. Viene tropa, en camión hasta Limatambo[9]. La señora es visita.

—Le dice usted que el estudiante del Colegio se despide de ella, que le besa las manos.

—¿Le besa las manos? ¿Por qué?

—¿Podría darle sólo ese encargo?

—Bueno. Es muy cariñosa esa señora.

—¿Y el dueño de la hacienda?

—Casi no viene. Vive en el Cuzco. No habla bien castellano.

—¿Quién se ha asustado entonces?

—El mayordomo grande. Los patrones de las haciendas de abajo.

—¿Qué va a hacer la tropa?

—No sé, joven. Vendrán, pues, a asustar a las cholas, y a los indios también. Quizá matarán a alquien, por escarmiento.

—¿Escarmiento?

—Doña Felipa, pues, ha acorralado a los gendarmes. Los ha hecho correr.

¿Escarmiento? Era una palabra antigua, oída desde mi niñez en los pueblos chicos. Enfriaba la sangre[10].

---

[9] *Limatambo:* Poblado del departamento del Cusco; queda en la margen izquierda del río Limatambo, afluente del Apurímac.

[10] «La población indígena estaba y está en gran parte sometida a un avasallamiento social y económico total. Ha intentado muchas veces de liberarse mediante rebelión, pero no ha conseguido más que matanzas. Vive en ellos el recuerdo digno de terror del escarmiento de 1924-1925 [años que coinciden con los 14 años de Arguedas: fuente del Ernesto de *Los ríos profundos*]» (Respuestas de Arguedas a Castro Klarén, reprod. en Ortega, 1982: 107). Con masacres termina la rebelión en varios textos capitales de las letras peruanas: los *Comentarios reales* (la segunda parte, al narrar los desmanes del virrey Toledo reprimiendo el levantamiento de Túpac Amaru) del Inca Garcilaso; *El mundo es ancho y ajeno* de Ciro Alegría, *Todas las sangres* de Arguedas y la saga andina *La guerra silenciosa* de Manuel Scorza.

302

—¿Y la sal? ¿Es la misma que les quitaron ayer? —le pregunté.

—No sé, joven. Ahora, a la madrugada, sacamos los costales del almacén de la hacienda. El Padrecito es un santo.

—Así ha de ser. Hace llorar a los indios.

—Ahora van a estar bien contentos, pues.

—¿Cuántos indios tiene la hacienda?

—De su pertenencia serán trescientos. También hay de a jornal, para trabajos de responsabilidad.

Llegamos al pueblo. Había poca gente en las calles. No vi guardias.

Bajamos en la puerta del Colegio. El mayordomo tocó fuerte el postigo.

Abrió la puerta el Hermano Miguel.

—¿No te quedaste? —me preguntó.

—No, hermano, el Padre me despachó del patio de la fábrica.

El mayordomo saludó al Hermano y partió al galope.

—¡Qué raro! Algo ocurre —dijo el Hermano—. En mi celda tomarás desayuno y me contarás.

Me llevó a su celda.

Era negro el Hermano Miguel; pero de rostro agudo, de nariz casi aguileña.

—No le temas al Padre —me dijo—. Guía a las almas como un santo. Pero las cholas de ayer lo han perturbado.

—El Padre también es extraño, Hermano —le contesté—. ¡No lo comprendo! ¿Por qué me azotó ayer? Decía que porque me quería. Y ahora, frente a los indios, ha hablado para que lloren. Yo no me quise arrodillar, mientras hacía llorar a los colonos. Creo que me ha amenazado...

—Eres un pequeño, y estás al cuidado del Colegio. Debías jugar, jugar nada más. Ahora sacaré la red del *volley-ball*. Jugaremos toda la mañana. Los internos están en el patio. El Padre ha de perdonarlo todo.

Hizo que me sirvieran chocolate y bizcochos, el desayuno de los Padres.

—¿Ha venido Antero, Hermano? —le pregunté, recordando de repente la promesa del «Markask'a».

—No. Quizá más tarde.

—¿Lo dejará entrar usted, Hermano?

—Lo dejaré entrar, te lo prometo.

Me levanté, me acerqué a él, y lo abracé.

—Cuando venga el Padre Director lo abrazarás también, como a mí.

—Sí, si no me rechaza.

—Ya verás que te recibe, que te abraza.

Yo le pregunté en seguida:

—¿Le gusta el *zumbayllu*, Hermano?

—Es un juguete precioso. En Lima hay otros semejantes; pero son de colores, como el arco iris, y grandes. Bailan con una cuerda automática. Pero no son tan extraños; diría yo que son tontos, si los comparamos con los pequeños trompos de Abancay, a pesar de sus colores y de que cantan más fuerte.

—¿De qué son los limeños?

—De lata pintada.

—¡No[11] sabía! ¿No son, entonces, sólo de Abancay?

—De Abancay. Los trompos de Lima no te gustarían.

Tocaron[12] la puerta, cuando temía enfrentarme ya a los internos.

—Es el joven Antero, Hermano —dijo el portero.

Salimos con el Hermano.

—Ábrele pronto —ordenó.

Antero vino corriendo y nos encontró al pie de la escalera.

—¡El *winko*, hermano! —gritó—. ¡*Winko* y *layk'a**; nunca visto!

Mostró un *zumbayllu* gris oscuro, con resplandores rojos.

—Hermano Miguel, es el mejor que he hecho en mi vida. He trabajado casi toda la noche. ¿Lo hago bailar?

---

* *Layk'a:* brujo; *winko, winku:* deformidad de los objetos que debían ser redondos. (Nota de Arguedas.)

---

[11] Las ed. de 1972 y de Sybila añaden «*lo* sabía». No resulta necesario aquí; por eso no figura en las eds. de 1958 y 1967.

[12] Las eds. de 1972 y de Sybila ponen «*a* la puerta». El habla cotidiana en el Perú no se expresa de ese modo; lo usual es «Tocaron la puerta», conforme rezan las eds. de 1958 y 1967.

—¿Sobre las piedras, criatura?

—Un brujo puede bailar en la punta de una aguja. Vea el filo de la púa.

Lo encordeló. La cuerda era también de color amarillo y negro.

—¡No baila! —dijo el Hermano—. ¡Que no baila!

Antero lo lanzó alto. El trompo bajó girando. Se posó sobre una de las piedras redondas del piso, cantó agudamente; el zumbido fue haciéndose más intenso, penetraba en el oído como un llamado que brotara de la propia sangre del oyente.

«¡No habrá escarmiento! ¡No habrá escarmiento! ¡Vivirá doña Felipa!», exclamé yo, voceando para mí mismo, al tiempo que el *zumbayllu* giraba en la tierra.

—¡Diablo muchacho! ¡Qué le has hecho! —exclamó el Hermano—. Parece que el juguete se me ha metido.

No se rió Antero; clavó sus ojos en el *zumbayllu*, agachándose.

—Está volando sobre el río —dijo—. ¡Ya alcanza, alcanza el recodo donde el Pachachaca tuerce a la montaña!

El zumbido bajó de tono. Nos agachamos los tres. Empezaron a separarse las manchas del pequeño trompo. Su voz parecía la de un moscardón lento.

—Ahora es un viudo. ¡Pero no mueres! ¡Yo te paro con las manos!

Lo recogió. La esfera rojiza dio algunas vueltas en los dedos de Antero.

—Hermano, este *zumbayllu* no es para todos los días. Es un «maldito» —dijo—. ¡Hay que cuidarlo! Ernesto lo va a hacer bailar para él solo. Si lo ven los internos, se lo quitan, o lo chancan con los pies, o a pedradas. *¡Winko* y *layk'a!*

—¡Quiero ver si tú puedes manejarlo! —me dijo, entregándome el trompo.

—¡Claro, yo conozco a los *layk'as*! He visto al San Jorge[13] cargar a las tarántulas.

---

[13] «El San Jorge es un insecto díptero, de cuerpo azul oscuro y alas rojas, sus antenas son también rojizas; este insecto debe tener entre dos y cuatro centímetros de largo; todo su cuerpo es de un azul brillante y oscu-

Encordelé el trompo, respetándolo, rezándole. Felizmente el patio seguía solitario.

Lancé el *zumbayllu* hacia arriba. ¡Creí que se iba de lado
a lado y que chocaría con el muro! El cordel se deslizó
como una culebra en mis manos. Pero la esfera se detuvo en
el aire, enderezó la púa y cayó, lentamente. Cayó entre piedras ásperas, y empezó a escarbar.

—¡Sube, *winku*! —gritó Antero.

El trompo apoyó la púa en un andén de la piedra más
grande, sobre un milímetro de espacio; se balanceó, girando, templándose, con el pico clavado. La piedra era redonda y no rozaba en ella la púa.

—No va a la montaña ahora, sino arriba —exclamó Antero—. ¡Derechito al sol! Ahora la cascada, *winko*. ¡Cascada
arriba!

El *zumbayllu* se detuvo, como si fuera un brote de la piedra, un hongo móvil sobre la superficie del canto rodado.
Y cambió de voz.

—¿Oyen? —dijo Antero—. ¡Sube al cielo, sube al cielo!
¡Con el sol se va a mezclar...! ¡Canta el pisonay! ¡Canta el
pisonay! —exclamaba.

Es que las flores del pisonay crecen en el sol mejor que
en la tierra, según los indios del Pachachaca. Cuando empezó a bajar el tono del zumbido, Antero levantó el trompo.

—¿Qué dice ahora, Hermano? —preguntó Antero.

—Digo que eres un diablillo o diablote. ¿Cómo puedes
modelar ese juguete que cambia así de voz?

—No, Hermano; no soy yo, es el material.

---

ro; las alas rojas e inquietas, rojas como fuego, sobre el cuerpo misteriosa-
mente azulado, de un azul de piedra dura, parecen la imagen de lo mágico. Es un *layk'a*. Libra unas batallas horribles con el *k'ampu* [*apasanka*, ta-
rántula]. Quizá no se ha visto nada más cautivante; el *k'ampu* enorme salta y levanta la cabeza, se encrespa, y su furia causa temor entre los indios;
el San Jorge se lanza desde muy alto y lo pica, vuelve a subir y cae sobre la
araña, hiriéndola otra vez. El *k'ampu*, pesado y cargado de ira, va muriendo poco a poco. Cuando ya está agónico, el San Jorge se le acerca, caminando, y si no es muy grande, lo lleva por el aire, volando. [...] A pesar de
su nombre santo, este insecto es también un *layk'a* para los indios» (Arguedas, «El layk'a», en: *Indios, mestizos y señores*: 176).

—Bueno. Yo saco la red y entretengo a los internos. Ustedes sigan.

Cuando se fue el Hermano Miguel, Antero me miró fijamente.

—Éste es mezcla de ángel con brujos —me dijo—. *Layk'a* por su fuego y *winku* por su forma, diablos; pero Salvinia también está en él. Yo he cantado su nombre mientras clavaba la púa y quemaba los ojos del *zumbayllu*.

—¡Soy de palabra! —exclamó cuando comprendió que quizá reclamaría—. Es tuyo, hermano. ¡Guárdalo! Lo haremos llorar en el campo, o sobre alguna piedra grande del río. Cantará mejor todavía.

Lo guardé en el bolsillo. Sentía temor de que allí, en el empedrado, chocara contra las piedras y se rompiera la púa. Lo examiné despacio con los dedos. Era de verdad *winku*, es decir, deforme, sin dejar de ser redondo; y *layk'a*, es decir, brujo, porque[14] rojizo en manchas difusas. Por eso cambiaba de voz y de colores, como si estuviera hecho de agua. La púa era de naranjo.

—Si lo hago bailar, y soplo su canto hacia la dirección de Chalhuanca, ¿llegaría hasta los oídos de mi padre? —pregunté al «Markask'a».

—¡Llega, hermano! Para él no hay distancia. Enantes subió al sol. Es mentira que en el sol florezca el pisonay. ¡Creencias de los indios! El sol es un astro candente, ¿no es cierto? ¿Qué flor puede haber? Pero el canto no se quema ni se hiela. ¡Un *layk'a winku* con púa de naranjo, bien encordelado! Tú le hablas primero en uno de sus ojos, le das tu encargo, le orientas al camino, y después, cuando está cantando, soplas despacio hacia la dirección que quieres; y sigues dándole tu encargo. Y el *zumbayllu* canta al oído de quien te espera. ¡Haz la prueba, ahora, al instante!

—¿Yo mismo tengo que hacerlo bailar? ¿Yo mismo?

—Sí. El que quiere dar el encargo.

---

[14] Las eds. de 1972 y de Sybila añaden «porque *era* rojizo», lo cual resulta más claro para el lector. Sin embargo, toda la oración compuesta ha comenzado con un «Era»; por ello, optamos por mantener el texto como en la edición príncipe: «porque rojizo» (el «era» está tácito).

—¿Aquí, en el empedrado?

—¿Ya no lo viste? No lo engañes, no lo desanimes.

Lo encordelé más cuidadosamente que otras veces. Y miré a Antero.

—Háblale bajito —me advirtió.

Puse los labios sobre uno de sus ojos.

«Dile a mi padre que estoy resistiendo bien —dije—; aunque mi corazón se asusta, estoy resistiendo. Y le darás tu aire en la frente. Le cantarás para su alma.»

Tiré la cuerda.

—¡Corriente arriba del Pachachaca, corriente arriba! —grité.

El *zumbayllu* cantó fuerte en el aire. Se paró en una de las gradas de madera que subían al corredor; saltó sobre las fibras de la madera vieja y se detuvo sobre una vena lúcida del piso.

—¡Sopla! ¡Sopla un poco! —exclamó Antero.

Yo soplé hacia Chalhuanca, en dirección de la cuenca alta del gran río.

Cantó dulcemente.

—Déjalo que muera solo —me dijo el «Markask'a».

El *layk'a* se balanceó, apagando su voz poco a poco; rozó la cabeza en el fondo de la grada, y se extendió bajo la sombra.

—¡Que venga ahora el Padrecito Director! —le dije a Antero—. Me ha azotado. ¡Me ha empujado! Ha hecho *sanku*** del corazón de los colonos de Patibamba. ¡Pero que venga ahora! Mi padre está conmigo. ¿Qué dices, «Markask'a»?[15]

—Vamos al patio de adentro. ¡Lanzaremos el *winku* en el

---

* Harina cocida en agua. Potaje muy antiguo del Perú. (Nota de Arguedas.)

[15] «Para Ernesto el sacerdote ha pasado a la esfera del Viejo que aniquilaba a los colonos y trató de humillarle. Frente a él aparece la figura de su padre, el ser generoso que había preferido andar solo entre indios y mestizos. Al oponerse al Director Viejo, Ernesto se asimila a su padre» (Trigo, 1982: 98).

centro! —exclamó—. Los dos lo defenderemos contra el Lleras, el «Añuco», el Valle...

—¡No! Tú dijiste que debe bailar a solas.

—Bueno, cuéntame lo que te pasó anoche, entonces. ¿Qué hay de los «colonos» de Patibamba? ¿Por qué te azotó el Padre? ¿Te azotó de veras?

—Cuenta tú si rondaste la casa de Salvina...

Cuando hablábamos, se detuvo un automóvil a la puerta del Colegio. Nos miramos. Iba a decir algo Antero pero la voz del Hermano Miguel nos sorprendió. Gritó en el patio interior:

—¡De rodillas, so bestia! ¡De rodillas!

Corrimos por el pasadizo; saltamos al terraplén del patio. Lleras estaba de rodillas, bajo la red. Le habían destrozado la nariz y un chorro de sangre corría desde su boca al pecho. El «Añuco» se arrodilló, cuando llegamos, y se tapó la cara con las dos manos. Hasta sus piernas desnudas, porque usaba todavía pantalón corto, estaban pálidas; los tendones del cuello se le habían saltado, tensos; se veían arrugas gruesas en su frente, por el espanto. Valle miraba al Hermano con expresión casi de desafío; Romero se le había acercado y tenía las manos cerradas en puños.

—¿Lo agarro a patadas, Hermano? —dijo Romero—. ¿Lo hago avanzar a patadas?

—¡Camina de rodillas! —le gritó el Hermano; lo empujó con el pie.

Hubiera hecho caminar a una piedra. Creímos que todos se prosternarían. Valle pestañeó. Porque el Hermano tenía color de ceniza; las fosas abiertas de su nariz aguileña tragaban aire como las de los toros salvajes de puna que embisten la sombra de los pájaros; sus ojos mostraban la parte blanca; infundían terror, creo que hasta al polvo.

Lleras se arrastró de rodillas, y el «Añuco» le siguió, llorando.

—¡Hasta la capilla! —dijo el Hermano.

Los internos le seguimos; Antero y yo, rodeando el patio, despacio, habíamos llegado hasta donde estaban los alumnos. «Peluca» y Palacitos, miraban de lejos, desde la pared.

«¿Cómo ha de bajar las gradas del terraplén? ¡Se caerá! Aprovechará el sitio para escapar», pensé, mientras Lleras caminaba de rodillas y se rajaba la piel en el cascajo[16]. Valle también nos seguía. Chauca empezó a llorar, y se detuvo.

Vimos en ese instante al Padre Director. Iba a cruzar el patio hacia la escalera. Descubrió el tumulto; nos miró extrañado.

—¡Auxilio, Padre! —chilló el «Añuco» —¡Auxilio, Padrecito!

El Director vino. Hubiera querido correr, pero se contuvo. Lo vi claramente. Apresuró el paso.

—¡Sin levantarse! —ordenó el Hermano.

Pero el «Añuco» corrió, se lanzó sobre el Padre, lo abrazó.

—¡El negro, Padre, el negro abusivo! —gritó, enfurecido.

Avanzamos; nos pusimos casi en fila, para ver al Padre. Antero quedó atrás, retrocedió hasta la puerta de los excusados. El Hermano se apaciguó y permaneció junto a Lleras. No le permitió levantarse. El Director no pudo caminar muy rápido porque el «Añuco» se le prendió de un brazo.

—¡El negro! ¡El negro! —repetía, atolondrado, ahogándose con las lágrimas. El Padre le tapó la boca y lo sacudió.

Llegó el Director frente a nosotros. Lleras parecía como degollado, por la cantidad de sangre. Se le había empapado la camisa y le rezumaba por la cintura. Y como aún le manaba de la nariz, el sol fuerte de la quebrada exhibía la sangre.

—¿Qué es esto? —exclamó el Director, mirando al Hermano.

Nosotros, Antero y yo, hubiéramos querido hacer la misma pregunta.

—Me ha ofendido, Reverendo Padre —contestó el Hermano—. Por nada, casi por nada, me insultó. Me empujó por el pecho, me derribó al suelo. Entonces no pude más, y por Dios, con la mano de Dios, lo castigué.

---

[16] Etimológicamente, *lleras* son cascajares (cfr. punto II.5 de la Introducción).

—¿Con la mano de quién? ¿Con la mano de quién, dice usted? —preguntó el Padre.

—¡Lo castigué, porque me afrentó! Yo llevo un hábito de Dios.

—Levántate, Lleras, y ven —ordenó el Padre—. Vamos a la capilla. Usted vaya a su celda, y espéreme.

Lleras se puso de pie con dificultad, y mientras se erguía, dijo con voz contenida; lo oímos los alumnos:

—¡Es un negro maldecido!

Quiso soplar la exclamación por lo bajo.

El Director nos había dado ya la espalda. Nunca supimos si oyó a Lleras. El Hermano había empalmado sus manos y así bajó del terraplén, detrás de Lleras. No lo seguimos. Sólo el «Añuco» fue caminando junto al Padre. Parecía que se le doblaban las piernas, que se rendía; iba de un costado a otro. Empezaron a hablar los internos.

—Así tenía que acabar ese *k'anra* —dijo Romero.

—¡Es un condenado! —dijo Chauca.

—¡Ha empujado al Hermano! —exclamó Palacitos—. ¡Lo ha tumbado, hermanito! Porque le marcó un fául nada más, le agarró del hombro, y le dijo: «¡Negro, negro e'[17] mierda!» El Hermano, no sé cómo, se levantó, le dio un puñete y la sangre chispeó de toda su cara. ¡Qué sucederá! ¡Qué habrá! ¡Lloverá quizá ceniza! ¡Quizá la helada matará a las plantitas! ¡El cielo va a vengarse, hermanitos!

Palacios se abrazó a Romero, y sólo entonces, se puso a llorar desesperadamente.

—¡Creo que el sol se morirá! ¡Ay papacito!

Romero lo cargó, subiéndola hasta la altura de su pecho. Lo llevó al internado.

—Pero se excedió el Hermano. Que es negro es negro —dijo en voz alta Valle.

—Y que tú eres una gallina de muladar también es cierto —le gritó el «chipro»* Ismodes.

---

* Mote quechua con que se nombra a los picados por la viruela. (Nota de Arguedas.)

---

[17] *e'*: pronunciación vulgar que omite la letra «d» en la palabra «de».

—¿Qué? —exclamó Valle, dudando.

—¡Una gallina de pata amarilla![18]

Y se le acercó.

—Yo no peleo, nunca. No me rebajo —dijo Valle, con menosprecio.

—¿No ven? ¡La prueba! A la gallina se le pisa no más. No pelea.

El «Chipro» lanzó una carcajada. Todos nos miramos. Hasta el «Peluca» se acercó mucho y quiso mirar de cerca a Valle. Antero no se atrevía a salir.

—¡Los imbéciles! —dijo Valle al bajar del terraplén, y apuró el paso.

—Ver sangre es así, hermanitos —nos dijo a todos el «Chipro»—. A unos los engallina, a los fifis[19], a estos k'echas[20]. A otros nos da ganas de defender a alguien. No se puede estar tranquilo. ¡Caray, el Hermano! ¡El Hermano Miguel! ¿Quién dice que no es bueno, que no es cariñoso? ¿Quién, perro, dice?

—¡Sólo algún condenado, algún maldito! —le dije. Lo abracé.

—¿Y quién dice que el Lleras no es un putañero, un abusivo, un condenado? ¿El Valle? ¡Ahí está, esperando que algún gallo le zurre en la cabeza!

—¡A la capilla! —llamó el Padre Director.

Antero se quedó en el patio, escondido tras los tabiques de madera. Los internos corrimos en tropel.

—¡A la capilla! —voceó el Padre.

Romero bajó del internado con Palacitos. Valle apareció en el corredor; se había retirado a uno de los salones de clases. Estaba pálido; bajó al patio empedrado y avanzó como sonámbulo. Yo lo miré detenidamente. Caminó hasta la

---

[18] Como los gallos de pelea suelen tener las patas muy amarillas (sobre todo, en comparación con los gallos corrientes), existe la expresión popular que llama «pata amarilla» a alguien que es pleitista o que hace alarde de coraje. Aquí resulta fuertemente irónico que se junte con «gallina», ya que este vocablo suele connotar cobardía, mariconería.

[19] *fifi*: petimetre; amanerado, fifiriche.

[20] *k'echas*: en quechua, «meones; diarrea».

puerta de la capilla, echando las piernas en forma inarmóni-
ca. «¡Algo, algo le pasa!», pensé.

Entramos a la capilla. No estaba Lleras. El Padre llegó al
altar y se paró delante de nosotros. Nos miró un largo rato;
nos contempló a todos, uno por uno. Yo sentí que la expresión de su rostro me calmaba. Nos miramos especialmente;
no era sólo el asunto de Lleras el que necesitaba ser discu-
rrido entre nosotros, entre él y yo, sino el recuerdo de la
mañana, las lágrimas de los colonos que no sé si él recordaría aún, pero que en mí seguían llameando, como el sol que
llegó tan de sorpresa a los cañaverales de la hacienda. El Padre me miró, tranquilo.

—¡Hijos míos! ¡Hijitos queridos! —habló—. Quien ve
cometer un gran pecado también debe pedir perdón a
Dios; el gran pecado salpica; todos los testigos debemos
arrodillarnos y clamar a fin de que ni rastros, nada, nada de
la mancha persista, ni en el corazón de los que delinquieron
ni en el pensamiento de los que tuvieron el infortunio de
ser testigos...

El Padre hablaba esta vez de otro modo, no como lo
hizo en el tabladillo de la hacienda, frente al patio barroso
que pisaban los colonos de Patibamba. Quizá era una idea,
un presentimiento sólo mío. El quechua en que habló a los
indios me causaba amargura. «¿Tiene varios espíritus?», me
pregunté, oyéndole en la capilla. «A nosotros no pretende
hacernos llorar a torrentes, no quiere que nuestro corazón
se humille, que caiga en el barro del piso, donde los gusanos del bagazo se arrastran... A nosotros nos ilumina, nos
levanta hasta confundirnos con su alma...» [21].

—¡Hijitos...! Nuestro Señor os bendice, cada mañana,
con su piedad; un ángel vigila a cada uno... pero somos
también libres; es el bien y el mal del mundo. Pero nada es

---

[21] El Padre Director es complejo ética y psíquicamente. No es un mons-
truo de maldad sin lados positivos; incluso, se sugiere, en diversos pasajes,
que obra pensando que defiende los valores correctos (Dios, patria y orden
establecido), aunque cayendo en justificar los medios a emplearse, por vi-
les que sean. No hay, pues, maniqueísmo en *Los ríos profundos*.

más infinito que el corazón que Dios nos ofrendó, que cimentó en la criatura humana... ¡Ya veréis la prueba...!

Rezamos, después, a esa hora de la mañana, un rosario completo. Pero yo pude ver que Valle no rezaba. Estaba a dos bancas de mí, en la fila opuesta, como siempre. Cambiaba de rodillas en el madero del banco. Tenía apoyada la cabeza sobre sus manos y a ratos la movía, con muestras de impaciecia. El «Añuco» rezó en voz alta, al pie del altar, sobre las gradas de piedra.

El Padre nos bendijo y nos dio licencia para salir. El «Añuco» se quedó con él.

Valle salió, el último. La mayor parte de los internos se quedaron en el patio de honor. No hablaban. Yo me dirigí al terraplén, a buscar a Antero. No estaba ya. Vi que el «Chipro» y Chauca entraban al pasadizo. Venían juntos. El Padre y el «Añuco» atravesaron el patio y empezaron a subir las gradas. Llegaron el «Chipro» y Chauca al terraplén. El pampachirino también vino al patio interior, solo. Detrás de él llegó Valle, caminando rápido. No nos miró; fue hasta el extremo del muro que daba hacia la calle.

—¡Ismodes! —llamó—. ¡Ven, Ismodes!

El «Chipro» fue, andando despacio. Yo llegué primero junto a Valle.

—No desafiarás al Padre —le dije.

No me contestó.

—¿Qué hay? ¿Qué quieres? —le preguntó el «Chipro».

No sé por qué, todos los picados de viruela que conocí en mi niñez eran trigueños, de expresión imprevisible, siempre fáciles a la ira, enérgicos, y de ojos pequeños, como Ismodes. Alguna rigidez tenían en el semblante y por eso resaltaba la expresión de sus ojos.

Valle era más alto; junto a Ismodes daba la impresión de un patrón joven delante de un empleado o de un mensajero. El «Chipro» tenía la camisa sucia, cerca del cinturón; creo que todas sus camisas eran cortas y siempre estaba metiéndolas con las manos, dentro del pantalón, y las ensuciaba. Hizo un ademán mientras contestaba a Valle.

314

—Ahora hay poca gente en el patio. Recojo tu desafío y tu asqueroso insulto, de chusco[22] —le dijo Valle.

—¡Ahora! Para que el Padre me expulse, para que vea que soy un anticristo. ¡Fifí, fifí! —gritó el «Chipro».

Valle lo agarró del saco. Apretó sus labios delgadísimos y palideció.

—¡Cera de muerto! —exclamó, mirándolo, y sin reaccionar aún, el «Chipro».

Valle le dio un cabezazo y, al mismo tiempo, le golpeó con la rodilla en el vientre. Lo soltó en seguida.

—¡Traicionero *k'echa*! —gritó Ismodes—. ¡En la cara no! ¡Que no vea el Padre!

Se agachó, inesperadamente, y con ambas manos se prendió de los testículos de Valle.

—¡Ahora, fifí! —decía, casi riéndose—. ¡Sí tenía, hermanos, sí tenía!

Valle cayó sobre el «Chipro» sin gritar. El «Chipro» quitó el cuerpo y lo dejó derrumbarse; se irguió en seguida y nos preguntó:

—¿Tengo chichón en la nariz? ¿Estoy morado?

Una pequeña hinchazón se le había formado en el borde de la frente, hacia abajo. Chauca empezó a apretarle con una moneda.

El pampachirino levantó a Valle; inmediatamente le sacudió el polvo de la ropa, mientras lo sostenía con una mano. Estaba aún más pálido que Valle. Temblaban sus labios; me acerqué a él.

—Eres valiente —le dije—. Eres valiente. ¿No sabías que los chipros son extraños, que son de temer?

—¡Los indios! —dijo—. O los hijos de indios, solamente.

No le contesté. Con el pampachirino lo acompañamos hasta las gradas que bajaban a los reservados, donde había sombra. Se sentó allí, rendido. El pampachirino lo con-

---

[22] *chusco*: «persona de apariencia y modales groseros, que denotan oscura procedencia o falta de pulimento» (Tauro, 1987: tomo 2, 696). Es una derivación figurada de la significación primera de *chusco*: «animal cruzado, que no es de raza pura, que no es fino».

templaba apenado, muy afligido, sin poder comprenderle.

Por las rendijas de las tablas que cerraban los excusados asomaban sus ramas algunas yerbas endebles. Yo sabía que al otro lado, hacia la pared, había una flor amarilla que alcanzaba el sol que se filtraba por el techo. En ese rincón no podían aplastarla los alumnos. Pensé en ese lobulillo afelpado —*ayak'zapatilla* le llaman en quechua (zapatilla de cadáver) —porque frente a Valle, así rendido, y con mis ardientes recuerdos de todo lo ocurrido aquel día y en la víspera, no pude encontrar otro pensamiento que me cautivara. El *ayak'zapatilla* florece alegremente, con gran profusión, en las paredes húmedas que sostienen a los andenes sembrados, en los muros que orillan los caminos; tiembla con el aire; y los *wayronk'os*, los grandes moscardones negros, lo buscan; se detienen pesadamente en la pequeña abertura de su corola y se lanzan después a volar, con las alas y el vientre manchados por el polvo amarillo de la flor[23].

* * *

Al día siguiente, lunes, no vinieron al Colegio los externos. Supimos que las calles del centro estaban vacías, que las tiendas de comercio no fueron abiertas.

Los internos pasamos el día, como la tarde del domingo, desperdigados. Antero no volvió. Rondinel se quedó en la casa de su madre. Los internos leían o escribían. Valle pasaba las horas en su aula, al parecer leyendo. Romero andaba fatigado con la compañía de Palacitos. El pampachirino se acercaba con frecuencia hasta la puerta del salón donde permanecía Valle, pero no miraba hacia el interior. El «Chipro» y Chauca conversaban o alguno de ellos leía en voz alta. Eran compañeros de clase.

—El sarmentoso Valle se acabó —me dijo Chauca, en la mañana, cuando pasé cerca de las gradas donde estaban sentados—. ¡El valiente!

---

[23] Las imágenes del *ayak' zapatilla* y el *wayronk'o* aparecen detalladamente en: ZZ, V, 25-27. Véase la nota 66 del cap. I.

—No —le dije—. Ayer también resucitó después de haber estado pensando.

—Sigue tu camino —me dijo el «Chipro».

Yo acariciaba a mi *zumbayllu*, pero temía exhibirlo. El «Chipro» no me habló con enojo. «¿Si les contara a los dos que tengo un *winko layk'a*?», pensé. Tenía fe en ambos; sin embargo, recordaba la advertencia de Antero: «¡Es un *layk'a*, un maldito; y también en su alma está Salvinia; he pronunciado su nombre, mientras le abría a fuego sus ojos...!» No podía arriesgarme. El «Chipro» era de Andahuaylas, hijo de mestizo; quizá repudiaba a los *layk'as;* sería feliz, entonces, aplastando con la planta de los pies a un *zumbayllu winko,* a un réprobo, por muy hermoso que fuera su canto.

Al mediodía Romero se decidió a tocar su rondín. Romero llevaba el compás de la música con su cuerpo alto y flexible. Se quebraba. Empezó con los primeros ritmos, la «entrada» de un carnaval que él prefería: «Apurímac mayu...». Como los verdaderos maestros del rondín, se metía muy adentro de la boca el instrumento y lanzaba con los labios, desde el fondo, a bocanadas, el acompañamiento, el ritmo lento; luego corría el rondín y tocaba la melodía, altísima...

Romero nunca había tocado de día. Empezó desganado, y fue animándose. Quizá presintió que la inocencia de la música era necesaria en ese patio. Lleras no aparecía ni el Hermano Miguel; el «Añuco» seguía recluido en el cuarto del viejo Padre Augusto. El Director había presidido el almuerzo y la comida del domingo; sabíamos que a esa hora de la mañana estaba en la calle. Los alumnos fueron apareciendo en el corredor. No se acercaron de inmediato donde Romero, que tocaba junto a la pila. Fui yo primero, luego el pampachirino, el «Chipro» y Chauca, el «Peluca», Saturnino, el «Iño» Villegas...

—No cambies de tonada —le rogué.

Concluía el canto con una «fuga», para el zapateo. Romero se agachaba, o levantaba la cabeza, según el compás. El ritmo se hacía más vivo al final. Romero alzaba la cara, como para que la música alcanzara las cumbres heladas donde sería removida por los vientos; mientras nosotros

317

sentíamos que a través de la música el mundo se nos acercaba de nuevo, otra vez feliz. Pero cuando ya estábamos reunidos en círculo, junto a Romero, oímos de repente, como desde la otra orilla de la quebrada, la voz del «Añuco»:

—¡Calla, Romerito! ¡Hermanito Romero, no toques!

Lloraba en la baranda del corredor alto. Estaba desencajado, blanco, con los ojos hundidos.

Romero dejó de tocar.

—¿Qué pasa con Abancay, estos días? —dije casi en voz alta, aturdido. Apreté el *zumbayllu* en el fondo de mi bolsillo.

El «Añuco» desapareció; volvió al cuarto del Padre Augusto.

Cuando nos dispersábamos, entró al patio, por el zaguán, el portero; corrió hacia nosotros, hablando:

—¡Ya baja la tropa, ha volteado, dicen, el abra de Sok'llak'asa! Las chicheras se están escondiendo. Los gendarmes han ido y han rescatado sus fusiles. Menos los de doña Felipa; ella se ha quedado con dos máuseres. Dicen que van a tumbar la puerta de su chichería, cuando llegue la tropa. Está correteando la gente de Huanupata. La gente está saliendo de las chicherías; se están yendo. Dicen que viene un coronel que estuvo en Huanta y que quinteó[24] a los indios en el panteón. Los hombres se están yendo. En Huanupata están temblando... Los gendarmes también tienen miedo... El Coronel los puede afusilar por lo que se hicieron vencer con las chicheras... Algunos, dicen, están corriendo, cuesta abajo, a esconderse en el Pachachaca... ¡Cris-

---

[24] *quintear:* matar a uno de cada cinco. «Vive en ellos [los indios] el recuerdo digno de terror del escarmiento de 1924-25. Eso está dentro de la tradición viva. Y mucho más tarde aún se tenían recuerdos muy frescos de las matanzas que hizo el coronel González en el panteón. Los rondaron y los llevaron al panteón y de cada cinco mataron a uno delante de toda la gente. El recuerdo de esta matanza de indios estaba muy fresco en la región de Ayacucho. Hay muchos cantos sobre la crueldad del coronel González y hay algunos cantos que dicen que el coronel González sigue apuntando desde las montañas» (Arguedas respondiendo a Castro Klarén; reprod. en Ortega, 1982: 107-108).

tianos, Abancay ha caído en maldición...! Entonces, a cualquiera ya pueden matarlo...

—Y tú ¿por qué te asustas? —preguntó Romero.

—Está corriendo la gente. ¡Cómo entrará la tropa! Dice que esta vez van a apretar Huanupata. No echarán bala. Se quemaría. Tanto techo de malahoja[25]. Sería incendio. ¡Ahora pues váyanse, escapen; ahí está la puerta!

Nos mostró el zaguán con el brazo extendido, y siguió hablando:

—¡*Jajaylla*[26]! Yo he visto tiroteo. En el tiroteo creo no apuntan; las balas perdidas pasan por lo alto también, caen a las ventanas, a los postes, a la torre. En Huanta, hasta los cañaverales llegaron; dice ardieron, y en la noche alumbraban la quebrada. Así quintearon a los indios en el panteón.

—¡Animal; eso fue en 1910! —le gritó Romero.

Pero el mal ya estaba hecho. El portero había logrado despertar los peores presentimientos[27] entre los internos que lo rodeábamos en el patio. Nos miramos. «Peluca» giraba los ojos, como buscando a alguien o un lugar donde esconderse.

—¡Ahora no van a matar a nadie! Quizá las zurren a las cholas —dijo el «Iño» Villegas. Pero su voz se quebraba.

El portero oyó que abrían el postigo del zaguán y corrió hacia la cocina. Vimos entrar al Padre Director. Sonreía, caminaba ligero. Palmeó al ingresar al patio.

—¡Al comedor! —dijo— ¿Por qué no los han llamado? Ya pasó la hora.

—Padrecito, ¿qué dice que la tropa va a entrar a Abancay por Huanupata, fusilando a las chicheras? —preguntó el «Peluca»; se atrevió a hablar.

---

[25] *malahoja:* «Hoja de caña de azúcar que se utiliza como forraje de equinos y también para techar casas. Se considera que es el techo más burdo y pobre» (nota de la ed. de Sybila).

[26] *¡Jajaylla!, ¡jajayllas!:* interjección de burla, de orgullo y de desprecio (A, I, 63 y 79).

[27] No corresponde aquí la variante presentada por la ed. de 1972: «sentimientos». Compruébese cómo una página más adelante, el texto dice: «El Padre Director no parecía, sin embargo, participar de esos presentimientos...»

319

—¿Qué imbécil criminal ha dicho eso? El ejército viene a restablecer el orden. Los comerciantes están abriendo ya sus tiendas.

—¿Y en Huanupata? —le pregunté.

—Las cholas huyen. Las responsables. ¡Nada más! Vamos; vamos al comedor.

No pudo transmitir su alegría a los internos. Almorzamos en silencio. Valle se atrevió a mirar al «Chipro». Estaba solo. Los testigos de su derrota guardaron el secreto. Quizá sentía vergüenza. Mucho más tarde acaso el «Chipro» contaría la historia, riéndose como un chivo. Ahora estaba como desconcertado; devolvió la mirada de Valle sin ironía, enrojeció un poco. Y Valle siguió mirándolo. Él no tenía otra preocupación. Nos miró después a Chauca, a mí y al pampachirino. Nos escrutó. Luchaba por reconstruir su famosa elegancia. ¿Podría mantenerla después de cómo lo tumbaron en el patio? Pero nosotros habíamos oído al portero, casi trastornado por las amenazas, por los presagios que recogió en la calle; habíamos oído y visto al «Añuco», colgado de las barandas del segundo piso, implorando; sabíamos que Lleras estaba tendido de espaldas, con un emplasto de yerbas sobre la boca y la nariz, en la antesala del Padre Director, y que el Hermano no salía de su cuarto. A Valle no le podía importar nada de eso. ¿Contarían que el «Chipro»...?

Algún mal grande se había desencadenado para el internado y para Abancay; se cumplía quizá un presagio antiguo, o habrían rozado sobre el pequeño espacio de la hacienda Patibamba que la ciudad ocupaba, los últimos mantos de luz débil y pestilente del cometa que apareció en el cielo, hacía sólo veinte años. «Era azul la luz y se arrastraba muy cerca del suelo, como la neblina de las madrugadas, así transparente», contaban los viejos. Quizá el daño de esa luz empezaba recién a hacerse patente. «Abancay, dice, ha caído en la maldición[28]», había gritado el portero, estrujándose las manos. «A cualquiera ya pueden matarlo...»

El Padre Director no parecía, sin embargo, participar de

---

[28] Sobre la maldición cfr. la nota 9 del cap. VII.

esos presentimientos; nos contemplaba con plácida condescendencia; hasta sospeché que le hacía bien vernos desconcertados y anhelantes.

* * *

La tropa debía llegar a las cinco de la tarde. A las tres tocaron la campana del Colegio.

Salieron los internos de las aulas y los corredores, algunos vinieron del patio interior. Los Padres bajaron de sus celdas. El Director, de pie, en la puerta de su oficina, ordenó en voz alta:

—¡A formar! Como para ir a misa.

En una fila, por orden de estatura, con frente a la Dirección, nos alineamos. El «Añuco», sin mirar a nadie, ocupó su sitio, entre Palacitos y el «Iño».

Los cinco Padres formaron otra corta fila, en el corredor, delante de las gradas que bajaban al patio.

Vino el Hermano Miguel, después, sin sombrero. Bajó las gradas de madera, lentamente, como si temiera. Sus cabellos parecían haberse ensortijado más, en mil nudos pequeños. Su color era cenizo; pero anduvo erguido, con la cabeza levantada, aunque sus ojos miraban bajo, con una humildad que oprimía.

Lo seguimos todos con la vista; repercutían en el patio y en nuestro espantado corazón, sus pasos. Quise ver qué expresión tenía Valle, qué semblante mostraba, entonces. No miraba al Hermano; quizá lo vio bajar las gradas, pero después no le dio cara; miraba al Director, fríamente.

El Director se acercó a nuestra fila. El Hermano se había detenido a cierta distancia del grupo de los Padres, en el corredor.

—¡Baja ya, Lleras! —voceó el Padre.

Vimos aparecer a Lleras en el corredor de enfrente, por la puerta del salón del Director, sobre el techo de la bóveda que conducía al zaguán. Estaba aún amoratada su boca. Se detuvo, como tambaleándose.

—¡Baja! —le ordenó el Padre.

Se decidió y caminó rápidamente hacia la escalera. Bajó

a trancos, de dos en dos, las gradas. Fue directamente hacia el Hermano. Ya muy cerca de él se detuvo, bruscamente. Lo examinó. Vimos que lo examinó con los ojos. Le miró la cabeza descubierta.

—¡Hermano! ¡Perdóneme! Le pido perdón delante de mis compañeros... —dijo.

Algo, algo más iba a decir y hacer. Se inclinó, empezó a inclinarse. El Hermano había levantado las manos.

—¡No! —gritó Lleras—. ¡No! ¡Es negro, Padrecito! ¡Es negro! *¡Atatauya!**

De un salto bajó al patio empedrado, lo cruzó a gran velocidad, entró a la sombra de la bóveda; oímos que abría el zaguán, una hoja de la puerta grande, y la cerró en seguida, desde fuera, empujándola violentamente.

El Director no se alteró mucho. Con una mirada fulgurante detuvo al «Añuco», que se movió en la fila.

—¡Tú! —le dijo—. ¡Tú, el amigo de ese condenado!

—¡Yo sí, Padre! —gritó el «Añuco»— ¡Yo sí, Padrecito!

Fue al corredor, a paso vivo, sin correr. Subió las gradas y se arrodilló ante el Hermano. No pudo hablar. Lloraba. Ambas manos del Hermano las besó. Entonces Palacitos, lo siguió. A la carrera pasó delante de nosotros. Nadie lo contuvo. Se prosternó delante del Hermano y empezó a besar los extremos de su hábito.

—¡Perdón, perdoncito! —clamaba—. ¡La luna va a llorar, el sol va a hacer llover ceniza! ¡Perdón, Hermanito! ¡Diga perdón, hermanito!

El Hermano lo levantó; lo abrazó contra su pecho. Lo besó en la cara y en los ojos. El «Añuco» saltaba de alegría.

—Yo los perdono y pido perdón —dijo el Hermano.

Y se inclinó ante el «Añuco». Le dio un beso en la mejilla, casi respetuosamente.

—Le ruego, Padre, que me deje ir a la capilla —dijo.

Sus ojos parecían acuosos, la parte blanca se veía grande y también brillaba. Era ese color, tan exaltado por su piel oscura, que rodeando sus ojos, sus verdaderos ojos, le daba tanta ternura a su mirada. Una onda de calor, como venida

---

* Interjección de asco. (Nota de Arguedas).

del sol o del suelo, vivificó mi sangre, le dio alegría a nuestra vida. Palacitos y el «Añuco» bailaban junto al Hermano Miguel, bajo esa quebrada temible, en medio de tantos presagios funestos. «¡Ya no morirá nadie! —pensaba yo—. Caerá una lluvia fresca sobre los campos. La tropa entrará, quizá tocando cornetas, a caballo.»

—Id con el Hermano —accedió el Padre.

—Sólo los que quieran —dijo el Hermano.

Pero fuimos todos.

El «Chipro» buscaba a Valle. Se miraron ambos. En su rostro picado, «moro», como solemos decir en la sierra, revuelto y perturbado por tanta cicatriz pequeña, los ojos del «Chipro» ardían de júbilo. Valle sonrió, no tan limpiamente, pero el «Chipro» siguió mirándolo, transmitiéndole la fuerza de su alegría. Como una flor de pisonay era su cara; tan pequeños sus ojos, pero el rostro todo, a pesar de su rigidez, estaba encendido por el fuego de sus ojos. «¡Es un diablo el "Chipro"! —decía yo, mientras caminaba—. ¡Es un diablo! ¡Nadie tiene ese brillo en los ojos! Quizá la luz de un pejerrey cuando cruza un remanso bajo el sol. ¿Quién no ha de reír, quién no ha de bailar ante esa alegría? Hasta el Valle, el orgulloso, el "gran" caballero...»

Riéndose entraron a la capilla, él, el «Chipro» y el Don Juan, el petimetre del internado. Pero Valle sonreía midiéndose ostensiblemente. El «Chipro» debió de percibir el gesto cómico de su contendor; me miraba de otro modo que a Valle, y guiñaba un ojo.

Ya en el altar, el Hermano no supo de qué hablarnos; nos miraba a todos y sonreía. Mejor habría sido ir al patio y dejarnos sueltos allí, o lanzarnos a la calle.

«Es que tiene que concluir la ceremonia, de alguna manera», reflexionaba yo. Largo rato después, pudo hablar el Hermano.

—Cerca de mi ciudad natal, de San Juan de Mala[29] —recuerdo que dijo—, hay un farallón, quiero decir unas rocas altísimas donde el mar golpea. En lo alto de esas rocas se ha

---

[29] Mala queda en el departamento de Lima, cerca del Océano Pacífico. Viven muchos negros y mulatos en la región.

descubierto la figura de una Virgen con su Niño. ¿Saben, hijos?, la roca es prieta, más que yo... Vayan a jugar; con mis humildes manos yo les doy la bendición de esa Virgen; que ella les haga olvidar los pecados que han visto. Yo sólo[30] quiero escuchar las olas que caen a sus pies; será una voz más fuerte que la de mis culpas. ¡Adiós, hijos...! Vayan al patio. Yo me quedo todavía.

Salimos. ¿Cómo, siendo negro, el Hermano pronunciaba con tanta perfección las palabras? ¿Siendo negro?

Palacitos corrió, dándose fuertes palmadas en los muslos, para simular que era un caballo brioso. Dio vueltas. El «Añuco» dudó unos instantes en la puerta de la capilla.

Me acerqué a él.

—¡Mira! —le dije.

Le mostré el *winku* rojizo.

—¡Un *winku*! —exclamó.

—¡Y *layk'a*! —le contesté.

—¿Lo has hecho bailar? —preguntó.

—Baila más que un *tankayllu*[31]. Como un mundo baila; según Antero, su canto sube hasta el sol. ¿Lo hacemos bailar, «Añuco»? ¿Lo defendemos si alguien lo quiere pisar?

—¿Quién lo va a querer pisar? ¿Quién? —dijo.

—¡Vamos, entonces! ¡Vamos, hermano! ¡Recuerda que es *layk'a*!

Lo arrastré un poco. Después se echó a correr. Palacitos daba cabriolas en el campo.

Empecé a encordelar el trompo. Se acercaron casi todos adonde yo estaba.

—¡Un *winko*! —dijo Romero. Lo contempló más, y gritó:

—¡*Layk'a*, por Diosito, *layk'a*! ¡No lo tires!

Palacitos pudo llegar a mirar el trompo.

—¿Quién dice *layk'a*? ¿Lo tenías en la capilla, cuando el Hermano nos echó la bendición?

—Sí —le contesté.

---

[30] Sin que haga sentido, la ed. de 1972 escribe «solo», sin tilde.
[31] Véase el comienzo del cap. VI.

—¡Ya no es brujo, entonces! ¡Ya está bendito[32]! ¡Hazlo bailar, forastero! —exclamó Palacitos con energía.

Sentí pena.

—¿Ya no es *layk'a*? —le pregunté al «Añuco».

Me miró, reflexionando.

—Siempre ha de haber algo. ¡Tíralo!

Lo arrojé con furia. El trompo bajó girando casi en línea recta. Cantaba por sus ojos, como si de los huecos negros un insecto extraño, nunca visto, silbara, picara en algún nervio profundo de nuestro pecho.

—¡Lo ha hecho el «Candela»! —exclamó el «Chipro». ¡Seguro!

—¿Me lo regalas? —me preguntó, angustiado, el «Añuco»— ¿Me lo regalas?

—Hazlo bailar, «Añuco» —le dije.

Lo encordeló con cuidado, pasando cada vuelta junto a la otra, empujando con la uña los círculos del cordel para apretarlos. No me miró antes de arrojar el trompo.

Lo hizo bailar diestramente. Giró el *zumbayllu* sobre el polvo, cantando como si lo oyéramos en medio del sueño; se detuvo, como paralizado, girando invisiblemente.

—¡Duerme! —dijo el pampachirino.

Luego se revolvió, escarbó el suelo con la púa.

—¡*Layk'a*' no *layk'a*, *layk'a*' no *layk'a*, *layk'a*, no *layk'a*...! ¡No *layk'a*! ¡Bendito —gritó Palacitos, levantando el trompo, cuando cesó de bailar y cayó estirado en la tierra suelta.

—Algo ha de tener —afirmó Romero—. ¡Algo ha de tener!

—Es tuyo, «Añuco» —le dije alegremente.

—¿De veras?

—¡Qué *zumbayllu* tienes! —le repetí, entregándole el pequeño trompo— En su alma hay de todo. Una linda niña, la más linda que existe; la fuerza del «Candela»; mi recuerdo; lo que era *layk'a*; la bendición de la Virgen de la costa. ¡Y es *winko*! Lo harás bailar a solas.

—¿Qué dices?

---

[32] Como la condición de «brujo» se asocia con el diablo o fuerzas malignas, la bendición religiosa la borra, limpiando lo demoníaco.

—Ya te contaré.

—Que baile una vez más —dijo Valle.

Me sorprendió.

—¿Tú quieres que baile? —le preguntó el «Añuco».

—Sí —dijo—. Precioso instrumento. Es un precioso instrumento[33].

---

[33] Al igual que el cap. VI, éste termina en baile. Y como la música y la danza son presentadas en estrecha conexión con las voces de los ríos profundos, puede tenderse vasos comunicantes entre capítulos que finalizan en baile y capítulos que terminan con la imagen de los ríos profundos (I, III y V), prácticamente todos los de la novela.

IX

Cal y canto

Hasta las seis no escuchamos tiros de fusil ni tropel de caballos. Nos reunimos en el patio de honor para estar cerca
de la calle. No oímos pasar al ejército. Cuando anochecía
escuchamos aplausos, a lo lejos.

—Han bajado despacio. Están llegando —dijo Romero.

No pudimos ver la marcha de la tropa; pero los aplausos
se escuchaban cada vez más fuerte.

—¡Mueran las chicheras! —Oímos claramente este grito.
Y luego otro inmediato:

—¡La machorra doña Felipa!

En ese momento prendieron el alumbrado eléctrico;
unos focos rojizos, débiles, que no servían para marcar la
sombra de las cosas.

Estábamos todos los internos agolpados contra el zaguán.

Pero ninguna detonación hubo.

—¡Viva el Coronel! —gritaron.

—¡El glorioso regimiento!

—Contra las cholas, ¿un regimiento? —dijo Valle.

—Las chicheras son peor que hombres, más que soldados —contestó el «Chipro».

—¡El mito de la raza! Las cholas mueren igual que los indios si las ametrallan.

Valle hablaba siempre así; no se podía saber si quería

327

ofender a quien le escuchaba o a la persona de quien hablaba, aun a las cosas.

—¿No oíste al portero? Doña Felipa no ha entregado los
fusiles.

—Dos máuseres —dijo—. Dos máuseres. ¡Gran artillería
para luchar contra un regimiento!

Repicaron las campanas.

—El regimiento está formado por cholos —gritó Romero para hacerse oír.

—Nuevamente, el mito de la raza. ¡Que se maten hasta
el fin de los siglos! Yo soy un espectador infausto.

—¿Infausto? ¿Qué es eso? Pero un cholo puede borrár-
telo.

—Puede, claro, puede. Mientras los hijos de los hijos de
mis hijos juegan... montados sobre ellos.

—¿Y si te hacen unas cosquillitas? —le preguntó el «Chipro».

—Tendría que reírme.

—¡Ay lágrimas, lagrimitas! —exclamó socarronamente el
«Chipro».

—¡Balazos! —gritó Palacitos.

—¿No sabes distinguir, cholo? Cohetes de arranque en
honor de la tropa.

Las detonaciones llegaban de lo alto.

No oíamos ya los gritos. La tropa habría llegado a la prefectura y marcharía al cuartel, hacia el lado de Condebamba. Había un cuartel viejo, allí. Pintado de gris oscuro, con
almenas y torres en las esquinas, era un edificio vacío. La
gente contaba que en las noches de luna se oía la voz de los
centinelas que voceaban números. Los gendarmes llevaban
algunos presos al cuartel, los días sábados, y hacían arrancar
la yerba que crecía en los patios; el Municipio cuidaba de
las calles laterales. El cuartel mostraba así su fachada, sus almenas y contrafuertes; era el edificio más grande de la ciudad. Inspiraba temores porque estaba vacío. Nadie ensuciaba el pie de los muros, por los sapos que allí abundaban y
por miedo a los gendarmes. Los sapos se prenden, inesperadamente, de la piel humana desnuda.

Seguían repicando las campanas. Escuchamos los pa-

328

sos de un grupo que se acercaba a la puerta del Colegio.

—¡No hubo tiros! —dijo jubilosamente Palacitos.

—Debe ser el Padre que viene —advirtió Romero.

Nos retiramos al patio.

El Padre abrió la puerta. Avanzó rápidamente hacia donde estábamos los internos.

—Todo tranquilo, hijos. El Coronel es ahora el Prefecto. Mañana habrá clases. No hagan caso a las predicciones de los cholos. Están aterrorizados —dijo, mientras se acercaba.

—¿Nos fusilarán? —preguntó el «Peluca».

—¿Otra vez tú? ¡Al salón de estudio, todos! —ordenó.

No me atreví a preguntarle por doña Felipa ni por Lleras, en ese instante. Los internos se dirigieron al salón. El Padre iba a subir a su residencia. Lo alcancé al pie de las gradas, protegiéndome en la oscuridad del corredor, tras de una columna.

—¡Padrecito! —le dije—. ¿Y doña Felipa?

—La prenderán esta noche —me contestó con violencia.

—Tiene fusiles, Padre.

—Por eso mismo. Si se defiende, la matarán.

—¡Se defenderá, Padre!

—Dios no lo quiera. La acribillarían[1]. Es culpable.

—Pero ella también puede matar. ¡Quizá yo iría! ¡Quizá yo traería los fusiles!

—¿Tú? ¿Por qué?

Se me acercó mucho. En esa luz opaca, sus ojos y su rostro resaltaban, sus pómulos, su cabellera blanca.

—¿Por qué, tú?

Parecía más alto. Su vestidura blanca centelleaba, como si reflejara la gran impaciencia que lo aturdía; su pecho se fatigaba, casi sobre mis ojos.

—Yo, Padre, la he conocido... Yo le puedo pedir las armas... Le puedo decir...

—¿Qué, hijo? Tú la has seguido como un perro. ¡Ven; sube!

---

[1] «Acribillarán» pone la ed. de 1972, siendo aceptada esta lección por la ed. de Sybila. Nos parece mejor la lección original de 1958: «acribillarían»; aquí funciona perfectamente como una acción futura que se considera la más probable de ocurrir.

Escaló las gradas, ágilmente. No había nadie ya en el patio.

—¡Con el Hermano Miguel puedo ir! —le dije en voz alta, acercándome a él, en el corredor del segundo piso.

—¿Sabes? Si tu padre estuviera todavía en Chalhuanca, yo te despacharía mañana; pero ya llegó a Coracora[2], a cien leguas de aquí.

—¡Yo puedo irme! —le dije—. ¡Yo puedo irme, Padrecito! ¡Cien leguas! Yo sé andar por las cordilleras. Despácheme, Padre. ¡Despácheme! ¿Qué son cien leguas para mí? ¡La gloria!

—Ya sé, por los cielos, que necesitas mi protección. Pero, ¿por qué andas tras los cholos y los indios? No le harán nada a la Felipa. ¡No le harán nada! Yo iré. Yo le mandaré decir, hijo, que entregue los rifles.

—¡Con el Hermano Miguel iré! —le dije, acercándome más a él.

Me llevó al salón de recibo. Se parecía al del Viejo[3]. Una alfombra roja cubría casi todo el piso. Había un piano; muebles altos, tapizados. Me sentí repentinamente humillado, ahí dentro. Dos grandes espejos con marcos dorados brillaban en la pared. La luz profunda de esos espejos me ha arrebatado siempre, como si por ellos pudiera verse más allá del mundo. En los templos del Cuzco hay colgados, muchos, en lo alto de las columnas, inalcanzables.

El Padre me acarició la cabeza. Hizo que me sentara en un sillón forrado de seda.

—No importa que tu padre se haya ido tan lejos; estás conmigo —dijo.

—¿Por qué no me anunciaría su viaje a Coracora, mi padre? Conoceré otro pueblo. Iré lejos. ¿Usted defenderá a doña Felipa? —le pregunté.

---

[2] Ha dejado Chalhuanca (en quechua significa «piedra pisciforme»), en el departamento de Apurímac, para irse más lejos, a Coracora (en quechua, «maleza, cizaña»), en la provincia de Parinacochas, departamento de Ayacucho.

[3] Trigo pone de relieve la conexión entre el Padre Linares y el Viejo, dos figuras a las que se enfrenta Ernesto con decisión.

—No, hijo. Ya te he dicho que es culpable. Le mandaré decir que fugue... Intercederé, de algún modo, a su favor.

—Y después me iré. Usted me soltará. Preguntando de pueblo en pueblo llegaré hasta donde está mi padre. ¡Como un ángel lloraré[4], cuando, de repente, me aparezca en su delante! ¿Está muy lejos del Pachachaca ese pueblo? ¿Muy lejos, muy a un lado de su corriente?

—Muy lejos.

—El canto del *winko* se ha perdido, entonces! —exclamé—. ¡Y ahora ya no sirve! Lo bendijo el Hermano.

El Padre me miró detenidamente.

—¿Estás resuelto a desobedecer a tu padre y a mí? Él quiere que estudies. ¿De qué hablas?

—Pero usted, ¿no me dijo de despacharme?

—Ahora no, pequeño. Y parece que desvarías. ¡Te quedarás! Serás un buen hijo de Dios. ¡Lo juro!

Me dejó solo; fue a su dormitorio y trajo un vaso de agua.

—Toma —me dijo.

Era un líquido amargo.

—Yo también he tomado.

—Me quedo, Padre —le dije—. ¡Claro! Le fue mal en Chalhuanca. A usted le encargó que me lo dijera.

—Y ya ha mandado dinero de Coracora. Te comprarás un vestido nuevo.

—¿Y me dejará salir con Antero, Padrecito?

Le tomé una mano.

—¿Con Antero, Padre?

—¿Por qué no, hijo? Te daré permiso, el sábado en la tarde, y una buena propina[5].

---

[4] Aquí pueden ser válidas las dos versiones existentes: «lloraré» (eds. de 1958 y 1967) y «llorará» (1972 y Sybila). Quizá parezca mejor «llorará», porque el padre se llama Gabriel, como el arcángel. Pero también funciona «lloraré», ligado a «cuando, de repente, me aparezca» (eso sería como un ángel que se aparece). Preferimos respetar la ed. de 1958, más fiable en conjunto que la de 1972.

[5] *propina*: «pequeña suma de dinero que padres —o tutores— entregan a los niños cada cierto tiempo para sus gastos personales. No expresa remuneración por algún trabajo realizado» (nota de la ed. de Sybila).

Me atreví a ponerme de pie, sobre el alfombrado.

—Vamos —me dijo el Padre.

Rodeó mi cuello con su brazo. Empecé a sentir el perfume que solía echarse en los cabellos. Salimos. Desde el corredor alto pudimos ver dos cohetes de arranque que subían y estallaban en el cielo.

—¡Mueran las chicheras! ¡Mueran! —gritaron en la calle.

—Así es todavía el mundo —habló el Padre—. Cuando unos festejan, otros se esconden.

—¿Y Lleras? —le pregunté.

—Seguramente se perderá. Huyó de nosotros. ¡Ya, hijo! ¿Por qué, contigo, hemos de hablar de asuntos graves? ¡A estudiar y jugar, en lo sucesivo! ¡Nada más!

—Sí, Padre. Quizá por lo que ha abusado de los chicos, el Lleras se ha condenado.

—Llama a los Padres, corre —me ordenó—. Toca, toca tres campanadas.

Bajó las gradas. Toqué la campana. Los Padres y el Hermano se dirigieron al salón de los altos.

* * *

No vino el «Añuco» al comedor. El Director presidió la mesa. Yo había pensado hacer cantar al *winko* de noche, en el patio interior, en compañía del «Añuco», y repetir el mensaje a mi padre. Tirar alto el trompo y, guiándome por el zumbido, recibirlo en la palma de la mano. Lo habría hecho bailar en un rincón del patio oscuro.

Ningún alumno fue al campo de tierra, después de la comida. Vimos que los Padres se dirigieron al comedor, llevando al «Añuco». Lo vigilaron. No pude hablarle a la salida. Fue caminando entre los Padres, con la vista hacia el suelo. No me atreví a llamarlo. Su rostro estaba como rígido. Nunca más se juntó con nosotros[6].

---

[6] «Añuco se va a perder. Los Padres no van a permitir que permanezca entre los otros niños, los únicos que podrían haberlo salvado. Será enviado a un convento en el Cusco, se lo encerrará para seguir nutriendo la ins-

Llamé a Romero.

—¡Romerito! —le dije— ¿Podrías tocar ese carnaval del río Apurímac en tu rondín, conmigo, allá en el patio de juego?

—¿Por qué? —me preguntó.

—Abancay tiene el peso del cielo. Sólo tu rondín y el *zumbayllu* pueden llegar a las cumbres. Quiero mandar un mensaje a mi padre. Ahora ya está en Coracora. ¿Has visto que las nubes se ponen como melcocha, sobre los cañaverales? Pero el canto del *zumbayllu* los traspasa. Al mediodía, el *winko* hizo volar su canto y con Antero lo empujamos, soplando, hacia Chalhuanca.

—El agua también sirve —me dijo Romero—. Ahí está la del Colegio; viene desde un manantial, no es del Mariño. Háblale poniendo la boca sobre el chorro.

—No creo, Romerito. No puedo creer. La cordillera es peor que el acero. Si gritas, rebota la voz.

—Pero el agua filtra hasta en la piedra *alaymosca*[7]. ¿No has visto que de los precipicios de roca gotea agua?

—¿Por dónde va a entrar el agua a la casa en que mi padre, a esta hora, quizá se pasea?

—¡Buen cholo forastero eres! ¿Tu sangre acaso no es agua? Por ahí le habla al alma, el agua, que siempre existe bajo la tierra.

—No creo, Romerito. Vamos a tocar tu rondín[8].

—¿Rondín? ¿No ves que tiene lata? El *winko* es distinto. El *winko* zumba con fuerza que nadie puede atajar, como el

---

titución religiosa, viviendo como otro Hermano Miguel. Para crecer, necesitaría a sus nuevos amigos. Negarle esa colaboración es suprimirle la luz, el aire, la purificación. Se lo describe, un poco antes de su partida con el Hermano Miguel (al que también echan), como inequívocamente "muerto". Esos primeros signos de una agonía, reiterados con obsesión por el narrador [...], no sólo impulsan a Añuco hacia la dirección de descenso (la vista hacia abajo), sino que prefiguran la peste que terminará por caer sobre Abancay" (Dorfman, 1980: 115).

[7] *piedra alaymosca*: «es un tipo de granito así llamado por los españoles. Esta palabra es contracción de "ala de mosca". Por el color. Pero en quechua se denomina *alaymosca* a los tipos de piedra muy duros» (Arguedas, *Casa de las Américas*, núm. 99, citado en la ed. de Sybila, II, 203).

[8] *Rondín*: armónica.

parpadeo de la estrella. ¡Así es, así es! Pero el Hermano lo ha amansado, bendiciéndolo en la capilla; le ha quitado su fuerza.

Palacitos descubrió que estábamos hablando en secreto y vino hacia nosotros, casi corriendo.

—¿Tú crees que el canto del rondín puede llegar hasta cien leguas, si alguien le ruega? —le preguntó Romero.

—Quiero mandarle un mensaje a mi padre, en el canto del rondín, Palacitos —le dije—. Que Romero toque «Apurímac mayu»... Yo imploraré al canto que vaya por las cumbres, en el aire, y que llegue a los oídos de mi padre. Él sabrá que es mi voz. ¿Llegará, Palacitos? ¿Llegará la música hasta Coracora si le ruego en quechua? Tú sabes mejor que yo de estas cosas.

—¿Y esa lata que hay sobre el rondín? ¡Que la arranque primero!

—¿Por qué?

—La madera del rondín que quede al aire. ¿No sabes?

—Bueno —dijo Romero—. Yo sé.

Con los dientes le arrancó la lámina en que aparecía la marca de fábrica. Él era un atleta, un indio generoso de Andahuaylas.

—Vamos —dije.

Pudimos llegar, solos, al patio oscuro.

Tocó el carnaval.

Iría la música por los bosques ralos que bajan al Pachachaca. Pasaría el puente, escalaría por los abismos. Y ya en lo alto sería más fácil; en la nieve cobraría fuerza, repercutiría, para volar con los vientos, entre las lagunas de las estepas y la paja que en el gran silencio transmite todos los sonidos.

«Si la voz del *winku* no te ha llegado, aquí va un carnaval», dije, pensando en mi padre, mientras Romero tocaba su rondín. «¡Que quiera vencerme el mundo entero! ¡Que quiera vencerme! ¡No podrá!», y seguí hablando con más entusiasmo: «Ni el sol ni el polvo del valle, que sofocan; ni el Padre ni el regimiento... Iré, iré siempre...»

—Como para pelear es esta música —dijo el «Chipro» desde el extremo del patio, subiendo al terraplén.

También él se puso a cantar.

—¡Mira! ¡La opa! —exclamó Palacitos, señalando la figura de la demente que subió al patio. Ella se detuvo.

—¡Fuera! —le gritó el «Chipro».

Romero siguió tocando.

Apareció también el «Peluca». A empellones quiso llevar a la opa hacia los excusados. Ella se resistía[9].

—¡Bestia el «Peluca»! —dijo el «Chipro».

Vimos que el «Peluca» le daba de puntapiés a la demente. Oímos que la insultaba.

Romero dejó de tocar.

—Te vas, «Peluca», o te rompo la crisma —le gritó.

Mientras él se detenía, y volvía[10] la cara para ver si Romero se decidía a intervenir, la opa escapó. El «Peluca» quiso seguirla. Romero zapateó en el suelo. Dudó el «Peluca» un instante, y la mujer desapareció en el pasadizo.

—¡Bestia el «Peluca»! —repetía Ismodes—. ¡Condenada bestia!

Al poco rato nos llamaron al internado.

* * *

Los externos no asistieron al Colegio, al día siguiente. El portero abrió el zaguán a la hora de costumbre. El Padre Augusto lo mandó cerrar largo rato después. El Director intervenía en los asuntos de la ciudad.

El «Añuco» no bajó al patio. En la mañana se llevaron su catre del internado, su baúl, y un pequeño cajón donde guardaba insectos secos, semilla de higuerilla, *huayruros**..., bolitas de cristal y trapos de colores. Cerraba el cajón con candado, y algunos internos sólo pudimos ver de lejos la

---

* Especie de frijol, nativo, de color rojo y negro. (Nota de Arguedas.)

[9] La resistencia de Marcelina resulta un primer indicio de la transformación que está experimentando, ayudada por el rebozo y la huida «triunfal» de Felipa.

[10] Uno de los pocos casos en que aceptamos la corrección introducida en la ed. de 1972, seguida por la ed. de Sybila. En las eds. de 1958 y 1967 figuraba «volvió».

mezcla de colores de los objetos curiosos que guardaba. Sabíamos que tenía una colección de bolas de cristal que llamábamos «daños», porque eran las más grandes; todas las que compraba el «Añuco» eran de ondas rojas. El rojo en sus diversos matices, hasta el amarillo. Jugaba con ellas eligiendo a los competidores menos diestros o a los débiles. Y nunca perdió una. Depositaba los «daños» junto a los insectos. En las pequeñas esferas de cristal, esas ondas profundas de colores, unas delgadas que se alargaban como varios ejes, y otras que se expandían hacia el centro de la esfera, en un solo haz, para adelgazar suavemente en los extremos, nos cautivaban. En las del «Añuco» eran rojas y en bolas nuevas; aunque en las desportilladas y opacas las ondas de colores también aparecían, extrañas e inexplicables. Se llevaron las cosas del «Añuco» a la celda del Padre Augusto.

Cerca de las doce se asomó el «Añuco» a las barandas del corredor alto. No llamó a nadie. Nos pareció que sus ojos se habían hundido. Estaba pálido, casi verdoso. Él tenía un color blanco delicado y no muy varonil. Esta vez la palidez lo favorecía. Respetaron los internos su aislamiento. Desapareció al poco rato. Valle sonrió. Leía junto a la fuente.

Un externo, amigo del «Iño» Villegas, entró al Colegio por el postigo del zaguán. Corrió, seguido del portero, hasta el final de la bóveda. Allí lo alcanzamos.

—Están zurrando a las chicheras en la cárcel —dijo—. Algunas han chillado duro, como alborotando. Dice que las fuetean[11] en el trasero, delante de sus maridos. Como no tienen calzón les ven todo. Muchas han insultado al Coronel, en quechua y en castellano. Ya ustedes saben que nadie en el mundo insulta como ellas. Les han metido excremento en la boca. ¡Ha sido peor, dicen! Insultos contra vergazos es la pelea...

—¡Homérico! ¡Eso es homérico! —exclamó Valle.

Nadie le hizo caso.

—«¡Al Coronelcito no me lo hagan tragar, pues! ¡Es mierda! ¡Es mierda! ¡Había sido mierda! ¿Han traído mier-

---

[11] *fuetear*: dar de latigazos, ya que *fuete* significa «látigo».

da desde el Cuzco? ¿Qué hechor[12] le ha sacado su porquería? ¡Viva el hechor! ¡Le hará parir al Coronel, por Diosito!»
—ha dicho una de las chicheras; una de las que fueron a Patibamba. La gente se está riendo a escondidas en las calles...
—¿De quién?
—Será, pues, de las cholas. Pero hay soldados con fusil en Huanupata y en todas las esquinas. Los gendarmes buscan en los caseríos de las alturas y en los cañaverales a las que han escapado.
—¿Y doña Felipa? —le pregunté.
—Dicen que ha huido de noche. Pero la han visto. Han salido a perseguirla; un sargento con muchos gendarmes. Ella ha bajado al Pachachaca. Dicen que tiene parientes en Andahuaylas[13].
—¿Dicen que llevaba fusiles?
—Por eso la persiguen tantos. Va con otra, en mulas. Las han visto bajar al trote y con el fusil terciado a la espalda. Dicen que por los sombreros blancos ofrecen buen bulto y que seguro las van a tumbar en la cuesta; porque los gendarmes van en caballos del ejército.
—¿Gendarmes o soldados? —preguntó Valle.
—¡Yo qué sé! Pero las alcanzarán.
—Si son gendarmes, no; si son soldados de línea o guardias civiles, quizá, quizá...
—¿Por qué no han venido los externos?
—Nadie está tranquilo. La chilladera de las cholas ha alborotado. Han insultado como condenadas al Coronel. No tienen miedo. Se pueden levantar los indios y los cholos. Va a haber bando hoy. Un pregonero va a leer el bando del Prefecto. Si matan a las dos chicheras...
—No lo sabrá nadie —dijo Valle, sonriendo—. Las echarán al río.
—Los indios mueren no más —dijo Romero—. ¿Pero una chichera con fusil? ¿Ya no te acuerdas lo del sábado?
—Ahora está el ejército. Y ellas, de espaldas, o con el trasero desnudo. No pasará nada.

---

[12] *hechor:* garañón. Se aplica, sobre todo, al asno semental.
[13] Nótese que Felipa está vinculada a la ciudad en que nació Arguedas.

337

El amigo del «Iño» se fue. El portero lo obligó a salir. Los internos no formaron grupos; se dispersaron.

* * *

El sol caldeaba el patio. Desde la sombra de la bóveda y del corredor mirábamos arder el empedrado. El sol infunde silencio cuando cae, al mediodía, al fondo de estos abismos de piedra y de arbustos. No hay árboles inmensos.

Varios moscardones cruzaron el corredor, de un extremo a otro. Mis ojos se prendieron del vuelo lento de esos insectos que absorben en su cuerpo negro, inmune, el fuego. Los seguí. Horadaban la madera de los pilares, cantando por las alas. Doña Felipa estaría quizá disparando desde la sombra de un arbusto contra la tropa, en ese instante. La matarían al fin, entre tantos, y la enterrarían en algún sitio oculto de la quebrada. Pero, podía ocurrir que disparara detrás de un parapeto de piedra, bien resguardada en cualquier laberinto o bóveda de la orilla derecha del río, que es, por el lado del puente, un abismo de rocas. Allí repercute la voz de los loros viajeros. Si tal ocurriera, mientras yo seguía con los ojos el vuelo lento de los moscardones, quizá ella apuntaba, mirando hasta descubrir aun a las hormigas, sobre el camino de enfrente. Apuntaría con su ojo pequeño, que ardía como un diamante, en su enorme rostro picado de viruela. Entonces sólo podría ser herida en la cabeza, y caería al Pachachaca, desde lo alto del precipicio. No podrían quizá alcanzar su cuerpo. Eso era importante, pensaba. Los gendarmes, furiosos ante un cuerpo atravesado, odiado y tan deforme, ¿qué no harían?

Pero supimos que sus persecutores encontraron una de las mulas, tumbada en medio del puente del Pachachaca. La habían matado, degollándola, y habían extendiendo las entrañas a lo ancho del puente. De una cruz a otra del releje amarraron las tripas de la bestia. Algunos viajeros se habían detenido. Examinaban los cordones y no se atrevían a cortarlos. De una de las cruces de piedra caía al fondo del río un cabestro. Y sobre la cruz flameaba un rebozo de Castilla.

Los guardias cortaron las tripas que impedían el paso, y cuando examinaban el cabestro que caía al río, escucharon un coro de mujeres que cantaba desde un lugar oculto, por el lado de Abancay:

«Huayruro», ama baleay-
[chu;
chakapatapi chakaykuy;
«huayruro», ama sipiychu
chakapatapi suyaykuy,
tiayaykuy; ama manchay-
[chu.

No dispares; huayruro*
sobre el puente sé puente;
no mates, huayruro;
sobre el puente espera,
siéntate; no te asustes.

Los guardias montaron; pasaron a galope el puente y el pequeño trecho de camino plano que faldea[14] el precipicio. Habían subido ya una parte de la inmensa cuesta cuando escucharon disparos; vieron levantarse polvo en el puente y se detuvieron. Muy cerca a ellos cayó un tiro. Echaron pie a tierra, observaron la montaña de enfrente. Era arbórea y no rocosa como la que ellos escalaban. Los cañaverales llegaban casi hasta el río y estaban orillados de árboles de pacae[15] y guayabas. En los sitios muy escarpados los molles formaban bosques.

—Las cholas se han quedado al otro lado, donde hay monte —dijo el sargento.

—Las machorras nos van a cruzar el puente a tiros. Ya lo han calculado.

—¡Disparan de dos sitios!

* Mote que dieron en quechua a los guardias civiles por el color del uniforme. (Nota de Arguedas.)

[14] Nuevamente la variante de 1972 (aceptada por la ed. de Sybila) no nos convence: «faldeaba». Pretende guardar sintonía con el tiempo pretérito de los verbos previos. Sin embargo, la expresión «faldea» (eds. de 1958 y 1967) apunta a que entonces y también ahora ese trecho del camino bordea el precipicio.

[15] pacae: pacay. Árbol oriundo de América del Sur. Se come como fruta sus «largas vainas, aplanadas, que bajo una cáscara tiesa presentan, en hilera, semillas negras y lisas, envueltas por una pulpa blanca, jugosa y dulce, que es lo único comestible» (Tauro, 1987: tomo 4, 1497).

El sargento ordenó volver.

—No nos joden —dijo—. Cruzar a galope, y uno a uno. Las chicheras no pueden tener puntería.

Siguieron disparando. Cuando los guardias llegaron junto al precipicio en que está apoyado un extremo del puente, se detuvieron para observar y oír. El Pachachaca brama en el silencio; el ruido de sus aguas se extiende como otro universo en el universo, y bajo esa superficie se puede oír a los insectos, aun el salto de las langostas entre los arbustos.

No dispararon mientras los guardias hacían alto en el recodo del camino, donde comienza el trecho plano que desemboca en el puente. El sargento cruzó al galope el camino y el puente; le siguieron los guardias. Subieron al trote la cuesta. Muy arriba, colgando de un molle, encontraron los dos fusiles[16].

—Nos han hecho pato —dijo uno de los guardias—. No son las cabecillas. Ellas ya deben de estar muy lejos; se habrán ido por los caminos de a pie. Pueden llegar a la cumbre más rápido que un caballo.

—Usted y un guardia las persiguen aunque sea hasta Andayhuaylas. Yo llevaré los fusiles. Ya no hay peligro. Tengan presente que una de ellas está herida —había ordenado el sargento al guardia más antiguo, a un tal Zamalloa, apodado «El Machete».

La historia la contaron muchos en Abancay. Hubo testigos; los viajeros que estuvieron detenidos en el puente y que observaron el regreso de los guardias, las cholas que cantaron desde el monte mientras los guardias miraban el río, y que después dispararon; los propios «civiles»[17].

Durante mucho tiempo, por las noches, en Abancay y en los caseríos próximos, coros de mujeres cantaron el mismo *jarahui*: «No dispares, *huayruro*...» pero le agregaron otra estrofa:

---

[16] No parece adecuada la manera cómo la ed. de 1972 aquí pone espacio grande entre el párrafo que termina «dos fusiles» y el que comienza «—Nos han hecho».

[17] Forma abreviada de referirse a los guardias civiles.

> *Fusil warkusk'atas tarin-*
> *[ku,*
> *mana piyta sipisk'anta.*
> *Mula yawarllas chakapa*
> *[tapi*
> *sutuspa sutusiask'a*
> *sutuspa sutusiask'a*

> *Encontraron colgados los*
> *[fusiles*
> *que a nadie mataron.*
> *Sólo la sangre de las mulas*
> *[desde el puente,*
> *goteando goteaba*
> *goteando goteaba.*

Cantaron en los barrios, y dicen que una noche llegaron hasta muy cerca de la Plaza de Armas.

* * *

Antero vino a visitarme el sábado en la tarde. Conversamos en el patio interior.

—A los maridos de las chicheras los han sacado a puntapiés de la cárcel y les han hecho barrer la calle —me dijo—. Eran diez. Dos de doña Felipa. Les pusieron un rabo de trapos y les hicieron barrer la calzada. Les daban de puntapiés, mientras avanzaban. Al final de la cuadra los soltaron. Reventaron cohetes mientras escapaban. Todo lo han hecho por consejos del alcaide.

—¿Es cierto, Antero, que los maridos de las chicheras son humildes? —le pregunté.

—Los de doña Felipa, dicen. Dos tenía. Dicen que al alcaide de la cárcel lo arrojó a empellones de su chichería, porque él también quiso quedarse a dormir en la chichería. Ya estaba borracho y lo tendió en la calle. Ahora se ha vengado. Pero doña Felipa ha prometido volver sobre Abancay. Unos dicen que se ha ido a la selva. Ha amenazado regresar con los chunchos[18], por el río, y quemar las haciendas. Lleras se ha ido con una mestiza del barrio de Huanupata. A caballo se fueron hacia el Cuzco. La mestiza

---

[18] *chunchos:* nativos de la selva amazónica. La amenaza de volver con los chunchos establece vínculos entre Felipa y la esperanza mesiánica en el rebelde del siglo XVIII Juan Santos Atahualpa (acaudilló una sublevación que se acantonó sin ser derrotada, entre 1742 y 1756).

era costurera y tenía una cantina en el barrio de Huanupata. El Lleras ha dejado su maldición en Abancay; ha dicho que tumbó al Hermano y que lo revolcó a patadas. La gente ya sabe; las beatas y las señoras están rezando por el Hermano. «Aunque sea negro, tiene hábito», dicen. Pero quieren que se vaya de Abancay. La tía donde quien vivo me ha dicho: «Vamos a pedir al Padre Director que lo despache; un fraile que ha sido afrentado ya no debe seguir en el pueblo; no debe salir siquiera a la calle.» La madre de Rondinel ha decidido no mandar ya al Flaco al Colegio; lo van a trasladar a un internado del Cuzco. «Donde han ofendido a Dios no irá mi hijo», ha dicho. Y no lo deja salir. El Flaco ha llorado; yo lo he visto.

—¿Adónde irá Lleras? —le dije a Antero—. Si pasa por las orillas del Apurímac, en «Quebrada Honda» el sol lo derretirá: su cuerpo chorreará del lomo del caballo al camino, como si fuera de cera.

—¿Lo maldices?

—No. El sol lo derretirá. No permitirá que su cuerpo haga ya sombra. Él tiene la culpa. La desgracia había caído al pueblo, pero hubiera respetado el internado. Lleras ha estado empollando la maldición en el Colegio, desde tiempo[19].

—¿Y el «Añuco»?

—Casi ha muerto ya. Le regalé el *winko* y se animó en ese instante. El Hermano, al bendecirnos, bendijo al *zumbayllu* y le quemó su brujería. Pero cantaba y bailaba como antes. El «Añuco» acabará por amansarlo; nacio para libre y ahora está en una celda, igual que su nuevo dueño. Le crecerá moho en la púa y en los ojos, así como ya se apagó el genio del «Añuco». Creo que a él los Padres, como es huérfano, han decidido hacerlo fraile también. Para eso se reunieron. Y ya no vino más donde nosotros.

—¡Entonces los malditos del Colegio se acabaron! —exclamó Antero—. Mejor, hoy verás a Alcira. Abancay también está en silencio. Pero dicen que en todas las haciendas

---

[19] Se insiste en cómo se ha ido preparando, con la violencia injusta y deshumanizada, la maldición que asolará al Colegio y a la ciudad entera.

hablan de doña Felipa; que tienen miedo. Dicen que si vuelve con los chunchos y prende fuego a las haciendas, los «colonos» pueden escapar e irse al bando de la chichera.

—¿Los colonos? ¡No van, «Markask'a»; no van![20]

—En mi hacienda hay poquitos —me dijo—. Y siempre les echan látigo. Mi madre sufre por ellos; pero mi padre tiene que cumplir. En las haciendas grandes los amarran a los pisonayes de los patios o los cuelgan por las manos desde una rama, y los zurran. Hay que zurrarlos. Lloran con sus mujeres y sus criaturas. Lloran no como si les castigaran, sino como si fueran huérfanos. Es triste. Y al oírlos, uno también quisiera llorar como ellos; yo lo he hecho, hermano, cuando era criatura. No sé de qué tendrían que consolarme, pero lloraba como buscando consuelo, y ni mi madre, con sus brazos, podía calmarme. Todos los años van Padres franciscanos a predicar a esas haciendas. ¡Vieras, Ernesto! Hablan en quechua, alivian a los indios; les hacen cantar himnos tristes. Los colonos andan de rodillas en la capilla de las haciendas; gimiendo, gimiendo, ponen la boca al suelo y lloran día y noche. Y cuando los Padrecitos se van ¡vieras! Los indios los siguen. Ellos, los Padres, cabalgan rápido; los indios corren detrás, llamándolos, saltando por los cercos, por los montes, por las acequias, cortando camino; gritando, caen y se levantan; suben las cuestas. Regresan de noche; siguen gimiendo a la puerta de las capillas. Mi madre se cansaba procurando consolarme en esos días, y no podía.

—¡Yo he oído a los colonos en Patibamba, «Markask'a»!

—Cuando se es niño y se oye[21] así, llorar a la gente grande, en tumulto, como una noche sin salida ahoga al corazón; lo ahoga, lo oprime para siempre —Antero se exaltó.

—¡«Markask'a»! —le dije—. En los pueblos donde he vi-

---

[20] Ernesto piensa que los «colonos» han perdido la dignidad de los indios libres. Al tratarlos, le ha parecido que han perdido la memoria de su legado andino; por ende, su potencial revolucionario (cfr. el punto II.6 de la Introducción).

[21] Las eds. de 1972 y de Sybila ponen «se oye llorar así». Ese «llorar» no aparece en las eds. de 1958 y 1967; y no es necesario, porque el texto sigue «se oye así, llorar».

vido con mi padre, los indios no son *erk'es**. Aquí parece que no los dejan llegar a ser hombres. Tienen miedo, siempre, como criaturas[22]. Yo he sentido el ahogo de que tú hablas sólo en los días de las corridas, cuando los toros rajaban el pecho y el vientre de los indios borrachos, y cuando al anochecer, a la salida del pueblo, despedían a los cóndores que amarraron sobre los toros bravos[23]. Entonces todos cantan como desesperados, hombres y mujeres, mientras los cóndores se elevan, sufriendo. Pero ese canto no te oprime; te arrastra, como a buscar a alguien con quien pelear, algún maldito. Esa clase de sentimiento te ataca, te agarra por dentro.

—¡Ernesto! —clamó Antero—. Si vinieran los chunchos con doña Felipa. ¿Adónde se lanzarían los «colonos», viendo arder los cañaverales? Quizás seguirían quemando ellos más cuarteles, más campos de caña; e irían, como ganado que ha agarrado espanto, cuesta abajo buscando el río y a los chunchos. Yo los conozco, Ernesto, ¡pueden enfurecerse! ¿Qué dices?

—¡Sí, «Markask'a»! —grité— ¡Que venga doña Felipa! Un hombre que está llorando, porque desde antiguo le zurran en la cara, sin causa, puede enfurecerse más que un toro que oye dinamitazos[24], que siente el pico del cóndor

---

---

[22] Esa condición de los pongos y colonos como «niños», como seres «desvirilizados» que requieren protección y autoritarismo, ha sido expuesta agudamente por Forgues y Dorfman.

[23] Sobre la adaptación indígena de la corrida de toros traída por los españoles, léase el cuento *Yawar (Fiesta)* y la novela *Yawar Fiesta*. Pero en esos relatos no se desarrolla uno de los ingredientes más simbólicos de cómo el pueblo indígena «ajusta cuentas» con los conquistadores europeos: amarran al toro (animal que vino con los españoles y que el indio recibirá con temor y admiración por su valentía y fortaleza) un cóndor (animal andino); al final el toro cae muerto por las heridas que le causa el cóndor.

[24] Antero expresa su temor de que los «colonos» se sumen a la rebelión, porque él los conoce desde niño en las haciendas de su padre y allegados, y no de manera tan limitada como ha podido observarlos Ernesto en Patibamba. Lo que se emite como temor es recepcionado por Ernesto con júbilo, dispuesto a aceptar la posibilidad de que los «colonos» se enfurezcan.

en su cogote. ¡Vamos a la calle, «Markask'a»! ¡Vamos a Huanupata!

Antero me miró largo rato. Sus lunares tenían como brillo. Sus ojos negrísimos se hundían en mí.

—Yo, hermano, si los indios se levantaran, los iría matando, fácil —dijo.

—¡No te entiendo, Antero! —le contesté, espantado— ¿Y lo que has dicho que llorabas?

—Lloraba. ¿Quién no? Pero a los indios hay que sujetarlos bien. Tú no puedes entender, porque no eres dueño. ¡Vamos a Condebamba, mejor!

Era sábado. Podíamos salir. El Padre me había comprado un traje nuevo.

—¿A Condebamba? ¿A qué?

—Nos esperan, Alcira y Salvinia, en la alameda. Con tu ropa nueva hasta yo te tengo recelo. Alcira va a sufrir.

—¿Está lejos, muy lejos del puente, tu hacienda? —le pregunté.

—¿De qué puente?

—Del Pachachaca.

—Muy lejos, a dos días.

—¿Y los chunchos?

—A tres días de mi hacienda.

—¿Corriente abajo del Apurímac?

—Corriente arriba, si se viene a Abancay.

—¿Por quién crees que está el Pachachaca?

—¿Hablas de nosotros? ¿De ti y de mí, y de Salvinia y Alcira?

—No, «Candela», hablo de los «colonos» y de los chunchos y de doña Felipa, contra ustedes y los guardias.

—Parece que está de parte de doña Felipa. Atajó a los guardias civiles. El rebozo de doña Felipa sigue en la cruz del puente. Dicen que el río y el puente asustan a quienes intentan sacarlo. El viento se lo llevará.

—Tú anda a la alameda, «Candela».

—¿Por qué me dices «Candela»?

—¿No te decimos «Candela»?

—Tú no. Me dices «Markask'a», desde que te regalé mi *zumbayllu,* delante del Lleras.

—¡Anda a Condebamba, Antero! Yo puedo llegar todavía al río.

—¿Al río?

—Le hablaré de ti, de Salvinia, de doña Felipa. Le diré que tú puedes disparar contra los colonos; que como tu padre, vas a azotarlos, colgándolos de los pisonayes de tu hacienda.

—¿Qué?

—¿No es cierto?

—Estás mal, Ernesto. ¿Qué es del *winko*? ¿Por qué lo obsequiaste al «Añuco»?

—Tengo el otro. ¡El primero! Lo haré bailar sobre alguna piedra del Pachachaca. Su canto se mezclará en los cielos con la voz del río, llegará a tu hacienda, al oído de tus colonos, a su corazón inocente, que tu padre azota cada tiempo, para que jamás crezca, para que sea siempre como de criatura. ¡Ya sé! Tú me has enseñado. En el canto del *zumbayllu* le enviaré un mensaje a doña Felipa. ¡La llamaré! Que venga incendiando los cañaverales, de quebrada en quebrada, de banda a banda del río. ¡El Pachachaca la ayudará! Tu has dicho que está de su parte. Quizá revuelva su corriente y regrese, cargando las balsas de los chunchos.

—Estás enfermo; estás con delirio, hermanito, sólo los *winkus* pueden llevar mensajes. ¡Los *winkus* no más! Y el Hermano Miguel me has dicho que malogró el *layk'a* en la capilla. ¡Vamos a Condebamba! ¿Qué diría Salvinia al saber que imploras al Pachachaca para que traiga a los chunchos a que incendien el valle? ¡Que muramos todos, los cristianos y los animales! ¿Todo quemándose, mientras tú festejas? Estás con delirio. Alcira te va a calmar. Verla solamente...

Me rodeó el cuello con uno de sus brazos[25]. Me hizo sa-

---

[25] «En dos ocasiones, el Padre Director exhibe su afán de amparar a Ernesto mediante un gesto: "El Padre apoyó su brazo sobre mi hombro, como para protegerme" y "Rodeó mi cuello con su brazo". Quien realiza el idéntico gesto, marcado con palabras similares ("Me rodeó el cuello con uno de sus brazos"), será Antero. Esta actitud subraya el paternalismo de su amigo que, igual que el Padre Director, trata a Ernesto como un enfermo, un delirante, un inmaduro. Ahora se siente superior, porque va evolucionando hacia el hacendado que es su padre, más y más hacia el mundo que es ineludiblemente el del Viejo» (Dorfman, 1980: 118).

346

lir del Colegio. Brillaban mis zapatos nuevos de hule; me sentía azorado con mi traje recién estrenado.

—Vamos al río, «Markask'a» —le rogué en quechua—. El Pachachaca sabe con qué alma se le acercan las criaturas; para qué se le acercan.

—¡Claro! Tenemos el domingo, todo el día. Yo lo pasaré a nado, debajo del puente. Verás como me respeta, el Señor. Te dedicaré a ti ese paso; me meteré donde más se arremolina el agua. Después tú le contarás a Salvinia.

—¡Te seguiré, «Markask'a»! El río me conoce.

—Si entras a él, no. Si desafías su corriente, no. Querrá arrastrarte, romperte los huesos en las piedras. Otra cosa es que le hables con humildad desde la orilla o que lo mires desde el puente.

—¡Yo lo pasaré, por donde tú vayas!

—Quizá[26]. Pero en medio de la corriente asusta más; mejor dicho, allí parece demonio. No es ese Señor que figura cuando lo contemplas. Es un demonio; en su fuerza te agarran todos los espíritus que miran de lo alto de los precipicios, de las cuevas, de los socavones, de la salvajina que cuelga en los árboles, meciéndose con el viento. ¡No has de entrar; no has de entrar! Yo, pues, soy como su hijo...

* * *

El «Markask'a» me llevó siempre a la alameda.

Cantaban, como enseñadas, las calandrias, en las moreras. Ellas suelen posarse en las ramas más altas. Cantaban también, balanceándose, en la cima de los pocos sauces que se alternan con las moras. Los naturales llaman *tuya* a la calandria. Es vistosa, de pico fuerte; huye a lo alto de los árboles. En la cima de los más oscuros: el lúcumo, el lambra, el palto, especialmente en el lúcumo, que es recto y corona-

---

[26] En la ed. príncipe la intervención de Antero se reduce a «Quizá»; se pone aparte, como otra intervención (que correspondería, entonces, a Ernesto), lo que sigue: «Pero en medio...» Resulta claro que todo ello es proferido por Antero, imponiéndose la corrección del texto, conforme lo hace la ed. de Sybila.

do de ramas que forman un círculo, la *tuya* canta; su pequeño cuerpo amarillo, de alas negras, se divisa contra el cielo
y el color del árbol; vuela de una rama a otra más alta, o a
otro árbol cercano para cantar. Cambia de tonadas. No
sube a las regiones frías. Su canto transmite los secretos de
los valles profundos. Los hombres del Perú, desde su origen, han compuesto música, oyéndola, viéndola cruzar el
espacio, bajo las montañas y las nubes, que en ninguna otra
región del mundo son tan extremadas. *¡Tuya, tuya!* Mientras
oía su canto, que es, seguramente, la materia de que estoy
hecho, la difusa región de donde me arrancaron para lanzarme entre los hombres, vimos aparecer en la alameda a
las dos niñas.

Alcira era casi el retrato fiel de otra joven que amé, cuando tenía diez años. La conocí en Saisa[27], un pueblo de ca-
breros, seco, sin agua, que no producía sino calabazas. Esa
joven de Saisa tenía los cabellos del color y de la calidad de
la paja ya trillada de la cebada. Sus ojos eran azules, como
los de mi padre, pero inquietos, cual los de un ave de altura; y no podían ser más grandes, parecían manantiales. Vestía de percala y usaba botines. Su novio era un contrabandista de aguardiente, cerdón; de manos enormes y callosas,
color de muerto, en la palma. Ella se llamaba Clorinda. Estuve sólo dos días contemplándola, y seguimos viaje. Repetí su nombre mientras cruzaba el gran desierto que separa
Saisa de un puerto del sur.

El rostro de Alcira se parecía tanto al de Clorinda que
por instantes creí que era ella la joven de mi niñez[28]. Debía
de haberse escapado de su novio y de su pueblo.

Frente a las jóvenes no pude vencer mi azoramiento. Re-
solví despedirme. Debía ir al río, aunque tuviera que volver
de noche. Salvinia me miraba con sorpresa, comprendí que

---

[27] Saisa es una aldea que queda en la provincia de Lucanas, departamento de Ayacucho.

[28] El montaje entre los rostros parecidos de dos amadas, pertenecientes
a dos épocas de la existencia, estuvo en el origen mismo de la composición
de *Los ríos profundos,* conforme informamos en el punto II.1 de la Introducción.

348

me examinaba, como si antes no me hubiera conocido. Alcira no levantó los ojos sino dos veces. Parecía temer a Salvinia. Estábamos a la sombra de una morera muy frondosa, que nos protegía. Me atreví a examinar por un instante a Alcira, y descubrí que sus pantorrillas eran muy gruesas y cortas, muy cortas sus piernas. Cuando volví a mirarle el rostro sentí alivio.

—Yo tengo que ir a Patibamba —dije.

—¿De aquí? ¿Ahora? —preguntó Salvinia.

—Tengo que irme. Hasta luego. ¿Dónde vive usted, Alcira? —le pregunté.

—En el camino de la Plaza de Armas a la planta eléctrica.

Le di la mano a Alcira y luego a Salvinia. No miré a Antero. Corrí. Antero dio unos pasos tras de mí. No le oí decir nada.

Corrí por la alameda, huyendo. Volvía.

Fui a ver el cuartel. Lo estaban pintando. Diez hombres le echaban pintura con unos hisopos de pellejos amarrados en el extremo de largos palos de maguey. En la puerta hacían guardia dos soldados; un sargento observaba el campo, apoyándose contra la pared, en la sombra. Pude ver, por la puerta grande, unos caballos enormes, y varios oficiales cruzando el patio. Habían cortado los arbustos que rodeaban el cuartel. Me detuve unos instantes frente a la puerta. Luego corrí hacia Huanupata.

—¡Alcira, Alcira! —iba diciendo— ¡Clorinda!

Las chicherías estaban abiertas. Entré a dos. Varios soldados comían picantes y tenían frente a sí, en las mesas, grandes vasos de chicha. Las mozas los atendían.

«Ya tocarán música —pensé— y los soldados bailarán. Es sábado.»

Los soldados hablaban en quechua, contaban historias soeces y graciosas, hacían juegos de palabras y se reían. Las mozas festejaban.

No estaba en silencio el barrio. Había gente. Fui, de prisa, a la chichería frente a la cual me detuve aquel día del motín de las cholas, a mi vuelta de Patibamba; la encontré abierta. Era la de doña Felipa. Entré. Más soldados había allí. No me detuve en las mesas. Seguí de frente, hasta el corral. Encontré un perro amarrado a una estaca. Estaba estirado en el piso inmundo, entre los desperdicios. Las moscas zumbaban en mantos, oscurecían el aire. No me gruñó el perro. Me acerqué a él. Entró un soldado y orinó a la pared. Luego me miró detenidamente.

—¿Tu perro? —me preguntó.

—De doña Felipa —le dije.

—¡Judido[29]! Le daremos un tiro. Un tirito no más.

—Con los chunchos, dicen, ha de volver doña Felipa —le dije.

El soldado se echó a reír.

—Será, pues, su alma. Ella judido ya, en San Miguel. ¡Seguro!

Estaba borracho.

—No hay para ejército ¡caray! Nosotros, yo, patrón, jefe. La mujer aquí, llorando, llorando; pero echa no más. Rico ¡caray! abanquina. Llorando bonito, caray.

Salí. Le pregunté a una de las mestizas quién había abierto la chichería.

—Su esposo de doña Felipa —me dijo. Y lo señaló.

Estaba sentado en una de las mesas, con dos cholas.

Tenía la piel roja, como la de los rocoteros viciosos. Cortaba un gran rocoto verde amarillo. Lo cortaba cuidadosamente. Sudaba por la frente.

—¿Cierto han matado a doña Felipa? —le pregunté a la mestiza, mirándola a los ojos.

—¡Jajayllas! ¡Jajayllas! —gritó ella; se rió— Soldado borracho seguro sueña —dijo—. ¡Borracho es borracho! ¡Ándate de aquí, niño! —me empujó.

Salí a la calle. El soldado que me habló en el corral se acercaba, tambaleándose, a una mesa.

El camino al río empezaba, allí, muy cerca. La pequeña cruz policromada, que señala el punto de partida de los largos caminos, aparecía, clavada sobre una piedra, en la bocacalle; la tela blanca que le servía de sudario flameaba con el viento.

Me lancé a la carrera. Debía ir al Pachachaca, al puente.

---

[29] Pronunciación indígena de «¡Jodido!»

Ver el rebozo de la cabecilla, los restos de la sangre de la bestia que degollaron; mirar el río y hablarle, darle mil encargos, y preguntarle por Clorinda.

* * *

Vi al Padre Augusto que bajaba la cuesta, por la otra banda, montado en una mula, muy cerca ya del río. Recordé, en ese instante, que lo habían hecho llamar de la hacienda Raurabamba para que dijera misa en la capilla. Debía ocultarme antes de llegar al puente, y dejarlo pasar. Me escondí tras un árbol de guayaba aprisionado por enredaderas. Las pequeñas hojas de la enredadera se extendían sobre el muro que orillaba el camino y escalaban el árbol, envolviéndolo; sus frutos eran unas vainas plateadas de carne sedosa y dulce. Cogí algunos y los fui mascando, mientras observaba al Padre acercarse al puente. Lo cruzó, al paso lento de la bestia. Descubrí luego a la opa, a la demente del Colegio, corriendo medio oculta entre los arbustos, a cierta distancia del Padre, tras él[30]. Divisé en ese instante el rebozo de doña Felipa sobre la cruz de piedra del puente; el viento lo sacudió. Era de color anaranjado[31].

La opa llegó al puente, siempre a la carrera; entró a la calzada y se detuvo frente a la cruz. Observó la tela de Castilla del rebozo. Permaneció un rato junto a la cruz, miró el camino, hacia este lado del río, y lanzó un mugido. No era muda, pero no podía gritar sino de ese modo. Mugió varias veces. Bajé, entonces, hasta alcanzar una piedra alta que había cerca del río, en el límite de un campo de caña. Desde la cima de la piedra vi que el Padre Augusto se detenía en el camino y llamaba con la mano a la demente; ella también lo llamaba. El Padre espoleó a la mula y abandonó a la opa. Temí por ella. El puente es altísimo y el agua atrae, movién-

---

[30] La peste es el castigo, el cumplimiento de la maldición. Resulta sintomático que, al acompañar al Padre Augusto (el que la trajo al Colegio, abusando sexualmente de ella), Marcelina contraiga la peste.

[31] El color anaranjado connota la luz solar. Así como el sol alumbra esplendoroso en el amanecer; así volverá mesiánicamente Felipa.

dose en remolinos, salpicando sobre los contrafuertes; y el precipicio de rocas, recto, húmedo, que se eleva desde el puente al cielo, presiona sobre el corazón; se oye allí, en la calzada del puente, una especie de rumor, de sonido metálico profundo, que viene de dentro del precipicio, del agua encrespada, del cielo mismo, tan alejado, cercado por las rocas. Sabía que las bestias nerviosas corcovean en el puente, y que entonces, los jinetes se lanzan, porque al correr cerca del releje las bestias espantadas pueden arrojar a los jinetes al río.

La opa subió al releje. De allí no podía recoger el rebozo. Se abrazó a la cruz y empezó a subirla, como un oso. Alcanzó un brazo de la cruz; se colgó de él, y llegó a poner el pecho sobre la piedra extendida. Corrí entonces; ya el Padre había pasado. Bajé entre los arbustos, rompiendo las enredaderas. La opa arrancó el trozo de Castilla; se lo amarró al cuello. Yo estaba a la entrada del puente. La opa se abrazó al eje de la cruz, con la espalda al río, no a la calzada. ¿Cómo iba a bajar las manos de los brazos de la cruz? Caería al Pachachaca. Quizá lo merecía. Pero fue rodeando la piedra vertical, de pecho y de barriga, y puso ambos pies sobre el releje. Descansó así un rato. Saltó enseguida a la calzada. Sacudió el rebozo con gran alegría y se lo puso a la espalda. «Yo voy —pensé—. Le quito el rebozo. Lo lanzo al río. La traeré en seguida al monte.» Pero ella empezó a correr, mugiendo, mugiendo como una condenada. Pasó por mi lado sin mirarme. Su rostro resplandecía de felicidad. Llamaba al Padre Augusto, o quizá a Lleras. Desapareció en un zigzag de la cuesta, corriendo siempre, tan bajita y rechoncha. Mugió con esa voz característica de los gordos cuellicortos[32].

Me acerqué al puente. Se habían trastornado mis prime-

---

[32] Transfigurada, Marcelina se dirige a los focos generadores de la maldición en el Colegio: el Padre Augusto y el interno Lleras. Aclara Dorfman: «Es una verdadera hazaña que cumple la opa. Subirá, montará en la dirección ascendente que hasta ahora le ha sido negada. Si con esto, la demente no se convierte mágicamente en Doña Felipa, a lo menos inicia el camino hacia la mujer que es su opuesto y quizá alter-ego. Al principio, Er-

ros pensamientos, los anhelos con que bajé al Pachachaca. Varias golondrinas se divertían cruzando por los ojos del puente, volando sobre las aguas y por encima del releje de cal y canto; alejándose y volviendo. Pasaban sobre las cruces, siempre en líneas caprichosas; no se detenían ni aquietaban el vuelo; festejaban delicadamente al gran puente, a la corriente que bramaba y se iba en bullente cabalgata, salpicando en el fondo del abismo, donde me sentí, por un instante, como un frágil gusano, menos aún que esos grillos alados que los transeúntes aplastan en las calles de Abancay.

Pero recordé a doña Felipa, a Clorinda y a la mestiza de la chichería.

—Tú eres como el río[33], señora —dije, pensando en la cabecilla y mirando a lo lejos la corriente que se perdía en una curva violenta, entre flores de retama—. No te alcanzarán. ¡*Jajayllas!* Y volverás. Miraré tu rostro, que es poderoso como el sol de mediodía. ¡Quemaremos, incendiaremos! Pondremos a la opa en un convento. El Lleras ya está derretido. El «Añuco», creo, agoniza. Y tú, ¡río Pachachaca!, dame fuerzas para subir la cuesta como una golondrina. Tengo que rondar la casa de Alcira. Y si vengo mañana con el «Markask'a», no lo mates, pero asústalo y déjame pasar rápido, como el canto del *zumbayllu*. ¡Como el canto del *zumbayllu*!

Me lancé a correr cuesta arriba. Tenía fe en llegar primero que el Padre Augusto a Abancay. Me detuve un instante

---

nesto no entiende lo que está presenciando, quisiera fijar el rebozo en el pasado (tentación continua suya), cree que es un acto sacrílego que ensucia a la heroína. Pero después comprende el sentido profundamente liberador de ese acto, cuando la ve mugiendo feliz llamando «al Padre Augusto o quizá al Lleras». Esa subida de un palo sagrado (una cruz), sobre un río peligroso que la moja, donde nadie se atreve, puede interpretarse como un proceso de bautizo, renacimiento, viaje arquetípico al centro del universo» (Dorfman, 1980: 116).

Dos cosas más: a) la presencia de la Cruz apunta al carácter de seres justos y sufrientes de Felipa y Marcelina, asimiladas a la Pasión de Jesucristo; y b) el sorpresivo «ascenso» ético y espiritual de Marcelina preludia la movilización de los «colonos» contra la peste.

[33] Felipa semeja una encarnación de los ríos profundos en creciente *(yawar mayu)*.

en el borde del camino para contemplar el río. Las golondrinas cortaban el aire, sin producir ruido; llegaban en su revoloteo hasta donde yo estaba; como estrellas negras, se lanzaban bajo los ojos del puente.

—¡No seré menos yo, golondrina! —exclamé.

Pero en los límites de Patibamba tuve que descansar. Había dejado atrás al Padre Augusto y a la opa. Ellos subían por el camino real; yo lo cortaba por las sendas de a pie.

—¡Atrevimiento! —me dije—. Pensar siquiera en las hijas del puente. Son más veloces que las nubes y el agua. Pero más que yo, ningún colegial de Abancay. ¡Ni el «Markask'a»![34]

* * *

Llegué a la ciudad cuando empezaba el crepúsculo.

Los soldados se retiraban, en tropa, de Huanupata. Un sargento los arreaba, vigilándolos. Las nubes iban quemándose en llamas, del poniente hacia el centro del cielo.

—¡Yo[35], patroncito! —decía lloriqueando un soldado. Mezclaba su castellano bárbaro con el quechua rukana[36]—. Yo... jefe. *Aguila, wamanchallay, patu rialchallay** ¡Cuatro ya, judidu; sigoro preñada, ya de mí, en pueblo extraño! ¡Yo...! *¡Runapa llak'tampi ñok'achallay...!***

Lloraba. El sargento le dio un puntapié. El rostro del soldado se heló, se puso rígido. Pretendió marchar, pero volvió a cantar, despacio: «*Aguila wamanchallay, patu rialchallay*». Y dijo: «Preñada de mí, en pueblo extraño, ¡judidu!»

«Si viera el puente —dije en silencio—. Si viera el puen-

---

* Primeras palabras de un huayno: «Oh, águila; oh, gavilán; oh, pato real». (Nota de Arguedas.)

** «Solito, solito; en un pueblo extraño». (Nota de Arguedas.)

[34] La verdad es que Ernesto corre y corre de un lado a otro, tendiendo puentes y optando por las fuerzas liberadoras. Cfr. la nota 3 del cap. III.

[35] «Yo», en las eds. de 1968 y 1967. No sabemos por qué las de 1972 y de Sybila prefieren «Yu» (que reproduciría una pronunciación indígena de «Yo»), cuando inmediatamente después mantienen «Yo... jefe».

[36] *rukana*: de Lucanas, provincia (su capital es Puquio) del departamento de Ayacucho. Arguedas dominaba este tipo de quechua.

te, ese indio rukana quizá cesaría de llorar o, bramando, se lanzaría a la corriente, desde la cruz».

Yo debía ir hacia la planta eléctrica, a rondar la casa de Alcira. Debía apurar el paso. No pude; seguí al soldado hasta la Plaza de Armas. Cerró los ojos y marchó tanteando. Hablaba el mismo quechua que yo. En la esquina de la plaza, el sargento hizo que la tropa se desviara a la izquierda.

Era tarde; el crepúsculo se hundía, ennegreciéndose. Regresé al Colegio. Seguí cantando, en mi interior, el *huayno* inconcluso del soldado: «Cuando te vi desde la altura, estabas llorando sola, águila real...»

La mayor parte de los internos ya habían llegado al Colegio. Ellos parecían felices. Romero tocaba su rondín en las gradas que conducían al corredor. Palacios se había sentado junto a él[37].

Se acercó el portero y nos dijo:

—Mañana temprano se va el Hermano al Cuzco, con el niño «Añuco». Ya están los caballos.

---

[37] Otro capítulo que concluye con una escena de canto y baile. Cfr. la nota 33 del cap. VIII.

X
Yawar mayu[1]

No bajó a rezar el rosario el Hermano. El Padre Director no presidió la mesa. Comimos en silencio. Palacitos alcanzó al Padre Cárpena en el pasadizo y le preguntó en voz alta:

—¿Se va el Hermano, Padre? ¿Se va el «Añuco»?

—No sé nada —le contestó secamente el Padre. Palacitos regresó a la puerta del comedor.

—¡Se van! —dijo en quechua— ¡Ahora sí! ¡El Lleras se condenará vivo! Le crecerán cerdas de su cuerpo; y sudará en las cordilleras, espantando a los animales. Gritará de noche en las cumbres; hará caer peñascos, sus cadenas sonarán. Y nadie, nadie, ni su madre ya lo perdonará. ¡Diosito![2]

Miró a Valle, que lo examinaba.

—¡Confiésate mañana, Valle! —le dijo en castellano, con inesperada energía— Con el Padre Director confiésate, para que tengas corazón.

El «Chipro» estaba con nosotros.

—Me confesaré —dijo Valle, sonriendo. Y se dirigió al patio.

—Quisiera cajearlo[3] en una pelea verdadera —dijo el «Chipro».

---

[1] Cfr. las notas 21 y 27 del cap. I.

[2] El «condenado» al Infierno, en las creencias andinas (de un cristianismo sincrético), realiza en este mundo las acciones horripilantes que el indio Palacitos aplica al Lleras.

[3] *cajear:* dar golpes con fuerza, dejando mal parado al contrincante.

—Mañana, antes de la partida del Hermano —habló Chauca—. Desafíalo ahora. Y nos levantaremos en la madrugada.

—Mañana no —dijo Palacitos.

—¡Mañana! —afirmó Chauca— He oído decir que la banda del regimiento va a dar retreta en la plaza, después de misa, y en la tarde. Si le tapas un ojo no podrá pavonearse con su *k'ompo*, el Valle. ¡Cajéalo!

El «Chipro» fue al patio, llamando:

—¡Valle! ¡Valle! ¡Oye, zacuara! ¡Oye, pavo!

Lo seguimos.

Valle lo esperaba en el corredor, junto a la primera columna.

—¿Hay retreta mañana? —le preguntó el «Chipro».

Todos los internos habíamos llegado al patio.

—¿Por qué, mañana?

—Mañana te cajeo; no así, como el otro día, en partes blandas; mañana, hasta rompernos la cara. ¿No quieres desquitarte? Al amanecer, en el terraplén.

Valle dudó.

—¡Mañana! —dijo—. Bueno. Eres un indio taimado. Me despiertas.

Y se alejó por el corredor.

—Si el Hermano se queda, no, «Chipro». Si el Hermano se queda, iremos a la retreta con el Valle —dijo Palacios.

—Valle ¿ir contigo? —preguntó el «Chipro».

—No. Él irá con sus señoritas. Pero si el Hermano y «Añuco» se van, cajéalo. Yo voy a encomendarme por ti. Le sacarás chocolate[4]. Se confesará de veras, tú le obligarás.

—Ya —dijo el «Chipro».

Era noche oscura; el «Peluca» desapareció. Al poco rato, los internos mayores desaparecieron también. Se fueron al patio interior.

—Los condenados no tienen sosiego —nos decía Palacitos en el corredor—. No pueden encontrar siquiera quien los queme. Porque si alguien, con maña, los acorrala en una

---

[4] *chocolate:* sangre. Cfr. la nota 21 del cap. VI.

tienda o en una cancha de paredes altas, puede quemarlos, rodeándolos, rodeándolos, con fuego de chamizo o con kerosene. Pero hay que ser un santo para acorralar a un condenado. Arden como cerdos, gritando, pidiendo auxilio, tiritando; hasta las piedras, dice, se rajan cuando les atraviesa el gruñido de los condenados que arden. Y si oyen tocar quena en ese instante, así, llameando, bailan triste. Pero al consumirse ya, de sus cenizas una paloma se levanta. ¡Cuántos condenados sufrirán para siempre su castigo! En cuatro patas galopan en las cordilleras, pasan los nevados, entran a las lagunas; bajan también a los valles, pero poco. El Lleras ya estará sintiendo que su piel endurece, que le aumenta la grasa bajo el cuero. ¡Ay, pobrecito!

—¿Y su mujer?

—¡A ella primero la devorará, Diosito!

Regresaron los internos mayores del patio interior. El «Peluca» subió al corredor alto.

La opa estaría a esa hora contemplando su rebozo, riéndose, o quizá lo habría escondido en algún cajón de la despensa. Había subido la cuesta, casi bailando, con la castilla en la espalda. No fue al terraplén.

* * *

A altas horas de la noche oíamos pasos de caballos en el patio. Yo estaba despierto. Palacitos se arrodilló en su cama. El «Chipro» lo sintió, después Chauca y el «Iño». Nos vestimos.

—Despierta a Valle —dijo Chauca, cuando el «Chipro» vino de puntillas hacia mi cama.

—No. Despidamos primero al «Añuco» —le dije.

Salimos al corredor, juntos.

La luna menguante alumbraba el patio. Dos caballos ensillados esperaban al pie de la escalera. Un hombre los tenía de la brida. Una mula cargada pateaba en el empedrado, cerca de la fuente. La alcoba del Padre Augusto estaba abierta. Salió de allí el Hermano, y la luna iluminó su hábito blanco; el sombrero afelpado le daba sombra a la cara. Nosotros estábamos descalzos. Salió después el «Añuco». Nunca lo vi tan pequeño, en esa luz y en el silencio. La cumbre de los tejados se veía muy claramente; la luna formaba un halo en la cima de las casas. La sombra de las paredes, de las cruces de techo, de las yerbas que crecían en los tejados, parecía más negra, como lúgubre y más triste que todas las cosas nocturnas. El Hermano y el «Añuco» caminaban muy despacio. Nos vieron y no hablaron. Yo me acerqué primero a la escalera. Al Hermano le dio la luna en el rostro; me tocó la cabeza con las manos y me besó; se inclinó ante Palacitos y lo besó en la frente. Cuando llegó el «Añuco» y la claridad de la luna iluminó sus ojos hundidos, no pude contener el llanto. Pero él estaba resuelto a no llorar. «Adiós», me dijo, y me dio la mano. Su rostro se había alargado; llevaba una camisa blanca, almidonada, que brillaba. «Me voy, me estoy yendo», dijo[5]. Y como yo no me movía, le alcanzó la mano a Palacitos. «Te dejo mis "daños"», le dijo. «No dejes que te los quiten; el Padre Augusto te los va a entregar.» Me hice a un lado. Palacitos lo abrazó. «Nadie los verá, sólo los de mi pueblo», dijo. No lloraba. Su júbilo por el obsequio lo desconcertó. Bajó las gradas el «Añuco». La luna le bañaba. Montaron. El Hermano partió primero. El «Añuco» se volvió hacia nosotros a la entrada de la bóveda; sofrenó al caballo y nos hizo una señal de adiós con el brazo. No sólo parecía muy pequeño sobre el caballo, sino delgado, frágil, próximo quizá a morir.

El patio quedó vacío. Palacitos me abrazó, y se echó a llorar a torrentes.

—¡Hermanito, hermanito, papacito! —clamaba.

La noche lo agarró; la noche, que con esa despedida se hizo más insondable, sin aire, noche en que la vida parecía correr el riesgo de esfumarse.

El «Chipro», el «Iño» y Chauca salieron de la oscuridad donde estuvieron esperando.

Llevamos a Palacitos entre todos, cargándolo suavemente.

—¡No despierten a Valle! —pedía— ¡Hay que respetarlo! ¡Hay que quererlo!

---

[5] Cfr. la nota 73 del cap. I.

—¡No lo despertemos! Que nadie ya pelee —le dije al «Chipro».

El «Chipro» asintió con la cabeza.

—Ya no —dijo.

Escuchamos aún durante un rato, por la ventanas, el trotar de los caballos en el empedrado de la calle. Nos acostamos y dormimos fuerte.

Valle miró al «Chipro» en la mañana.

—No me despertaste —le dijo.

—Lo aplazamos, ¿quieres? Primero la retreta, las muchachas; para las trompadas hay tiempo. El regimiento puede irse.

Valle no contestó. Seguía interrogando con los ojos.

—¡Dispénsame, Valle! —le dijo el «Chipro»—. No es por miedo. Se fue el Hermano; no quiero pelear más.

—Es razonable, muy razonable —contestó Valle; abrió su ropero y se dedicó a examinar sus corbatas y sus ternos.

El «Chipro» fue donde Palacitos y le preguntó:

—¿Me darás un «daño» del «Añuco»?

El «Iño», Chauca y yo lo rodeamos, no le pedimos nada. Pero él debía comprender.

Palacitos dudó, nos miró un instante, examinándonos, y dijo casi solemnemente:

—A Romero también. Pero no lo jugarán. Será un recuerdo.

* * *

La retreta cambió a la ciudad. Durante la misa, el Padre pronunció un sermón largo, en castellano. Nunca hablaba en quechua en el templo de Abancay. Elogió al Coronel Prefecto; exaltó la generosidad, el tino, la rectitud del jefe del regimiento. Dijo que, sabiamente, había castigado a cada culpable conforme a su condición y que había impuesto la paz en la ciudad. «Las que han huido por el espanto a sus culpas, volverán —dijo—. Quizá ya no reciban más pena que la vergüenza y las fatigas que han sufrido. Se ha hecho escarmiento sin derramar sangre. Sólo ellas, en su barbarie, inmolaron a un animal generoso y pretendieron

cerrar con las entrañas de la víctima el paso del puente.»
Anunció que se instalaría en el cuartel la guardia civil permanente, formada por gendarmes ilustrados que harían respetar el orden. «El populacho está levantando un fantasma para atemorizar a los cristianos —dijo—. Y ésa es una farsa ridícula. Los colonos de todas las haciendas son de alma inocente, mejores cristianos que nosotros; y los chunchos son salvajes que nunca pasarán los linderos de la selva. Y si por obra del demonio vinieran, no ha de poder la flecha con los cañones. ¡Hay que recordar Cajamarca[6]...!», exclamó, y dirigiendo sus ojos hacia la Virgen, con su voz metálica[7], altísima, imploró perdón para las fugitivas, para las extraviadas. «Tú, amantísima Madre, sabrás arrojar el demonio de sus cuerpos», dijo. Se arrodilló en el púlpito y empezó a rezar la Salve. Las señoras y los caballeros, los mestizos y los alumnos de los colegios y algunos comuneros, que habían llegado a la ciudad con sus mujeres, coreaban la oración, de rodillas. «Doña Felipa: tu rebozo lo tiene la opa del Colegio; bailando, bailando, ha subido la cuesta con tu castilla sobre el pecho. Y ya no ha ido de noche al patio oscuro. ¡Ya no ha ido! —iba hablando yo, casi en voz alta, en quechua, mientras los demás rezaban—. Un soldado ha dicho que te mataron, ¡pero no es cierto! ¡Qué soldadito ha de matarte! Con tu ojo, mirando desde lejos, desde la otra banda del río, tú puedes agarrarle la mano, quizás su corazón también. El Pachachaca, el *Apu* está, pues, contigo, *¡jajayllas![8]*».

—Estás riéndote —me dijo Chauca, muy despacio.

Pronuncié, uniéndome al coro, las últimas palabras del «Ave María» y luego dije: «Ya no está la sangre de la mula en el puente, los perros la habrán lamido.»

A la salida del templo, bajo el sol radiante, la banda de músicos tocó una marcha. Era una banda numerosa; desfi-

---

[6] Alude a la captura de Atahualpa, masacre de por medio, en la plaza de Cajamarca el 16 de noviembre de 1532, a manos de las huestes de Francisco Pizarro. Acontecimiento que simboliza el ocaso del Imperio Incaico y el triunfo de los conquistadores españoles: el comienzo de la dominación «occidental» en los Andes.

[7] Cfr. la nota 71 del cap. I.

[8] Cfr. la nota 26 del cap. VIII.

laron de cuatro en fondo, hacia el centro del parque. Los últimos soldados quedaron iluminados, como reducidos por los grandes instrumentos metálicos que cargaban.

—¡Soldaditos, soldaditos! —gritaban algunos chicos, y todos los seguimos.

No habíamos oído nunca, la mayor parte de los niños de Abancay, una gran banda militar. Los pequeños soldados[9] que cargaban, en las últimas filas, esos inmensos instrumentos, nos regocijaban; saltábamos de dicha. El director tenía dos galones dorados, de sargento; era muy alto; una hermosa barriga le daba solemnidad a su gran estatura.

Formó la banda en la glorieta del parque. Yo estaba con Palacitos y el «Chipro». Los clarinetes negros y sus piezas de metal, tan intrincadas, nos cautivaron; yo miraba funcionar los delgados brazos de plata que movían los tapones, cómo descubrían y cerraban los huecos del instrumento, cómo dejaban escapar el aire y los sonidos tan distintos. Los saxofones brillaban íntegramente; los soldados los levantaban dirigiéndolos[10] hacia nosotros. Cantaban con voz de seres humanos, estos instrumentos plateados en los que no se veía ni un trozo de madera ni de metal amarillo. Sostenían un tono, largamente, con dulzura; la voz grave inundaba mi alma. No era como la del gran *pinkuyllu* del sur ni como la del *wak'rapuku chanka*[11]. En esa plaza caldeada, el saxofón tan intensamente plateado, cantaba como si fuera el heraldo del sol; sí, porque ningún instrumento que vi en los pueblos de los Andes, ningún instrumento que mestizos e in-

---

[9] Las eds. de 1972 y de Sybila ponen «pequeños soldaditos». Preferimos la versión de la primera edición («pequeños soldados»), en tanto el diminutivo no parece venir al caso: a) el narrador estaría asumiendo, al emplear el diminutivo, la óptica de los chicos entusiasmados con los soldados; y b) el adjetivo «pequeños» torna redundante el uso del diminutivo (aunque, por cierto, podría ser usado para aprovechar la carga afectiva de dicha terminación morfológica).

[10] Mantenemos «dirigiéndolos» de la edición príncipe. No es necesario modificarlo por el «dirigiéndose» de las eds. de 1972 y de Sybila.

[11] Sobre *pinkuyllu* y *wak'rapuku*, véase las primeras páginas del cap. VI. *Chanka, chanca*: grupo étnico indígena de la sierra central del Perú. Belicoso, dio mucho trabajo a los Incas para su sometimiento dentro del Tahuantinsuyo.

dios fabrican tienen relación con el sol. Son como la nieve, como la luz nocturna, como la voz del agua, del viento o de los seres humanos. Sólo ese canto de los saxofones y de las trompetas metálicas que los soldados elevaban jubilosamente, me parecía que iba al sol y venía de él. Uno de los músicos, que tocaba trombón, hacía funcionar el émbolo, como un héroe de circo. Los tamboriles y el tocador del platillo parecían brujos o duendes benéficos; veíamos en el aire algún percutor de redoblante, girando. A instantes callaban los bajos y escuchábamos la melodía en los clarinetes y saxofones; y luego, como un río sonoro, dominado, que llegara de repente con todo su caudal a un bosque donde cantaran calandrias, elevaban su voz, sacudiendo las barandas y el techo de la glorieta, los instrumentos metálicos, los trombones y los discos que marcaban el compás. Un soldado en cuyo pecho resaltaban los botones dorados del uniforme, golpeaba los discos. Yo no sabía que tenían un nombre tan escaso, «platillos». Los chocaba a veces con furia; los hacía estallar y me parecía extraño que no saltaran de esos golpes, por el filo de los discos, culebrillas de fuego. Los miraba, a ratos, atentamente, esperando.

No sólo la plaza; la fachada del templo, cubierta de cal; las torres, los balcones, las montañas y los bosques ralos que escalaban por las faldas de la cordillera, hasta cerca de la región helada; el cielo despejado en que el sol resplandecía; todo estaba encantado por la música de la banda del regimiento, por la armonía impuesta a tantos instrumentos misteriosos. El director no nos miraba. A cada instante que pasaba nos parecía más poderoso, de mayor estatura; su majestuosa barriga debía cumplir alguna misión indispensable en la forma como él hacía callar a unos músicos, apaciguaba con las manos los sonidos o, repentinamente, ponía en marcha las trompetas.

Cuando tocaron un *huayno,* se levantó un alarido alrededor de la glorieta.

—Oye, «Chipro», espérame —le dije—. Voy a declararme a Alcira.

Palacitos, que se había quedado alelado al pie de la glorieta, gritó en ese instante:

—¡«Chipro», «Iño», Ernesto! ¡Miren! El Prudencio, de K'ak'epa, de mi pueblo; el Prudencio toca clarinete. ¡Prudenciucha[12]! ¡Guapo! ¡Papacito!

Lo señaló. Como lo apuntó con el dedo, el indio nos hizo señas con los ojos y la cabeza.

—¡*Jajayllas*! ¡*Jajayllas*!

Palacitos empezó a saltar, a levantar las manos. Nos abrazaba.

—¡El Prudencio! ¡De mi pueblo! ¡Era indio[13], hermanitos! Lo llevaron mancornado en el contingente; le despedimos con *jarahuis*[14]. ¡Ahí está, tocando! ¡Guapo! ¡Rey!

Lo dejé con el «Chipro» y el «Iño».

—Espérenme. Regreso en seguida —les dije.

Deseaba ver a Salvinia y a Alcira, a Antero. Y luego, convertirme en halcón para volar sobre los pueblos en que fui feliz; bajar hasta la cumbre de los techos; seguir la corriente de los pequeños ríos que dan agua a los caseríos; detenerme unos instantes sobre los árboles y piedras conocidas que son señas o linderos de los campos sembrados, y llamar después desde el fondo del cielo.

Vi a Valle, paseando muy orondo, escoltando una fila de señoritas. Su gran *k'ompo* de corbata roja, de seda tejida, se exhibía que daba risa, por lo grande, de mucho bulto para su cuello delgado, aun para su figura ceremoniosa y el

---

[12] Ignorando la terminación quechua de diminutivo afectuoso *-cha*, la ed. de 1972 corrige según el masculino en español: «Prudenciucho».

[13] El «Era indio» no supone que haya dejado de serlo; sino la sorpresa de quien ve a los soldados sin rasgos propios de los indios y descubre que uno de ellos es (lo dice en pasado «era», porque hace unos minutos él creía otra cosa) un indio de su pueblo. Comenta Cornejo Polar: «los soldados indios están sometidos a un trágico proceso alienador. Sin dejar de ser indios, asumen artificialmente valores y maneras de los oficiales. El poder que rebalsa de éstos cae sobre los soldados: «El soldado-indio y el colono son los que soportan, dentro de la visión de la realidad que postula la novela, las más agudas aristas del conflicto múltiple y constante de la sociedad representada en la obra. [...] Los soldados, desgajados de su mundo, obligados a ser enemigos de los suyos, forman una clara antítesis con la representación de las chicheras orgullosas y agresivas, tenazmente fieles a su tradición y capaces de optar por la rebeldía» (Cornejo Polar, 1973: 144-145).

[14] Cfr. la nota 23 del cap. IV.

modo con que hablaba, tan cortesano, moviendo los labios como si no fueran de él. Simulando, simulando, hacía reír a las chicas. ¿De dónde habían salido tantas jóvenes elegantes, señoras y caballeros? Los habrían hecho llamar de las haciendas. Sólo ellos paseaban por la acera del contorno del parque, con los militares; en las aceras interiores y en la calzada no andaba la gente del pueblo; estaban sentados o de pie, en grupos. Los colegiales de años superiores también paseaban en largas filas, detrás de las alumnas del Colegio de mujeres.

Salvinia y Alcira y otras chicas formaban un grupo. Más tiernas se les veía con sus uniformes. Las medias negras hacían resaltar las pantorrillas de Alcira. Causaban desagrado. En cambio, su cabellera era hermosa, tenía esa especie de luz del tallo de la cebada madura. El color de su rostro recordaba también el de la cebada molida en la era, aunque parecía algo más ocurro, quizá como el capulí herbáceo que madura dentro de un lóbulo que amarillea con el tiempo; un vello finísimo cubría su cutis; sus ojos eran como los de Clorinda, tristes. ¿Por qué? En Clorinda era explicable. Vivía y había crecido en un pueblo desolado, ventoso, rodeado de cerros secos que florecían en el invierno, fugazmente; en el invierno, cuando hacía frío y la neblina se asentaba durante semanas o se deslizaba en mantos bajos, casi sin elevarse, descendiendo a las hondonadas y escalando, lentamente, las montañas. «¿Qué son ustedes? Ceja de costa», les decían a los de Saisa, pueblo de Clorinda. Ni costa ni sierra. Ni agua de mar ni de río. Sólo la llovizna y las neblinas del invierno. No estaba en el desierto; tampoco había campos de labranza o de pastos permanentes; en Saisa sólo había yerbas precarias; un manantial escaso al que venían a beber las bestias y los zorros, desde inmensas distancias; y calabazas que los comuneros sembraban en el fondo de las quebradas, donde alguna humedad debía existir. Además, el novio de Clorinda era cerdudo y de manos callosas. Ella era la única flor permanente en Saisa, rara como su región nativa; inolvidable; su voz algo ronquita, quizá por la humedad y la belleza de los inviernos. No se podía estar cerca de Alcira, con el recuerdo de la niña de Saisa. Las pantorrillas y lo ancho de su cuerpo irritaban. Había que irse.

No vi a Antero. Caminé un poco tras de Salvinia. Ella y sus amigas procuraban no mirar de frente a los jóvenes. Me sentía más seguro que otras veces. Mis zapatos de charol eran elegantes; llevaba corbata; los puños de mi camisa eran algo largos. Mi traje nuevo no me azoraba ya. Levanté la cabeza. Me crucé con el Coronel y un grupo de caballeros que lucían cadenas de oro en el chaleco; me hice a un lado sin sentir esa especie de apocamiento e indignación que me causaban: «Que pasen», dije. Dos jóvenes que no había visto antes, se acercaron al grupo de muchachas en que estaba Salvinia. Se presentaron muy gentilmente ante ellas. Y el más alto se detuvo junto a Salvinia.

—Soy el hijo del Comandante de la Guardia. Llegué ayer —le oí decir.

Las invitó a seguir caminando, y él tomó del brazo a Salvinia para separarla de sus compañeras e ir junto a ella. Los dejaban intervenir, ruborizándose, atolondradas, pero creo que radiantes.

Me enfurecí. Seguí tras el grupo, ofuscado, sin conocer a las personas. Pero en la esquina, subido en el sardinel vi a Antero. Sus ojos habían enrojecido; estaban turbios, como los de un perro bravo al que le hincaran en la boca con un bastón. Me detuve junto a él.

—Lo voy a rajar —me dijo—. ¡Ahora mismo!

La banda tocó una marinera. Eran cerca de las doce.

Esperó que se alejaran unos pasos. Oímos que Salvinia reía. Antero fue tras ellos, a trancos. Lo seguí.

Le tocó el hombro al joven. «Es el hijo del Comandante», le había advertido.

—Oiga —le dijo—. ¡Oiga, voltee!

Se detuvo. Los demás se volvieron hacia nosotros. Como venían más filas de paseantes, nos retiramos a un extremo de la acera, hacia la calzada, todos. Salvinia palideció. Vi que quiso acercarse adonde estábamos los cuatro hombres; nos miraba con extravío.

—Más acá —advirtió Antero al joven—. Ustedes ¡sigan! —les dijo a las muchachas. Ellas obedecieron; se alejaron a paso rápido.

Antero nos llevó hasta el campo de higuerillas. Los dos

jóvenes, tomados de sorpresa, caminaron. No estaba lejos del campo. Unos veinte metros. Creí que el hijo del Comandante haría algo por detenernos. Los sojuzgó Antero. Nos dominó a todos; quizá yo contribuí con mi furor a precipitarlo. La voz del «Markask'a» tenía el tono con que me habló la noche del sábado, día del motín, cuando regresábamos de la alameda.

—Oiga —le dijo al joven, ya en el campo—, esa muchacha, a la que usted tomó del brazo, es mi enamorada. Soy Antero Samanez. Si usted desea pretenderla, tiene que hacerme desaparecer, o, más difícil, amansarme. Soy del Apurímac.

Lo vi, nuevamente, como si tuviera ya polainas y fuete. ¡Claro! Podía matar colonos en su hacienda, «fácil», como me había confesado el día anterior.

—¿Sabe usted que soy hijo del Comandante? —dijo el joven, increíblemente nervioso. Temblaban algo sus labios.

—Su padre —le contestó Antero—. ¡Acaso su madre sea una perra!

El otro se le echó encima, el otro muchacho, el testigo. Antero se agachó a tiempo, lo tomó de las piernas y lo lanzó contra la pared vieja que nos protegía de la vista de los paseantes del parque. Los lunares de Antero se avivaron, creo que palpitaban.

—Me importa una m... esa cholita —gritó el hijo del militar. Y se lanzó a correr hacia el parque. Antero no pudo detenerlo.

El otro se levantó.

—Vamos más lejos —dijo—. Yo o tú tiene que pedir perdón de rodillas. Yo también soy hijo del Comandante. ¡Que no vayan a separarnos!

La banda tocó una marcha; se iba ya. Yo tenía que seguir a los músicos. Palacitos debía presentarme a Prudencio.

—No tengo nada con usted. Lo he ofendido sin querer. Yo me arrodillo. ¡Yo me arrodillo, joven! ¡Pero de hombre! —dijo Antero.

Se inclinó de veras, el «Markask'a»; puso una rodilla en la tierra, donde había excrementos humanos; porque tras la pared vieja, los transeúntes se ensuciaban.

El otro muchacho lo contempló sorprendido; vi el extravío en sus ojos, y luego la llama de su espíritu, encendiéndose.

—Soy de Piura —dijo—. No creí que en Abancay, en Abancay...[15].

Levantó al «Markask'a». Le dio la mano.

—Voy tras de los músicos —dije.

Me eché a correr, dejándolos solos; la velocidad de mi carrera era nada, menos que nada para el impulso que llevaba dentro.

—¡El Prudencio! ¡El «Markask'a»! ¡Yo! —exclamaba a gritos— ¡Palacitos!

Encontré la plaza despejada; no se oía ya la marcha. Seguí corriendo. Alcancé a los soldados cerca del cuartel. Palacitos se había detenido al borde de la carretera. La banda entró por la gran puerta de arco del cuartel. Marcharon los músicos formando un ángulo recto frente a la vereda de piedras que se extendía del campo al cuartel.

—Voy a esperar a Prudencio a la tarde, aquí —me dijo Palacitos.

—Yo vendré contigo.

—No. En la chichería de doña Felipa me esperarás. Voy a hablar primero con él, de mi pueblo.

—¿Yo no puedo oír, Palacitos?

—De mi pueblo, pues, vamos a hablar. Tengo que contarle; después vamos a ir a la picantería; seguro.

—¿Y si no sueltan al Prudencio en la tarde?

—La retreta es a las[16] seis, él saldrá después del rancho.

---

[15] Piura es una de las ciudades más importantes de la costa peruana, situada al norte del país. Representa una de las poblaciones con más peso de lo «blanco» y «occidental». Hasta simbólicamente se yergue como la primera ciudad fundada por los españoles en el territorio peruano. Aquí los puntos suspensivos connotan que Gerardo no esperaba hallar en la sierra una persona altiva, valiente y caballerosa como Antero (una expresión sin tapujos del prejuicio contra la sierra andina que tienen las personas formadas en Piura: el protagonista de la novela *Lituma en los Andes,* 1993, de Vargas Llosa).

[16] Aceptamos la enmienda introducida por la ed. de Sybila: «a *las* seis». El habla común no pronuncia ese supuesto «a *la* seis» de las eds. de 1958, 1967 y 1972.

Mejor espero; anda tú al Colegio. Ruégale al Padrecito de mí; dile que estoy esperando a mi paisano. Corre, mejor.

—¿Y si no lo sueltan?

—Rogaré en la puerta, ¡seguro! Le rogaré al sargento —me dijo, comprendiendo que yo dudaba.

Lo dejé al borde del ancho camino de tierra que llegaba al cuartel. Los chicos del pueblo y algunos mestizos pasaban aún, del cuartel hacia el centro de la ciudad; otros subían a los caseríos por los caminos de a pie que serpenteaban en la gran montaña, perdiéndose por trechos, entre la maleza y los árboles.

«Hablarán a solas de su pueblo, como yo lo haría si entre los músicos hubiera encontrado a un comunero de mi aldea nativa. ¡Un hijo de Kokchi o de Felipe Maywa! —iba pensando yo, de regreso al colegio, obsesionado con la idea de ese descubrimiento y encuentro tan repentinos del indio de K'ak'epa y Palacios—. Preguntará el Prudencio por todos sus parientes, por las muchachas casaderas, por los mozos, por los viejos y abuelas, por los músicos de su aldea; algún arpista, algún famoso tocador de quena, de mandolina, o de quirquincho[17]; preguntará por los maestros que los fabrican; por los tejedores y tejedoras. ¿Qué moza hizo el poncho o el chumpi[18] más celebrado? ¿Para quién lo hizo? Reirían[19]. El Prudencio haría chistes sobre tal o cual personaje;

---

[17] *quirquincho, kirkincho:* instrumento musical andino: «Los españoles trajeron al mundo indio la bandurria y la guitarra. El indio dominó rápidamente la bandurria; y en su afán de adaptar este instrumento y la guitarra a la interpretación de la música propia [...] creó el charango y el kirkincho, a imagen y semejanza de la bandurria y de la guitarra. Ahora el arpa, el violín, la bandurria, el kirkincho y el charango, son, como la quena, el pinkullo, la antara y la tinya, instrumentos indios [...] en esos pueblos llenos de indios y mestizos la bandurria suena como instrumento forastero cuando lejos o cerca tocan charango» (Arguedas, «El charango», 1940, reprod. en *Indios, mestizos y señores:* 53 y 57). El nombre *quirquincho* o *kirkincho* viene de que el instrumento se fabrica utilizando la caparazón (parecida a la de tortuga) del pequeño mamífero llamado de modo homónimo (corresponde al «armadillo» de otras latitudes).

[18] *chumpi:* «cinturón tejido de lana» (A, I, 79).

[19] La ed. de Sybila acepta la variante de «Reirán» de la ed. de 1972. Aquí mantenemos la versión original de «Reirían»: inaugura una serie de verbos en el llamado modo potencial (haría-festejaría-seretorcerían...).

370

acaso un tuerto cascarrabias, algún vecino avaro, o el propio cura, y las beatas; o algún burro rengo pero servicial que al trotar balanceara en el aire a su dueño. Si fuera una muchacha quien lo montaba, ¡festejarían las historias con más estruendo! Palacitos se retorcería de risa. El clarinetero preguntaría también por los animales famosos de la aldea; quizá una yunta de bueyes aradores poderosos, codiciados, que por fortuna, algún pequeño propietario poseía; las vacas madres, adoradas por sus dueños; y los perros, los gallos; los perros, especialmente. Esa región, la oriunda de Palacitos, es de pumas y zorros; algún perro habría, valiente y fuerte, que por haber destrozado zorros o recibido grandes heridas persiguiendo a los pumas, sería famoso y festejado en el pueblo. Después, Palacitos fatigaría al maestro preguntándole por su vida de soldado. ¿Cómo llegó a aprender a tocar ese instrumento que sólo en los pueblos grandes existe? ¿Cómo, cómo pudo? ¿Qué era un coronel? Quizá había visto a un general. Y él, el Prudencio, ¿manejaba ametralladoras? ¿Cómo era esa arma? ¿A qué distancia llegaban sus balas? ¿Y era verdad que un disparo de cañón podía abrir una bocamina, destripar toda una manada de bueyes y decapitar un millón de hombres puestos en fila? ¿Que la sangre de ese millón de hombres podía correr y salpicar, y formar espuma como un río? ¿Y que un general o un capitán estaban tan bien templados que podían brindarse aguardiente a la orilla de ríos de sangre? ¿Y que un sargento no alcanzaba nunca ese temple, aunque en las guerras se enfurecían más que los coroneles y destripaban a los cristianos con los cuchillos que llevaban en los desfiles a la punta de los máuseres? «Dicen que como un perro, en la guerra, los soldados, por la rabia, hasta lamen la sangre; que se levantan después, como un degollador[20], manchados hasta la quijada, hasta el pecho, con la sangre, y avanzan gritando; ni el trueno, ni el condenado[21] asusta como ésos, dicen. ¡El cristiano, el cristiano, hermanitos!», nos contaba Palacios,

---

[20] La figura andina del degollador o *nakak'*; cfr. la nota de Arguedas en el cap. V.
[21] Cfr. la nota 2 de este mismo capítulo.

en las noches, sentado en las gradas del corredor. A mí me infundió su terror por la guerra. Con él, muchas veces, pensamos que mejor era morir antes de los 21 años[22]. «A los muertos de la guerra ni la madre luna los compadece. No llora por ellos, dicen. Ni en los dientes del cadáver su luz alumbra; al revés, los dientes del cadáver se vuelven negros, dicen, con la luna. En los campos donde ha habido guerra los huesos han de padecer hasta el día del juicio. Los buitres vomitan cuando han comido a un cadáver de ésos.»

Palacitos no tenía fin cuando hablaba de los muertos y de los condenados. Después de oírle nos íbamos a la cama como a un abismo helado, a temblar.

Ahora hablaría con el Prudencio de sus temores, de los militares que le espantaban, de las máquinas que manejaban, adiestrándose para matar; y nos contaría después sus descubrimientos. El encuentro con el músico le había hecho olvidar aun de los «daños» que el Padre Augusto debía entregarle, a la misma hora en que él, en ayunas, esperaba al clarinetero, de pie en la carretera, con el cielo todo ardiendo sobre su cabeza. Porque ni una nube se levantó; estaba el día despejado; y él, como yo, no era valluno.

Yo iba reflexionando, en las calles, sobre estos recuerdos. Debía caminar muy despacio.

Cerca del Colegio vi aparecer a un *kimichu** de la Virgen de Cocharcas[23]. Desembocó en la esquina, por la ruta del camino al Cuzco. Junto a la puerta del Colegio me crucé con él. Tocaba su chirimía, convocando a la gente. Un lori-

---

* Peregrino indio músico que viaja por los pueblos cargando un retablo de la Virgen. Recauda limosnas. (Nota de Arguedas.)

[22] Es decir, antes de tener la edad que se exigía para el Servicio Militar.
[23] Cocharcas es un pueblo de la provincia de Andahuaylas, departamento de Apurímac. «De 1598 a 1623, un devoto campesino indígena, llamado Sebastián Quimichi, erigió en Cocharcas un templo consagrado al culto de la Virgen María. [...] Con motivo de su fiesta (8-XI), el pueblo se convierte cada año en el centro de una peregrinación regional, porque se cree que la imagen venerada en el templo favorece las lluvias y protege las cosechas; y se han hecho famosas las diversiones que entonces se llevan a cabo, por su duración (hasta dos semanas en una época) y por su alegría» (Tauro, 1987, tomo 2, 522).

to iba sobre la urna de la Virgen; lucía alegre, muy emplumado, mirando a los transeúntes. Pero más que el canto de la chirimía, que yo había oído en las altas regiones donde la voz de los instrumentos solitarios suena cristalinamente, me llamó la atención la cara y el aspecto del acompañante del peregrino. Ambos vestían como los indios de Andahuaylas, de bayeta blanca moteada de gris. El acompañante tenía barba, casi rubia; su saco era cortísimo. Una bufanda gruesa, de fondo oscuro, en la que resaltaban grandes figuras de flores entre líneas ondulantes, como de tallos acuáticos, de color amarillo, le cubría el cuello. Iba el hombre con la cabeza gacha; sus cabellos caían, en crenchas, sobre la bufanda. Me miró. Sus ojos eran claros, transmitían alguna inquietud profunda. Quizá era un demente. Le seguí unos pasos. Empezó a cantar en quechua, en altísimo tono. Su voz era como sus ojos, penetrante. El himno que cantaba era lento. La gente que lo seguía y los muchachos guardaron[24] silencio. El himno se escuchó mejor. El *kimichu* aquietó el paso. Yo no podía seguirlos más lejos. El cantor tenía los labios manchados por el zumo de la coca. Vi que en una mano llevaba un «porito» con boquilla de metal, para la *llipta**. «¿De dónde es, de dónde?», me pregunté sobresaltado. Quizá lo había visto y oído en alguna aldea, en mi infancia, bajando de la montaña o cruzando las grandes y peladas plazas. Su rostro, la expresión de sus ojos que me atenaceaban, su voz tan aguda, esa barba rubia, quizá la bufanda, no eran sólo de él, parecían surgir de mí, de mi memoria. Se fueron. Un pequeño grupo los seguía. «Lo buscaré», dije. «Será fácil encontrarlo en Abancay»; y entré al Colegio.

* * *

Un arpista tocaba en la chichería de doña Felipa, solo. Me extrañó que no le acompañara un violín. Es la orquesta

---

* Cal o ceniza de quinua. (Nota de Arguedas.)

---

[24] Funciona mejor el «guardaron» de las eds. de 1958 y 1967, que el «guardaban» de las eds. de 1972 y de Sybila.

común en los pueblos: violín y arpa. Pocos arpistas muy famosos conocí que eran contratados, solos, para las fiestas, y se bastaban. Alguien cajeaba[25] sobre la delicada madera del arpa para marcar el ritmo y animar el baile. La voz de las buenas arpas se escucha dulce y nítidamente. A medianoche, según las fiestas, los celebrantes salen a bailar a las calles y a la plaza. El arpista carga el instrumento sobre el pecho y el hombro, con la parte ancha hacia arriba y las cuerdas de alambre cerca de la quijada. En el campo abierto, la voz del instrumento no se debilita. Puede oírsele a más de una cuadra, desde todas las bocacalles de una plaza. Por el estilo del acompañamiento, reconocían a los arpistas célebres, contratados a veces en pueblos muy lejanos. «Quizá sea éste un gran arpista», pensé, al ver al hombre sentado en un extremo de la picantería, frente a su instrumento.

Los muchachos de mi edad solían ir a las picanterías, aunque rara vez solos. No me senté. Permanecí de pie cerca del arpista, apoyándome contra la pared. Llegaban ya los parroquianos. Yo hubiera deseado haberme vestido con mi traje viejo; pero no era posible en día domingo. Me miraban con extrañeza, muchos. Las mozas que atendían me reconocieron y sonreían entre complacidas y burlonas. La que me habló de doña Felipa me trajo un gran vaso de chicha. El arpista empezó a templar en ese momento las cuerdas.

¿Cómo iba a tomar yo tanta chicha sin estar sentado junto a una mesa? Me miró ella con expresión triunfante.

—¡Toma, pues, niño! —me dijo.

No, no se burlaba de mí. Se reía.

—Toma, pues, niño. Como para hombre te he traído.

Miré a un lado y a otro. El arpista se volvió hacia mí y también se echó a reír.

Yo levanté el vaso con ambas manos y, tras dos o tres pausas, vacié toda la chicha en mi garganta. Terminé agitado.

—¡Caray, guapo! —dijo la moza. Tenía la cara sucia; sus

---

[25] El arpa andina (véase la nota 8 del cap. II) posee una caja amplia, la cual puede ser tocada para «marcar el ritmo y animar el baile».

pechos altos y redondos se mostraban con júbilo bajo su monillo rosado.

Sentí un violento impulso por salir a la calle, y esperar afuera a Palacitos.

—Oirás, pues, al *Papacha** Oblitas —me dijo la moza, señalando al arpista—. De doña Felipa también va a cantar.

Me recibió el vaso y se fue hacia la cocina. Sus lindas caderas se movían a compás; sus piernas desnudas y sus pies descalzos se mostraban sobre el sucio suelo, juvenilmente. Caminaba rápido, a paso menudo, su cabeza inclinada a un lado de su pequeño rebozo morado. El arpista había observado mi inquietud, socarronamente; lo sorprendí mirándome.

—¡Buena, muchacho! —me dijo[26].

Comprendí que debía ser un músico de gran experiencia. Habría estado en mil fiestas de mestizos, señores e indios; y si le decían *Papacha* no podía ser sino porque era un maestro, un maestro famoso en centenares de pueblos. Yo debía irme, o sentarme junto a alguna mesa. Mis zapatos de hule, los puños largos de mi camisa, mi corbata, me cohibían, me trastornaban. No podía acomodarme. ¿Junto a quién, en dónde? Cuatro soldados entraron a la chichería en ese instante. Uno de ellos era cabo. Se sentaron cerca del arpista, alrededor de una mesa. El Cabo llamó para que lo atendieran.

—Oye, ven, moza de lindos cabellos** —dijo en quechua cuzqueño.

Cuando la moza se acercó, el Cabo le dirigió una frase sensual, grosera. Los soldados rieron. Me descubrió el Cabo.

---

* Puede traducirse por «gran padre»; es un mote admirativo. (Nota de Arguedas.)
** «Yau suni chujcha; hamuy». (Nota de Arguedas.)

---

[26] Rama hace notar que, en las chicherías, el sexo no está rodeado de la vileza y suciedad tan frecuentes en las páginas de Arguedas. En este pasaje, Ernesto se ve gratamente perturbado por la fresca sexualidad de la chichera.

—Con la muchacha, jugando, pues. No ofendiendo; de cierto, joven —dijo en castellano[27].

—¡Asno, asno! —dijo la muchacha.

—No asno; enamorado, como borrico[28] —le contestó el Cabo, y reímos todos.

El arpista continuó templando su instrumento. Seguramente era un *Papacha*. Templaba rápido, arrancando de las cuerdas arpegios y escalas muy sonoras. No se quedaban las notas a ras del suelo, como cuando el arpista es tímido o mediocre. En el techo de la chichería se balanceaban hilachas de hollín negro. Entraban más soldados, pero no llegaban el Prudencio y Palacitos. Debía irme.

El arpista comenzó a tocar un *huayno*. No era de ritmo abanquino puro. Yo lo reconocí. Era de Ayacucho o de Huancavelica. Pero algo del estilo del Apurímac había en la cadencia del *huayno*. Cantó. El semblante de los pueblos de altura, del aire transparente, aparecieron en mi memoria:

Utari pampapi	*En la pampa de Utari,*
muru pillpintucha	*mariposa manchada,*
amarak wak'aychu	*no llores todavía,*
k'ausak'rak'mi kani	*aún estoy vivo,*
kutipamusk'aykin	*he de volver a ti,*
vueltamusk'aykin	*he de volver.*
Nok'a wañuptiyña	*Cuando yo me muera,*
nok'a ripuptiyña	*cuando yo desaparezca*
lutuyta apaspa	*te vestirás de luto,*
wak'ayta yachanki.	*aprenderás a llorar.*

---

[27] Rowe (1979: 64-65) examina este pasaje como ejemplo de la decisión de Arguedas, en *Los ríos profundos,* de transcribir en correcto español las intervenciones en quechua; en cambio, en las intervenciones en español inserta rasgos de la sintaxis quechua, propios del castellano quechuizado de los bilingües andinos.

[28] Inadecuadamente las eds. de 1972 y de Sybila desechan el «borrico» de las eds. de 1958 y 1967, para poner «borrito» (pronunciación deformada de «burrito»). De hecho, *borrico* significa «burro, asno»; cuando el serra-

¿Por qué el maestro Oblitas eligió ese canto para iniciar la música ese domingo? No había oído nunca en Abancay ni letra ni melodía tan tristes.

En el instante en que empezó el tercer cuarteto, ingresó a la chichería el cantor acompañante del *kimichu* de la Virgen de Cocharcas. Caminó algo agachado entre la gente; vino hacia el arpa. Tenía aún la bufanda suelta, las figuras impresionaban lo mismo en la calle, a plena luz, que en ese tugurio oscuro. El amarillo de las líneas onduladas parecía alumbrar, las flores se destacaban como si tuvieran bulto y no como dibujos de un tejido. Eran flores enormes y ocupaban casi todo el ancho de la bufanda; una rosa, un clavel rojo con su corola, en fondo negro denso. En ningún pueblo había visto tejido tan grueso; ni las medias de los morochucos, ni los *chullos** del sur. Cuando la vi de cerca comprobé con sorpresa que la bufanda estaba sucia.

El maestro Oblitas continuó cantando:

Kausarak'mi kani	*Aún estoy vivo.*
alconchas nisunki	*El halcón te hablará de mí,*
luceros nisunki,	*la estrella de los cielos te ha-*
	[blará de mí,
kutimusk'rak'mi	*he de regresar todavía,*
vueltamusak'rak'mi.	*todavía he de volver.*
Amarak'wak'aychu	*No es tiempo de llorar,*
muru pillpintucha,	*mariposa manchada,*
saywacha churusk'ay	*la saywa** que elevé en la*
	[cumbre
manaras taninchu	*no se ha derrumbado,*
tapurikamullay.	*pregúntale por mí.*

---

* Gorro que cubre la cabeza y parte de la cara. (Nota de Arguedas.)
** Montículo de piedra que los viajeros levantan en las abras. (Nota de Arguedas.)

---

no peruano quiere connotar que alguien es necio o tonto, prefiere la forma «borrico» a la de «burro», además de que en la expresión «borrico» vibran matices de familiaridad y tono festivo (al llamar a alguien «burro» para significar tonto o necio, la expresión es más agresiva e hiriente).

El arpista siguió tocando la melodía. Las estrofas del *huayno* habían concluido.

El acompañante del *kimichu* pidió chicha. Estuvo mirando al arpista que cantaba. Sus ojos claros brillaban como los de un gavilán en la penumbra; me alcanzaban. «¡Yo lo he visto! ¿En dónde? », volví a preguntarme. Bebió un gran vaso, un «caporal»[29] de chicha. Luego se acercó más al maestro. El arpista tocaba la melodía en las cuerdas de alambre. Se detuvo el hombre detrás del arpa, junto a mí. Era bajo, muy bajo, casi un enano, y gordo. En la calle, mientras entonaba el himno solemne de la Virgen, no pude percibir su verdadera estatura. Debió darse cuenta de que lo examinaba obsesionadamente. «Arpista, bueno», me dijo con voz aguda, señalando al músico. Cuando concluyó la melodía, él la recomenzó, cantando:

Paraisancos mayu	*Río Paraisancos,*
río caudaloso	*caudaloso río,*
aman pallk'ankichu	*no has de bifurcarte*
kutimunaykama	*hasta que yo regrese,*
vueltamunaykama	*hasta que yo vuelva.*
Pall'ark'optikik'a	*Porque si te bifurcas,*
ramark'optikik'a	*si te extiendes en ramas,*
challwacha sak'esk'aypin	*en los pececillos que yo he*
	[criado
pipas challwayk'ospa	*alguien se cebaría*
usuchipuwanman	*y desperdiciados, morirían*
	[en las playas.

El ritmo era aún más lento, más triste; mucho más tristes el tono y las palabras. La voz aguda caía en mi corazón, ya de sí anhelante, como un río helado. El *Papacha* Oblitas, entusiasmado, repitió la melodía como la hubiera tocado un nativo de Paraisancos. El arpa dulcificaba la canción, no tenía en ella la acerada tristeza que en la voz del hombre.

---

[29] *caporal*: «vaso grande que contiene más de medio libro, en que se sirve la chicha» (nota de la ed. de Sybila).

¿Por qué, en los ríos profundos, en estos abismos de rocas, de arbustos y sol, el tono de las canciones era dulce, siendo bravío el torrente poderoso de las aguas, teniendo los precipicios ese semblante aterrador? Quizá porque en esas rocas, flores pequeñas, tiernísimas, juegan con el aire, y porque la corriente atronadora del gran río va entre flores y enredaderas donde los pájaros son alegres y dichosos, más que en ninguna otra región del mundo. El cantor siguió acentuando el lamento en los otros versos:

Kutimuk', kaptiyña	*Cuando sea el viajero que [vuelva a ti*
pallkanki ramanki	*te bifurcarás, te extenderás [en ramas.*
Kikiy, challwaykuspay	*Entonces yo mismo, a los [pececillos,*
uywakanullaypak'	*los criaré, los cuidaré.*
Yaku faltaptinpas,	*Y si les faltara el agua que [tú les das,*
ak'o faltaptinpas	*si les faltara arena*
ñokacha uywakusak'i	*yo los criaré*
warma wek'eywanpas,	*con mis lágrimas puras,*
ñawi ruruywanpas.	*con las niñas de mis ojos.*

¿Quién puede ser capaz de señalar los límites que median entre lo heroico y el hielo de la gran tristeza? Con una música de éstas puede el hombre llorar hasta consumirse, hasta desaparecer, pero podría igualmente luchar contra una legión de cóndores y de leones o contra los monstruos que se dice habitan en el fondo de los lagos de altura y en las faldas llenas de sombras de las montañas. Yo me sentía mejor dispuesto a luchar contra el demonio mientras escuchaba este canto. Que apareciera con una máscara de cuero de puma, o de cóndor, agitando plumas inmensas o mostrando colmillos, yo iría contra él, seguro de vencerlo[30].

_____

[30] «La ausencia de la región nativa se concibe en términos de una rela-

Los concurrentes dejaron de tomar y de conversar. Nadie intentó bailar. Cuando dejó de cantar el acompañante del *kimichu*, el Cabo se acercó a él con un vaso de chicha; le brindó y quiso llevarlo a su mesa. Él no aceptó. Se sentó en el piso, detrás del arpa. Yo me agaché y le pregunté con voz fuerte, en quechua:

—¿No has estado en Aucará[31], en una fiesta del Señor de Untuna, con otro *kimichu*, hace años?

—He estado —me dijo.

—¿Cantaste en la orilla de la laguna, en un canchón donde dicen que apareció el Señor?

—Sí.

—¿Y te entró una espina de *anku*[32] en el pie, cuando caminabas; y mi padre, un señor de ojos azules, te dio media libra de oro?

—¡Claro! Tú eras un niñito, así, asisito[33] —y señaló la altura sobre el suelo.

Seguimos hablando en quechua.

---

ción con la naturaleza. El aislamiento se expresa como alejamiento dentro del campo delimitado de la naturaleza, puesto que no se trata de un aislamiento puramente individual, lo que se expresaría como una separación *de* la naturaleza, como ocurre precisamente en la crisis sufrida por Ernesto en el Colegio. La naturaleza todavía significa la garantía de un orden social y cultural y la promesa de una restauración [...] se pueden aclarar las observaciones de Ernesto sobre los huaynos. Él encuentra en ellos la «tristeza» pero también lo que parecería ser un tipo de sentimiento bastante diferente: la determinación de luchar» (Rowe, 1979: 98-99).

[31] Aucará es un pequeño poblado de la provincia de Lucanas, departamento de Ayacucho. Alrededor de él quedan ruinas de lo que, según la tradición, fue una fortaleza en la que los indios lucanas opusieron fiera resistencia a la expansión incaica (cfr. Tauro, 1987: tomo 1, 202). Resulta quizá buscada esta mención, luego de que Ernesto ha sentido que la música infunde ánimos para luchar.

[32] *anku, ankukichka:* «espino muy duro. Viene de *anku* o *anccu*, nervio y de *kichka* o *quichcca*, espino» (Arguedas, I, 163). «*Anku*, nombre quechua de tendón. Se llama *ankukichka* a un árbol cactáceo que tiene espinas del color del tendón seco con el que se suele ajustar fuertemente junturas o cañas huecas a fin de evitar que se separen o rajen» (Arguedas, *Casa de las Américas*, núm. 99, citado en la ed. de Sybila, I, 248).

[33] *asisito:* el hombre andino gusta de formar diminutivos con vocablos que no lo admiten en español. Aquí *así* se torna *asisito,* pleno de tono afectuoso.

Me senté junto a él. La moza nos trajo chicha. Se rió francamente viéndome en el suelo junto al cantor. La chichería estaba llena ya de parroquianos y forasteros.

—¿Ese canto es de Paraisancos?

—No. De Lucanamarca[34] es. Un mozo, volviendo de la costa, lo ha cantado. Él lo ha hecho, con música del pueblo. Lo oí, aquí, desde la calle, y he entrado. Yo, pues, soy cantor.

—¿Y el mozo?

—Se regresó a la costa; don Luis Gilberto.

—¿Don?

—Don. Ya está caballero. Mi primo es, tiene negocio de sastrería.

—¿Y tú?

—Andando, andando, con la Virgen de Cocharcas. ¡Cuánto tiempo! Nunca canto en chichería. Pero de mi hermano su canto es, fuerte. Cuando regresó a su pueblo, todas las muchachas de él ya tenían dueño. Sufrían. La mujer sufre.

—¿Y la bufanda?

—De Paraisancos. ¡Seguro!

—¿De tu mujer?

—¿Mujer? Ando, ando, por el mundo entero, con la Virgen. Una tuertita me lo ha tejido.

—¿Una tuertita?

—Rápido lo hizo. ¿Acaso destiñe? Siempre firme su color.

—¿Pero la Virgen es de Cocharcas? Paraisancos es lejos.

—Yo peregrino; andando vivo. A Lucanamarca no voy desde jovencito.

—¿Y la tuerta?

—De Paraisancos, pues, de la Virgen. ¡Seguro!

—¿Y la urna?

—Antigua, de la Virgen.

Le repetí los nombres de veinte pueblos distintos. Todos los conocía.

---

[34] Lucanamarca es una comunidad de la provincia de Víctor Fajardo, departamento de Ayacucho.

—Y tú, niño, ¿por qué andas?

—Mi padre también, peregrino[35].

En los ojos del cantor se había disipado mucho el misterio. Me miraban familiarmente, con una ternura que me fortalecía. Tomé un extremo de su bufanda en mis manos.

El cantor olía a sudor, a suciedad de telas de lana; pero yo estaba acostumbrado a ese tipo de emanaciones humanas; no sólo no me molestaban, sino que despertaban en mí recuerdos amados de mi niñez. Era un indio como los de mi pueblo. No de hacienda. Había entrado a la chichería y había cantado; el Cabo le rindió homenaje; y la chichería también; ahora estábamos sentados juntos. No vi al marido de doña Felipa.

—Comeremos picantes. Te convido —le dije al cantor—. ¿Cómo te llamas?

—Jesús Warank'a Gabriel[36].

—¿Gabriel?

—Jesús Warank'a Gabriel.

—Jesús, ¿tenías un *chullu*[37] rojo oscuro, de color entero, cuando estuviste en Aucará?

—¡Claro, niño! Grosella era.

—Te distinguías también por eso en la pampa, cuando rodeábamos el lago. Tú sólo tenías *chullu* de ese color. Cientos de palomas volaban de un extremo a otro del lago, a los montes de espinos. Los patitos nadaban serpenteando, marcando su camino en el agua.

—¡Eso sí, niño! ¡Tanto espino había en la pampa! En el agua aparecía también el monte de espinos.

—¿Vamos a comer picante? Mi padre me ha mandado plata, de Coracora.

—¡Caray, Coracora! Lindo tocan charanguito.

No había ya mesas desocupadas. El maestro Oblitas toca-

---

[35] Trigo enfatiza la connotación religiosa de ser peregrino, en una novela que (conforme examinan Cornejo Polar y Forgues) asocia los viajes, los caminos y los ríos.

[36] Al llamarse Gabriel, según Dorfman, se sugiere la atribución de rasgos paternales, dado que Gabriel es el nombre del padre de Ernesto.

[37] *chullu* o *chullo*. Cfr. la nota de Arguedas en este mismo capítulo.

ba dulces *huaynos* de Abancay. El Cabo y los soldados bailaban entre sí. Se les había escapado una de las mozas de la chichería, la misma que me obsequió el vaso de chicha; sirvió a algunas mesas y volvió en seguida donde los soldados. Bailó con la cabeza inclinada; sus brazos rollizos llevaban el aire de la danza, moviéndose tiernamente; zapateaba menudo, levantando el pie derecho, o avanzaba de un lado a otro entre los soldados, impulsada por el ritmo alegre. Me sentía feliz. Nos quedamos de pie contemplando a la moza, esperando pasar hacia la cocina.

No bailaban los otros parroquianos mestizos, miraban a los soldados. Me intrigaba la ausencia del marido de doña Felipa.

—*Huayno* abanquino, hermoso; el corazón entibia viendo bailar, oyendo —dijo don Jesús, siempre en quechua.

El maestro Obligas cantaba:

Jilgueroy, jilgueroy,	*¡Oh! mi jilguero, jilguero,*
mañoso;	*mañoso.*
abaschallaytas suwanki	*Tú robas en mis campos de*
	[habas,
jilgueroy;	*jilguero.*
sarachallaytas suwanki	*Tú robas en mis campos de*
	[maíz,
jilgueroy.	*jilguero.*
Abaschallayta suwaspas	*Simulando robar en mi*
	[campo de habas,
jilgueroy,	*jilguero,*
sarachallayta suwaspas	*simulando robar en mi*
	[campo de maíz,
jilgueroy,	*jilguero,*
sonk'ochallayta suwanki,	*mi pequeño corazón robas-*
	[te,
jilgueroy.	*jilguero.*

Concluyó la danza con una «fuga» de ritmo vivo. Los soldados zapatearon con energía. Sudaban ya.

Hubo una pausa. Me acerqué a la cocina y pedí picantes. Dirigía la cocina una mestiza gorda, joven, con varios anillos en los dedos. Aretes de oro pendían de sus orejas.

—¿Usted es amistad de doña Felipa? —le pregunté en quechua. Ella asintió moviendo la cabeza.

—Yo en Patibamba repartí sal a las mujeres —le dije. Sonrió.

—Mi comadre, pues, doña Felipa. Hemos botado a don Paredes.

—¿Don Paredes?

—Ocioso, pues. A otra picantería se habrá ido —Y volvió a sonreír.

—Para el cantor más, sírvanos[38].

En platos grandes nos sirvió, junto a la cocina. De pie, empezamos a saborear los picantes. Quemaban como el propio diablo, pero el cantor se regodeaba con ellos. «¡Rico, pues!», decía.

La chichera no nos prestó mucha atención, ni aun cuando le hablé de doña Felipa. Miraba al arpista.

No la moza que bailó, sino otra, de mayor edad, se acercó al músico. Vimos que le dictaba una melodía.

—Ya —dijo el maestro Oblitas.

Tocó una danza, como un *jaylli*[39] de Navidad. El ritmo era muy semejante al contrapunto final de un *jaylli*. Los parroquianos se sorprendieron. Don Jesús y yo esperamos, mirando al músico. La mestiza empezó a cantar:

«Huayruros», «huayruros»,	Dicen que el «huayruro», [«huayruro»,
mana atinchu	no puede,
mana atinchu,	no puede,
maytak'atinchu	¡cómo ha de poder!
Imanallautas atinman	Por qué ha de poder,
¡way! atinman	¡huay! qué ha de poder

---

[38] Más adecuado es el tratamiento cortés de «sírvanos» (eds. de 1958 y 1967), que el que supondría demasiada familiaridad: «sírvenos» (eds. de 1972 y de Sybila).

[39] *jaylli, haylli, haylle:* «Canción de triunfo y alabanza», «danza de competencia», «canto agrario para infundir vigor en el trabajo» (Arguedas, III, 211). Es de origen prehispánico.

manchak' «huayruro»
Doña Felipa makinwan
Doña Felipa kallpanwan.

«Huayruroy» «huayruro»,
maytas atiwak'
maytas chinkanki
Doña Felipa mulallan
chunnchul mulallan
chinkachiyta chinkachin
«huayruroy» «huayruroy».

el espantado «huayruro»
con la mano de doña Felipa,
con la fuerza de doña Feli-
[pa.

«Huayruro», «huayruro»,
qué has de poder
adónde has de huir.
De doña Felipa la mula,
las tripas de la mula,
de perder, te perdieron
«huayuro», «huayuro».

Los soldados dudaban. El rostro del Cabo pareció en-
friarse; a pesar de su embotamiento, vi que en sus ojos bullía un sentimiento confuso.

Uno de los soldados pretendió levantarse. No era la indignación lo que se reflejaba en sus ojos, sino el destello
que el golpe súbito del ritmo enciende en los bailarines.
Quizá fue en su pueblo danzante de *jaylli* o de tijeras, que-
rría desafiar a algún otro, porque la fuga del *jaylli* o la danza de tijeras, son bailes de competencia. Pero yo creí percibir lo más característico de la danza.

—¡*Piruchan!*[40] —le dije al cantor—. Creo que es la dan-

---

[40] *Piruchan:* «Denomina la danza popular nocturna de la fiesta de la "Se-
quía" [...] *Pirucha* se llama al sitio en que se baila. Sin embargo, los naturales [de Puquio] no dicen, refiriéndose a la danza, que ha de haber *ayla,*
nombre propio de la danza, sino "Pirucham kanqa", "Ha de haber Pirucha" [...]. En las plazas de los barrios, los Sequia mayordomos emplazan,
cada uno, una orquesta formada por un arpa y un violín. Puede bailarse
con el arpa sola. Lo que no puede faltar es el cajoneador. El cajoneador
golpea con los dedos el madero del arpa; inclinado sobre ella, cerca de las
cuerdas graves, el cajoneador marca el ritmo de la danza con extraordinaria destreza. [...] Los futuros matrimonios se conciertan la noche del ayla;
las vírgenes que han llegado a la edad necesaria se ofrendan. Es la recepción que la comunidad da a la llegada del agua fecundante de los manantiales, en esta zona en que cada gota de agua constituye, como ellos dicen,
"yawar", es decir, sangre» (Arguedas, «Puquio: una cultura en proceso de
cambio», 1956; reprod. en *Formación de una cultura nacional indoamericana,*
69-70.
La danza ritual del ayla ha dado origen al cuento titulado, precisamen-

za con que celebran en mi pueblo la llegada del agua; en Chaupi, en el *ayllu* de Chaupi[41]. *¡Piruchan!*

El cantor negó con un ademán.

—*Imachá*[42] —dijo—. *Piruchan* es más rápido.

Volvió a cantar la moza. Y le siguieron de la cocina tres mujeres. Yo continué examinando a los soldados y al Cabo, mientras oía esa especie de himno que parecía llegado de las aguas del Pachachaca. ¿Qué iba a pasar allí después? Descubrí en ese instante que la moza era también picada de viruelas, tenía las marcas en el rostro[43].

El soldado que pretendió levantarse escapó al pequeño claro que había frente al arpista. El Cabo volvió a dudar. Sudaba.

El soldado no hizo callar a la mestiza; levantó los brazos y empezó a danzar diestramente.

—¡Guapo! ¡Caray, guapo! —exclamó el cantor, don Jesús. Sus ojos tenían, otra vez, esa luz clara y profunda, insondable. Comprendí que yo no existía ya para él en ese momento. Miraba al soldado como si fuera no el soldado quien danzaba, sino su propia alma desprendida, la del cantor de la Virgen de Cocharcas.

—*¡K'atiy!* —le gritó el soldado— *¡K'atiy!**

---

* Intraducible en este caso, literalmente significa «sigue, empuja o arrea». (Nota de Arguedas.)

---

te, «El ayla», considerado por diversos críticos (por ejemplo, Forgues) como la plasmación de la visión andina del amor y el sexo (en comunión con el orden natural), en contraposición al erotismo y la sexualidad no andinos, basados en la violencia y la impureza. Resulta sintomático que, dentro del clima de sana sexualidad de la chichería, Ernesto crea escuchar la danza del Pirucha, es decir, el ayla.

[41] Chaupi es una comunidad *(ayllu)* que queda en el distrito de Puquio, provincia de Lucanas, departamento de Ayacucho.

[42] *¿imachá? ¿imam?:* «se derivan de la palabra *ima,* que significa o corresponde a los términos castellanos «¿qué?» y «¿cuán?», más o menos exactamente. *¿Imachá?* significa «¿qué será?», pero de modo que exige respuesta, por ruego o por mandato. Si el sujeto dijera *¿imas?* no contendría tal exigencia» (Arguedas, *Casa de las Américas,* núm. 99, citado en la ed. de Sybila). Dentro del contexto de la novela, *imachá* es el nombre de una danza.

[43] La moza resulta, como Doña Felipa, con marcas de viruelas. Cfr. la nota 5 del cap. VII.

El soldado giraba en el aire, caía con las piernas abiertas, y volvía a saltar; zapateaba luego, con pasos complicados, cambiando las piernas; se apoyaba en un pie y zapateaba con el otro, levantándolo hasta la altura de las rodillas. El maestro Oblitas agitaba, al parecer, el ritmo de la danza; no miraba al bailarín; pero yo sabía que así, con la cabeza agachada, no sólo lo seguía sino que se prendía de él, que sus manos eran guiadas por los saltos del soldado, por el movimiento de su cuerpo; que ambos estaban impulsados por la misma fuerza. La muchacha improvisaba ya la letra de la danza; ella, como el bailarín y el músico, estaba igualmente lanzada a lo desconocido[44].

«Huayruruy» «huayruruy»	*«Huayruro», «huayruro»*
imallamantas kaswanki	*y de qué, de qué habías sido*
	[hecho;
¡Way!, titillamantas	*¡Huay! de plomo, sólo de*
	[plomo
kask'anki.	*habías sido hecho;*
¡Way!, karkallamantas	*¡Huay!, de excremento de*
	[vaca
kask'anki.	*habías sido hecho.*

Fue la última estrofa. Luego quedaron solos el arpista y el soldado. El maestro Oblitas empezó a variar la melodía y los ritmos. No podíamos saber de quién nacía, en quién comenzaba el cambio de los ritmos, si del soldado o del arpista. Pero no era de Abancay, ¡seguro! De ese valle angosto que empezaba en el fuego e iba hasta la nieve, y que en su región más densa, era caluroso, con olor a bagazo; lleno de avispas, y de colonos mudos y lloriqueantes.

---

[44] Rama arguye: «es un tradicional *jaylli* de Navidad el que le sirve a una mestiza provocativa para insultar a los soldados reunidos en la chichería, y ellos vacilan desconcertados ante esta alteración de los elementos tradicionales. [...] [Ella canta] lanzada a lo desconocido, inventando la historia presente, incorporándose ella como actor de la historia en su circunstancia, pero dentro de una estructura musical que conserva el pasado, recupera el mito incluso» (Rama, 1983: 39).

Cuando todos, de pie, contemplábamos al soldado, un *huayruro,* un guardia civil, hizo callar la música y cesar la danza.

—¡Fuera! —gritó desde la puerta.

No debió verlo entrar nadie. Lo probable es que oyera el canto desde la calle y entrara.

—Yo sé quechua, soy de Pausa[45]. Llevo presos al arpista y al soldado —dijo.

Detrás de él apareció otro guardia. Ambos llevaban sombreros de grandes alas tiesas, de copa en punta y cinta de cuero. Los trozos de tela roja de las polacas se distinguían bien en la penumbra. Estaban muy bien afeitados. Eran altos. Sus polainas y zapatos, a pesar del polvo de las calles de Abancay, mostraban el lustre.

El cantor de la Virgen los miró tranquilo, alcanzándolos con sus ojos profundos, como si los *huayruros* estuvieran aún muy lejos.

Los dos guardias llevaban pistolas al cinto. Uno de ellos sacó el arma y encañonó a la gente desde la puerta, el otro avanzó hacia el músico. La mestiza gorda salió de la cocina. No parecía sentir miedo. Algunos hombres pretendieron escapar de la chichería, arrastrándose a cuatro patas. El guardia los hizo volver.

Cuando el otro *huayruro* llegó donde estaba el soldado, el Cabo se puso de pie junto a su mesa.

—Yo, Cabo; mando —dijo.

El guardia pestañeó.

—Usted está de franco; yo estoy de guardia —contestó.

—Yo mando; Cabo —repitió, en su castellano bárbaro, el Cabo—. Ven, Condemayta —ordenó al soldado.

El Cabo era de pequeña estatura. Se mantenía bien de pie, pero sus ojos estaban embotados por la borrachera. Miró atentamente al guardia, con las piernas algo abiertas. El soldado se encaminó a la mesa del Cabo. El guardia lo dejó ir.

—Pero usted va preso —le dijo al maestro Oblitas, y le

---

[45] Pausa es un pueblo de la provincia de Paucar del Sara-Sara, departamento de Ayacucho.

obligó a ponerse de pie, levantándolo violentamente del saco.

—¿Yo? Yo soy profesional, señor —dijo el maestro—. Lleve a la dueña de la chichería.

Hablaba un castellano muy correcto.

—¡Tráelo! —le gritó el otro guardia desde la puerta.

La patrona de la chichería se abalanzó sobre el guardia, chillando.

—A mí, pues, llévame. ¡Abalea, si quieres! ¡Abalea no más! Es inocente —le dijo en quechua. Las tres mozas rodearon al guardia.

El cantor, a mi lado, lanzó en su voz más alta, las primeras notas de un himno religioso.

El guardia ya estaba maniatado por las cholas que se le prendieron de los pies y los brazos. A poco lo iban a derribar. El otro disparó.

—¡*Jajayllas* balitas! —gritó la chichera grande, y se abrazó más firmemente a las piernas del guardia. Don Jesús siguió cantando el himno, como si estuviera en el interior de una iglesia o entre los escombros de una aldea que fuera arrasada por alguna creciente.

El Cabo hizo callar al cantor; «*Upallay*[46], hermano», le dijo. Y fue con paso lento hacia el guardia maniatado; todos los soldados le siguieron.

—¡Deja, deja! ¡*Mamitay*, deja! —le dijo a la chichera grande.

Ella soltó al guardia y las otras también; se retiraron unos pasos atrás.

—¡Vamos, guardia! —le dijo el Cabo al *huayruro*.

—¡Con el arpista!

—Ya, con el arpista. ¡Marchando! —ordenó el Cabo. Los soldados arrastraron al arpista. El soldado bailarín iba detrás.

Las mujeres se quedaron absortas.

—No hay nadie para mí —dijo en voz alta el Cabo—. ¡Yo, ejército!

---

[46] *Upallay:* «¡Cállate!» (Arguedas, *Casa de las Américas*, núm. 99, citado en la ed. de Sybila).

Caminaba erguido a la cabeza del grupo.

La chichera grande no podía decidirse. Su mente trabajaba. Como a una manada de cerdos, miró a los parroquianos que estaban inquietos, de pie. Miró al cantor. Miró el arpa recostada en la pared. Me miró a mí. Mientras tanto, los soldados salieron a la calle.

El cantor de la Virgen saltó hacia el arpa.

—¡Yo! ¡*Papacha!* —dijo.

Recorrió las cuerdas, templándolas. Sus dedos se prendían de las cuerdas y las hacían estallar. Luego tocó la misma danza que bailó el soldado. No «bajeaba» bien; su mano derecha no acertaba a componer acordes variados en las notas graves, pero la melodía brotaba de las cuerdas de alambre como un surtidor de fuego. El rostro del peregrino, la frente, estaban rojos; sus barbas parecían tener luz; sus ojos eran como los de un gavilán, por la hondura. Pero ninguna bestia inocente es capaz de dar a su mirada ese arrebato contagioso, más intrincado y penetrante que todas las luces y sombras del mundo. Debí danzar yo al compás de esa música. Lo iba a hacer ya[47]. Había visto a los bailarines de tijeras[48] saltar como demonios en los atrios de las iglesias; manejar sus piernas como si fueran felinos; levantarse en el aire; atravesar a paso menudo, a paso de ciempiés, los corredores de lajas de las aldeas; en la madrugada, a la luz del amanecer, los había visto danzar sobre los muros del cementerio, tocando sus tijeras de acero, de cuyas puntas parecía nacer la aurora. Había deseado, mil veces, imitarlos; lo había hecho en la escuela, entre niños. Lo podía hacer allí, ahora, con la música de mi amigo y ante un público espantado que necesitaba algo sorprendente, que lo sacudiera, que le devolviera su alma, para salir y rescatar al *Papacha* Oblitas[49]. Pero huye-

---

[47] Muestra clara de la voluntad de Ernesto de desempeñar una participación destacada, por más riesgosa que sea; no se contenta con ser un testigo. La danza al servicio de la rebelión, expresión de la energía indómita de los ríos profundos.

[48] Bailarines o danzantes de tijeras: cfr. la nota 3 del cap. VI.

[49] La danza puede ayudar a encender la rebelión. Lienhard ha estudiado este aspecto en *El Zorro de Arriba y el Zorro de Abajo;* cfr también Groisman.

ron todos los parroquianos, derrumbando mesas y bancos. La chichera los insultaba en quechua:

—*K'anras, wiswis*[50], gente sin madre, nacida del viento.

Nos tuvimos que ir con el cantor, despacio, cuando la picantería quedó en silencio. Acompañé a don Jesús largo rato, por algunas callejuelas y el campo.

Él estaba alojado en una choza con techo de malahoja, cerca del acueducto que pasa por la montaña, arriba de Abancay. En un corredor dormitaba el *kimichu*. El lorito se espulgaba, parado sobre la urna de la Virgen. Era tarde. La luz del sol caldeaba el corredor, le daba de lleno el sol que iba cayendo sobre las montañas filudas de enfrente, por el camino a Andahuaylas. Llegamos cansados.

—*¡Taytallay tayta!** —dijo el cantor.

Me acordé entonces de Palacitos, el ingrato. Debió pasar la tarde con el clarinetero, en alguna otra chichería o en el campo, conversando.

—¿Pedirán limosna, a la noche? —le pregunté a don Jesús.

—No —me dijo—. Nos iremos mañana. Abancay no sirve.

¡Claro! La Virgen de Cocharcas camina cargada por su *kimichu* en las aldeas de indios y mestizos, de señoras y señores creyentes. Los servidores de la Virgen no hablan sino quechua. En las ciudades, ella recorre los barrios; entra a la catedral o a la iglesia mayor, o se detiene en el atrio, un instante, en homenaje al templo, y se va. Centenares de leguas camina. El *kimichu* toca chirimía; el lorito otea los campos, de lo alto de la urna o desde el hombro del peregrino. Su ingreso a las aldeas se convierte pronto en una fiesta. El *kimichu* y su acompañante, si lo tiene, son homenajeados. Pero allí, en Abancay, lleno de soldados, y de esos guardias de espuelas y de polainas lustrosas, señores recién llegados

---

* «¡Oh padre, padre mío!», expresión muy usual en trances difíciles o amargos (nota de Arguedas).

---

[50] *k'anras:* sucios, asquerosos. *wiswi:* «asquerosidad cebosa, mugre, suciedad grasienta». (Nota de la ed. de Sybila).

que miraban a la gente de los barrios con un semblante tan espetado como el de un mayordomo de terrateniente, ¿qué, qué podía hacer la Virgen de Cocharcas, su lorito, su *kimichu* y su cantor? ¡Adiós! Me despedí de don Jesús en el corredor.

—*Papay*, don Jesús, vas a cantar en el puente del Pachachaca, al pie de la Cruz —le dije—. Por mí; para que me vaya pronto.

—¡Seguro! —me contestó— ¡Seguro! Haremos estación con la Virgen.

—Al río también le rogarás, don Jesús.

—Seguro. Al *Apu* Pachachaca, le rogaré.

—Le dirás a nuestro Padre que iré a despedirme.

—¡Seguro!

Lo abracé. El sol caía sobre la gran cordillera de enfrente, toda rocosa y llena de abismos.

Regresé a Abancay entre confundido, temeroso y feliz.

—¿Qué, qué es, pues, la gente? —iba preguntándome.

* * *

Encontré a la banda militar marchando hacia la plaza, seguida por una parvada de chicos, «señoritos»[51] y mestizos. Algunos pequeños corrían, retozando, sacudiendo sus harapos; tropezaban en las piedras, y se levantaban luego sin quejarse. Rodeaban, rodeaban a los músicos; los miraban de cerca, contemplaban los instrumentos. Un grupo se había organizado detrás de la banda; y marchaban, moviendo exageradamente los brazos, por el esfuerzo que hacían para dar largos pasos; se veían obligados a correr cuando se retrasaban, ante el riesgo de que el espacio vacío fuera ocupado por otros. Los niños sueltos miraban los instrumentos, especialmente los bajos de metal, tan espectaculares y gigantes. Reían, porque los instrumentos disminuían a los soldados hasta presentarlos como enanos, como pintorescos insectos. Reían a gritos. Escuchaban la marcha; se miraban

---

[51] «*señoritos*»: hijos de personas de clase alta o que tienen criados; jóvenes acomodados, ociosos y presuntuosos.

unos a otros; se perseguían. Una pequeña multitud casi solemne de mestizos y algunos comuneros acompañaban a la banda por las aceras o los bordes de la calzada. Los niños, al perseguirse, se escondían detrás de los mestizos y de las mujeres, se prendían de sus piernas, miraban a los mayores, sin reparar en su condición, con los ojos brillantes, en que el júbilo reinaba como en un mar o en un bosque en que la lluvia hubiera dejado miríadas de escarcha que el sol hiciera resplandecer.

Yo no podía, no pude contagiarme de esa felicidad pura de los inocentes; marché a un costado de la banda, cerca de los grandes. Reconocí a Palacitos; iba casi junto al Prudencio. No formaba parte de ninguno de los grupos de chicos que retozaban en la calle; iba solo; se podía notar la importancia que se daba a sí mismo; resaltaba la seriedad de su expresión; en cierto modo parecía ser integrante de la banda, aunque no se pudiera precisar qué función desempeñaba. ¿Manejaba algún hilo invisible que tenía relación secreta e indispensable con la marcha de la banda y la sincronización de los instrumentos? Examinándolo bien comprendí que él era el único espectador o acompañante verdaderamente solemne de la banda.

Llegamos al parque y el júbilo de los niños estalló, lanzaron gritos. Los chicos invadieron el jardín, pisotearon las rosas y las otras flores para llegar primero junto a la glorieta. ¡Una plaza! El hombre al entrar a ella alguna transformación sufre, por el brusco cambio de espacio o por los recuerdos. Pretendí buscar a Palacitos, pero él también había corrido y estaría ya en la primera fila de la glorieta, prendido de las rejas de hierro. Me detuve en una de las aceras interiores del parque.

Yerbas crecían en la calzada ancha que separaba el parque de las casas del contorno y de sus aceras. En las noches cantaban allí grillos alados, típicos de los valles de la costa y de las profundas quebradas cálidas de la sierra próxima a la selva. A pesar de la alta música de la banda, los grillos planeaban en el aire y algunos cantaban aparentemente en sitios lejanos. Me cautivaban estos insectos. ¿Grillos alados? Habría considerado extravagante a quien, en las aldeas donde residí antes, me hubiera dicho que los grillos volaban. Eran tiernos y vivaces, como los que habitan en las zonas templadas o frías; movían sus largas antenas, tratando de adivinar el camino o los espacios desconocidos a los que caían. Entraban riesgosamente a las habitaciones iluminadas. Y la gente, como en la costa, los mataba, aplastándolos, sin tener en cuenta su dulcísima voz, su inofensiva y graciosa figura. A un mensajero, a un visitante venido de la superficie encantada de la tierra, lo mataban, pudiendo echarlo a volar, después de sentir en las manos la palpitación de su pequeñísimo y frío cuerpecillo. Aquella noche, me dediqué a apartar los grillos de las aceras donde corrían tanto peligro. Los de mi región nativa no han sido dotados de crueles alas; cantan cristalinamente en la noche, desde todos los campos que rodean al ser humano, encantándolo. En Abancay había que defenderlos. Costaba trabajo atraparlos y llevarlos lejos, con mucho cuidado; porque, además, son frágiles, de articulaciones débiles; sus miembros se desprenden fácilmente, y verlos sin un brazo o sin una pierna, o sin alas, es tan atroz como descubrir la mancha, la especie de sombra que de ellos queda cuando los aplastan en el piso de las habitaciones o en las piedras de las aceras. Por fortuna, aquella noche llegaban pocos al parque que está cerca de los campos baldíos. Y la música me auxiliaba espléndidamente.

Cuando, por un instante, presté atención a los transeúntes del parque, vi que había llegado cerca de una esquina y que algunos me miraban con curiosidad excesiva. Yo era un jovencillo ya. Decidí irme al Colegio, a estudiar o leer. Y descubrí a Antero que venía con el hijo del Comandante. Ambos tenían igual estatura, pero el costeño caminaba con más donaire; era delgado, no flaco. Miraba vivamente a los paseantes, a las muchachas. Las colegialas ya no llevaban uniforme; reconocí a algunas; ahora tenían más presencia, cual verdaderas señoritas. Antero me saludó con la mano y siguió de largo. Pero volvieron casi en seguida. Se me acercaron ambos.

—¡No habrás dicho nada! ¡No dirás nada! —me dijo Antero— Te presento a Gerardo.

394

El hijo del Comandante me extendió la mano, con ademán grave.

—Sé que eres un hombre —me dijo—. Que quieres a Antero, que es valiente, como pocos, o como ninguno.

Le estreché la mano. Hablaba al modo de los costeños, pronunciando las palabras con rapidez increíble. Pero cantaba algo al hablar[52].

—Yo no voy a decir nada; no he dicho nada —contesté—. Vayan no más. Mucho gusto en conocerle, Gerardo.

A pesar del alumbrado débil, aquella noche, en la plaza, pude descubrir una rara diferencia de brillo en los ojos del joven costeño; el izquierdo parecía algo opaco; sin embargo, ése hería más, transmitía, diría que mejor, lo que el joven tenía de distinto. Un costeño, en lo denso de los pueblos andinos, donde todos hablamos quechua, es singular, siempre; es diferente de todos. Pero Gerardo, además, por aquel ojo, por la especie de sombra que en él había, me miraba suavemente, como con el ojo grande de un caballo en el que se hubiera diluido la inteligencia, la sangre humana. Le daba de lleno un foco de luz en la cara. Durante la lucha del mediodía no percibí ese rasgo de su rostro. No lo percibí; pero esta vez, el joven se fijó en mí detenidamente. Comprendí que tanto él como Antero se dirigían a mí como a un menor. Lo era; pero la diferencia entre Antero y yo, en lugar de haber sido marcada, la habíamos olvidado, borrado. Él se acercó, se hizo a mí desde el regalo del *zumbayllu*, desde que ambos nos enfrentamos al Lleras; así llegamos donde Salvinia en la alameda; así hicimos bailar el *winko* en el patio del Colegio; pero esta vez, en el parque, se mostraba, más claramente y por entero, como el cachorro crecido, «maltón»[53], cual solemos decir en la sierra, más aún que aquel que habló, de vuelta de la alameda, amenazando con tener de mancebas a una docena de indias, si Salvinia prefería a otro, o si la perdía.

---

[52] Los piuranos hablan con un marcado acento regional, el cual suena como un «canto» a oídos foráneos.

[53] *maltón:* «niño crecido, cuando en él despuntan ya los rasgos del adolescente» (Tauro, 1987: tomo 4, 1248).

Se fueron; alcanzaron a una fila de muchachas, y luego aquietaron el paso. A Antero se le notaba recio y pesado junto al hijo del Comandante. Comprobé que los colegiales lo miraban con sorpresa, quizá algo admirados. Esperé en la esquina que concluyera el vals[54] que tocaba la banda.

No pasaron Salvinia ni Alcira. En el aire había perfume. Elegantes señoras y caballeros paseaban; grupos de oficiales y señoritas que caminaban lentamente, en filas. Los oficiales las rodeaban y acompañaban. Las joyas con que se habían adornado las damas, brillaban. Algunos aretes eran largos; pendían de las orejas de las jóvenes, prodigiosamente, las alumbraban; de verdad hacían resaltar la belleza de sus rostros. Yo no las conocía, pero habría tendido mantos de flores a su paso, hubiera deseado ascender al cielo y bajar una estrella para cada una, a manera de respetuosa ofrenda. Me chocaba el vocerío de los jóvenes y mozalbetes que las seguían, la excesiva libertad con que las obligaban, aunque pocas veces, a replegarse para pasar ellos; y mucho más, las miradas que les dirigían, insolentes. Aunque algunos las contemplaban, rindiéndose, como debía ser; y se retiraban con inmenso respeto para dejarlas pasar. Creía que era un deber humillar, azotándolos, o de cualquier otra manera, a los brutos que no se inclinaban con regocijado silencio ante ellas. Pero dudaba que esas alhajadas niñas pudieran dar la felicidad, sin mancillarse. ¿Cómo? Si estaban a tan inalcanzable altura; aquí, sobre la tierra, caminando, oyendo el vals, pero a una distancia que yo sentía extremada, temeraria, que ningún halcón se lanzaría a cruzar; ningún insecto alado y fuerte, como un *huayronk'o*[55] o cantárida, ni siquiera el mágico vuelo del «San Jorge»[56]. ¿O era necesario llevar uniforme y un fuete lustrado, o andar como Gerardo, gallardamente y con cierto aire de displicencia, para vivir cerca de ellas y tomarles las manos? No, yo no alcanzaría a corromperme a ese extremo.

---

[54] *vals:* No es el vals vienés, sino el vals criollo, género de canción y baile típico del Perú, el más característico de la música criolla de la Costa.

[55] *huayronk'o:* abejorro. Cfr. la nota 66 del cap. I.

[56] *«San Jorge»:* cfr. la nota 13 del cap. VIII.

Concluyó el vals. Valle se acercaba, escoltando a una fila de lindas muchachas. Pero este hombre exageraba, fingía, se burlaba; creía saber más de lo que sabía y haber llegado más allá del verdadero sitio que ocupaba. Gesticulaba, movía las manos con los dedos en evidentes posturas forzadas; las adelantaba hacia la cara de las niñas y aun su boca la adelantaba; debían sentirle su humano aliento. ¿Por qué no lo empujaban a la calzada?, reflexionaba yo. Pero no parecían sentir mucha repugnancia hacia él.

Me retiré de la plaza. Y tomé una decisión que creí alocada y que, sin embargo, me cautivó: ir a la cárcel y preguntar por el *Papacha* Oblitas.

La cárcel quedaba cerca de la plaza, a media cuadra. A esa hora estaría cerrada. Pero una ventanilla enrejada tenía la puerta en su parte central, a la altura de la cabeza del centinela de guardia. No me podía ver bien el guardia, desde allí.

—Señor —le dije—. Señor guardia, soy ahijado del arpista, del *Papacha* Oblitas que trajeron preso en la tarde. ¿Lo han soltado ya?

—No sé nada —me contestó.

Por su modo de hablar comprendí que era de Apurímac o de Ayacucho. Le hablé en quechua.

—¡Papacito! —le dije—. Pregunta, pues, quiero traerle aunque sea su comida.

—Le han traído comida como para un obispo. No ha querido comer. Mañana sale, seguro.

—¿Está llorando?

—No seas «pavo»[57]. ¡Qué va a llorar! —hablaba en voz muy baja el guardia— Ha jodido sus manos más bien trompeando la pared. ¡Ándate ya!

—Gracias, papacito. ¿Le dirás que su ahijado, el muchacho estudiante que estaba a su lado en la chichería, ha venido?

—Cómo no. ¡Fuera ya, fuera!

Oí pasos detrás de la puerta, y me alejé corriendo.

---

[57] *«pavo»:* tonto; ingenuo.

Decidí ir entonces donde el notario Alcilla. Disponía aún de media hora. Debía pasar por la puerta del Colegio. Encontré abierto el postigo del zaguán.

Alcilla estaría ya acostado y sus hijos encerrados en la casa; la mujer humildísima y pálida rezaría a esa hora. Temía a esa familia. La enfermedad, el aislamiento, las quejas, los amurallaban. Entrar allí era para sufrir sin comprender nada. Yo ya no iba. El Padre Director era mi apoderado, hacía tiempo.

El patio del Colegio, semioscuro y en silencio, me tentó. Desistí de visitar al notario y preferí el Colegio.

No había estado nunca solo en el patio de honor. Me senté en el borde de la fuente. La música que tocaba la banda llegaba con plenitud, a pesar de la distancia y los muros. Los sapos caminaban cerca de la pila, croaban vigorosamente. Advertí mejor, entonces, que esas voces eran más graves que la de los sapos de altura, a pesar de que en el fondo del coro de los grillos, la voz de los sapos de las regiones frías tiembla como el tañido lento de las campanas. Los de Abancay croan con cierto júbilo y ternura. En estos hondos valles los grillos no forman coros, vuelan y gimen casi solitarios. Son otros insectos, los que vibran en mantos, y con voz incierta, mezclada, en una vibración que confunde al forastero, lo fascina y lo aturde, infundiéndole sueño.

En el patio interior del Colegio, detrás de los tabiques de madera, también, aunque muy raramente, se ocultaban sapos y grillos. Allí había arañas; tejían su red en los techos, y envolvían audazmente a las pequeñas flores amarillas que crecen cerca de las rendijas.

Por primera vez me sentí protegido por los muros del Colegio, comprendí lo que era la sombra del hogar. Como hasta entonces había mudado tantas veces de residencia, y en la aldea con la que estaba identificado mi pensamiento, había vivido en una casa hostil y ajena (sí, la aldea era mía, pero ninguna de sus casas, ningún dormitorio, ningún patio, ningún corredor; los gatos que tuve fueron despedazados por los perros del dueño de la casa que azuzaba a las bestias con sus gritos y sus ojos carnosos), el Colegio me abrigó aquella noche; me recibió con sus espacios familiares, sus grandes sapos cantores y la fuente donde el agua caía en el silencio; el alto corredor donde vi llorar al pálido, al confundido «Añuco», donde escuché la voz radiante del Padre Director, enfadado e indeciso. Y así, ya seguro de mí, y con la esperanza de que el patio interior también me recibiría, fui allá, caminando despacio; una especie de gran fatiga y sed de ternura hacía arder mis ojos.

Encontré al «Peluca», paseando junto a los excusados.

—No ha venido, la india puta —me dijo, en voz alta, cuando me reconoció—. No quiere venir. Yo ahora te la daría, seguro, garantizado. Aprende ya a ser hombre.

Siguió caminando frente a los tabiques de madera.

Levanté un puñado de tierra y le aventé a la cara. Gritó, se tapó los ojos, sentí que me perseguía. Me hice a un lado y él siguió de frente hacia el patio. Yo entré a la cocina.

La cocinera era mi amiga, de mí y de Palacitos. Ella oyó la carrera; se echó a reír. Un foco opaco, cubierto de manchas que las moscas dejaban, alumbraba apenas las paredes negras de la cocina.

—¡Ella está en la torre! —me dijo en quechua— *¡Jajayllas!*

—¿En la torre?

—En la torre, pues.

—¿Con su rebozo nuevo?

—Seguro. ¡Qué lo va a dejar! Escondido, escondido, lo ha llevado.

—¿Tú la has visto subir?

—¡Claro, pues! El candadito es falso, como el sacristán borracho. Mejor que oso camina ella, despacio. He visto que ha entrado.

No me parecía posible que hubiera podido deslizarse tan largo espacio en la plaza, sin que la descubrieran. Aunque nadie caminaba con mayor sigilo que ella, como si fuera una pequeña sombra redonda. Así aparecía en el patio interior, repentinamente, a pesar de que los ansiosos internos vigilaban el pasadizo.

—Iré. ¡Voy a verla! —dije.

La cocinera me miró asombrada.

—¿Por qué no se ha sentado en un rincón de la plaza, a

oír a la banda? ¿Junto a una puerta, a un zaguán, o al costado de una tienda? —le pregunté.

—La pueden patear, pues. Cualquier cosa pueden hacerle; es opa. La opa es «distinto»[58]; si quiere también puede irse de este mundo, tranquila, saltando a un *kijllu** de los precipicios o entrando a las sombras de las cuevas. Pero tiene que sufrir todavía, dicen. A eso ha venido.

—¿Sufre?

—¡Es gente! ¿Por qué no va a sufrir? ¿Acaso es callo muerto su cuerpo?

—¿Por qué sufrir solamente?

—Para eso Dios la ha mandado a este pueblo.

—Quizá, ahora, en la torre, está gozando. Más que tú todavía, que estás en la cocina día y noche. ¡Y más que yo!

—¡Ja, niño; ja!

—¡Voy a ir! —le dije— Pero el «Peluca» me agarrará en el patio.

—¡A ver! —dijo.

Sacó un tizón grueso del fuego.

—¡A ver! ¡Seguro espanta!

Salimos. El «Peluca» escuchó nuestros pasos y vino a alcanzarnos. La cocinera lo empujó con el tizón, lejos. Lo acorraló junto a la escalera.

—¡Papacito hechor! —le decía— ¡Tranquilo, pues!

Corrí por la calle. La banda seguía tocando aún en la glorieta de la plaza. El parque se lucía con las damas, los oficiales y los caballeros paseando en el anillo, y los mestizos y comuneros detenidos en la calzada, en las aceras de las calles y apiñados junto a la glorieta. Pude correr hasta la esquina de la iglesia sin llamar la atención de nadie.

El pequeño candado de la puerta de la torre había desaparecido; el cerrrojo pendía sobre la madera. La puerta esta-

---

* Rajadura profunda. (Nota de Arguedas.)

[58] En el mundo andino ser *distinto* (opa, marcado por viruelas o lunares, jorobado, etc.) se interpreta como poseer una condición fuera de lo común, más cercana de las fuerzas misteriosas del cosmos: mágicas, demoníacas, mesiánicas...

ba junta. Llegué a ella por la sombra de la torre. Tuve miedo, pero abrí con inmenso cuidado una hoja de la puerta. Entré y la cerré. La oscuridad se hizo densa. Pero en ella perdí todo temor. Sentí esperanza, una esperanza que hacía latir vigorosamente mi sangre. Me descalcé. Empecé a subir las gradas, a tientas. Yo era diestro en caminar descalzo. Había imitado en mi niñez, con éxito, a los gatos. ¡No me oiría!

Fui acercándome a la luz, en la torre, a pocos. Era no la luz eléctrica pura, sino su resplandor y la del cielo, muy estrellado aquella noche. Había asegurado mis zapatos bajo el cinturón, para tener las manos libres.

Llegué muy cerca de ella, de la opa. La vi bien. Se había echado bajo el arco que daba de frente a la plaza. Sus cabellos deshechos, tan desiguales, ruinosos, se destacaban a la luz. Movía los pies, uno y otro, como muestra de felicidad, cual un puma su cola. Oí que reía sin recato. Estaba lejos de la gente. Reía fuerte, en cortos desahogos. Señalaba con el brazo extendido el parque, y volvía a reír. Apuntaría a las personas conocidas o a las que según ella merecían ser celebradas o que aparecían ridículas. Su risa era desigual, no incoherente.

Había desatado el rebozo de doña Felipa de lo alto de la cruz, en el puente del Pachachaca, el día anterior; su hazaña de esta noche era mayor. Oía a la banda de músicos desde el mirador más alto y solemne de la ciudad, y contemplaba, examinándolos, a los ilustres de Abancay. Los señalaba y enjuiciaba. Se festejaba a plenitud, quizá como ninguno[59]. Pero su risa, el movimiento de su cuerpo, sus cabe-

---

[59] Spina percibe que «la demente demuestra que ella siente y comprende el simbolismo del rebozo —el reto que éste constituye para la clase alta— y la mera comprensión le permite ascender con respecto a su propia humanidad y situarse en una posición de juez» (Spina, 1986: 115). Por su parte, Dorfman esclarece la dimensión heroica de Marcelina y el soterrado simbolismo mágico-religioso de su transfiguración: «Ella sube a la torre, frente a la plaza pública, y desde ahí se ríe del mundo oficial, se burla de las autoridades, de las mujeres que pasean, de los soldados, etc. Ella que es lo más bajo y violado, se encumbra y, desde lo alto, se festeja a sí misma como una niña, como una inocente. [...] La posesión del manto de la he-

llos, repercutían en mí con atroz tristeza. ¿Por qué? Quizá por los recuerdos de haberla visto desnuda, con el traje sobre la cabeza, blanca, disputada en ciegas peleas por los internos. Su propia figura, su rostro atolondrado. ¡Cómo temblaba yo en esas horas en que de noche ella caía al patio interior, y los cielos y la tierra no podían devorarme a pesar de mis ruegos!

Aturdido, permanecí un instante más. Creí que cometía una maldad con verla. Una maldad grande que debería expiar.

Bajé con más cuidado, porque bajar los caminos y gradas difíciles requiere más tino, y porque un sentimiento contrario al que me impulsó durante la ascensión a la torre, me oprimía.

Sólo los ojos azules de mi padre me habrían calmado, me habrían liberado aquella noche de tanta maldad que vi durante el día. Como otras veces, me dirigí rápido al Colegio con la fantástica esperanza de encontrarlo, sonriendo, en la puerta[60].

Me acordé del «Peluca» y esperé que llegaran otros internos. Escuché que la banda tocaba la marcha con la que se retiraba a su cuartel.

—¡Te habrá llegado el canto del rondín! ¡Quizá el canto del *winku*! ¡Al no encontrarte en Chalhuanca tiene que haber volteado hacia Coracora, tenía fuerza para eso, para rodear el mundo! —exclamé, pensando en mi padre. Y me sentí nuevamente solo y firme, en esa ciudad de la que con razón, él, mi padre, había huido.

¿Y el «Añuco»? Cabalgaría a esa hora, llorando, por las orillas febriles del Apurímac. Del Lleras sabía que sus hue-

---

roína es suficiente, como en los cuentos de hadas más propicios, para transformarla» (Dorfman, 1980: 129). Acertadamente, Rowe y Forgues leen una inversión de los valores reinantes (asunto que cabría ligar a lo que Bakhtine llama la «carnavalización», y que Lienhard estudia en la novela póstuma de Arguedas).

[60] Todavía a estas alturas de su aprendizaje Ernesto añora la figura protectora de su padre. Nótese el contraste con el final del capítulo que viene, donde Ernesto concluye su aprendizaje en Abancay, madurando, optando por los «colonos» y seres sojuzgados.

sos, convertidos ya en fétida materia, y su carne, habrían sido arrinconados por el agua del gran río («Dios que habla» es su nombre)[61] en alguna orilla fangosa donde lombrices endemoniadas, de colores, pulularían devorándolo[62].

[61] Cfr. la nota 75 del cap. I.

[62] Este último párrafo retoma el final del cap. I (esa especie de obertura de la novela), preparando el desencadenamiento de la escena última de toda la novela, donde los lazos con el cap. I se harán más explícitos. Otro capítulo que termina con la imagen de los ríos profundos (cfr. la nota 33 del cap. VIII).

XI

Los colonos

A los guardias que persiguieron a doña Felipa los extraviaron en los pueblos, durante varios días. Unos decían haber visto pasar a la chichera momentos antes, en mula y a paso lento. En los mismos sitios declaraban otros no saber nada de su llegada ni de su nombre. Una indicación falsa o comedida obligaba a los guardias a subir grandes cuestas, a bajar al fondo de las quebradas o a faldear durante horas las montañas. Los guardias volvían muchas veces a los pueblos, y castigaban a las autoridades. Llegaron así a Andahuaylas. La mitad de la gente afirmaba en la ciudad que doña Felipa había pasado, camino de Talavera, la otra mitad aseguraba que aún no había llegado y que sabían que ya se acercaba.

No la pudieron encontrar. Por orden del Prefecto los guardias permanecieron en Andahuaylas e instalaron allí un puesto. Siguieron recibiendo noticias, a diario, del avance de doña Felipa y su acompañante, de su huida hacia Huamanga. Otros afirmaban que había instalado una chichería en San Miguel, en la frontera con la selva, adonde llegan ya parvadas de inmensos loros azules.

En Abancay no cerraron la chichería de la cabecilla, ni aun después del incidente con los guardias. Don Paredes se hizo nuevamente dueño, con el apoyo de la guardia, y expulsó a la joven chichera gorda. La notificaron a ella que saliera de Abancay, que se fuera a Curahuasi[1], de donde era oriunda. Se fue con el arpista, el *Papacha* Oblitas, que también era de Curahuasi.

A la semana siguiente se marchó el regimiento. En el cuartel quedó instalada la Guardia Civil. Dijeron los Padres que el regimiento había marchado sobre Abancay no por el mitin[2] solamente, sino a cumplir las maniobras del año; que la tropa estaba inactiva hacía mucho tiempo, y que la marcha relámpago al Apurímac y al Pachachaca fue un gran movimiento que enaltecía al Comando del Cuzco.

La ciudad, según la impresión de los externos, quedó vacía. Los oficiales ya no deslumbraban a los transeúntes en las calles, en las cantinas, en los salones y en las villas de las haciendas. Yo no podía comprender bien cómo muchas de las señoritas más encopetadas habían quedado tristes y aún[3] llorando por los oficiales, y que algunas se hubieran comprometido en matrimonio. Supe que dos muchachas de la ciudad pretendieron suicidarse. Habían ido a lugares lejanos, por las orillas del Mariño, en paseos con los militares, y decían que allí fueron «deshonradas», aunque voluntariamente.

Los uniformes daban a los oficiales un aspecto irreal. Nunca había visto a tantos, juntos, dominando una ciudad, asentándose en ella como una parvada de aves ornamentadas que caminaran dueñas del suelo y del espacio. Los jefes provinciales que conocí en los pueblos eran fanfarrones, casi siempre descuidados y borrachos; éstos del regimiento, así, juntos, despertaban preocupaciones desconocidas. Los

---

[1] Curahuasi (en quechua significa «casa del hijo mayor», como sugiriendo que esta joven chichera ha sabido comportarse como hija-discípula de Felipa) es una aldea de la provincia de Abancay, departamento de Apurímac.

[2] La ed. de 1972 (versión que sigue aquí la ed. de Sybila) cambia «mitin» (eds. de 1958 y 1967) por «motín». Nos parece mejor la versión original: resulta significativo del afán de los Padres de disminuir importancia a la rebelión (llegan a sostener que los soldados debían cumplir con unas maniobras reglamentarias) que hablen meramente de un «mitin».

[3] Caben las dos variantes (implican matices diversos): «aún» (ediciones de 1958 y 1967) y «aun» (1972 y Sybila).

fusiles, las bayonetas, las plumas rojas, la hermosa banda de músicos, se confundían en mi memoria; me atenaceaban la imaginación, el temor a la muerte.

Los más jóvenes oficiales llevaban fuctes[4] de cuero lustrados. Calzados de botas altas y finas, caminaban con pasos gallardos y autoritarios. En las raras veces que entraban al barrio de Huanupata, causaban revuelo, un respeto inmenso y admiración[5]. En cambio, a los jefes ya «maduros», se les miraba sin consideración especial; la mayoría de ellos eran barrigones y gordos. Las cholas los veían pasar con temor.

Del Coronel me dijeron que una sola vez fue a Huanupata. Era trujillano, tenía un apellido histórico, y su solemnidad, su adustez, como sus ademanes, parecían fingidos. Pero en la iglesia mostró un semblante severo que impresionó a todos. Lo vimos imponente, con sus entorchados y charreteras, bajo el alto techo del templo, entre el incienso, solo, sentado en un gran sillón; lo contemplamos como a algo más que a[6] un gran hacendado. Me contaron que cuando fue al barrio de las picanterías pasó por las calles muy rápido. Lo escoltaban varios oficiales y caballeros. Concluyó la visita lamentando la repugnancia que le causó el olor que emanaba de las chicherías y las chozas.

La gente criaba muchos cerdos en ese barrio. Las moscas hervían felices, persiguiéndose, zumbando sobre la cabeza de los transeúntes. Los charcos de agua se pudrían con el calor, iban tomando colores diferentes aunque siempre densos. Pero sobre algunas tapias muy altas, allí, bordeando Huanupata, colgaban sus ramas algunos árboles de limón real; mostraban sus frutos maduros o verdes, en lo alto; y los niños los codiciaban. Cuando algún pequeño de Huanupata bajaba a pedradas un limón real de aquéllos, lo tomaba casi con fervor en sus manos, y huía después, a la mayor velocidad de que era capaz. Con seguridad guardaba en

---

[4] *fuete:* látigo.
[5] Las eds. de 1972 y de Sybila suprimen «un respeto inmenso y admiración».
[6] Las eds. de 1972 y de Sybila quitan la preposición «a» que figura en las eds. de 1958 y 1967.

alguna parte de su ropa, quizá dentro de un nudo hecho en la camisa, un trozo de la chancaca[7] más barata que hacían en las haciendas del valle. El limón abanquino, grande, de cáscara gruesa y comestible por dentro, fácil de pelar, contiene un jugo que mezclado con la chancaca negra, forma el manjar más delicado y poderoso del mundo. Arde y endulza. Infunde alegría. Es como si se bebiera la luz del sol[8].

* * *

Yo no pude comprender cómo muchas de las lindas señoritas que vi en el parque, durante las retretas, lloraban por los militares. No lo comprendía; me causaba sufrimiento. Ya dije que casi todos aparecían gallardos, algo irreales, con sus fuetes puntiagudos y lustrosos. Pero sospechaba de ellos. Vestidos de polacas ceñidas, raras, y esos kepís altos, de colores; las botas especialísimas; los veía displicentes, como contemplando a los demás desde otro mundo. Eran corteses, hasta algo exagerados en sus ademanes caballerescos. Pero todo eso me impresionaba como no natural, como representado, como resultado de ensayos, quizá de entrenamientos ocultos y minuciosos que hacían en sótanos o cuevas secretas. No eran como los otros seres humanos que conocía, distantes o próximos a mí. Y en los oficiales ya maduros, no observé —en el poco tiempo que los vi en Abancay—, no observé ya sino rastros de esa cortesía de aspavientos y genuflexiones de los jóvenes. Se paraban con gran aplomo en todas partes, como si no fueran de tierra sino que la tierra naciera de ellos, en donde quiera que estuviesen. Y miraban con expresión distinta; diría que algo más ruda, con una especie de lujuria, acaso exclusiva de ellos. Cuando supe que se habían ido de Abancay y me dijeron que la ciudad estaba desierta, no pude dejar de meditar en ellos.

---

[7] *chancaca:* masa de azúcar preparada en forma de «bollo prieto, de figura hemisférica y como del tamaño de un pequeño plato sopero». Se juntan dos de estos hemisferios dulcísimos como cerrando una figura semiesférica y se atan con hebras de totora (Tauro, 1987: tomo 2, 626).
[8] Las eds. de 1972 y de Sybila no guardan espacio grande entre el párrafo que termina «a la luz del sol.», y el que comienza «Yo no pude comprender».

Recuerdo que llegué a creer, durante la noche, en el patio interior, que eran también como bailarines o aparecidos. «¡Son disfrazados!», me dije. Los disfrazados a algún sitio nos quieren llevar, siempre. El *danzak'* de tijeras venía del infierno, según las beatas y los propios indios; llegaba a deslumbrarnos, con sus saltos y su disfraz lleno de espejos. Tocando sus tijeras de acero caminaba sobre una soga tendida entre la torre y los árboles de las plazas. Venía como mensajero de otro infierno, distinto de aquel que describían los Padres enardecidos y coléricos[9]. Pero los *ukukus*[10], trajeados con pieles completas de osos peruanos, sus pequeñas orejas erguidas, los cortes de sus máscaras, que dejaban salir el brillo de los ojos del bailarín; los *ukukus* pretendían llevarnos a la «montaña», a la región próxima a la gran selva, hacia las faldas temibles de los Andes donde los bosques y las enredaderas feroces empiezan. ¿Y estos disfrazados? ¿El Coronel, los *huayruros* de espuelas y polainas, tan distintos de los humildes gendarmes a los que reemplazaron, y los gordos comandantes que se emplumaban para escoltar al Coronel en el desfile? ¿Adónde nos querían llevar? ¿Qué densa veta del mundo representaban? ¿En qué momento iban a iniciar su danza, durante la cual quizá pudiéramos reconocerlos, comunicarnos con ellos?[11].

¿Qué les habían dicho, qué les habían hecho a las hermo-

---

[9] Sobre el *danzak'* de tijeras, véase la nota 3 del cap. VI.

[10] *ukuku* o *ukamari:* oso de anteojos. Se llama también al bailarín que se disfraza de *ukuku:* «Los "ukukus" escalan antes del amanecer la cima del monte, arrancando bloques de nieve, y bajan con la luz de la aurora, cargando nieve al santuario. Los "ukukus" (osos) visten de negro... Marchan en filas de a uno y en sus figuras, iluminadas por los bloques de hielo que cargan, el espectador siente la conjunción del paisaje majestuoso del hombre y la luz del amanecer, todo rendido como un homenaje a lo sobrenatural» (Arguedas, *Las comunidades de España y del Perú*).

[11] La ed. de 1972 introduce aquí una modificación importante, aceptada por la ed. de Sybila. En lugar del pasaje «¿Adónde nos querían llevar? ¿Qué densa veta del mundo representaban? ¿En qué momento iban a iniciar su danza, durante la cual quizá pudiéramos reconocerlos, comunicarnos con ellos?» (eds. de 1958 y 1967), brinda otro, sin la posibilidad de comunicarse danzando: «Estaban adiestrados para mandar, para fusilar y hacer degollar con las bayonetas. ¿Para qué se disfrazaban y ornamentaban?»

sas muchachas que fueron con ellos a las orillas del Mariño? ¿Por qué lloraban esas niñas? ¡Quizá Salvinia les había dirigido alguna de sus cristalinas sonrisas! Me horroricé cuando me asaltó la última sospecha. Y el horror mismo me llevó más lejos: quizá Clorinda, la frágil flor de los campos áridos que sólo reverdecen en el invierno, había mirado también a alguno de estos disfrazados; quizá hasta lo hubiera preferido a su novio, el contrabandista taimado, y hubiera consentido aunque no fuera sino en poner una de sus manos sobre las charreteras.

Prendí mi memoria de la imagen del puente del Pachachaca, de la imagen de la opa, feliz en lo alto de la torre, con el rebozo de doña Felipa a su costado, para no lanzarme contra la pared, cegado por el sufrimiento. Y recordé en seguida a Prudencio, y al soldado a quien acompañé en la calle, porque iba cantando entre lágrimas una canción de mi pueblo. «¡Ellos no! —dije en voz alta—. Son como yo, no más. ¡Ellos no!»

Palacitos, que me había oído, se acercó a hablarme.

—¿Estás «disvariando»[12]? —me preguntó.

—¿Para qué sirven los militares? —le dije, sin reflexionar.

—¿Para qué? —me contestó, de inmediato, sonriendo—. Para matar, pues. ¡Estás «disvariando»!

—¿Él también? ¿El Prudencio también?

—¡Más de frente! —me dijo—. Yo sé. ¿Y por qué preguntas?

—Por zonzo —le dije, convencido—. Es que yo no tengo a mi padre tan cerca como tú. ¡Desvarío! ¡Puramente!

—¡Mi padre va a venir! —exclamó—. ¡Va a venir! —y me abrazó, con todas sus fuerzas.

Me hizo olvidar inmediatamente los pasados presentimientos. Nunca, antes, había esperado él con entusiasmo la visita de su padre. Por el contrario, si le anunciaban, por carta, que su padre estaba al llegar, se aturdía; intentaba estudiar, repasar los libros. Preguntaba por algunas definiciones; temía; pasaba el tiempo, en las tardes, recostado en la coci-

---

[12] «disvariando»: pronunciación quechuizada de «desvariando».

na, sobre unos pellejos que la cocinera tendía para él tras la puerta, en el más oscuro sitio. Salía de allí a preguntar nuevamente, y apuntaba en su cuaderno algunas notas. Ante los Padres se humillaba, especialmente ante el Director. El Padre se daba cuenta, claramente, y a veces lo consolaba.

—¡Arriba el corazón, Palacios! —le decía—. ¡Arriba el corazón, muchacho!

Le levantaba el rostro alzándole la barbilla. Lo obligaba a que lo mirara. Y Palacios llegaba a sonreír.

Ahora, por primera vez, sentía impaciencia ante la llegada de su padre.

—¡Los «daños», hermanito! —me dijo— ¡Voy a entregarle! ¡Le voy a contar del Lleras, del Hermano! ¡Del Prudencio!

Había examinado uno a uno los «daños». Todos eran distintos, como ojos de animales desconocidos. La visión de estos pequeños vidrios esféricos, cruzados en el fondo por luces de colores, lo exaltó hasta aislarlo de nuevo, pero con otra especie de aislamiento. Nos había mostrado los «daños» a sus amigos: a Romero, al «Chipro», a mí. Dudó por un instante si decidía llamar especialmente a Valle, para que los viera, pero luego pronunció un sarcástico insulto en quechua, y cerró la caja. Se paseó dos o tres días en el internado, casi siempre solo, cantando, silbando a ratos, acercándose a nosotros.

—¡Me quiere el «Añuco»! ¿No? —nos preguntaba de repente.

Y empezó a estudiar, a estar atento a las clases, a comprender mejor. Levantó el brazo una vez, en la clase, para contestar a una proposición del maestro, y la absolvió en seguida. No tuvo tiempo el maestro ni siquiera de sorprenderse mucho. Le hizo varias preguntas más y Palacitos, algo atemorizado ya, tartamudeando, respondió bien.

Yo vi que sus compañeros tampoco tuvieron tiempo, ni ocasión para acosarlo a preguntas o con su sorpresa y su curiosidad, a causa de su brusco «repunte». En los recreos nos buscaba a mí, a Romero, al «Iño». Romero, el campeón, altazo y famoso, le fue fiel. Jugaba con él, charlaba. Y su sombra lo protegía y lo dejaba desarrollarse tranquilo.

Ahora esperaba la llegada de su padre, presintiendo un triunfo, la mayor hazaña.

—¿Tu padre te creerá? ¿Le gustarán los «daños»? —le pregunté.

—¡Creerá, hermanito! ¡El corazón lo sofocaré! Me acuerdo de todo. Le hablaré de los libros; de Aritmética, de Geometría. ¡De Geometría, hermano! Se asustará, capaz. No me reconocerá. *¡Ja... jayllas, jajayllas...!*

Corrimos juntos al patio de honor. Felizmente me encontré con él esa noche, en triunfo.

* * *

Pero Antero se alejó de mí. Su nuevo amigo Gerardo se convirtió en un héroe recién llegado. Superó a todos, aun a Romero, en salto triple y con garrocha. Destrozó a sus contendores de box. Jugaba de *forward* centro, como una anguila y una saeta. Sólo en las carreras de velocidad no pudo con Romero, y en el salto largo con impulso. «Romero, ¡tú eres grande!», le dijo, delante de todos, en el patio interior. Romero comandaba la defensa en el equipo de fútbol, reemplazando a Lleras, y Gerardo dirigía la delantera. El Director planeaba ya un viaje al Cuzco, para desafiar al equipo del colegio nacional.

—¡Al Cuzco! —gritaba el Padre, después de los entrenamientos, en Condebamba. Y caminaba entre Romero y Gerardo, del brazo con ellos. Se le veía joven, con su cabellera blanca, levantada, sonriente, cruzando a paso de marcha el campo.

Los aplaudíamos.

—Con Gerardo yo aprendo —me dijo Antero, en el patio del Colegio, durante un recreo de la tarde—. ¡Las mujeres! Él conoce.

—¿Las mujeres?

Yo no le había oído llamarlas así, antes. Él decía, como yo, las muchachas, las chicas, y en los últimos tiempos no existía sino un nombre: Salvinia, y en segundo orden, otro: Alcira.

—Las mujeres, pues —me contestó—. Él sabe; es ducho.

Ya tiene dos enamoradas. Hemos dejado a Salvinia para nadie.

—¿Cómo para nadie?

—Yo tengo una, y otra en «proyecto». Pero a Salvinia la cercamos. Es pasto prohibido, por mí y por Gerardo. ¡Nadie prueba eso! Gerardo ya tumbó a una, en el Mariño. La hizo llorar, el bandido. La probó. ¡Yo...!

—¡Qué! —le grité.

—Nada, hermano —me dijo—. Estamos castigando a Salvinia. Tú viste que se rió con Pablo, el hermano de Gerardo. ¿No es cierto? Tú lo viste. Ahora nos mira a los dos, asustada. ¡A los dos por igual! ¿No es traición?

—Ustedes dos se pavonean. Están ya casi como el Lleras o el «Peluca» —le dije.

Me miró entre horrorizado y curioso.

—No abusan, no son malvados. Pero están peor que el Lleras, sucios, acechando a las niñas, como perros. ¿Por qué asustan a Salvinia?

—¡Di si se rió! ¡Niega si coqueteó! —me dijo.

—Yo no sé, «Markask'a». Tú eres más grande que yo. Tú sabrás. Pero a la tarde te devolveré el *zumbayllu*. Ya lo he estudiado. Yo puedo hacer otros iguales.

—¿De qué hablan? —preguntó Gerardo. Saltó del corredor al patio.

Uno de sus ojos tenía el iris extendido como el de un noble caballo. Y no era del mismo color que el del otro, pardo brillante; este iris era verde claro, un verde flotante entre otros colores difusos, predominando quizá, como agua de fondo, el mismo pardo, alegre, brillante.

—Ernesto no entiende; todavía es guagua[13] —dijo Antero—. Ha rabiado porque le he dicho que hemos cercado a Salvinia y que tú ya has probado a una abanquina.

—¡Cercado! Ya sé que eres como un perro ansioso que va oliendo por las calles. ¿No sería mejor que no se metieran con Salvinia? —le dije.

—¿Perro ansioso? Vamos a defender a Salvinia. Nadie se

_____

[13] Cfr. la nota 20 del cap. VI.

acercará a su puerta. No es mi estilo —contestó Gerardo—. Pero Antero lo ha decidido. Yo le dije que mejor entrara él a fondo, como yo le entro a las mujeres. Lo demás no les gusta a ellas.

—¿Qué no les gusta?

—La adoración, pues —contestó Antero—. Están locas por Gerardo, porque es positivista; porque él va a la carne[14].

—¡Mentira, perro! ¡Mentira, ladrón! ¡Asqueroso! —le grité.

—¿Mentira? Ellas me siguen. Me escriben cartitas. Irán donde yo quiera.

—Entonces, Gerardo, eres un perdido no más. ¡Como el «Peluca»! ¡Si el «Peluca» fuera valiente te molería a patadas, y te quitaría tu facha y las mujeres! Te haría andar de rodillas por todas las calles, tras de él, como mereces. Haría que fueras su paje mientras abusa de la opa. ¿No dice Antero que a todas las haces llorar? ¡Fuera de aquí, hijo de militar! ¡Cerdo!

Se lanzó sobre mí. Antero lo pudo agarrar del saco. Yo lo esperaba, para estrellarme contra él. Se alborotaron los alumnos, nos rodeó un tumulto. Yo estaba cegado por la ira. Llegué a darle un puntapié al hijo del Comandante. Me agarraron por detrás.

—¡Qué hay aquí! —oí que hablaba el Padre Director, bajando las gradas del corredor.

Muchos alumnos se retiraron a los extremos del patio, por respeto al Director. Los tres quedamos juntos.

—¿Qué pasó aquí? —preguntó el Padre, mirándonos uno a uno.

—Nada, Padre —confesó firmemente Gerardo.

---

[14] Antero ha traicionado la idealización amorosa del ideal caballeresco. Se ha vuelto, a ojos de Ernesto, un Anti-Eros (conforme rige etimológicamente el nombre de Antero). Primero lo desengañó mostrándose como un defensor de los intereses opresivos de los hacendados; ahora, colocándose del lado de la sexualidad envilecida. Ernesto reacciona con furia, sin miedo a combatir el mal encarnado en la sexualidad de Gerardo y Antero. Después, decidirá devolver el *zumbayllu* a Antero, rompiendo toda asociación con él.

414

—El Ernesto ha insultado a Gerardo, hasta un puntapié le ha dado —dijo el «Peluca»—. Yo lo he visto.

Todos miraron al «Peluca». Se reía, con esa expresión extraña, de tonto compungido, que parecía que ya iba a lanzar el llanto. No le hicieron caso.

—¡Miente! —dijo Gerardo— Eran bromas.

—¡Tú, primero! ¡Largo de aquí, a tu clase, que bien la necesitas! —ordenó el Padre al «Peluca»— ¡Toquen la campanilla!

Concluyó el recreo.

El Padre se quedó con nosotros tres, solos.

—Padre —le rogué—, déjeme ir un instante al internado, tengo que traerle algo urgente a Antero.

—Anda —me dijo.

A saltos subí las escaleras. Abrí mi baúl y saqué, del fondo, mi único *zumbayllu*. El dormitorio estaba en penumbras; las vigas de madera, que no habían sido aún cubiertas de cielorraso, se veían a la luz de la ventana entreabierta. Un ruiseñor americano, el *jukucha pesk'o*[15], pequeñísimo e inquieto, saltaba sobre un tirante de madera, cantando; voló por la ventana.

—¡Zumbayllu, zumbayllu! ¡Adiós! ¡Te compadezco! —le dije al trompo— Vas a caer en manos y en bolsillos sucios. Quien te hizo es ahora ahijado del demonio.

Bajé. El Padre seguía hablando con Gerardo y Antero. Los vi altos y corpulentos, de color amarillo. Creí que de la mancha del ojo de Gerardo iba a saltar un chorro de pus, o algún otro líquido insano.

Llegué junto a ellos. Dudé, delante del Padre. Pero me decidí a mostrar el *zumbayllu*.

---

[15] *jukucha pesk'o:* «Como decir "pájaro ratón". Como aparece descrito en la novela, es muy pequeño, tiene una voz hermosísima y muy variada, y de veras se parece mucho al ruiseñor al que no pude ver, pero tuve la suerte de oírlo en España. Puede usted traducirlo, creo, por el equivalente ruso de ruiseñor andino, porque la traducción literal de "pájaro ratón" a lo mejor no resultaría adecuada, ni propia, ni merecida. El *jukucha pesk'o* suele, de veras, ingresar dentro de las casas y duerme en las "tijeras" del maderamen de los techos» (Arguedas, *Casa de las Américas*, núm. 99, citado en la ed. de Sybila).

—Te lo devuelvo, Antero —le dije—. Mejor ahora que el Padre es testigo.

Lo sorprendí. Me recibió el pequeño trompo, sin reflexionar. Pero vi en sus ojos un torbellino. El agua pura de los primeros días pareció volver; su rostro se embelleció, bañado desde lo profundo por la luz de la infancia que renacía. Lo que había de cinismo, de bestialidad en sus labios, se desvaneció; enrojecieron de sangre.

—No, hermano —me dijo—. ¡Padre, yo le regalé ese *zumbayllu*! ¡Que no me lo devuelva!

Gerardo quedó aturdido, incómodo. Percibió el cambio de expresión de Antero. El Padre comprendió que algo había ocurrido entre nosotros. Nos examinó a los ojos, detenidamente. Gerardo permaneció indeciso, casi perdido entre nosotros tres. La mancha de sus ojos flotaba, inconsciente, como la pupila dilatada de los gatos en la sombra, sin intención, sin inteligencia. No lo despreciaba ya; mi indignación fue calmándose. Lo miré y él pestañeó.

—¿Por qué le devuelves el trompo? ¿No era un recuerdo? —preguntó el Padre.

La atención que nos prestaba era, claramente, un homenaje al hijo del jefe de la guardia, al nuevo campeón.

—Fue un recuerdo de Abancay —le dije—. Ya lo recibió, pero si él quiere devolvérmelo ahora...

Antero me alcanzó el *zumbayllu*, como si le quemara.

—¿Un recuerdo de Abancay? ¿Cómo es eso? —preguntó el Padre.

—¡Por el *zumbayllu* soy de Abancay, Padre! —le repliqué— No existe en ningún otro pueblo.

Volvió a mirarnos a los tres.

—Arreglen el pleito entre ustedes —dijo—. Creo que es cosa de muchachos. Pero juren no pelearse. Además, éste es chico. Ustedes son casi jóvenes. ¡Unos jóvenes!

El Padre los halagaba, como solía hacerlo con quienes tenían poder en el valle. Era muy diestro en su trato con esta clase de personas; elegía cuidadosamente las palabras y adoptaba ademanes convenientes ante ellos. Yo era sensible a la intención que al hablar daban las gentes a su voz; lo entendía todo. Me había criado entre personas que se odiaban y que me odiaban; y ellos no podían blandir siempre el garrote ni lanzarse a las manos o azuzar a los perros contra sus enemigos. También usaban las palabras; con ellas se herían, infundiendo al tono de la voz, más que a las palabras, veneno, suave o violento.

Se fueron primero ellos, Antero y su amigo; se despidieron respetuosamente del Padre. Antero siguió a Gerardo. No me dieron la mano.

—¡Anda tú, loquito! —me dijo después el Padre— Y no molestes a Gerardo. Ya verás cómo barremos con todos los equipos de fútbol y los atletas del Cuzco. ¡Que eso te alegre!

Puse en un bolsillo de mi saco el *zumbayllu*. Acaricié su pata fría y sus ojos; por ellos cantaba y bailaba. Estaba quieto e inerte sobre el tocuyo de mi bolsillo, entre los desperdicios de pan y chancaca. Pero cuando los externos se fueran, lo haría bailar en el patio de honor, sobre el empedrado; y sería entonces el más vivo, el más activo y dichoso, la mejor criatura que se movía a la luz del sol.

* * *

Al día siguiente ninguno de los dos jóvenes me habló. Me ignoraron. En los labios de Antero había madurado otra vez esa especial de bestialidad que endurecía su boca, más que los otros rasgos de su cara. Sus lunares, especialmente los que tenía sobre el labio superior y en el cuello, parecían estar unidos por alguna corriente interna secreta, con los labios. Yo había visto en la piel de los cerdos machos encelados trozos semejantes a esos lunares, tal como ahora se exhibían.

No vino Gerardo a pedirme cuentas de los insultos que delante de testigos le dirigí en el patio. Supe que Antero dijo que yo era un forastero algo «tocado». Se dedicaban a entrenarse en pruebas de atletismo; Antero prosperaba en las de lanzamiento. Los alumnos admiraban cada vez más a Gerardo. Era alegre, generoso con los pequeños. Los adiestraba en saltos y carreras y otros ejercicios que según él desarrollaban la agilidad o la resistencia. Palacitos tomaba parte en los juegos; se enaltecía.

Pablo, el hermano de Gerardo, se hizo amigo de Valle. Él también cultivaba la erudición y la elegancia. Conquistó, además, a un Martel, a un Garmendia, y a un joven delgado y pálido, de apellido extranjero, que tampoco se mezclaba con la plebe. Cuidaban de su ropa y no iban al campo de tierra. Subían durante los recreos al corredor alto. El Padre Director los toleraba. Ocuparon también la parte del corredor que daba al salón privado del Director, sobre la bóveda de entrada al Colegio. El Padre no los echó de allí. Reunidos en ese lugar privado, limpios, con los puños de la camisa almidonados, sus corbatas de seda bien cuidadas, y el *k'ompo* de Valle que se hizo cotidiano, ese grupo de alumnos daba la impresión de gente empingorotada que estuviera de visita en el Colegio. Todos eran alumnos de años superiores. Las discusiones y peroratas que armaban en ese alto escenario me daban la impresión de ficticias, de exageradas, aunque Valle era el que más gesticulaba; la actitud de los otros parecía más natural, aun la expresión de tranquilo menosprecio con que nos miraban.

Ocurría, con frecuencia, que al toque de la campanilla llegaba corriendo al patio de honor, Gerardo; sudoroso, despeinado, la ropa llena de polvo. Miraba con expresión socarrona a los doctos y acicalados jóvenes del corredor alto, y se echaba a reír de buena gana.

—¡Caballeros! ¡Caballeros! —decía. Y se reía a carcajadas.

Y no llevaban intención malévola sus palabras ni su ademán. Era un muchacho feliz y fuerte. Se reía de los excluidos. Daba vueltas alrededor del «Peluca», a gran velocidad.

—A ver si te quito de la cara ese gesto de llorón —le decía, también sin deseo de herirlo.

El «Peluca» giraba la cabeza mirándolo correr. La gran mancha del ojo izquierdo se avivaba en el rostro de Gerardo, cuando se detenía frente al «Peluca»; una expresión de dicha avasalladora y cruel transmitía.

Los jóvenes del corredor alto lo trataban con una especie de condescendencia que no podía disimular la preocupación y quizá la envidia, a pesar de que, excepto Valle y el hijo del Comandante, tenían realmente la apariencia de jó-

418

venes discretos, retraídos por el estudio y las costumbres. Pero un temblor perceptible sacudía sus rostros cuando oían hablar de los éxitos amorosos y deportivos de Gerardo y cuando reía a carcajadas.

Romero también se dejaba guiar por él.

—No hay discusión —decía—. En la costa saben más que nosotros; tienen más adelanto en todo.

Dejó de tocar su rondín varias noches. Lo sentí preocupado. Yo lo seguía. Palacitos estaba deslumbrado por sus nuevos descubrimientos.

—No puedo tocar. No hay ánimo —me dijo Romero, cierta noche.

—Sin ti no habría equipo, de nada. Y no conoces sino Andahuaylas y Abancay, y el camino —le dije.

—¿Así que tú crees que en la costa no hay más adelanto?

—Sí, creo que hay más adelanto. Pero, ¿quién te gana a ti en salto largo? ¿Quién te pasa en la defensa? ¿Te pasa Gerardo? ¿No he visto cómo lo haces hociquear en el campo y la bola queda en tus pies?

Romero era ingenuo, alto, fuerte y creyente.

Tocó *huaynos* en seguida, esa noche.

—Casi te avergüenzas del *huayno*, ¿no? —le pregunté.

—¿Será eso? —dijo.

—Yo he estado en la costa, hermano —le dije—. En el puerto de Lomas[16]. La iglesia es una cueva que los pescadores les han quitado a los lobos, y la torre es una armazón de huesos de ballena. ¡Lindo puerto, hermanito! Pero triste y con la braveza del mar que te predica en las noches como una manada de toros.

—Ese Gerardo le habla a uno, lo hace hacer a uno otras cosas. No es que se harte uno del *huayno*. Pero él no entiende quechua; no sé si me desprecia cuando me oye hablar quechua con los otros. Pero no entiende, y se queda mirando, creo que como si uno fuera llama[17]. ¡Al diablo! Vamos

---

[16] Lomas es un pequeño puerto de la provincia de Caravelí, departamento de Arequipa.

[17] La *llama* es el más común, y el más conocido, de los auquénidos andinos.

a tocar un *huayno* de *chuto**, bien de *chuto* —dijo entusiasmándose. Se metió el rondín a la boca, casi tragándose el instrumento, y empezó a tocar los bajos, el ritmo, como si fuera su gran pecho, su gran corazón quien cantaba. Por las primeras notas reconocí la melodía; la letra empezaba con estos versos:

Vaquillachallaykita tiyay [watakuykuy	Amarra tía a tu vaquilla,
torillochallaymi suelto ka- [charisk'a	mi torillo está suelto.

—Oye —me dijo, después, Romero—. Pero es cierto que las mujeres se mueren por Gerardo. Será la novedad y que él es campeón. Lo persiguen.

—No hablemos de eso, Romerito; sigue tocando. El Padre de Palacios llega mañana...

Era cruel oírle decir que las muchachas se disputaban a Gerardo. Era cruel confirmarlo así, después de haber escuchado a los dos amigos, a él y a Antero, en confidencias. ¿Es que ellas nada sabían? ¿No sabían que el hijo del Comandante era sólo como el «Peluca»? ¿Nada más? Así, asqueroso, aunque sin su impaciencia, sin ese indomable furor, pero con la misma baba de sapo; y cauteloso, artero, y tan contagioso que había transmitido a los lunares y al rostro del «Markask'a» esa huella de bestialidad que ahora lo manchaba.

—Espérame, Romerito —le dije.

«¡Claro que sería su destino, el de su sangre!» —iba diciendo, recordando a Antero, mientras me dirigía, despacio, al campo de juego[18]. En un extremo del patio oscuro, cavé con mis dedos un hueco. Con un vidrio fino me ayudé para ahondarlo. Y allí enterré el *zumbayllu*. Lo estiré al fondo, palpándolo con mis dedos, y lo sepulté. Apisoné bien la tierra. Me sentí aliviado.

* * *

---

* Indio. (Nota de Arguedas.)

---

[18] Las eds. de 1972 y de Sybila, en lugar de punto seguido (lección de 1958 y 1967) después de «campo de juego», ponen un punto aparte.

—¿Qué sucederá? —me dijo el «Peluca», que rondaba en el pasadizo— Ocho días que no viene.

—La opa, ¿no?

—Sí. Dice la cocinera que seis días ha temblado con la fiebre. Y los Padres ¡ni saben, ni les importa!

—¿Con fiebre alta?

—Tiembla, dice. ¿Por qué no vas a verla? A ti te deja entrar la cocinera.

—Mañana temprano, «Peluca»; iré tempranito.

Regresamos juntos al patio empedrado. Romero seguía tocando la música con la que me acompañé mientras enterraba el *zumbayllu;* el bailarín que me hizo conocer el valle, grano a grano de la tierra, desde las cimas heladas hasta las arenas del fondo del Pachachaca, y el Apurímac, dios de los ríos. Ahora yo buscaría en las tiendas de los barrios un *winku* nuevo. Los había estudiado. Con la protección de la cocinera, delante de la opa, abriría a fuego, con un clavo ardiendo, los ojos del trompo. Le haría una púa de naranjo. Bajaría después al río. En el puente lo estrenaría. Desde el fondo del abismo cantaría el *winku,* sobre el sonido del río. Y enseguida del primer canto, iría a las orillas del Pachachaca, y bautizaría al zumbador con las aguas, en plena corriente. Lo templaría, como los herreros a las hojas finas de acero.

—Oye —me dijo, con voz misteriosa, el «Peluca», cuando estábamos por llegar al comedor—. Oye: cuídate de Gerardo. ¿No le ves sus ojos? ¿Son acaso como de un cristiano? Lo has insultado feo. Los guardias te pueden llevar lejos y te pueden degollar. En un rato te comerían los perros y los buitres. Estos guardias saben todo, por estudio. No son como los gendarmes que andaban con las chicheras. ¡Cuídate, forastero! ¿Quién reclamaría por ti? ¿No dices que tu padre está a cien leguas? ¿Y si echan tu cuerpo al Pachachaca, de noche? «¡Cerdo, hijo de militar!», le dijiste. Es para no olvidarse. Y ellos, ¿no ves?, son los *papachas,* aquí, en Abancay.

Lo que decía era incoherente, pero alguna evidencia transmitía. Se expandió su garganta para pronunciar fúnebre y solemnemente las palabras. Le presté atención.

—¿Que echarían mi cuerpo al Pachachaca? —le dije.

—Tu cuerpo ya muerto.

—¿Muere el cuerpo?[19]

—¿Qué dices?

—¿El agua es muerta, «Peluca»? ¿Crees?

—Otra cosa es.

—Si no es muerta sería mejor que llevaran mi cuerpo al Pachachaca. Quizá el río me criaría en algún bosque, o debajo del agua, en los remansos. ¿No crees? —le pregunté.

—Si fueras mujer, quizá. «Disvarías.»

—Pero no soy todavía como tú. Quizá me llevaría lejos, adentro de la montaña; quizá me convertiría en un pato negro o en un pez que come arena.

—De veras, creo que eres loco. Oye, Ernesto; yo que tú, después de lo que has insultado al hijo del Comandante y después que, en dos semanas, ni te ha mirado siquiera, y que tu amigo tampoco, el «Markask'a», por conveniencia con el Gerardo, ni te habla, ¡yo me fugaría lejos, donde mi padre! Llegar a cualquier parte es fácil ¿pero aquí? ¡Algo te van a hacer...! ¿Tú crees que el Padre reclamaría por ti? —siguió hablando— Y no confíes. Van a esperar. No será mañana ni pasado... Pero yo no he de olvidar. Será cualquier día...

—¿Y también fugarías, después de lo que me has dicho?

—¿Por qué? Yo te he dicho no más. ¡Sucederá, seguro! Si Gerardo no le cuenta, otros le dirán al Comandante.

—¡Tú irás a decirle, como al Padre! —le grité.

—¿Yo, hermanito; yo, hermanito? Soy un perro, soy un perro, ¡qué voy a ir! Cuídate; no creas, yo también te voy a cuidar.

—¿Por qué?

—Dios ha permitido que te avise. Me ha castigado[20]. Estoy contigo ya, por eso, como los condenados a los que en-

---

[19] Nótese cómo Ernesto ha asimilado mucho de las creencias andinas en re-encarnaciones.

[20] Otra declaración del tema del castigo, de la maldición. El mayor violador de la demente Marcelina recibe la condena de perder la cordura.

422

cadenan juntos. ¡Diosito! ¡No vayas lejos de Abancay; no entres a los cañaverales; no bajes al Pachachaca!

Lo dejé gimoteando.

Romero había dejado de tocar y conversaba con el «Chipro».

—¿Qué te ha dicho el «Peluca»? —me preguntó.

—Dice que la opa tiene fiebre.

—¿De veras?

—Fiebre alta.

—Oye —dijo el «Chipro» con voz temblorosa—, sé que en la banda de enfrente, en la hacienda Ninabamba[21] están muriendo. ¡Algo sucede! ¡Al Padre Augusto lo llevaron para una misa! Dicen que no ha valido sino para que la fiebre salga a otros caseríos. Yo soy de un pueblo de las alturas de Ninabamba; me visitaron ayer. Estoy para irme al otro lado de la cordillera, con mi familia. ¡Creen que es la peste! No hay que bajar a los valles. Las fiebres grasan[22] en el calor, sin misericordia.

—¿Y cómo es que en Abancay nada saben?

—¿Cómo? Será por el regimiento que estuvo. Las diversiones. Pero ya deben saber; algo estarán preparando.

Se acercaron el «Iño» y el pampachirino.

—Dice que el pampachirino ha oído que ya hay control de guardias en el puente.

—¿Control? ¿Quién ha de controlar a la fiebre? —dijo el «Chipro».

—¡Cuentos! —dijo Romero—. Desde la llegada del regimiento inventan en los barrios esos cuentos. ¡Que la peste ha de venir, que los chunchos[23], que el «yana batalla»![24]

—Ninabamba es la hacienda más pobre y la que está más lejos de Abancay, casi en la altura. ¡Veremos! —contestó el «Chipro»—. Si es la fiebre llegará, de cañaveral en cañave-

---

[21] Ninabamba significa, en quechua, «llanura del fuego». En esa hacienda, la más pobre de la región, comienza el fuego de la peste y ulterior invasión a Abancay.

[22] *grasar:* cundir, propagarse una epidemia.

[23] *chunchos:* cfr. la nota 18 del cap. IX.

[24] *yana batalla:* viruela negra.

ral, como el incendio, cuando el viento empuja al fuego. ¡A mí no me alcanza! Me iré tras la cordillera...

Llamaron para subir al dormitorio. Escalamos despacio las gradas, sin atropellarnos, cuidando de no hacer ruido.

* * *

El Padre entró al dormitorio y nos hizo rezar. Cuando iba a salir y se dirigía a la puerta, le habló el pampachirino.

—Padre —le dijo—, me han avisado que la fiebre está grasando en la otra banda. ¿Usted sabe?

—¿Qué? —preguntó el Padre.

—La fiebre, Padre; el tifus. Está grasando en Ninabamba; dicen que está bajando a las otras haciendas. Los colonos ya están comiendo los piojos de los muertos. Así es...

—¡Nada sé, nada sé! Serán las chicheras que inventan historias para asustar a la gente. ¡Silencio! Vuelvan a rezar.

Nos hizo rezar de nuevo. Y su voz cambió. Imploraba con vehemencia. Se dio cuenta y cambió de tono, al sonsonete de costumbre. Pero se santiguó al final, pronunciando las palabras de solemnidad.

—Duerman tranquilos, hijos.

Se despidió y fue a pasos lentos hasta la puerta; apagó la luz.

Creí que los internos, todos, se levantarían de sus camas o se sentarían para seguir preguntando y averiguando sobre la peste. Que se reunirían alrededor de la cama del pampachirino o del «Chipro». Los había visto siempre alborotarse fácilmente, exagerar los rumores, contar, inventar, deducir, casi en un estado de competencia. Pero esta vez, se cubrieron la cabeza con las frazadas y se callaron inmediatamente; se aislaron. Quedé solo, como debían estar los demás. Todos habríamos visto a la peste, por lo menos una vez, en nuestros pueblos. Serían los recuerdos que formaron un abismo entre una cama y otra.

«¡Está grasando la fiebre!» La noticia resonaba en toda la materia de que estoy hecho. Yo había visto morir con la peste, a cientos, en dos pueblos; en Querobamba[25] y Sañayca[26]. En aquellos días sentía terror cuando alguna mosca caminaba sobre mi cuerpo, o cuando caían, colgándose de los techos o de los arbustos, las arañas. Las miraba detenidamente, hasta que me ardían los ojos. Creían en el pueblo que eran la muerte. A las gallinas que cacareaban en el patio o en el corral, las perseguían, lanzándoles trozos de leña, o a pedradas. Las mataban. Sospechaban también que llevaban la muerte adentro, cuando cacareaban así, demostrando júbilo. La voz de las gallinas, imprecisa, ronca, estallaba en el silencio que en todas las casas cuidaban. El viento no debía llegar con violencia, porque en el polvo sabían que venía la muerte. No ponían al sol los carneros degollados, porque en la carne anidaba el *chiririnka,* una mosca azul oscura que zumba aun en la oscuridad, y que anuncia la muerte; siente, al que ha de ser cadáver, horas antes, y ronda cerca. Todo lo que se movía con violencia o repentinamente era temible. Y como las campanas doblaban día y noche, y los acompañantes de los muertos cantaban en falsete himnos que helaban la médula de nuestros huesos, los días y semanas que duró la peste no hubo vida. El sol parecía en eclipse. Algunos comuneros que conservaban la esperanza, quemaban el pasto y los arbustos en la cima de los cerros. De día, la sombra del humo nos adormecía; en la noche, la luz de los incendios descendía a lo profundo de nuestro corazón. Veíamos con desconcierto que los grandes eucaliptos no cayeran también con la peste, que dentro del barro sobrevivieran retorciéndose las lombrices.

Me encogí en la cama. Si llegaba la peste entraría a los caseríos inmundos de las haciendas y mataría a todos. «¡Que no pase el puente!» —grité.

Se sentaron algunos internos.

—¡Eso es! ¡Que no pase el puente! —dijo el pampachirino.

[25] Querobamba es un pueblo de la provincia de Lucanas, departamento de Ayacucho.
[26] Sañayca es un pueblo de la provincia de Aymaraes, departamento de Apurímac.

—Sí. Que se mueran los del otro lado no más. Como perros —replicó el «Chipro».

—Tú has dicho que se están comiendo ya a los piojos de los muertos. ¿Qué es eso, hermanito? ¿Qué es eso?

Mientras preguntaba al pampachirino, se me enfriaba la sangre; sentí hielo en ese salón caldeado.

—Sí. Las familias se reúnen. Le sacan al cadáver los piojos de la cabeza y de toda su ropa; y con los dientes, hermano, los chancan. No se los comen.

—Tú dijiste que se los comían.

—Los muerden antes. La cabeza les muelen. No sé si los comen. Dicen ellos *«usa waykuy»*[27]. Es contra la peste. Repugnan del piojo, pero es contra la muerte que hacen eso.

—¿Saben, hermano, que el piojo lleva la fiebre?

—No saben. ¿Lleva la fiebre? Pero el muerto, quién sabe por qué, se hierve de piojos, y dice que Dios, en tiempo de peste, les pone alas a los piojos. ¡Les pone alas, hermanito! Chicas dice que son las alas, como para llegar de un hombre a otro, de una criatura a su padre o de su padre a una criatura.

—¡Será el demonio! —dije.

—¡No! ¡Dios; Dios sólo manda la muerte! El demonio tiene rabo; la muerte es más grande que él. Con el rabo nos tienta, a los de sangre caliente.

—¿Tú le has visto las alas al piojo enfermo?

—¡Nadie, nadie, hermanito! Más que el vidrio dicen que es transparente. Y cuando el piojo se levanta volando, las alas, dice, mueve, y no lo ven. ¡Recemos, hermanitos!

—¡En silencio! —gritó Valle— ¡En silencio! —repitió, suplicando.

—Como en la iglesia, mejor, en coro —dijo, arrodillándose, el «Peluca».

—¡Cállense! Parecen gallinas cluecas —dijo Romero con voz firme—. Por la opa no más tanta tembladera. No hay peste en ningún sitio. Las chicheras se defienden o se vengan con la boca. ¡Ojalá las zurren de nuevo!

---

[27] *usa waykuy:* «por la descripción de Arguedas y por el significado quechua de waykuy, que es a la vez cocer, preparar y también inflamar, irritar, podría tratarse de un principio de vacuna» (nota de la ed. de Sybila).

Ya nadie habló. Romero debió tranquilizar a muchos. El «Peluca» se acostó. Se durmieron todos. Algunos gemían en el sueño. Yo escuché durante la noche la respiración de los internos. Pasaron grupos de gentes por la calle. Oí, tres veces, pronunciar la palabra peste. No entendí lo que decían, pero la palabra llegó clara, bien dirigida. Algunos internos despertaron a medianoche; se sentaban y volvían a recostarse. Parecían sentir calor, pero en mi cama seguía el frío.

Yo esperé el amanecer, sin moverme. Hubo un instante en que me sacudí, porque creí que me había *pasado*, de tanto contener mi cuerpo. No me fiaba de los gallos. Cantan toda la noche; se equivocan; si alguno, por alterado, o por enfermo, canta, le siguen muchos, arrastrados por el primer llamado. Esperé a las aves; a los *jukucha pesk'os* que habitaban en el tejado. Uno vivía dentro del dormitorio, en el techo sin cielorraso. Salía a la madrugada; brincaba de tijera a tijera, sacudiendo las pequeñas alas, casi como las de un picaflor, y volaba por la ventana que dejaban abierta para que entrara aire.

El ruiseñor se levantó al fin. Bajó a un tirante de madera y saltó allí muchas veces, dándose vueltas completas. Es del color de la ardilla e inquieto como ella. Nunca lo vi detenerse a contemplar el campo o el cielo. Salta, abre y cierra las alas, juega. Se recreó un rato en la madera, donde caía la luz de la ventana. Le dio alegría a mi corazón casi detenido; le transmitió su vivacidad incesante; pude verle sus ojos, buscándolos. ¡Ni un río, ningún diamante, ni la más noble estrella brilla como aquella madrugada los ojos de ese ruiseñor andino! Se fue, escapó por la ventana. La claridad del amanecer lucía, empezaba sobre las cosas del dormitorio y en mí. Bajé de la cama y pude vestirme, en silencio. Recordando a Chauca, cuando escapó para flagelarse en la puerta de la capilla, abrí la puerta del dormitorio, empujándola hacia arriba, y no hice ruido.

Ya en el patio, el cielo que iba iluminándose, con ese júbilo tierno que la naturaleza muestra en los valles cálidos, al nacer el día, fue cautivándome. Pensé, entonces, que debía hacer bailar, mejor, a mi *zumbayllu*, como en la madrugada en que por primera vez me sentí una criatura del Pachachaca. «¡Lo rescataré! —dije— ¡Ahora habrá aprendido quizá otros tonos, ya que ha dormido bajo la tierra!»

Corrí al patio interior. La puerta del pequeño callejón que conducía a la cocina y al cuarto de la opa no estaba cerrada. Todos mis temores renacieron. «¡Ella!», dije.

Entré al angosto pasadizo. Llegué al pequeño patio donde guardaban la leña. Pasaba por allí la acequia empedrada, de agua pestilente, de los excusados. La puerta del cuartucho donde dormía la opa estaba entreabierta. La empujé. Me miró la cocinera; parecía que ella también acababa de entrar; sus ojos se llenaron de lágrimas.

Sobre unos pellejos descansaba el cuerpo de la opa. Me acerqué. En la rama mocha de uno de los troncos que sostenían el techo de malahoja y calamina, el rebozo de doña Felipa se exhibía, cubriendo andrajos.

Le vi el rostro a la enferma. Le vi los cabellos, de cerca, y la camisa mugrienta que le cubría el pecho, hasta el cuello.

—¡Mamita! —le dije a la cocinera— ¡Mamita! ¡Adiós dile! ¡A mí también dime adiós!

Me arrodillé en el suelo, ya decidido[28].

En los cabellos y en la camisa de la opa pululaban los piojos; andaban lentamente, se colgaban de cada hilo de su cabellera, de los que caían hasta el rostro y la frente; en los bordes de la camisa y en las costuras, los veía en fila, avanzando unos tras otros, hasta el infinito mundo.

—¿*Imam*? ¿*Imam*[29]? —preguntaba la cocinera.

—Tranquilízate; sal a la puerta; de allí reza. Se está muriendo —le dije.

---

[28] «Los momentos más definidores de la vida de Ernesto, en los que realmente toma una posición y halla su propia identidad, son los instantes en que desafía a la muerte. El muchacho siempre había temido a la peste, a la agonía terrible que pasaban los enfermos de tifus. Pero supera su pánico cuando se acerca a velar a la opa Marcelina en los últimos minutos de su vida. En ese instante crucial Ernesto realmente afirma su solidaridad con un ser necesitado aun a riesgo de su propia vida, y al hacerlo da sentido a su existencia» (Aibar Ray, 1992: 122).

[29] ¿*Imam?*: «corresponde a la pregunta "¿qué es?", pero de modo que exige respuesta, por ruego o por mandato» (Arguedas, *Casa de las Américas*, núm. 99, citado en la ed. de Sybila).

Ella lo sabía. Se arrodilló y empezó a rezar el Padrenuestro, en quechua.

Como a la luz de un gran sol que iluminara mi aldea nativa, vi claramente la cascada de agua cristalina donde los deudos de los muertos por la fiebre lavaban la ropa de los difuntos; y el eucalipto ante cuya sombra lloraban en la plaza, mientras hacían descansar a los féretros.

«A esta criatura que ha sufrido recógela, Gran Señor —la cocinera, concluido el Padrenuestro, dirigió a Dios su propio ruego, en quechua—. ¡Ha sufrido, ha sufrido! Caminando o sentada, haciendo o no haciendo, ha sufrido. ¡Ahora le pondrás luz en su mente, la harás ángel y la harás cantar en tu gloria, Gran Señor...!»[30]

—Voy a avisar al Padre —le dije—. No entres ya a la choza, hasta que vuelva yo.

En el patio de honor me detuve. Sentí que millares de piojos caminaban sobre mi cuerpo, y me calentaban. «¿Cómo le llevo el contagio, cómo le llevo?», exclamaba, indeciso. Pero había que salvar a los otros. «Lo llamaré y correré», dije.

Subí las gradas, despacio, cuidando de no hacer rechinar la madera. Toqué la ventana del dormitorio del Padre. Me oyó.

—Padre —le dije—. La opa Marcelina[31] ha muerto. ¡De tifus, Padre! ¡Hágala sacar del Colegio!

---

[30] «Es un mundo al revés lo que concluye con su muerte; un mundo donde vivió condenada a la falta de habla: en el otro mundo, un orden se habrá restituido, y ella hablará» (Ortega, 1982: 70).

[31] «Ernesto la va a velar, la cuidará como si fuera una madre, sin miedo al contagio. Ahí la nombra por primera vez, llamándola Marcelina en vez de opa. Ese bautizo, equivalente al agua con que el río la mojó cuando montó a buscar el manto de Doña Felipa, coincide con la certidumbre que expresa Ernesto acerca de la salvación de la opa, su subida al cielo. En su agonía, la ve apaciguándose, embelleciendo. Termina por llamarla «Doña Marcelina», lo que a los padres les parece otra demencia. Incluso el Padre Director se refiere a ella como «la desgraciada, la bestia». Pero esta conversión de la violada en señora, en alguien, es un paso más en su tránsito a ángel auxiliador, *deus ex machina* casi, en la lucha contra la epidemia. Ella «estará rogando por mí en la gloria. Ella quemará las alas de los piojos, nos salvará» (Dorfman, 1980: 129). Mientras que las amigas de Antero no han

429

Bajé las gradas, casi a la carrera.

La cocinera seguía de rodillas, en la puerta de la choza.

Yo entré. Miré el rebozo de doña Felipa, con repentina alegría. Lo bajé del tronco y se lo entregué a la cocinera.

—Guárdamelo, señora, es un recuerdo para mí —le rogué.

Se puso de pie y fue a guardar la castilla en la cocina.

Cuando regresó, me había sentado ya en el suelo, junto a los pellejos de la opa.

—Si yo me muero, lavarás mi ropa —le dije a la cocinera.

Ella me miró extrañada, sin contestarme.

Levanté los brazos de la opa y los puse en cruz sobre el pecho; sus manos pesaban mucho. Le dije a la cocinera que eso era extraño.

—¡Es lo tanto que ha trabajado, que ha padecido! —me contestó.

Una *chiririnka* empezó a zumbar sobre mi cabeza. No me alarmé. Sienten a los cadáveres a grandes distancias y van a rondarles con su tétrica musiquita. Le hablé a la mosca, mientras volaba a ras del techo: «Siéntate en mi cabeza —le dije—. Después escupes en la oreja o en la nariz de la muerta.»

La opa palideció por completo. Sus rasgos resaltaron.

Le pedí perdón en nombre de todos los alumnos. Sentí que mientras hablaba, el calor que los piojos me causaban iba apaciguándose; el rostro de ella embellecía, perdía su deformidad. Había cerrado ya sus ojos, ella misma.

Llegó el Padre.

—¡Fuera! —me gritó— ¡Sal de allí, desgraciado!

—Yo ya no, Padre —le rogué—. Yo ya no.

Me sacó, arrastrándome del cuello. Dos hombres estaban detrás de él, con sábanas en las manos. Envolvieron rápidamente a la muerta y la levantaron. Se la llevaron a paso ligero. Yo los seguía[32].

---

conseguido entronizarse como versiones de la *donna angelicata;* la «bestia» violada, sucia, gorda, demente, he aquí que adquiere rasgos de ángel que ayuda a la salvación.

[32] «seguía» (eds. 1958 y 1967); «seguí» (1972 y Sybila).

Uno de los hombres la agarraba de la cabeza y el otro de los pies. Era aún la madrugada. En un instante cruzaron el patio empedrado, entraron a la sombra de la bóveda. El portero tenía abierto el postigo. Se fueron.

Estaba llorando cuando el Padre me llevó a empujones, hincándome por la espalda con un trozo de leña, hasta el pequeño estanque de cemento que había junto a los excusados. Desde fuera ordenó que me desnudara. El portero me limpió el cuerpo con un trapo; me cubrió con otra sábana y me llevó cargado a la celda todavía deshabitada del Hermano Miguel.

Desde el corredor alto vi ascender al sol, por las cimas de los precipicios, sobre la otra banda de la quebrada.

Me acostaron en la cama del Hermano. El Padre me empapó los cabellos con «kreso»[33] y me envolvió la cabeza con una toalla blanca.

—Ella fue con el Padre Augusto a Ninabamba, hace ya como dos semanas —le dije—. Los vi pasar el puente del Pachachaca. Doña Marcelina subió a la cruz de piedra, como un oso. Ya estaba para morir, seguro, como yo, ahora.

—¡La desgraciada, la bestia! Se metería con los indios en la hacienda, con los enfermos —dijo el Padre, estallando en ira, sin poder contenerse.

—¡Ya está la peste, Padre, entonces! ¡Ya está la peste! Yo voy a morir. Hará usted que laven mi ropa, que no la quemen. Que alguien cante mi despedida en el panteón. Aquí saben —le dije.

—¡Infeliz! —me gritó— ¿Desde qué hora estuviste con ella?

—En la madrugada.

—¿Entraste a su cama? ¡Confiesa!

—¿A su cama, Padre?

Me escrutó con los ojos; había un fuego asqueroso en ellos.

—¡Padre! —le grité— ¡Tiene usted el infierno en los ojos!

---

[33] *kreso, creso:* creosota.

Me cubrí el rostro con la frazada.

—¿Te acostaste? Di: ¿entraste a su cama? —seguía preguntándome. Acezaba; yo oía la respiración de su pecho.

El infierno existe. Allí estaba, castañeteando junto a mí, como un fuelle de herrero.

—¡Di, oye, demente! ¿Entraste a su cama?

—¡Padrecito! —le volví a gritar, sentándome—. ¡Padrecito! No me pregunte. No me ensucie. Los ríos lo pueden arrastrar; están conmigo. ¡El Pachachaca puede venir![34]

—¿Qué? —dijo; se acercó más aún a mí. Sentí el perfume de sus cabellos— ¿No entraste, entonces, a su cama? ¡No entraste! ¡Contesta!

Le sentí amedrentado; creo que la confusión empezaba a marearlo. Era violento.

Me tomó de las manos. Y volvió a mirarme, tanto, que le hice frente. Sus ojos se habían descargado de esa tensión repugnante que lo hizo aparecer como una bestia de sangre caliente. Le hablé, mirándolo:

—Recé a su lado —dije—. Le crucé sobre el pecho sus manos. La he despedido en nombre de todos. Se murió tranquila. Ya se murió, felizmente. Ahora, aunque me dé la fiebre, me dejará usted irme donde mi padre.

—¡Siempre el mismo! Extraviada criatura. No tienes piojos, ni uno. Te hemos salvado a tiempo. Quizá no debí preguntarte cosas, esas cosas. ¡Ya vuelvo!

Se fue, en forma precipitada. Sentí que cerraba la puerta con llave.

Había que evocar la corriente del Apurímac, los bosques

---

[34] «Precisamente cuando el muchacho alcanza su punto más cristalino, cuando acaba de transformarse en un ser para los más necesitados, cuando viene a reconocer definitivamente a la opa como persona y de este modo conferirle dignidad, esos "siglos de sospechas" que pesan sobre el cura le llevan a preguntar si se acostó con ella. El sabio Padre Director no ha comprendido nada» (Trigo, 1982: 101). «Ernesto invierte los valores oficiales de la iglesia católica. [...] el padre lo acusa de tener relaciones sexuales con la Opa y Ernesto responde amenazándolo con los poderes mágicos del río e identificándolo asimismo como una encarnación del infierno» (Rowe, 1979: 80).

de caña brava[35] que se levantan a sus orillas y baten sus penachos; las gaviotas que chillan con júbilo sobre la luz de las aguas. ¿Y al Hermano Miguel? Su color prieto, sus cabellos que ensortijándose mostraban la forma de la cabeza. Él no me hubiera preguntado como el Padre Director; me habría hecho servir una taza de chocolate con bizcochos; me habría mirado con sus ojos blancos y humildes, como los de todo ser que ama verdaderamente al mundo.

Me cubrí la cabeza con las frazadas y no pude contener el llanto. Un llanto feliz, como si hubiera escapado de algún riesgo, de contaminarme con el demonio. Me senté después, ya descansado, para examinar bien el pequeño cuarto, los cuadros religiosos que colgaban de las paredes. Reconocí a una Virgen, y le hablé al Hermano:

«Te digo, Hermano Miguel, que una vez, en Huamanga, la señora donde quien estuve alojado me obsequió una Virgen como ésta que preside tu cuarto. Tenía un marquito de vidrio. La guardé en el bolsillo de mi saco durante los días que estuve en Huamanga. Por las noches colgaba el cuadrito de la pared, cerca de mi cabecera. Mi padre se fue primero a Cangallo[36]. Me hizo llamar a la semana siguiente, con unos arrieros. Envió un lindo burro azulejo para mí. Pero los arrieros tuvieron más carga; me rogaron que les prestara el burro, que ellos me llevarían en el anca de un mulo orejón, con cara de aburrido, porque era manso. Me dio pena el mulo y preferí ir a pie. ¡Yo soy bravo caminando a pie, Hermano! Salimos a las tres de la mañana de Ayacucho para subir la gran cuesta, amanecer en la cumbre, y pasar la pampa de los morochucos, de día. Tú sabes, Hermano, que esos caballistas barbones son bandidos. Con el apuro y la confusión de la partida olvidé a mi Virgen, la dejé en la pared. Me acordé de ella cerca de la

---

[35] *caña brava:* «Echa unas cañas rectas y nudosas, macizas y flexibles, que se alzan a 3 y 4 metros; hojas aserradas y hasta de 2 m. de largo, que se disponen en forma de abanico; y encima cuelga una panícula florida. Crecen a lo largo de los ríos, hasta 1.500 m. de altura, en los lugares donde el agua se empantana». Forma espesos cañaverales (Tauro, 1987: tomo 2, 424).

[36] Cangallo es la capital de la provincia homónima, del departamento de Ayacucho.

cumbre, cuando el sol aparecía. "¡Los alcanzo, seguro!", les dije a los arrieros. Y regresé a la ciudad; dos leguas de distancia. Entré a la carrera al patio y al cuarto donde me habían alojado. Estaba la Virgen. La descolgué; era pequeñita, pero con su marco de vidrio. La dueña de la casa me besó al verme salir con la imagen y me regaló una naranja para el camino. ¡Alcancé a los arrieros, Hermano, en plena pampa, al mediodía! Iban rápido, arreando la piara de mulas. Me subieron al anca del mulo. Me festejaron, cuando les mostré la Virgen. Podía protegernos contra los bandoleros. Tres años después, un maldito, en mi pueblo, rompió el marco y me tiró la estampa a la cara. Tú debes saber quién fue, Hermano. Que una víbora entre a su cama y le eche veneno a los ojos. Ciego que marche al infierno, cayéndose y levantándose, sin encontrarlo en años de años. Quizá para él sea peor eso que arder en el fuego. ¡Yo lo conozco!»

Escuché pasos en el corredor, el andar de mucha gente. Ya estarían alborotados. La bulla había empezado mientras le hablaba al Hermano.

Me saqué la toalla de la cabeza. Era blanca. Ni un piojo encontré. Olía a desinfectante.

«¡Hermano! —volví a decir— ¡Quizá no me dé la fiebre! ¡Quizá me salve! La opa Marcelina estará rogando por mí en la gloria. Ella quemará las alas de los piojos, nos salvará. Pero ya no podré bajar al Pachachaca. Tendré que irme por el lado del Cuzco, rodeando.»

Salté de la cama. Me vi desnudo y me cubrí con una frazada. Caminé probando mis fuerzas. «¡Yo no tengo la fiebre! Voy a escapar. El Padre me ha salvado. Tiene suciedad, como los otros, en su alma, pero me ha defendido. ¡Dios lo guarde!»

Volví a acostarme. Sentí que la cama me abrigaba. «Es el espíritu del Hermano», pensé. «¡Que cierren el puente, no hay ya sino que cerrar el puente!» —exclamé.

Pretendí salir para ayudar en los mandados; para bajar con los «civiles» al río, aunque no me parecía seguro que esos chillantes soldados de botas y sombrero pudieran soportar el sol de la quebrada y la guardia permanente. Pero la celda estaba firmemente cerrada.

434

«¡Vendrán en avalancha los colonos de enfrente —reflexioné a solas—, o se morirán tranquilos en sus chozas de malahoja! Ellos no tienen espanto a la muerte. La reciben entre himnos fúnebres, aunque nadie le hace caso a la muerte de un indio. Se visten de luto en las comunidades, pero los colonos ya ni eso saben; pululan en tierra ajena como gusanos; lloran como criaturas; como cristianos reciben órdenes de los mayordomos, que representan a Dios, que es el patrón, hijo de Dios, inalcanzable como Él. Si un patrón de éstos dijera; "Alimenta a mi perro con tu lengua", el colono abriría la boca y le ofrecería la lengua al perro. ¡Morirán tiritando, como la opa Marcelina, e irán al cielo a cantar eternamente! No bajarán al puente —dije—. No se atreverán. Y si alguien baja y ve a los guardias armados de sus fusiles, y con esos sombreros alones y las polainas y espuelas, les temerán más que a la muerte.»

No oí la campana. No oí llegar a los externos. Recordé que era día sábado. Me trajeron el desayuno. Entró el Padre Cárpena.

—A ver —me dijo.

Me examinó largo rato la cabeza.

—Ni uno —dijo—. Pero no saldrás hasta mañana. Demasiado «kreso» te han puesto, inútilmente.

Me hizo lavar la cabeza en un balde de agua, con un jabón pestilente.

—Padre, no han venido los externos —le dije.

—Es por el entrenamiento general, de fútbol y atletismo. Los internos también salieron. Ya saben que estás enfermo.

—¿Enfermo?

—Sí, de gripe. No deben alarmarse. Yo llevé el cadáver de la demente al hospital. Fue un ataque al corazón.

—¿Un ataque? ¿Y los piojos?

—Ésas siempre los tienen.

—¿Van a dejar entrar a los sirvientes allí? ¿A todos?

—Ya no está la cocinera; por precaución. Se ha quemado la ropa de la demente. La cocina ha sido barrida con «kreso». ¡Todo con «kreso», sin dejar un rincón! El portero ha sido también desinfectado, a pesar de que duerme lejos.

—¿Por qué, si no hay peste?

—¿Peste? Los piojos aumentan en cualquier cuerpo sucio, más si está enfermo.

—No, Padre. Es la fiebre. Diga que cierren el puente. Yo he visto morir con el tifus en los pueblos. La misma cara que la Marcelina tenían. Y así como cuentan todos de la peste, los piojos estaban hirviendo en el cuerpo de doña Marcelina.

—¿Doña? ¿Por qué doña? ¡Deliras, no sin razón! Pero ten calma, hijo. Por el Hermano, a quien querías[37].

* * *

Nada pudieron. En la tarde, los internos rondaron cerca de la puerta de mi cuarto. Debían vigilarlos, pues no me hablaron desde fuera.

Durante la noche hubo silencio en el patio. Sólo por unos instantes oí el rondín de Romero. Tocó el *huayno* de Huanta, dedicado al coronel Ramírez, que hizo quintear a los indios en el panteón[38]. El Padre Cárpena me trajo la comida.

—No hables —me ordenó.

Y comí en silencio, atenaceado, nuevamente, por los presentimientos.

Muy entrada la noche, tocaron a mi puerta.

—¿Tienes fiebre? —me preguntó una voz. Era Abraham, el portero.

—¿Tienes fiebre? —volvió a preguntarme.

—No —le dije.

—Yo sí, niño. ¡Me voy a morir a mi pueblo!

—¡No! —le dije— Vas a llevar el contagio. ¿Adónde vas?

—¡A Quishuara! Al otro lado del Pachachaca. Allí ya estarán muriendo. ¡El Padre me ha quemado ya todos los piojos! Ya no voy a llevar contagio; él dice que es por el piojo. Estaban correteando en todo mi cuerpo y en mi cabeza también —hablaba en quechua, fatigándose—. ¡Ya no hay ahora!

---

[37] La ed. de 1972 no separa con gran espaciado este párrafo del siguiente.
[38] Cf. la nota 24 del cap. VIII.

Iba a preguntarle si había dormido con la opa, pero me asusté de la intención, y me quedé callado.

—En Ninabamba ha comenzado —le dije.

—¡De allí lo levantó la finada! Yo, pues, iba a veces donde ella. ¡La desgracia, la desgracia! Así viene la muerte, niño. La finada defenderá a otros desde el cielo, pero a mí me estará llamando, porque he dormido en su cama cuando ya tenía la fiebre. ¡Me estará llamando! En dónde también me encontrará; Dios le ayuda ahora. Ya no hay salvación. En un manantial quisiera hundirme; a la gran selva podría irme, en vano. Ya estoy señalado. Mejor en mi pueblo voy a morir.

Les gusta hablar mucho de la muerte, a indios y mestizos; también a nosotros. Pero oyendo hablar en quechua de ella, se abraza casi, como a un fantoche de algodón, a la muerte, o como a una sombra helada que a uno lo oprimiera por el pecho, rozando el corazón, sobresaltándolo; a pesar de que llega como una hoja de lirio suavísima, o de nieve, de la nieve de las cumbres, donde la vida ya no existe.

—¡Abraham! ¡Aquí puedes sanar! La opa no ha de pedir tu muerte. Ya en la gloria no se acordará de lo que ha sufrido —le rogué.

—No es ella, niño —contestó—. ¡Es Dios! Con una enferma he dormido. Ella no quería. ¡No quería, pues, niño! No habré sido yo, seguro, el que ha ido a su cama, sino el demonio. Cuanto más caliente su cuerpo, más quería ir. El panteón no más es mi camino. Allá ¡de frente! Mi calavera van a echar, seguro, después de años, a una ventana del cementerio. Si tú vas a mi pueblo, cuando seas grande, búscala, niño. Tendrá un verde en la frente. Le rompes esa parte con una piedra, y me entierras, aunque no sea en hondo. ¡Adiós, niño! He venido a darte ese encargo. ¡Llegarás a Quishuara, aunque sea dentro de veinte años! ¡Gracias, *papay*! El demonio que está en mi cuerpo tiene que morir. ¡Adiós, *papay*!

Lo oí alejarse. «¡Adiós!», le dije.

Bajó las gradas. En esos instantes hubiera percibido sus pasos, aunque por obra del demonio se hubiera convertido en ciempiés o en culebra. Al poco rato abrió el postigo y lo

437

cerró en seguida. Iría al puente, a paso ligero, entraría aún de noche. Al pie de la cruz se inclinaría, quitándose el sombrero. Nadie podría atajarlo. Llegaría hasta su aldea, para morir.

No iba a dormir yo después de esa despedida. Más grupos de gentes caminaron en esa calle esa noche. El cuarto del Hermano era muy oscuro; sólo una ventana alta y pequeña daba a la calle, un tragadero de luz. Oí que caminaban rápido; escuché aún los pasos de pies descalzos. Permanecí inmóvil en la cama, atento. La muerte se acercaba, seguro, en mantos; avanzaba desde el otro lado del río. «Habría que hundir el puente —pensé—, volarlo con dinamita, hacer caer sus tres arcos. ¡Que ataquen a la fiebre por la espalda!» Porque ella venía con la frente hacia Abancay.

Me despertaron en la mañana, al abrir la puerta.

—¡Ya! —exclamó el Padre Cárpena, alarmado.

Me había dormido de espaldas, tendido, como suelen acomodar a los muertos.

Me puse de pie.

—¿Y Abraham, Padre? —le pregunté.

—¿Abraham? —dijo, examinándome.

Tenía una gran salud el Padre Cárpena; sus orejas eran rojas; bajo sus cejas espesas, sus ojos brillaban, siempre con alegría.

—¿Por qué preguntas?

—Se fue, Padre —le dije—. Tiene la fiebre. Vino a despedirse de mí. ¡Llegará a su pueblo! La fiebre no lo va a tumbar en el camino. ¡No ha de poder!

Se sentó en una silla el Padre, mirándome.

—Pero tú no estás enfermo —me dijo.

—Yo no. Vino a despedirse porque yo atendí a la opa en su agonía y crucé sus brazos. Él lo sabía, seguro.

—Hay rumores en todo el pueblo y en las haciendas. La gente se asusta en un instante. ¿Sabes? —me dijo—. El «Peluca» ha sido arrojado del internado, porque aullaba como un perro en el patio de tierra, junto a los excusados. Creo que ha perdido el juicio. Simeón, el pampachirino, se ha escapado. Mañana se van los internos. Tú te quedas aquí.

—¿El «Peluca» aullaba, Padre?

—Sí, hijo, aullaba.

—Su madre oiría aullidos cuando lo tuvo en su vientre; se criaría en algún lugar *pesado*[39] donde los perros sufrían.

—Quizá, hijo. Tres parientes lo han llevado amarrado con sogas de cuero. Ha alborotado al pueblo. Yo creo que reventará de un ataque.

Me hablaba con desasosiego el Padre. Fue él quien derribó al «Peluca» de un puntapié, en el patio de tierra.

—¡Hermano! —le dije— El Padre creyó... que soy un demonio, que mi sangre es caliente. ¡Ahí está el castigo!

—Pero tú, no te vas.

—¡Me iré! Todos se van a ir.

—Mañana —me dijo—. Las clases se suspenden por un mes.

* * *

No me dejaron salir del dormitorio. Al principio empujé la puerta, pretendí reventar el candado. Pero el Padre Cárpena me habló desde[40] el corredor.

—¿Qué has de hacer afuera? —me dijo— ¿Ver la desesperación? Allí, el espíritu del Hermano te acompaña.

—Esperaré —le contesté— cualquier tiempo.

A la mañana siguiente entraron caballos al patio. Bajaron las escaleras muchas veces, murmurando, procurando guardar silencio.

«Deben temer que la fiebre se desarrolle en mi sangre —reflexioné—. Por eso no me sueltan. Dejan irse a mis amigos, sin que se despidan.»

Los caballos salían del patio, al paso. Conté diez.

Cerca del mediodía, oí que alguien se acercaba a mi cuarto. Se detuvo junto a la puerta. Hizo rodar dos monedas de oro, de una libra, por la rendija que había junto al piso, y

---

[39] *pesado:* «popularmente, aplícase a los lugares donde han ocurrido varias desgracias sucesivas y que, por su abandono, tienen una apariencia sombría. Es frecuente que la fantasía popular asocie a ellos la aparición de fantasmas» (Tauro, 1987: tomo 5, 1620).

[40] Debe ser descuido de la ed. de 1967: «del», en vez de «desde el».

empujó un pequeño papel doblado. ¡Era Palacitos! Salté de la cama.

—Me voy con mi padre, hermanito. ¡Adiós! —dijo en voz baja, apresuradamente. Y se fue.

No alcancé a contestarle. Se alejó corriendo. No pude hablarle. Levanté el papel. Estaba escrito, también a prisa. Lo leí: «Mi papá te manda eso para tu viaje. Y si no salvas, para tu entierro. Adiós, hermanito Ernesto.»

Escuché que bajaban las gradas. Recogí las dos monedas. Y volví a la cama.

Palacitos era igual que los indios y mestizos de las comunidades. Se preocupaba del entierro. Si no se hace con un cura bien ornamentado y si no se cantan misas, el diablo gana la competencia y se lleva el espíritu, a rastras. Era un regalo de su parte aliviarme de todo temor, escribiéndome en su despedida?: «¡Para tu entierro!»

Pero si llegaba a sentir la fiebre, haría como el Abraham. Me escaparía. Quizá no podría llegar a Coracora, pero sí a mi aldea nativa, que estaba a tres días menos de camino. Bajaría por la cuesta de tierra roja, de Huayrala; con esa arcilla noble modelaría la figura de un perro[41], para que me ayudara a pasar el río que separa ésta de la otra vida. Entraría tiritando a mi pueblo; sin un piojo, con el pelo rapado. Y moriría en cualquier casa que no fuera aquélla en que me criaron odiándome, porque era hijo ajeno. Todo el pueblo cantaría tras el pequeño féretro en que me llevarían al cementerio. Los pájaros se acercarían a los muros y a los arbustos, a cantar por un inocente. Por ausencia de mi padre, el *Varayok'* Alcalde echaría la primera tierra sobre mi cuerpo. Y el montículo lo cubrirían con flores. «¡Mejor es morir

---

[41] Creencia andina en el perro-guía en el reino de los muertos: «Sólo los perros maduros pueden guiar a sus dueños, cuando mueren en pecado y necesitan los ojos del perro para caminar en la oscuridad de la otra vida» (Arguedas, «Hijo Solo», I, 196). Cruz Leal conecta ese pasaje con el que estamos anotando de *Los ríos profundos*, y con el siguiente de *Todas las sangres;* «el canto de un pájaro anuncia que el espíritu del difunto Aragón "está caminando bien"; "Un perro lo guía; la comunidad le ha puesto ojos grandes y pies delgaditos. El podrido puente del destino del gran señor no caerá» (TS, IV, 35).

así!», pensé, recordando la locura del «Peluca», los ojos turbios, contaminados, del Padre Director; y recordando al «Markask'a», tan repentinamente convertido en un cerdo, sus lunares extendidos como rezumando grasa. Y saldría de la ciudad por Condebamba; dejaría en la puerta de la casa de Salvinia un tallo de lirio que arrancaría de la plaza, con su flor morada, de Abancay. «No te confíes», le escribiría en un sobre grande, con mi firma.

El Abraham había venido, seguro, a despedirse de mí, para iluminarme.

Examiné de pie, contento, las libras de oro. Eran ya raras las personas que gastaban esas monedas. El padre de Palacitos halagaba al Director, pagando los derechos del Colegio en libras de oro. Lo hacía solemnemente, como quien entrega un tributo, de un noble a otro noble. Por primera vez le dejó a su hijo una de esas monedas cuando Palacitos quiso, a la manera de su padre, agasajar a Romero y expresarle su agradecimiento. Yo ahora tenía dos en mis manos. Para mi entierro o para mi viaje. Palacitos, el «indio Palacios», como solían llamarlo a veces los soberbios, y los enemigos, hizo rodar hasta mi encierro las monedas de oro que me harían llegar a cualquiera de los dos cielos: mi padre o el que dicen que espera en la otra vida a los que han sufrido.

El oro es un hallazgo encontrado por el ser humano entre las rocas profundas o la arena de los ríos. Su brillo lento exalta, aun cuando creemos ver entre las arenas, o en las vetas que cruzan las paredes oscuras de las cuevas, algún resplandor semejante al suyo. Sabía que su elaboración es difícil, que se le cierne merced al fuego y a mezclas sabias[42] que los ingenieros o los brujos conocen por largos estudios y secretos. Pero una libra de oro en las manos de un niño, lo convierte en rey, en un picaflor de aquellos que vuelan, por instinto selecto, en línea recta, hacia el sol. Yo los he visto, brillando y subiendo a golpes de ala.

Las monedas, a pesar del mensaje que traían, calmaron mis fúnebres temores. Las hice sonar lanzándolas al aire; las

---

[42] La ed. de 1972 ha suprimido «sabias».

contemplé por ambas caras y los dientes de los bordes. El penacho de plumas del Inca, acuñado en el anverso de la libra de oro, me regocijaba.

«No las gastaré nunca —dije—. En los pueblos las mostraré solamente, y me atenderán. Creerán que soy el hijo errante de algún príncipe o un mensajero del Señor que anda probando la honradez de las criaturas»[43].

Pesaban las monedas. Nunca vi libras de oro gastadas. Todas son nuevas. Las mías tenían brillo y sonido mayores, por el silencio en que me encontraba.

«Es por ti, Hermano —pensé—. Estoy en tu cuarto. Como a un templo se ha acercado, seguro, el Palacitos, a dejar su oro. ¡No será para mi entierro!»

* * *

El martes, al mediodía, el Padre Director abrió la puerta del dormitorio. Se acercó a mi cama, apresuradamente.

—Te vas a las haciendas de tu tío Manuel Jesús —me dijo—. Tengo ya autorización de tu padre. No hay caballos. Irás a pie, como dices que te gusta.

Me senté sobre la cama. Él siguió de pie.

—¿Donde el Viejo, Padre? ¿Donde el Viejo? —le pregunté.

El Director me dio a leer un telegrama de mi padre. Ordenaba que saliera de Abancay a la hacienda Huayhuay[44] y que volviera cuando me llamaran del Colegio[45].

---

[43] Creencias parecidas posee el hombre andino.

[44] Resulta muy sugerente que *Huayhuay* sea, en quechua, una exclamación de temor.

[45] Otra vez el padre toma decisiones inadecuadas: «Su padre no lo vendrá a rescatar. Lejos de ello. Demostrando su impotencia, ha de entregarlo en manos del Viejo [...] pero esta vez de una manera más terminante, porque en las haciendas del Viejo ya no habrá quién lo pueda resucitar. El padre le pide a Ernesto que retroceda hacia el infierno, hacia la hacienda que cerca los pueblos, regida por el Anti-Cristo, el torturador de árboles, el patrón de pongos. Le instruye que tome la dirección del Cusco, centro del contagio, la dirección de donde vino el Ejército (portador de la represión y de la civilización costeña), la dirección que eligieron el Lleras, el "Añuco" derrotado, el Hermano Miguel frustrado por el prejuicio racial, la dirección de la muerte» (Dorfman, 1980: 132-133).

—Supongo que para ti dos días de camino no es nada. Las haciendas están sobre el Apurímac, en parte alta —me dijo el Padre.

—¿En parte alta, Padre?

—Precipicios de rocas hay entre el río y las haciendas. Pero un camino, que sólo los indios pueden transitar, baja como un tornillo, hasta el río. El caballero nos invitó hace tres años. Tú podrás bajar...

—No me dará de comer, el Viejo, Padre —le interrumpí—. ¡No me dará de comer! Es avaro, más que un Judas.

Enrojecieron las mejillas del Padre.

—¿Avaro? —dijo, indignado— ¿Dices que avaro?

—Yo lo conozco. Deja que se pudra la fruta antes que darla a su servidumbre. Mi padre...

—¡Deliras! Don Manuel Jesús lleva misiones de franciscanos todos los años a sus haciendas. Los trata como a príncipes.

—¿Misiones de franciscanos...? ¿Tiene, entonces, muchos colonos, Padre?

—Quinientos en Huayhuay, ciento cincuenta en Parhuasi, en Sijllabamba...

—¡Voy, Padre! —le dije— ¡Suélteme ahora mismo!

Me miró más extrañado aún.

—No te entiendo, muchacho —me dijo—. No te entiendo, igual que otras veces. Saldrás mañana al amanecer.

—Padre. ¿El Viejo habla en quechua con sus colonos de Huayhuay? —le pregunté.

—A veces; pero tú no podrás hablar con los indios. ¡Te advierto! Don Manuel Jesús es severo y magnánimo; es un gran cristiano. En su hacienda no se emborrachan los indios, no tocan esas flautas y tambores endemoniados; rezan al amanecer y al *Ángelus;* después se acuestan en el caserío. Reina la paz y el silencio de Dios en sus haciendas[46].

---

[46] «Lo quechua para el cura es lo endemoniado. Para el muchacho despojarles de eso es peor aún que quitarles la comida, es matarles el alma. El cura llama «la paz y el silencio de Dios» a lo que para Ernesto es la muerte cultural de las comunidades. Son dos concepciones irreconciliables» (Trigo, 1982: 103). Lo que dice del Viejo en sus haciendas concuerda con los datos de Manuel María Guillén, tío de Arguedas (cfr. el punto II.1 de la Introducción).

—¿Y el Apurímac, Padre?

—¿Qué tiene que ver?

—¿Ni en carnavales van al río a cantar, los indios?

—Te he dicho que el patrón es un hombre religioso. Deberías observar las reglas de las haciendas. Trabajo, silencio, devoción.

—Lo conozco, Padre. Iiré. ¿Dos días, dice usted? Yo llegaré en día y medio. Rezaré con los colonos, viviré con ellos. ¿Ya se fueron todos los internos?

—Todos.

—¿Y Antero?

—También.

—¿Y los hijos del Comandante?

—Todos se han ido; sólo los hijos de los pobres se quedarán.

—¿Y la fiebre, Padre?

—Sigue en las haciendas de la otra banda. Aumenta.

—¿Y el puente?

—Está tapiado. Le han hecho una puerta. Van las medicinas.

—¿Y la cocinera, Padre?

—No sé —dijo.

—¡Murió! —le dije; porque su respuesta, tan rápida, me pareció que lo delataba.

—Sí, pero en el hospital, aislada.

—Rapada; sin cabellera la enterraron.

—Claro, hijo. ¿Cómo lo sabías?

—Por presentimiento, Padre. El Abraham se fue a morir a Quishuara. Allá debe estar ya la fiebre.

—¡Tú no saldrás del Colegio! —exclamó, con inesperado enojo— Voy a traerte aquí un reloj despertador. Sonará a las cuatro de la mañana. Hay un nuevo portero. Duerme en la cocina.

—¿No me dejará usted salir para despedirme de Abancay? —le rogué.

—Le he prometido a tu padre...

El tono de su voz se había vuelto extraño, desde que le hablé de Abraham. Me examinaba. Me clavaba los ojos a lo profundo, y se perdía, cada vez más, como todo aquel

444

que intenta encontrar en lo infinito indicios extraviados, premeditados por su propia turbación, por los falsos pensamientos.

Le mostré las dos libras de oro. Quizá lo hice al fuego de la inquietud maligna que él mismo despertaba en mí, mientras sufría.

—¿Qué es eso? —dijo.

—Dos libras de oro, Padre.

—¿Las robaste, acaso?

—Con ellas iré por el camino, como el hijo de un rey, Padre. Se las mostraré al Viejo. Probaré si Dios le oye...

Mientras le decía estas palabras inesperadas, revivió en mí la imagen del Cuzco, la voz de la «María Angola», que brotaba como del fondo de un lago; la imagen del Señor de los Temblores, de los espejos profundos que hay en la catedral, brillando en la penumbra.

Se me acercó el Padre. Sus ojos se habían opacado. Una especie de turbia agua flameaba en ellos, mostrando su desconcierto, las ansias todavía no bien definidas que se iban formando en su alma.

—¿Las robaste, hijo? —me preguntó.

Era sabio y enérgico; sin embargo, su voz temblaba; siglos de sospechas pesaban sobre él, y el temor, la sed de castigar. Sentí que la maldad me quemaba.

—Lea, Padrecito —le dije—. Es un regalo de mi amigo. Ya debe estar en su pueblo.

El Padre leyó la nota de Palacitos. Se apoyó en la cabecera del catre. Me miró después. Creo que su primer impulso fue el de castigarme con brutalidad. Lo esperaba. Pero se despejaron sus ojos.

—Te dejaré salir —me dijo—. Hemos sufrido mucho estos días. El Colegio esta vacío. Ya verás Abancay. Te traerán tu ropa. El padre de tu amigo, el pequeño Palacios, se fue radiante de alegría, con su hijo, a pesar del miedo a la fiebre.

—¿Lo examinó? ¿Hizo que usted lo examinara? —le pregunté.

—No fue necesario. El chico mostró el regalo del «Añuco», esa colección de «daños» rojos; una carta del Hermano en que lo felicita y lo bendice. Y él mismo, junto a mí, le

445

habló de Historia a su padre, de Ciencias Naturales, de Geometría. ¡Sé feliz, hijo! Palacios deslumbró a su padre; se le veía respetable.

—¿Ya Romero se había ido?

—Sí.

—¿Y el «Chipro»?

—También él.

—«Serás ingeniero», le dijo el padre. Y después los dejé en el despacho.

—Entonces, a solas, le pediría las libras de oro para mí. ¿Se fueron en seguida?

—No, al poco rato. El chico subió al internado, por sus libros y su alforja. Cuando se despidió de mí no lloró. No me habló de ti, a pesar de que te dejaba encerrado, y eso me causó extrañeza.

—Ya había venido.

—Llevarás tus libras de oro con cuidado; vas a viajar solo.

—No las voy a gastar nunca, Padre.

—Espera un rato; te mandaré tu ropa.

Salió del cuarto y dejó la puerta abierta. Era alto, de andar imponente, con su cabellera cana, levantada. Cuando ninguna preocupación violenta lo asaltaba, su rostro y toda su figura reflejaban dulzura; un abrazo suyo, entonces, su mano sobre la cabeza de algún pequeño que sufriera, por el rencor, la desesperación o el dolor físico, calmaba, creaba alegría. Quizá yo fuera el único interno a quien le llegaba, por mis recuerdos, la sombra de lo que en él también había de tenebroso, de inmisericorde.

* * *

Con mi traje nuevo salí en la tarde; bajé al patio.

Ni Palacitos, ni Antero, ni la opa, ni el «Peluca», ni Romero, ni Valle, ni el «Añuco», ni la cocinera, ni Abraham, estaban ya. Sabía que me encontraba solo en el caserón del Colegio.

Me senté un instante en las gradas del corredor, frente al pequeño estanque.

Me dirigí al patio interior, caminando despacio. Estaba más atento a los recuerdos que a las cosas externas.

Eran tres las casetas de madera de los excusados; y una más grande, la que daba techo al pequeño estanque y a otro cajón. Allí tumbaban a la demente. Me acerqué a esa puerta; me vi frente a ella, sin habérmelo propuesto. La abrí. Había florecido más la yerba que crecía en el rincón húmedo, junto a la pared. Un ramo de *ayak'zapatilla*[47] podía hacerse. Corté todas las flores; arranqué después la planta, sacudí la tierra que vino con las raíces y la eché a la corriente de agua. Luego salí al patio.

El panteón quedaba muy lejos del pueblo. Hubiera deseado colgar ese ramo en la puerta, porque nadie podría identificar, entre los cúmulos de tierra de las tumbas de la gente común, cuál era la de doña Marcelina. Me dirigí al cuarto donde murió. Pasé por el callejón angosto y miré la cocina. Vi allí a dos hombres. No me sintieron pasar. Olía aún a «kreso» el pequeño patio. Habían cerrado con un candadito de color, el cuarto. No encontré cintas de luto cruzadas en la puerta, como es costumbre en los pueblos cuando alguien muere. En el cerrojo prendí el ramo.

El sol mataría rápidamente esas flores amarillas y débiles. Pero yo creía que arrancada esa planta, echadas al agua sus raíces y la tierra que la alimentaba, quemadas sus flores, el único testigo vivo de la brutalidad humana que la opa desencadenó, por orden de Dios, habría desaparecido. Ya ella no vendría, inútilmente, a pretender matar esa yerba con sus manos de fantasma, que nada pueden contra la causa de las maldiciones o pecados de esta vida. Miré el ramo en su puerta, feliz, casi como un héroe; saqué las libras de oro de mi bolsillo. ¡Mi salida de Abancay estaba asegurada! Yo también, como ella en el cielo, me sentí libre de toda culpa, de toda preocupación de conciencia.

Salí corriendo al patio. Los hombres de la cocina me siguieron. Deseaba ver el pueblo, ir a Patibamba y bajar al Pa-

---

[47] *Ayak' zapatilla* (zapatilla de huerto): flor amarilla, afelpada, «en forma de zapatito de niño de pechos» (ZZ, V, 25).

chachaca. Quizá en el camino encontraría a la fiebre, subiendo la cuesta. Vendría disfrazada de vieja, a pie o a caballo. Ya yo lo sabía. Estaba en disposición de acabar con ella. La bajaría del caballo lanzándole una piedra en la que hubiera escupido en cruz; y si venía a pie, la agarraría por la manta larga que lleva flotante al viento. Rezando el *Yayayku**, apretaría su garganta de gusano y la tumbaría, sin soltarla. Rezando siempre, la arrastraría hasta el puente; la lanzaría después, desde la cruz, a la corriente del Pachachaca. El espíritu purificado de doña Marcelina me auxiliaría.

Corrí hasta la puerta del camino de Patibamba. Tres guardias con fusiles cerraban la entrada.

—Nadie pasa —me dijo uno de ellos.

—¿Por qué, señor? —le pregunté—. Yo voy por mandato hasta el puente.

—¿Por mandato? ¿De quién?

No me iba a comprender. Desconfié.

—Déjeme pasar. El camino es libre —le dije.

—¿No ve que la ciudad está en alarma? Hay peligro.

—¿Ya llegó la fiebre?

—Llegará por miles. ¡Ya, muchacho! Retrocede. Vete a tu casa.

Yo podía entrar a los cañaverales por cien sitios diferentes. ¿Qué me importaba el camino? Pero el guardia decía algo misterioso. ¿Cómo iba a llegar por miles la fiebre si era una sola? Me retiré. Entraría a Huanupata, averiguaría.

Las chicherías y las puertas de las casas estaban cerradas. Vi gente subiendo la montaña, hacia el Apurímac. Iban a pie, a caballo y en burros. Llevaban a sus criaturas, los perros les seguían. Hasta las pequeñas cantinas donde expendían cañazo para los indios y mestizos viajeros estaban cerradas. El viento zarandeaba la malahoja de los techos, revolvía el polvo en las calles. Así era en las tardes, siempre, el aire de la quebrada. Pero esta vez, en el barrio vacío, el aire me envolvió, y como anda rápido, pasé por las calles como flotando. Miraba de puerta en puerta. Vi un enrejado de palos, abierto. Entré a esa casa.

* El Padrenuestro. (Nota de Arguedas.)

Excrementos de animales cubrían el patio. Las moscas se arremolinaban en todas partes. El sol daba de lleno sobre unas mantas viejas, tendidas en un extremo del corredor, frente a la cocina. Troncos gruesos y secos, formaban las paredes de un entarimado. Me acerqué allí. Encontré a una anciana echada en el suelo, con la cabeza reclinada sobre un madero redondo. Llevaba *makitu*, una antigua prenda indígena de lana tejida, que le cubría los brazos; le habían envuelto la cabeza con un trapo. Su rostro parecía momificado, la piel pegada a los huesos, su nariz filuda y amarillenta. De sus labios delgados rezumaba jugo de coca. Cuando me vio, pudo mover un brazo, y me hizo una seña, espantándome. «Es la fiebre», pensé. Y no retrocedí. Me acerqué más. Pude comprobar entonces la identidad de esa cama con otras, de ancianos yacentes, que había visto en los pueblos de indios.

—¿Quién eres? —le pregunté en quechua, gritando.

—Voy a morir, pues —me contestó.

—¿Y tu familia?

—Se han ido[48].

Su voz era aún inteligible.

—¿Por qué no te han llevado? —pregunté, sin reflexionar.

—Voy a morir, pues.

Volvió a mover un brazo, espantándome de nuevo. Comprendí que la impacientaba. Pero no pude decidirme, al instante, a obedecerle. La habían abandonado, sin duda de acuerdo con ella misma.

—¡Adiós, señora! —le dije, respetuosamente, y salí tranquilo, no huyendo.

Desde la calle descubrí, en el cerro, cerca del barrio, a una familia que iba subiendo por el camino al Apurímac. Corrí para alcanzarlos.

—¿Por qué se van? —les pregunté, a unos pasos de distancia.

El hombre se detuvo y me miró sorprendido. Había cargado en un burro ollas y frazadas. A la espalda llevaba el

---

[48] La ed. de Sybila no pone guión al comienzo de esta frase.

hombre más objetos y la mujer a una niña; un muchacho como de seis años iba junto al padre.

—Han pasado el río, de enfrente a esta banda, por oroyas[49]. ¡Por diez oroyas! Ya están llegando —dijo.

—¿Quiénes? —le pregunté.

—Los colonos, pues, de quince haciendas. ¿No sabes, niño? Anoche, un guardia ha muerto. Una oroya cortó con su sable, dice a golpes, cuando los colonos estaban pasando. Ya no faltaban muchos. Ocho, dicen, cayeron al Pachachaca; el guardia también. Han querido acorralar a los colonos a la orilla del río; no han podido. Han bajado los indios de esta banda, y como hormigas, han apretado a los guardias. ¡Pobrecitos! Tres no más eran. No dispararon, ellos también[50] no les han hecho nada a los guardias. Los «civiles» han llegado ya. Están contando. Dice que todos los guardias van a ir ahora con metralla para atajar a los colonos en el camino. ¡Mentira, niño! No van a poder. Por todos los cerros subirán. Yo soy cabo licenciado...

—¿Los colonos han apretado a los «civiles», dices? ¿Los colonos?

—¡Los colonos, pues!

—¡Mentira! ¡Ellos no pueden! ¡No pueden! ¿No se han espantado viendo a los guardias?

—¡Ja caray, joven! No es por nada. El colono es como gallina; peor. Muere no más, tranquilo. Pero es maldición la peste. ¿Quién manda la peste? ¡Es maldición![51] «¡Inglesia[52], inglesia; misa, Padrecito!», están gritando, dice, los colonos. Ya no hay salvación, pues, misa grande, dice, quieren, del Padre grande de Abancay. Después sentarán tranquilos; tiritando se morirán, tranquilos. Hasta entonces van a empujar fuerte, aunque como nube o como viento vayan los «civiles». ¡Llegarán no más! ¡Ya estarán llegando!

---

[49] *oroyas:* cfr. la nota 5 del cap. II.

[50] La ed. de 1972 suprime «también». Lo mismo hace la ed. de Sybila. Quizá les parece impropio decir «también no», en lugar de «tampoco».

[51] Formulación nítida de que la peste es una maldición. Cfr. la nota 9 del cap. VII, y las notas 19 y 30 del cap. IX.

[52] *inglesia:* pronunciación desfigurada de «iglesia».

—¿Creerán que sin la misa van a condenarse?[53]

—¡Claro, pues; seguro! Así es. Condenarían. Llenarían la quebrada los condenados. ¡Qué sería, Diosito! Andarían como piojos grandes, más grandes que carnero merino; limpio se tragarían a los animalitos, acabando primero a la gente. ¡Padrecito!

—Por eso te vas. ¡Ya tú te vas!

—¿Y el piojo, niño? Habrá misa, seguro. Los colonos llegarán de noche a Abancay. Quizá oyendo misa se salvarán los indios. Van a venir dejando a sus criaturitas, ¡son angelitos, pues! Con sus mujeres vendrán. ¡Se salvarán! Pero sus piojos dejarán en la plaza, en la iglesia, en la calle, delante las puertas. De allí van a levantar los piojos, como maldición de la maldición. Van a hervir. ¡Nos van a comer! ¿Acaso en Abancay la gente va a mascar a los piojos como los colonos? ¿Acaso van a mascar? De los rincones se han de alzar, en cadenas. Así es piojo de enfermo.

—Cabo licenciado —le dije—. ¡Tienes miedo! Tú mismo creo te alimentas, lloriqueando, la cobardía, al revés de los colonos...

Me contestó en quechua:

—*Onk'ok' usank'a jukmantan miran...* (El piojo del enfermo se reproduce de otro modo. Hay que irse lejos. ¿De qué sirve el corazón valiente contra eso?)

Quiso atajarme, llevarme con él, cuando pretendí volver al pueblo. La mujer me dijo en quechua:

—Eres una criatura hermosa. ¿Por qué vas, de voluntario, a que te defequen los piojos?

Tenían espanto.

—Mañana, antes del amanecer, yo también estaré subiendo esta cuesta —les dije.

Me despedí; y bajé a la carrera al pueblo.

Por un cañaveral, lejos de Abancay, entré a Patibamba.

---

[53] Los colonos no pueden renunciar a la esperanza de salvarse, de vivir felices en la otra vida. El cuento «El sueño del pongo» (de la tradición oral) ilustra magníficamente el deseo de los indios sometidos a servidumbre, de que en el Más Allá los papeles sean invertidos: se premie al pongo, se castigue al patrón.

Sudé, caminando agachado, bajo las plantaciones que ardían con el sol de todo el día. Temía que me descubrieran, y no salí a los anchos senderos que separan los cuarteles. Por esos espacios, las mulas de la hacienda cargaban la caña hasta el gran patio del ingenio.

Arrastrándome sobre el bagazo, llegué al caserío de los indios. Estaba vacío, sin nadie. Lo miré desde la altura del montículo de bagazo. Las avispas zumbaban con sus patas colgantes. No me dejaban ver bien. Las puertas de las chozas estaban cerradas; la malahoja de los techos se alzaba, hervía con el viento. «¡Yo bajo! —dije— ¡Entro!» Me puse de pie y avancé. Llegué a la callejuela.

Toqué la primera puerta. Oí que corrían adentro. Miré por una rendija. Tres niños huyeron a un rincón.

Volví a tocar.

—¡Mánan![54] —contestó el mayor, sin que le hubiera preguntado nada.

Se ocultaron en la oscuridad, apretándose en una esquina de la choza.

—¡Mánan! —volvió a gritar el mismo niño.

Me alejé. Busqué otra casa. Me contestaron lo mismo.

Recorrí toda la calle, despacio, sin hacer ruido. Me acerqué a la choza en que comenzaba la callejuela, del otro lado. Miré por la rendija más próxima al piso, arrodillándome en el suelo. El sol alumbraba el interior, espléndidamente, por un claro del techo. Era ya el atardecer, la luz amarilleaba.

Junto al fogón de la choza, una chica como de doce años hurgaba con una aguja larga en el cuerpo de otra niña más pequeña; le hurgaba en la nalga. La niña pataleaba sin llorar; tenía el cuerpo desnudo. Ambas estaban muy cerca del fogón. La mayor levantó la aguja hacia la luz. Miré fuerte, y pude ver en la punta de la aguja un nido de piques[55], un

---

[54] Sigue el «Mánan»; cfr. la nota 56 del cap. I.

[55] *pique:* nigua. «Se enquista bajo la piel y allí se multiplica, ocasionando un molesto escozor que sólo cesa mediante la total extracción de la bolsilla formada en su contorno. Su nombre vulgar expresa gráficamente los efectos que produce» (Tauro, 1987: tomo 5, 1641).

nido grande, quizá un cúmulo. Ella se hizo a un lado para arrojar al fuego el cúmulo de nidos. Vi entonces el ano de la niña, y su sexo pequeñito, cubierto de bolsas blancas, de granos enormes de piques; las bolsas blancas colgaban como en el trasero de los chanchos, de los más asquerosos y abandonados de ese valle meloso. Apoyé mi cabeza en el suelo; sentí el mal olor que salía de la choza, y esperé allí que mi corazón se detuviera, que la luz del sol se apagara, que cayeran torrentes de lluvia y arrasaran la tierra. La hermana mayor empezó a afilar un cuchillo[56].

Me levanté y corrí. Sentí que tenía más energías que cuando me despedí de la muerta doña Marcelina, en su choza sin luto, adornada con el ramo de flores que amarré sobre el candado[57]. Llegué a las rejas de acero que rodeaban la mansión de la hacienda. Y llamé a gritos desde la puerta.

—¡Yauúú...! ¡Yauúúa...![58].

La casa-hacienda estaba también vacía. Volví a gritar con más violencia, apoyándome en las rejas.

Parecía que el sol declinante brotaba por mi boca y era lanzado inútilmente contra las rejas y toda la quebrada estática. Temí enloquecer o que mi pecho se quebrara si seguía gritando. Y me dirigí al río.

Bajé a la carrera, cortando camino, temiendo que oscureciera. Muy abajo, me encontré con una tropa de guardias y un sargento. Me agarraron.

—¡Mire! —me dijo el Sargento.

Me llevó a un recodo del camino.

Los colonos subían, verdaderamente como una mancha de carneros, de miles de carneros. Se habían desbordado del camino y escalaban por los montes, entre los arbustos, andando sobre los muros de piedras o adobes que cercaban los cañaverales.

—¡Mire! —repitió el Sargento—. Tengo ya la orden de

---

[56] La misma escena la cuenta Arguedas en el prólogo a *Canto khechwa* (1938).

[57] Más energías recibe Ernesto del sufrimiento, que de la muerte liberadora y en paz (como ha sido la de Marcelino).

[58] En la ed. de 1972: «yauúú».

dejarlos pasar. Malograrán la iglesia y la ciudad por muchos días. El Padre Linares, el santo, dirá misa para ellos a media-noche[59], y los despedirá hasta la otra vida.

Me calmé viéndolos avanzar.

—No morirán —le dije.

—¿Quién es usted? —me preguntó el Sargento.

Le dije mi nombre.

—Usted es el amigo de Gerardo, hijo del Comandante —me contestó—. Tengo encargo de protegerlo.

—¿Él le pidió?

—Sí. Es un gran muchacho. Nos retiraremos a medida que los indios avanzan. Usted váyase, suba despacio. ¿A qué ha venido?

—¿Usted es amigo de Gerardo? —le pregunté.

—Ya le dije. ¡Es un gran muchacho!

—Déjeme ir, entonces, con usted.

—El pregonero debe haber leído ya el bando en que se ordena que todos cierren la puerta de sus casas en Abancay. Pero usted puede entrar al Colegio.

—Yo voy con ellos, Sargento. Voy a rezar con ellos.

—¿Por qué? ¿Por qué, usted?

—Míreme —le dije—. Gerardo no es como yo, ni Antero, el amigo de Gerardo. Me criaron los indios; otros, más hombres que éstos, que los «colonos».

—¿Más hombres, dice usted? Para algo será, no para desafiar a la muerte. Ahí vienen; ni el río ni las balas los han atajado. Llegarán a Abancay.

—Sí, Sargento. Usted va abriendo camino, retrocediendo. Mejor yo vuelvo, entonces. Le avisaré al Padre.

—Dígale que los haré llegar cerca de la medianoche. Enviaré un guardia cuando estemos a un kilómetro.

Me apretó las manos. Estaba sorprendido, casi aturdido.

Regresé, cantando, mientras la luz del sol desaparecía.

Ya cerca a la reja de la casa-hacienda, de noche, entoné en

---

[59] A la medianoche, como la Misa del Gallo, de la fiesta de Navidad. También vimos que cantan un jaylli de Navidad, en la chichería, en el cap. X. Todo indica que se busca connotar el nacimiento a una nueva existencia, caracterizada por la redención y la felicidad.

voz alta un canto de desafío, un carnaval de Pampachiri, que es un pueblo frío, el último del Apurímac, por el sudoeste[60].

Recorrí en triunfo la carretera que va de la hacienda a la ciudad. Aplastaba las flores de los pisonayes en el suelo; aun en la noche, los rojos mantos de esas flores aparecían, clareaban.

Cuando llegué al Colegio, el Padre Director me dijo «loco» y «vagabundo», entre colérico y burlón. Era tarde; ya los Padres habían cenado. Me amenazó con encerrarme de nuevo. Pero se enfrió al saber, por mí, que los indios avanzaban, que el sargento trataba de regular la marcha para hacerlos llegar a medianoche.

—¿Tú los has visto? ¿Tú mismo? —me preguntó anhelante.

Comprendí que hasta ese momento había alentado la esperanza de que los colonos retrocederían ante los disparos de los guardias.

—¿Viste si tenían ametralladoras los guardias?

—No. Creo que no —le dije.

—Sí —me contestó con brusquedad—. Las tendrían escondidas detrás de algún matorral.

—No han disparado contra ellos, Padre —le dije—. No me han dicho que mataron.

—La sangre...

No concluyó la frase. Pero yo la había presentido.

—Cuando avanzan tantos, tantos... ¡No los asusta! —dije.

—¿No? —exclamó con violencia—. Es que ahora, morir así, pidiendo misa, avanzando por la misa... Pero en otra ocasión, un solo latigazo en la cara es suficiente... ¡Ya! Ayudarás. Tú parece que no temes; eras casi un demente. Ayu-

---

[60] Nuevamente el canto de un carnaval. Cfr. la nota 17 del cap. VII. Tal parece que Ernesto, en este párrafo y en el siguiente, revive la marcha triunfal del día del motín de las chicheras, aunque avanzando esta vez, en dirección inversa, como asumiendo el dolor de los colonos: de la hacienda a Abancay. Nótese que, al igual que las chicheras, aplasta las flores (cfr. las notas 3 del cap. VII y la nota 64 de este capítulo final).

darás a la misa, si el sacristán no aparece. Repicarás las campanas.

—¡Sí, Padre! —le dije, abrazándolo—. Yo repicaba en mi pueblo las campanas, cuando descubría al cura bajando la cuesta de Huayrala. Lo haré a ese estilo.

—¡Arrodíllate! —me dijo.

Estábamos en el corredor alto, bajo la luz del foco que alumbraba la puerta de entrada a su dormitorio.

Me arrodillé en el piso. El Padre pronunció unas palabras en latín.

—Te he absuelto —me dijo—. Esperaremos en el colegio hasta que llegue el mensajero del Sargento.

* * *

Antes que el mensajero se presentó el sacristán. El Padre me llevó, tomándome de un brazo, al cuarto del Hermano Miguel. En una alforja puso mi ropa e hizo que la cargara el hombro.

—Soy responsable de tu vida —me dijo—. Voy a encerrarte con llave. Después de la misa abriré el candado.

Le dio cuerda a un reloj que mandó traer de su dormitorio; era un reloj alto, de metal amarillo.

—Te despertará a las cuatro —me dijo—. Te levantarás; irás a la cocina, llamarás al nuevo portero; te acompañará hasta el zaguán; saldrás y él cerrará el postigo. En tres horas habrás llegado a la cumbre; antes del anochecer entrarás a Huanipaca; allí te esperan. Al día siguiente, a la hora del almuerzo, verás la hacienda de tu tío, desde el camino, a poca distancia.

—¿Repicarán a las 12, Padre?

—Antes de las 12. La gente de Abancay sabe que esa llamada no será para ellos.

—¿Dirá usted un sermón para los indios?

—Los consolaré. Llorarán hasta desahogarse. Avivaré su fe en Dios. Les pediré que a la vuelta crucen la ciudad rezando.

—Irán en triunfo, Padre, así como vienen ahora, subiendo la montaña. ¡Yo no los veré! Oiré desde aquí el rezo[61].

—Tú deseas la muerte, extraña criatura —me dijo—. Ten la paz; acuéstate. Las campanas te despertarán.

Me levantó el rostro con sus manos. Me miró largo rato, como si yo fuera un remanso del Pachachaca. Sentí su mirada lúcida y penetrante.

—Que el mundo no sea cruel para ti, hijo mío —me volvió a hablar—. Que tu espíritu encuentre la paz, en la tierra desigual, cuyas sombras tú percibes demasiado.

Coronado de su cabellera blanca, su frente, sus ojos, aun sus mejillas, sus manos que tenía bajo mi rostro, transmitían calma; aquietaron la desesperación que sentía ante la evidencia de que no podría ver la llegada de los colonos, su ingreso al templo, con los cabellos levantados en desorden, los ojos candentes.

El Padre esperó que me acostara. Se fue. Y no le echó candado a la puerta. Yo no iba a desobedecerle[62].

* * *

A la medianoche repicaron tres veces las campanas. Ninguna de ellas debía tener oro ni plata, ni grasa humana[63], porque sus voces eran confusas y broncas.

Bajo el sonido feo de las campanas de Abancay estarían llegando los colonos. No percibí, sin embargo, ningún rui-

---

[61] «Desde luego que el episodio simboliza la toma del país por futuros indígenas concientizados y movilizados [...] Así lo vio el propio Arguedas. ¿Pero no simboliza también, dentro de ese movimiento, más literalmente el tiempo en que el pueblo cristiano obligue al cura a que se ponga a su servicio, a que bendiga al pueblo en lucha, a que cante su liberación?» (Trigo, 1982: 74).

[62] Resulta admirable la técnica narrativa empleada en la escena que viene. Urrello ha hecho notar que, en las acciones desplegadas por los colonos en este capítulo, Arguedas no se limita a la «posición testimonial» de Ernesto; opta, más bien, por ofrecer diversos testimonios, acentuando así la realidad objetiva de los colonos en marcha, en vez de teñirla del prisma subjetivo de Ernesto.

[63] La creencia andina piensa que las campanas deben ser fabricadas con algo de oro, plata o grasa humana, para tener auténtico poder de comunicación cósmica.

do de pasos, ni cantos, ni gritos, durante largo rato. Los animales comunes tienen cascos que suenan en el empedrado de las calles o en el suelo; el «colono» camina con las plantas de sus pies descalzos, sigilosamente. Habrían corrido en tropel silencioso hacia la iglesia. No oiría nada en toda la noche[64].

Estuve esperando. Fue una misa corta. A la media hora, después que cesó el repique de las campanas, escuché un rumor grave que se acercaba.

—¡Están rezando! —dije.

La calle transversal directa, de la plaza a la carretera de Patibamba, quedaba a menos de cien metros del Colegio. El rumor se hizo más alto. Me arrodillé. El aire traía el sonido del coro.

—Ya se van. Se van lejos, Hermano —dije en voz alta.

Empecé a rezar el *Yayayku*. Lo recomencé dos veces. El rumor se hizo más intenso y elevé la voz:

«Yayayku, hanak' pachapi kak'...»[65]

Oí, de repente, otros gritos, mientras concluía la oración. Me acerqué a la puerta. La abrí y salí al corredor. Desde allí escuché mejor las voces.

—¡Fuera peste! *¡Way jiebre! ¡Waaay...!*

—*Rípuy, rípuy! ¡Kañask'aykin! Wáaay...!**

Lejos ya de la plaza, desde las calles, apostrofaban a la peste, la amenazaban.

---

* «¡Vete, vete, he de quemarte!» (Nota de Arguedas.)

---

[64] «Los colonos no invadieron Abancay hasta que la ciudad estuviera en caos [...] [la marcha de los colonos] no es un acto simple de desesperación. Al contrario, mientras la población entera de Abancay abandona el pueblo caótica y desesperadamente, los colonos son los únicos capaces de actuar, tomar una decisión y llevarla a cabo siguiendo las normas correspondientes a su cultura. Asimismo, observamos un acto consciente de sí mismo y de sus consecuencias: Los indios no entran enloquecidos al pueblo, no avanzan sobre los guardias violentamente, sino que el orden prevalece, al cual todo lo demás sucumbe» (Spina, 1986: 83). Los indios traen el orden natural contra el desorden de un sistema injusto que ha incubado la maldición, la peste.

[65] «Padre Nuestro, que estás en los cielos.»

Las mujeres empezaron a cantar. Improvisaban la letra con la melodía funeraria de los entierros:

Mamay María wañauchi-	*Mi madre María ha de ma-*
[sunki	*[tarte,*
Tayta Jesús kañachisunki	*mi padre Jesús ha de quemar-*
	[te,
Niñuchantarik' sek'ochisun-	*nuestro Niñito ha de ahor-*
[ki	*[carte.*
¡Ay, way, jiebre!	*¡Ay, huay, fiebre!*
¡Ay, way, jiebre!	*¡Ay, huay, fiebre!*

Seguirían cantando hasta la salida del pueblo. El coro se alejaba; se desprendía de mí.

Llegarían a Huanupata, y juntos allí, cantarían o lanzarían un grito final de *harahui*[66], dirigido a los mundos y materias desconocidas que precipitan la reproducción de los piojos, el movimiento menudo y tan lento, de la muerte. Quizá el grito alcanzaría a la *madre*[67] de la fiebre y la penetraría, haciéndola estallar, convirtiéndola en polvo inofensivo que se esfumara tras los árboles. Quizá[68].

Entré al dormitorio.

Desde Patibamba ya se repartiría la masa de los indios, a las otras haciendas; cada colono donde su dueño.

Yo me iría al día siguiente. ¡Ay, huay, fiebre! Los que ya estaban enfermos y debían morir, serían enterrados en los panteones sin muros, sin fachada ni cruz, de las haciendas; pero los vivos quizá vencerían después de esa noche a la peste.

Los gritos de imprecación a la fiebre siguieron repercutiendo en el dormitorio horas de horas.

* * *

---

[66] *harahui:* cfr. la nota 23 del cap. IV.

[67] *madre:* creencia mítica en que todas las cosas y fuerzas de la Naturaleza tienen una fuente, una raíz arquetípica.

[68] Hasta el final el narrador afirma, entreviendo la posibilidad de que se cumpla la óptica real-maravillosa, «quizá».

Estaba despierto cuando el reloj dorado del Padre Director tocó una cristalina marcha europea, una diana que repitió tres veces.

Prendí la luz y me acerqué al reloj. Representaba la fachada de un palacio. Sus columnas terminaban en capiteles con figuras de hojas. Seguía tocando. Me vestí rápidamente.

Esa música me recordaba la marcha de la banda militar; abría delante de mis ojos una avenida feliz a lo desconocido, no a lo temible. «Formaré un ramo de lirios para Salvinia y lo prenderé en las rejas de su casa», dije. «¡Ya no voy a regresar nunca!»

El mestizo portero estaba despierto. Se abrigó con un poncho y me acompañó hasta el zaguán. Dejé el Colegio. La diana del reloj lo bañaba, lo apaciguaba, recorría los corredores, se vertía en los rincones oscuros, por siempre.

Hice el ramo de lirios en la plaza. Los colonos no los habían pisado. No debieron desbordarse en el parque. Marcharían fúnebre y triunfalmente, en orden[69]. Me dirigí a la alameda. El ramo sólo tenía tres flores, y lo llevé con cuidado, como si fuera la suavidad de las manos de Salvinia.

Fue fácil dejar el ramo prendido en la reja, al compás de la hermosa diana que aún me acompañaba. La noche era estrellada, densa de manchas. Me alejé. «¡Es para ti, Salvinia, para tus ojos!», dije en la sombra de las moreras. «¡Color del *zumbayllu*, color del *zumbayllu*! ¡Adiós, Abancay!»

Empecé a subir la cuesta. Recordé entonces la advertencia del Padre Director y los relatos de Antero.

—¡El Viejo! —dije— ¡El Viejo!

Cómo rezaba frente al altar del Señor de los Temblores, en el Cuzco. Y cómo me miró, en su sala de recibo, con sus ojos acerados. El pongo que permanecía de pie, afuera, en el corredor, podía ser aniquilado si el Viejo daba una orden. Retrocedí[70].

---

[69] Cfr. la nota 3 del cap. VII.
[70] Escajadillo (1979) ha destacado la oposición Viejo/pongo como eje estructurador de la novela, presente en el capítulo primero y final.

El Pachachaca gemía en la oscuridad al fondo de la inmensa quebrada. Los arbustos temblaban con el viento.

La peste estaría, en ese instante, aterida por la oración de los indios, por los cantos y la onda final de los *harahuis,* que habrían penetrado a las rocas, que habrían alcanzado hasta la raíz más pequeña de los árboles.

—¡Mejor me hundo en la quebrada! —exclamé— La atravieso, llego a Toraya[71], y de allí a la cordillera... ¡No me agarrará la peste![72]

Corrí; crucé la ciudad.

Por el puente colgante de Auquibamba pasaría el río, en la tarde. Si los colonos, con sus imprecaciones y sus cantos, habían aniquilado a la fiebre, quizá, desde lo alto del puente la vería pasar, arrastrada por la corriente, a la sombra de los árboles. Iría prendida en una rama de chachacomo[73] o de retama[74], o flotando sobre los mantos de flores de pisonay[75] que estos ríos profundos cargan siempre[76]. El

---

[71] Reveladoramente *Toraya* significa, en quechua, «hermanos, sólo hermanos»: entrega a la solidaridad. Toraya es el nombre de un pueblo de la provincia de Aymaraes, departamento de Apurímac.

[72] «Cuando Ernesto decide, en la última página de la novela, desobedecer a su padre y al Padre Director, rebelarse contra el Viejo, lo que hace es quebrar este círculo, desmentir este «nos veremos» [frase con que el Viejo lo despidió en el Cusco], esta fatalidad cíclica que lo espera [...] A diferencia de su padre, elige los valores de la liberación en vez de la seguridad económica» (Dorfman, 1980: 134).

[73] *chachacomo:* cfr. la nota 31 del cap. V. Suele usarse para techar casas, hacer timones de arados, y como combustible: todo ello connotativo para este pasaje de la novela.

[74] *retama:* sus flores, en la medicina popular, se aprovechan, en cocimiento, para aliviar las excitaciones nerviosas; sus hojas, como diurético; y el cocimiento de sus hojas y semillas, como purgante. Quizá sea más simbólico que la retama se halla todo el año cubierta de hojas verdes y flores amarillas: colores de vida y felicidad, de renovación (cfr. Tauro, 1987: tomo 5, 1784).

[75] *pisonay:* cfr. la nota 4 del cap. III. Aquí subrayemos el color rojo de sus flores (connota sangre, *yawar*) y el que los antiguos peruanos se guarecían bajo su follaje para presenciar sus ceremonias.

[76] Plasmación final del *yawar mayu,* el río en creciente. Múltiples enlaces con los finales de diversos capítulos de la novela. Y, de alguna manera, con todos los finales de capítulos en que campea la danza y el canto, por

río la llevaría a la Gran Selva, país de los muertos. ¡Como al Lleras![77].

---

que éstos son caracterizados como la *voz* de los ríos profundos. Una novela de danzantes y de ríos, así como la obra póstuma lo es de zorros y danzantes, según el estudio de Lienhard (cfr. la nota 33 del cap. VIII).

[77] Aclara Arguedas: «el *Hatun yunka*, la gran selva, donde van los muertos, según muchas canciones y relatos folklóricos. Porque la gran selva es tan extraña e inalcanzable que sólo el espíritu incorpóreo o fluido la tomaría por morada» (Arguedas, «La sierra en el proceso de la cultura peruana», 1953, reprod. en *Formación de una cultura nacional indoamericana*: 16).

Comenta Trigo este final: «El gran río [...] es, como las piedras del Cuzco, la presencia de un poder que como arrastró la peste también acabará llevándose la peste moral y social al país de los muertos para restaurar la armonía» (Trigo, 1982: 59). Por su parte, Rama repara en que el río se llevaría a la peste, de un lado, y al Lleras, de otro; así se ligan las dos luchas desarrolladas en la novela, en la Ciudad contra los poderosos «ladrones» y la maldicion, y en el Colegio contra los «malditos». No hay que olvidar que el apellido Lleras significa paraje lleno de cascajo. Los ríos barrerán su esterilidad. Triunfará la vida al compás de la armonía cósmica.